茨城県立中学校・中等教育学校

〈収録内容〉

便利な DL コンテンツは右の QR コードから

解答用紙

過去年度　問題は紙面に掲載

⇒

※データのダウンロードは 2025 年 3 月末日まで。
※データへのアクセスには、右記のパスワードの入力が必要となります。 ⇒ 770850

本書の特長

実戦力がつく入試過去問題集

- ▶ 問題 …………… 実際の入試問題を見やすく再編集。
- ▶ 解答用紙 …… 実戦対応仕様で収録。
- ▶ 解答解説 …… 解答例は全問掲載。詳しくわかりやすい解説には、難易度の目安がわかる「基本・重要・やや難」の分類マークつき（下記参照）。各科末尾には合格へと導く「ワンポイントアドバイス」を配置。

入試に役立つ分類マーク

基本 確実な得点源！
受験生の90%以上が正解できるような基礎的、かつ平易な問題。
何度もくり返して学習し、ケアレスミスも防げるようにしておこう。

重要 受験生なら何としても正解したい！
入試では典型的な問題で、長年にわたり、多くの学校でよく出題される問題。
各単元の内容理解を深めるのにも役立てよう。

やや難 これが解ければ合格に近づく！
受験生にとっては、かなり手ごたえのある問題。
合格者の正解率が低い場合もあるので、あきらめずにじっくりと取り組んでみよう。

合格への対策、実力錬成のための内容が充実

- ▶ 各科目の出題傾向の分析、最新年度の出題状況の確認で、入試対策を強化！
- ▶ その他、学校紹介、過去問の効果的な使い方など、学習意欲を高める要素が満載！

解答用紙ダウンロード 解答用紙はプリントアウトしてご利用いただけます。弊社ＨＰの商品詳細ページよりダウンロードしてください。トビラのＱＲコードからアクセス可。

famima PRINT 原本とほぼ同じサイズの解答用紙は、全国のファミリーマートに設置しているマルチコピー機のファミマプリントで購入いただけます。※一部の店舗で取り扱いがない場合がございます。詳細はファミマプリント（http://fp.famima.com/）をご確認ください。

UD FONT 見やすく読みまちがえにくいユニバーサルデザインフォントを採用しています。

公立中高一貫校の入学者選抜

ここでは，全国の公立中高一貫校で実施されている入学者選抜の内容について，その概要を紹介いたします。

公立中高一貫校の入学者選抜の試験には，適性検査や作文の問題が出題されます。

多くの学校では，「適性検査Ⅰ」として教科横断型の総合的な問題が，「適性検査Ⅱ」として作文が出題されます。しかし，その他にも「適性検査」と「作文」に分かれている場合など，さまざまな形式が存在します。

出題形式が異なっていても，ほとんどの場合，教科横断的な総合問題(ここでは，これを「適性検査」と呼びます)と，作文の両方が出題されています。

それぞれに45分ほどの時間をかけていますが，そのほかに，適性検査がもう45分ある場合や，リスニング問題やグループ活動などが行われる場合もあります。

例として，東京都立小石川中等教育学校を挙げてみます。

① 文章の内容を的確に読み取ったり，自分の考えを論理的かつ適切に表現したりする力をみる。

② 資料から情報を読み取り，課題に対して思考・判断する力，論理的に考察・処理する力，的確に表現する力などをみる。

③ 身近な事象を通して，分析力や思考力，判断力などを生かして，課題を総合的に解決できる力をみる。

この例からも「国語」や「算数」といった教科ごとの出題ではなく，「適性検査」は，私立中学の入試問題とは大きく異なることがわかります。

東京都立小石川中等教育学校の募集要項には「適性検査により思考力や判断力，表現力等，小学校での教育で身に付けた総合的な力をみる。」と書かれています。

教科知識だけではない総合的な力をはかるための検査をするということです。

実際に行われている検査では，会話文が多く登場します。このことからもわかるように，身近な生活の場面で起こるような設定で問題が出されます。

これらの課題を，これまで学んできたさまざまな教科の力を，知識としてだけではなく活用して，自分で考え，文章で表現することが求められます。

実際の生活で，考えて，問題を解決していくことができるかどうかを学校側は知りたいということです。

問題にはグラフや図，新聞なども多く用いられているので，情報を的確につかむ力も必要となります。

算数や国語・理科・社会の学力を問うことを中心にした問題もありますが，出題の形式が教科のテストとはかなり違っています。一問のなかに社会と算数の問題が混在しているような場合もあります。

少数ではありますが，家庭科や図画工作・音楽の知識が必要な問題も出題されることがあります。

作文は，文章を読んで自分の考えを述べるものが多く出題されています。

文章の長さや種類もさまざまです。筆者の意見が述べられた意見文がもっとも多く採用されていますが，物語文，詩などもあります。作文を書く力だけでなく，文章の内容を読み取る力も必要です。

調査結果などの資料から自分の意見をまとめるものもあります。

問題がいくつかに分かれているものも多く，最終の１問は400字程度，それ以外は短文でまとめるものが主流です。

ただし，こちらも，さまざまに工夫された出題形式がとられています。

それぞれの検査の結果は合否にどのように反映するのでしょうか。

東京都立小石川中等教育学校の場合は，適性検査Ⅰ・Ⅱ・Ⅲと報告書(調査書)で判定されます。

報告書は，400点満点のものを200点満点に換算します。

適性検査は，それぞれが100点満点の合計300点満点を，600点満点に換算します。

それらを合計した800点満点の総合成績を比べます。

このように，形式がさまざまな公立中高一貫校の試験ですが，文部科学省の方針に基づいて行われるため，方向性として求められている力は共通しています。

これまでに出題された各学校の問題を解いて傾向をつかみ，自分に足りない力を補う学習を進めるとよいでしょう。

また，環境問題や国際感覚のような出題されやすい話題も存在するので，多くの過去問を解くことで基礎的な知識を蓄えておくこともできるでしょう。

適性検査に特有の出題方法や解答方法に慣れておくことも重要です。

また，各学校間で異なる形式で出題される適性検査ですが，それぞれの学校では，例年，同じような形式がとられることがほとんどです。

目指す学校の過去問に取り組んで，形式をつかんでおくことも重要です。

時間をはかって，過去問を解いてみて，それぞれの問題にどのくらいの時間をかけることができるか，シミュレーションをしておきましょう。

検査項目や時間に大きな変更のある場合は，事前に発表がありますので，各自治体の教育委員会が発表する情報にも注意しましょう。

県立 日立第一高等学校附属中学校
(ひたちだいいちこうとうがっこうふぞく)

https://www.hitachi1-jh.ibk.ed.jp/

〒317-0063　日立市若葉町3-15-1
☎0294-22-6488
交通　ＪＲ常磐線日立駅　徒歩15分またはバス

[プロフィール]

・平成24年４月、併設型の中高一貫教育校として、県立日立第一高校の校地に開校。

・**「高い志、科学する心、未来を拓く力」**を教育理念とし、豊かな人間性と高い知性を有した**次代のリーダー育成**を教育目標とする。

[カリキュラム]

・**２学期制。60分授業。**

・確実な基礎力定着のため、数学（中２）・英語（中１）・国語（中３）の授業時数は標準的な公立中学校よりも週１コマ多い。また、中高一貫校の特例を生かし、数学と英語では**先取り学習**が行われる。

・**国際理解教育**を推進。イングリッシュタイムやグローバルコミュニケーション、海外語学研修などを実施し、中学卒業までに全員が**英検準２級**を取得できるような英語力を養う。

[部活動]

・母体校である日立第一高校の運動部の多くは、毎年のように県北を制し県大会に出場しており、全国大会に出場する部もある。

・中学では以下の部活動を実施。

★設置部

軟式野球、サッカー、ラグビー、バレーボール（女）、ソフトテニス（女）、卓球、剣道、美術、科学、吹奏楽

[行　事]

白堊祭は３年に２回、体育祭は３年に１回ずつ開催。

5月　オリエンテーション合宿（１年）
6月　白堊祭（文化祭）
10月　体育祭
11月　合唱コンクール
2月　海外語学研修（３年）

[進　路]

・全員が無試験で県立日立第一高校に進学することができる。高校では２年次以降、サイエンス科２クラス（医学コース、医学系進学コース・理工系進学コース）と普通科４クラス（文系・理系）に分かれる。

★卒業生の主な進学先

東京大、京都大、筑波大、北海道大、東北大、大阪大、茨城大、宇都宮大、千葉大、東京外国語大、東京学芸大、東京工業大、東京農工大、新潟大、福島大、山形大、山梨大、横浜国立大、早稲田大、慶應義塾大

[トピックス]

・異年齢集団の交流のため、学校行事や部活動の一部は**中高合同**で行われる。

・母体校の日立第一高校は文部科学省のスーパーイングリッシュランゲージハイスクールの指定（平成15～17年度）、**スーパーサイエンスハイスクール**の指定（平成19～23、平成24～28、平成29～令和３年度）を受け、英語教育や理数系教育に力を注いできた。

県立 太田第一高等学校附属中学校
(おおただいいちこうとうがっこうふぞく)

https://www.ota1-jh.ibk.ed.jp/

〒313-0005　常陸太田市栄町58
☎0294-72-2115
交通　ＪＲ常陸太田駅　徒歩25分またはバス

[プロフィール]

・創立120周年の伝統を誇る県立太田第一高校の附属中学校として、令和２年４月に開校した。

・校訓は**「至誠　剛健　進取」**。

・２学期制。

[カリキュラム]

・55分授業×６時限。

・国語・数学・英語の授業時数を増やし、**習熟度別学習**や数学は**先取り学習**、英語は**深掘り学習**を行なう。

・総合的な学習の時間を利用して探求活動を行う。中高そろっての成果発表会では「オールイングリッシュ」も取り入れている。

[部活動]

可能な限り高校生と合同で活動し、人間性や技術の向上をめざす。

★設置部

ラグビー（男）、バレーボール（女）、バスケットボール（男）、剣道、卓球、ソフトテニス、英語研究、生物、弁論

[行　事]

・体育デー、青龍祭（３年に１回）、文化講演会（青龍のない年に開催）、芸術鑑賞会、マラソン大会は高校と合同で開催。

・宿泊を伴う行事として、オリエンテーション合宿、English Camp（希望者）、海外中学校体験留学（３年）、職場体験合宿（２年）を実施。

[進　路]

進学先の太田第一高校は**進学重視の単位制**を特徴とし、大学進学に必要な科目を重点的に学習することができる。

★卒業生の主な進学先

東北大、秋田大、山形大、福島大、宇都宮大、茨城大、筑波大、秋田県立大、茨城県立医療大、青山学院大、明治大、立教大、早稲田大

[トピックス]

令和２年度に開校した県立中学校５校の合同で**「探求プロジェクト」**を実施。遠隔教育システムを利用した企画・立案のもと、イングリッシュ・スタディ、未来の自分発見講座、探求意見交換会、探求活動成果発表会などを行う。

〒310-0011　水戸市三の丸3-10-1
☎029-224-2254
交通　ＪＲ水戸駅　徒歩10分

県立 水戸第一高等学校附属 中学校

https://www.mito1-jh.ibk.ed.jp/

［プロフィール］

・明治11年以来の伝統を持つ県立水戸第一高等学校の附属中学校として、令和３年４月に開校した。

・校是は「**至誠一貫**」「**堅忍力行**」。

・**２学期制**。

［カリキュラム］

・60分授業。標準より多い10分間は、生徒同士の学び合いの時間や「振り返りタイム」に活用される。

・一部の教科で**先取り学習**を行う。

・探究活動に力を入れ、中学の課題研究Ⅰは高校の課題研究Ⅱ「知道プロジェクト」へと発展する。

・語学研修や最先端医療に関する講演会を開催するなど、国際教育や科学教育に積極的に取り組む。

［部活動］

・複数の部活動を体験して所属する部を決める「体験型選択制」を導入（吹奏楽部を除く）。週２回の活動から始め、３年生の夏から本格的に活動。高校入学後に即戦力として活躍できることを目指す。

・高校で設置されている部活動は次の通り。

★設置部

野球、陸上競技、水泳、バスケットボール、バレーボール、卓球、サッカー、剣道、弓道、バドミントン、テニス、山岳、アマチュア無線、天文、美術、吹奏楽、書道、茶道、放送、化学、棋道、合唱　他

［行　事］

オリエンテーション研修（１年）、学苑祭、歩く会、国内研修（２年）などを実施する。

［進　路］

・進学先の水戸第一高校は**進学重視型単位制**を特徴とする。高校２年次から高入生と混合クラスになる。

・水戸第一高校では２年次に緩やかな文理分けをした後、３年次に理系と文系に分かれて学習する。

★卒業生の主な進学先

東京大、京都大、北海道大、東北大、九州大、茨城大、筑波大、お茶の水大、千葉大、東京医科歯科大、東京外国語大、東京工業大、一橋大、横浜国立大、名古屋大、大阪大、早稲田大、慶應義塾大、青山学院大、学習院大、上智大、東京理科大

［トピックス］

水戸第一高校では２年次に希望者を対象とした**医学コース**を設置。医学部入試対策講座や医師・研究者による医学セミナー、病院における医療体験などが行われている。

〒311-1517　鉾田市鉾田1090-2
☎0291-33-2161
交通　鹿島臨海鉄道新鉾田駅　徒歩10分

県立 鉾田第一高等学校附属 中学校

https://www.hokota1-jh.ibk.ed.jp/

［プロフィール］

・大正11年以来の歴史を持つ県立鉾田第一高校の附属中学校として、令和２年４月に開校した。

・綱領は「剛健勤勉　独立自治　和衷協同」。

［カリキュラム］

・55分授業×６時限。

・国語・数学・英語で**習熟度別学習**を行う。また、数学と英語では**先取り学習**も行う。

・理科（1年）・英語・数学（全学年）の授業時数は通常よりも多く設定されている。

［部活動］

異年齢交流に配慮して、次の部活動が中学校での開設を検討されている。

★設置部

陸上、卓球、剣道、ソフトテニス、空手道、競技かるた、吹奏楽、科学、囲碁・将棋、演劇、書道、華道・茶道、英語、文芸、美術、写真

［行　事］

新入生歓迎会、山王祭、国内語学研修（３年）、クラスマッチ、文化体験、修学旅行（３年）などを実施する。

［進　路］

・鉾田第一高校進学後は高入生との混合学級編成。

・鉾田第一高校では、２年次に文系・理系に分かれ、さらに３年次には国公立文系・私立文系理系・国公立理系に分かれて学習する。

★卒業生の主な進学先

東北大、山形大、福島大、茨城大、筑波大、宇都宮大、群馬大、金沢大、信州大、岩手県立大、秋田県立大、茨城県立医療大、前橋工科大、群馬健康科学大、高崎経済大、千葉県立保健医療大、防衛大学校、青山学院大、中央大、東京理科大、法政大、明治大

［トピックス］

鉾田第一高等学校は令和４年度に100周年を迎えた伝統校。鉾一未来プロジェクトとして、中学校では総合的な学習の時間に「**地域探究セミナー**」を開設。**国内語学研修や国際交流プログラム**なども実施している。

〠314-0038　鹿嶋市城山2-2-19
☎0299-82-1903
交通　ＪＲ鹿島神宮駅　徒歩9分

県立 鹿島高等学校附属 中学校

（かしまこうとうがっこうふぞく）

https://www.kashima-jh.ibk.ed.jp/

［プロフィール］

・明治43年以来の歴史を持つ県立鹿島高校の附属中学校として、令和２年４月に開校した。

・綱領は「自治　勤勉　快活」。

［カリキュラム］

・50分授業×６時限。ただし火・木曜日は７時限までとなる。

・**習熟度別学習**、**先取り学習**、**チーム・ティーチング**などを行う。

・理科（1年）・英語（全学年）・数学（全学年）・国語（３年）の授業時数は標準よりも多く設定されている。

［部活動］

部活動では高校生と交流することができる。

★設置部

サッカー、陸上競技、剣道、卓球、吹奏楽、美術、鹿島リーダーズクラブ、書道、将棋、イラスト研究、サイエンス、英会話

［行　事］

新入生歓迎式、オリエンテーション合宿（１年青少年宿泊研修施設１泊２日）、東京企業訪問（２年）、文化祭・体育祭（隔年実施）、修学旅行（３年）、英語体験プログラム（１年）、語学宿泊学習（２年希望者）などを実施。

［進　路］

・進学先の鹿島高校では、２年次に理系と文系に分かれ、さらに医療・理工コース、理数コース、国際コース、人文コースに分かれて学習する。

・鹿島高校では、教員をめざす生徒を対象に**ＫＡＳＨＩＭＡ教職セミナー**が開設される。

★卒業生の主な進学先

筑波大、山形大、茨城大、山口大、高崎経済大、駒澤大、専修大、中央大、東洋大、日本大、明治大

［トピックス］

・神栖方面の**スクールバス**が運行されている。

・**人工芝多目的グラウンド**がある。

・地域密着型の職場体験学習「**ＫＡＳＨＩＭＡインターンシップ**」を実施。鹿島アントラーズや鹿島宇宙技術センター、鹿島神宮などについて学ぶことができる。

〠300-0051　土浦市真鍋4-4-2
☎029-822-0137
交通　つくばエクスプレスつくば駅・ＪＲ土浦駅　バス

県立 土浦第一高等学校附属 中学校

（つちうらだいいちこうとうがっこうふぞく）

https://www.tsuchiura1-jh.ibk.ed.jp/

［プロフィール］

・明治11年以来の伝統を持つ県立土浦第一高等学校の附属中学校として、令和３年４月に開校した。

・校是は「**自主・協同・責任**」。

・２学期制。

［カリキュラム］

・60分授業。

・一部の教科で**先取り学習**を行う。

・探究学習プログラムⅠ（地域フィールドワークなど）や探究実践セミナーⅠ（プレ海外探究Ⅰ、大学キャンパスツアーなど）として探究活動を積極的に行う。

［部活動］

・土浦第一高校の弓道部・柔道部・将棋部は全国大会出場の実績がある。

★設置部

陸上競技、剣道、軟式野球、バレーボール、バスケットボール（女）、合唱、美術、英語、科学、吹奏楽

［行　事］

・土一入門セミナー（１年）、国内修学旅行（３年）などを実施する。

・土浦第一高校の三大行事「一高祭」「一高オリンピック」「歩く会」を中高合同で行う。

［進　路］

進学先の土浦第一高校は普通科・単位制高校。高校２年次から高入生と混合クラスになる。東大研究会ではハイレベルな課外授業が行われる。

★卒業生の主な進学先

東京大、京都大、北海道大、東北大、名古屋大、大阪大、九州大、茨城大、筑波大、千葉大、お茶の水女子大、東京外国語大、横浜国立大、早稲田大、慶應義塾大、上智大、東京理科大

［トピックス］

・土浦第一高校では２年次に希望者を対象とした医学コースを設置。医学部進学に必要な指導を行っている。

・修学旅行プレゼンテーションコンテストでは、３年次の修学旅行についてグループでプランを立て、企画コンペを行う。

県立 竜ヶ崎第一高等学校附属中学校

りゅうがさきだいいちこうとうがっこうふぞく

https://www.ryugasaki1-jh.ibk.ed.jp/

〒301-0844　龍ケ崎市平畑248
☎0297-62-2146
交通　関東鉄道竜ヶ崎線竜ヶ崎駅　徒歩17分

[プロフィール]

・明治33年以来の歴史を持つ県立竜ヶ崎第一高校の附属中学校として、令和２年４月に開校した。

・綱領は「**誠実・剛健・高潔・協和**」。

[カリキュラム]

・55分授業×６時限。ただし月曜日は７時限目に学級活動を行なう。

・探求活動や科学教育、国際教育に力を注ぎ、また、**先取り学習**などを行う。

[部活動]

竜ヶ崎第一高校の射撃部・ソフトテニス部・サイエンス部は全国大会出場の実績がある。

★設置部

軟式野球（男）、バレーボール（男）、陸上競技、柔道、剣道、射撃、ソフトテニス（女）、吹奏楽、文芸、棋道、軽音楽、サイエンス、写真、書道、茶道、英語、美術

[行　事]

仲間づくりＤＡＹ（１年）、文化祭、芸術鑑賞会、SSH生徒研究発表会、海外語学研修（３年希望者）、フィールドワーク探究、イングリッシュ・スタディ（１年）、体育祭、修学旅行（３年）などを実施する。

[進　路]

進学先の竜ヶ崎第一高校では、２年次より理系コース、文系コースに分かれて学習する。

★卒業生の主な進学先

東京大、東北大、北海道大、九州大、千葉大、埼玉大、筑波大、茨城大、東京外国語大、茨城県立医療大、東京都立大、早稲田大、慶應義塾大、中央大、青山学院大

[トピックス]

・登下校時に附属中学生専用のバスが運行されている。

・竜ヶ崎第一高校は文部科学省指定の**スーパーサイエンスハイスクール**（令和５年度まで）。

・探求活動では、高校の先輩や中高の教職員に加え、高校生に混じって大学教授からの専門的な指導を受けることができる。

県立 下館第一高等学校附属中学校

しもだてだいいちこうとうがっこうふぞく

https://www.shimodate1-jh.ibk.ed.jp/

〒308-0825　筑西市下中山590
☎0296-24-6344
交通　ＪＲ下館駅　徒歩12分

[プロフィール]

・大正11年以来の歴史を持つ県立下館第一高校の附属中学校として、令和２年４月に開校した。

・教育理念は「**論理的思考力＆豊かな創造力　自主自立　協働する力**」。

[カリキュラム]

・55分授業×週33時間。中学３年間の授業時数は標準よりも420時間多い。

・**習熟度別授業**を国語・数学・英語で実施。

・高校内容の**先取り学習**を数学と英語で実施。

[部活動]

下館第一高校の放送部・文芸部・ライフル射撃部・弓道部は全国大会出場の実績がある。

★設置部

卓球、陸上競技、剣道、バレーボール、理科、クリエイト、吹奏楽、英語、文芸

[行　事]

クラス合宿（１年）、七曜祭・館力祭（隔年）、職場体験学習（２年）、オーストラリア語学研修（３年希望者）、京都・広島修学旅行（３年）、国内語学研修（２年）、合唱コンクールなどを実施する。

[進　路]

進学先の下館第一高校は普通科・単位制高校。２年次より文型と理型に分かれ、３年次にはグローバリゼーション（文型・理型）、ヒューマニティコース、サイエンスコースが設置される。

★卒業生の主な進学先

弘前大、秋田大、茨城大、筑波大、宇都宮大、群馬大、茨城県立医療大、慶應義塾大、東京理科大、中央大、東洋大、日本大、法政大、明治大、立教大、文教大、明治学院大、獨協大、成蹊大、東京家政大　他

[トピックス]

紫西アクティブ・ブライト・プログラムを実施。地域探究セミナー、ネイティブ講師による国内語学研修などの探究学習に６年間継続して取り組む。地域のリーダーや国際社会で活躍する人財の育成をめざしている。

〒312-0003　ひたちなか市足崎1458
☎029-273-7411
交通　ＪＲ勝田駅　バス

県立勝田（かつた）中等教育学校

https://www.katsuta-cs.ibk.ed.jp/

［プロフィール］
・県立勝田高校を中等教育学校へと改編し、令和３年４月に開校した。
・校舎・グラウンドは勝田高校のものを使用。

［カリキュラム］
・55分授業。前期課程の授業時数は標準よりも年間140時間多い。
・先取り授業や習熟度別少人数学習を数学・英語で行う。
・探究活動に力を注ぎ、１・２年次に未来探究、３年次以降は探究ゼミを行う。
・「総合的な学習の時間」に実施するグローバル・コンピタンス・プログラムを通して国際教育に取り組む。
・科学教育も重視し、地元の研究者や企業と連携した特別講座などを行う。

★設置部
サッカー（男）、軟式野球、ラグビー（男）、ソフトテニス、バレーボール（女）、バドミントン（女）、剣道、バスケットボール（男）、総合アート（美術・写真）、理科（実験・コンピューター）、英語、伝統文化（華道・茶道・書道）、ボランティア、オーケストラ

［行　事］
異文化体験キャンプ（２年次）、国内フィールドスタディ（修学旅行・３年次）、海外フィールドスタディ（修学旅行・５年次）などを実施する。

★卒業生の主な進学先
※県立勝田高校のデータ。
茨城大、弘前大、秋田県立大、埼玉県立大、高崎経済大、神奈川大、駒澤大、順天堂大、専修大、東京理科大、獨協大、日本大、法政大、明治大、立教大

［トピックス］
・短期、長期留学や海外大学への進学などについての説明会を行う「グローバルデイ」を年複数回実施。
・教室にWi-Fi環境を整備し、一人一台の端末を使用する。
・エアコン完備の学習館は放課後19時まで開放され、大・中・小の学習室や個別学習机を備えたスタディルームが設置されている。

〒305-0044　つくば市並木4-5-1
☎029-851-1346
交通　ＪＲ常磐線荒川沖駅　バス
　　　筑波エクスプレスつくば駅　バス

県立並木（なみき）中等教育学校

https://www.namiki-cs.ibk.ed.jp/

［プロフィール］
・平成20年４月、県内の公立校では初の中高６年間一貫教育校として、県立並木高校の校地に開校した。
・「**『自制』『自律』『自尊**』を全ての教育活動の根本理念とした，能動的な学びのできる『人間力』を備えたグローバルリーダーの育成」を教育の基本理念とする。

［カリキュラム］
・**２学期制**。
・中学・高校の期間に相当する６年間で、継続的・計画的な指導が行われる。
・**授業は１コマ55分**。そのため前期課程の授業時間は標準（学習指導要領）よりも420時間多く、後期課程の内容を先取り学習している。
・前期課程の「**ミニ課題探究**」、後期課程の「**課題探究**」を通じて、論理力や探究力を育成している。

［部活動］（※は同好会）
★設置部
陸上競技、水泳（男）、バスケットボール(男)、バレーボール(女)、ハンドボール(女)、サッカー（男）、軟式野球（男）、テニス、剣道、卓球（男）、美術・写真、吹奏楽、演劇、囲碁将棋、茶華道、文芸、弦楽アンサンブル、科学研究、英語、※ラグビー、※ハンドボール（男）、※水泳（女）、※鉄道研究

［行　事］
5月　学級づくり合宿（１年）
6月　かえで祭（文化祭）、文化芸能体験（４年）
8月　海外語学研修（４年）
9月　スポーツデイ
11月　国内平和教育研修（３年）、アジア方面修学旅行（５年）、国内語学研修（２年）

［進　路］
高校に相当する後期課程は、**単位制・普通科**となる。

★卒業生の主な進学先
東京大、京都大、北海道大、東北大、筑波大、茨城大、東京工業大、お茶の水女子大、埼玉大、千葉大、東京医科歯科大、東京学芸大、一橋大、防衛大学校、早稲田大、慶應義塾大、早稲田大、東京理科大、明治大、青山学院大

［トピックス］
・平成24～令和３年度に引き続き、４年度から、文部科学省より３期目の**スーパーサイエンスハイスクール**の指定を受け、ＳＳＨ講座（「物質・材料研究機構の研究室を見学しよう」など)、ＳＳＨサイエンスカフェ（「iPS細胞の研究者と話そう」など)、ＳＳＨハワイ島研修（５泊７日）などに取り組んでいる。
・科学教育に力を注ぐ本校らしく、日本生物学オリンピックと日本化学グランプリで金賞を獲得、科学の甲子園ジュニア全国大会に出場などの成績を残している（令和３年度）。

県立 下妻第一高等学校附属中学校
（しもつまだいいちこうとうがっこうふぞく）

〒304-0067　下妻市下妻乙226-1
☎0296-44-5158
交通　関東鉄道常総線下妻駅　徒歩30秒

https://www.shimotsuma1-jh.ibk.ed.jp/

［プロフィール］

・明治30年以来の歴史を持つ県立下妻第一高校の附属中学校として、令和４年４月に開校した。
・**「文武不岐ー人間力を磨くー」**。

［カリキュラム］

・55分授業×６時限。
・授業の中で課題を見つけて解決する**課題解決型授業**、予習した知識を授業に活かす**反転学習**などの「**下高楽習スタイル**」で、課題発見・解決できる生徒、自分の考えや意見を論理的に表現できる生徒を育成する。
・探究活動では、１年次にグループ探究活動、２・３年次に個人探究活動を行い、自治体や企業などへの発信、各種コンテストに挑戦する。
・週１時間、英語漬けのEnglish Immersion Timeで「使える英語」を身に付ける。

［部活動］

★設置部

サッカー、女子バレーボール、陸上競技、剣道、ソフトテニス、応援団、科学、演劇、軽音楽、美術、英語

［行　事］

校外学習、為桜祭、為桜オリンピック、探究ＷＥＥＫなどを実施する。

［進　路］

進学先の下妻高校では、２年次より理型、文型に分かれて学習する。

★卒業生の主な進学先

岩手大、東北大、秋田大、福島大、茨城大、筑波大、宇都宮大、群馬大、埼玉大、千葉大、東京大、電気通信大、東京学芸大、新潟大、富山大、金沢大、信州大、名古屋大、京都大、広島大、茨城県立医療大、群馬県立女子大、高崎経済大、東京都立大、埼玉県立大、東京理科大、早稲田大

［トピックス］

・探究活動と国際教育を組み合わせ、世界に貢献する人材の育成を目指す。
・生徒の総合的なキャリア形成をサポートする「**為桜CIISメソッド**」として、**国内語学研修**など、豊かな体験と学習を両立することができる。
・下妻駅から徒歩30秒と、最寄り駅からの距離は県内最短。
・スクールバスが運行されている。

県立 水海道第一高等学校附属中学校
（みつかいどうだいいちこうとうがっこうふぞく）

〒303-0025　常総市水海道亀岡町2543
☎0297-22-0029
交通　関東鉄道常総線水海道駅　徒歩５分

https://www.mitsukaido1-jh.ibk.ed.jp/

［プロフィール］

・明治33年以来の歴史を持つ県立水海道第一高校の附属中学校として、令和４年４月に開校した。

［カリキュラム］

・55分授業×６時限。
・国語、数学、英語を中心に授業時間を大幅増。中学３年間で標準より420時間多い。
・数学、英語で**先取学習**を実施。
・複数担任制。

［部活動］

水海道第一高校の陸上競技部・写真部・弁論部は全国大会出場の実績がある。

★設置部

ハンドボール、卓球、剣道、吹奏楽、自然科学、英語研究

［行　事］

オリエンテーション合宿（１年）、地域フィールドワーク（１年）、亀陵祭、クラスマッチ、イングリッシュ・スタディ、国内語学研修（２年）、修学旅行（３年）、亀陵踏破会などを実施する。

［進　路］

進学先の水海道第一高校は普通科・単位制高校。２年次より文系と理系に分かれる。

★卒業生の主な進学先

東北大、秋田大、山形大、福島大、茨城大、宇都宮大、群馬大、埼玉大、千葉大、横浜国立大、金沢大、山梨大、信州大、大阪大、広島大、島根大、岡山大、高知大、長崎大、茨城県立医療大、埼玉県立大、慶應義塾大、東京理科大、早稲田大

［トピックス］

・学校行事や市内小中学校との連携、県内外の中高一貫教育校との交流などで**異年齢交流**を積極的に行う。
・キャリア教育として、月１回の頻度で海高クリエイティブスクールを開催。様々なジャンルの講師が講義を行い、生徒の好奇心ややる気を刺激している。

県立 古河（こが） 中等教育学校

https://www.koga-cs.ibk.ed.jp

〒306-0225　古河市磯部846
☎0280-92-4551
交通　ＪＲ古河駅　バス

［プロフィール］

・県立総和高校の校地・校舎を利用し、平成25年４月開校。

・**『創造』『挑戦』『貢献』**を校訓とし、「**高い学力**と**豊かな人間性**を兼ね備えた**次代のリーダー**を育成する」ことが教育目標。

［カリキュラム］

・**２学期制**。

・授業時数は標準よりも３時間多い**週33時間相当**の授業を実施。

・前期課程において、数学や英語に関しては、**習熟度別・少人数指導**を実施。３年次には高校の内容の**先取り学習**も行う。

・「**Σソフィアプロジェクト**」として、学力育成・探求学習・科学教育・国際教育・リーダー資質の育成などに力を注ぐ。Σサイエンス（科学教育）では、研究所訪問、出前講座などの体験活動や、各種科学コンテストへの参加などを行う。Σリサーチ（探究学習）は１・３年次では、グループ別に課題研究・発表を行い、４～５年次では個別で課題研究を行い、論文を作成し発表する。

［部活動］（※は同好会）

９割以上が参加。

★設置部

陸上競技、軟式野球、サッカー、バドミントン、バスケットボール、テニス、剣道、水泳、パソコン、科学、英語、文藝、美術、吹奏楽、演劇、※軽音楽

［行　事］

「**歩く会**」は谷中湖を周回する行事。完歩後はサイクリングや釣りなどを楽しむ。

４月　オリエンテーション合宿（１年）
５月　Σンピック（体育祭）
８月　海外語学研修（３年）
９月　けやき祭（文化祭）
11月　前期課程修学旅行（３年、関西方面）、後期課程修学旅行（５年、国内または海外）
２月　イングリッシュキャンプ（２年）

［進　路］

・高校段階である後期課程には選抜を経ずに進むことができる。

・後期課程は**進学重視型単位制**。難関大学や医学部進学に対応した少人数授業が行われる。また、進路希望に応じた課外活動（大学別進学研究会、医学進学研究会、特別講座）も行われている。

［トピックス］

・前期課程では**給食**を実施する。

・制服は、男女ともにブレザータイプのもの。

入試！インフォメーション

※本欄の内容はすべて令和６年度入試のものです。

受検状況（数字は男／女／計。仕切られていない場合は男女問わず。）

	募集定員	志願者			受験者数			合格者数			倍率
日立第一高等学校附属中学校	80	95	113	208	95	109	204	40	40	80	2.55
太田第一高等学校附属中学校	40	20	35	55	19	35	54	19	21	40	1.35
水戸第一高等学校附属中学校	80	150	159	309	149	159	308	40	40	80	3.85
鉾田第一高等学校附属中学校	40	47	54	101	43	54	97	20	20	40	2.43
鹿島高等学校附属中学校	40	32	43	75	29	43	72	20	20	40	1.80
土浦第一高等学校附属中学校	80	98	140	238	97	139	236	40	40	80	2.95
竜ヶ崎第一高等学校附属中学校	40	82	74	156	81	74	155	20	20	40	3.88
下館第一高等学校附属中学校	40	34	48	82	34	48	82	20	20	40	2.05
下妻第一高等学校附属中学校	40	55	46	101	54	46	100	20	20	40	2.50
水海道第一高等学校附属中学校	40	83	90	173	83	87	170	20	20	40	4.25
勝田中等教育学校	120	70	76	146	67	76	143	60	60	120	1.19
並木中等教育学校	160	290	269	559	280	267	547	80	80	160	3.42
古河中等教育学校	120	85	105	190	85	105	190	60	60	120	1.58

茨城県立中学校・中等教育学校　出題傾向の分析と合格への対策

●出題傾向と内容

検査は適性検査Ⅰと適性検査Ⅱの2種で実施された。それぞれ，配点が100点満点，試験時間は45分であった。

Ⅰが大問数は4～7題，小問数12～17題，Ⅱが大問数3～4題，小問数10～15題からなり，いずれもグラフや図版，長い前提条件などが設定された設問で，記述する問題がⅠ，Ⅱともに目立った。

適性検査Ⅰについて，算数分野からの出題では，解き方を説明する問題も出題されることもある。理科分野からの出題では，記述問題も出題されている。理科，算数，社会の総合問題が出題されることもある。全体的に，解き方や理由を記述させるような問題が目立つ。

適性検査Ⅱについて，社会分野からの出題では，資料の読み取り，地域の産業や取り組み，歴史に関する問題が出題されている。国語，社会分野の総合問題では，文章の読解と，資料の内容から自分の意見を説明する条件作文が出題され，社会，理科の総合問題では，会話や資料を読み取る力を問われることもある。

● 2025年度の予想と対策

適性検査Ⅰで主に算数・理科分野を出題し，適性検査Ⅱで社会・国語分野を中心に出題するといった傾向は，今後も続くと思われる。

適性検査Ⅰについては，算数分野からは，平面・立体図形や数的推理や数字の規則性を見つける問題などは中高一貫校ではひん出であるので注意しておきたい。理科分野からは，実験結果などが中心に出題されているので，実験を中心に扱う単元については，意識して学習を進めたい。天気の変化などもねらわれる可能性があるので，さまざまな単元について学んでおくようにする。

適性検査Ⅱについては，大問数が近年は少なくなった。その変わりに，あらゆる場面での異なる意見を整理したり，自分の意見を述べたりといった，議論において重要なスキルが多く問われる問題が増加した。日頃から要点をまとめたり，自分の意見をきちんと表現する訓練をしたりしておきたい。あらゆる教科において，資料を正確に読み取る練習をしておくこと。

✔学習のポイント

記述問題は一つ一つの配点が高いことが予想される。丁寧に，しかし速く解くことを心がけよう。

2024年度

★★★★★★★★★★★★★★★★★★★★★★★★

入　試　問　題

2024年度

茨城県立中学校・中等教育学校入試問題

【適性検査Ⅰ】（45分）　＜満点：100点＞

1　あおいさんは，おじいさんの家に遊びに行きました。おじいさんが飼っているメダカを見ながら２人で話をしています。

あ お い：おじいさん，わたしも家でメダカを飼うことにしたんだ。インターネットで調べてみたら，こんなページ（資料）があったよ。

おじいさん：よく見つけたね。分からないことについて，何でも自分で調べるのはいいことだね。

資料　メダカの飼い方のページ

☆メダカの飼い方☆
おすすめの水そうと水の量について

メダカを飼うときの水そうは、置く場所やメダカの数などを考えて選びましょう。

【おすすめの水そう】

いろいろな大きさや形の水そうがありますが、その中でもおすすめの直方体の形をした水そうをしょうかいします。

商品名	縦 (cm)	横 (cm)	高さ (cm)	容積 (L)
A	20	30	24	14.4
B	24	45	30	32.4
C	30	60	36	64.8
D	45	90	42	170.1

※　縦、横、高さは水そうの内側の長さを表します。

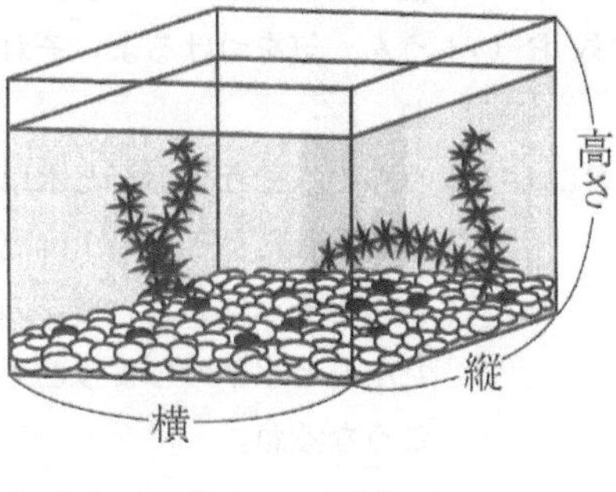

【メダカの数と水の量の関係】

メダカ１ぴきあたりの水の量は１Ｌくらい必要と言われています。しかし、水のよごれ方や水の温度の変化のことを考えると、メダカ１ぴきあたりの水の量はさらに多いほうが育てやすいです。

おじいさん：いろいろなことが書いてあるね。うちの水そうの大きさは，縦30cm，横60cm，高さ36cmだから，**メダカの飼い方のページ**（資料）のＣの水そうと同じだよ。

あ お い：おじいさんの家の水そうは大きいね。わたしは，置く場所のことを考えて一番小さいＡの水そうにするよ。

おじいさん：値段はいくらなの。

あ お い：Aの水そうは，定価3200円って書いてあったよ。今なら1割引き（わりびき）の値段で売ってるよ。

問題1　定価3200円の1割引きの値段を求めるための式を書きなさい。また，その値段は何円かを求めなさい。ただし，消費税は考えないものとする。

おじいさん：ところで，メダカは何びき飼うの。

あ お い：できるだけたくさん飼いたいとは思っているんだ。**メダカの飼い方のページ**（**資料**）の**【メダカの数と水の量の関係】**を読むと，1ぴきあたりの水の量を考えてメダカの数を決めたほうがいいようだね。

おじいさん：そうだよ。それは，おじいさんも気をつけているんだ。でも，きちんと計算したことはないな。

あ お い：それじゃ，計算してみようよ。おじいさんの家ではメダカを何びき飼っているの。

おじいさん：30ぴきだよ。水そうに水だけを入れたとき，水そうの底から水面までの高さは，水そうの高さの$\frac{5}{6}$倍にしているよ。

問題2　おじいさんの家の水そうのメダカ1ぴきあたりの水の量は何Lかを求めなさい。ただし，水そうの底と水面はつねに平行になっているものとする。

あ お い：**メダカの飼い方のページ**（**資料**）を読むと，「水の量はさらに多いほうが育てやすい」と書いてあるから，わたしはメダカ1ぴきあたりの水の量を2L以上にしようかな。

おじいさん：それがいいね。そうすると，何びき飼うことができるかな。水そうをそうじするときに水がこぼれちゃうから，水そうの底から水面までの高さは，水そうの高さより3㎝以上低くしたほうがいいよ。

あ お い：うん，気をつけるよ。それに，メダカを飼うときには水そうに小石と水草も入れないとね。

おじいさん：うちの水そうに小石と水草を入れたら，水そうの底から水面までの高さが水そうに水だけを入れたときより1㎝高くなったよ。

あ お い：Aの水そうはおじいさんの家の水そうより小さいから，おじいさんの家の水そうに入れた小石と水草のちょうど半分にするよ。計算すると水そうに入れられる水の量は最大でこうなるね。

> **あおいさんの考え**
> Aの水そうの容積から、条件に合うように水の量を減らせばよいので、
> 14400 −（1800 + <u>900</u>）= 11700

おじいさん：そうだね。

あ お い：だから，メダカは**最大**［　　］飼うことができるよ。

問題3　あおいさんとおじいさんの会話文中の［　　］にあてはまる最も適切なものを，次のア〜エから1つ選んで，その記号を書きなさい。

また，**あおいさんの考え**の中の下線部「<u>900</u>」はどのように求めたのか，言葉や数，式などを使って説明しなさい。ただし，文字に誤り（あやまり）がないようにしなさい。

ア　4ひき　　**イ**　5ひき　　**ウ**　6ぴき　　**エ**　7ひき

2 けんたさんとゆうかさんは，きれいな模様に興味をもったので，正方形を組み合わせてできる簡単なデザインを考えています。

けんた：こんなデザイン（図１）を考えたけど，どうかな。

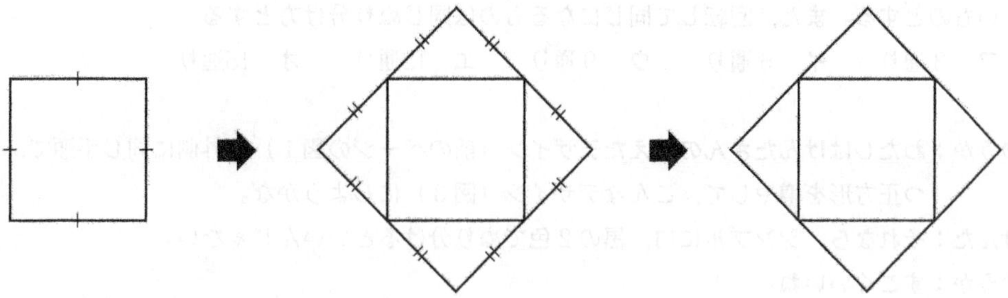

手順①
正方形をかく。

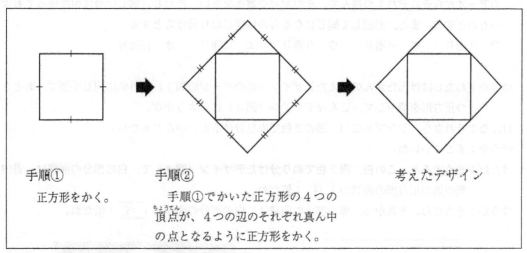

手順②
手順①でかいた正方形の４つの頂点が、４つの辺のそれぞれ真ん中の点となるように正方形をかく。

考えたデザイン

図１　けんたさんの考えたデザイン

ゆうか：いいデザインだね。あとは，内側の正方形とまわりの４つの三角形を合わせた５つの部分に，色をどうぬるかだね。

けんた：赤，青，黄の３色全部使ってぬり分けようと思うんだ。

ゆうか：内側の正方形とまわりの三角形が同じ色にならないようにしようよ。

けんた：そうだね。

ゆうか：そうすると，まわりの４つの三角形のうちどれかは同じ色になるから，ぬり分け方は，この３つの場合（図２）があるね。

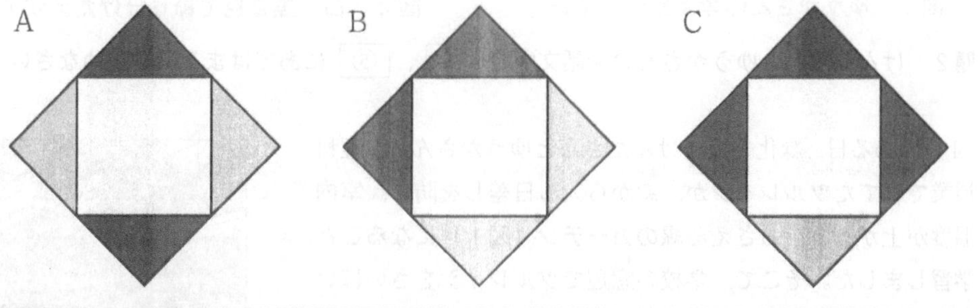

図２　色のぬり分け方の３つの場合

けんた：そうだね。Ａのようなぬり分け方は，どこに何色をぬるかを考えると，全部で何通りあるのかな。

ゆうか：回転して同じになるものがあるから，３通りだね。

けんた：なるほど。同じように考えると，Ｂの場合は全部で［　①　］だね。

ゆうか：そうだね。それから，Ｃの場合は全部で［　②　］だね。

けんた：そうすると，３色での色のぬり分け方は，この３つの場合を合わせて，全部で［③］だね。どのぬり分け方にしようかな。

問題１　けんたさんとゆうかさんの会話文中の［①］～［③］にあてはまる最も適切なものを，次の**ア**～**オ**からそれぞれ１つ選んで，その記号を書きなさい。ただし，同じ記号は何度使ってもよいものとする。また，回転して同じになるものは同じぬり分け方とする。

ア　３通り　　**イ**　６通り　　**ウ**　９通り　　**エ**　12通り　　**オ**　15通り

ゆうか：わたしは**けんたさんの考えたデザイン**（前のページの**図１**）の外側に同じ手順で，あと３つ正方形を増やして，こんなデザイン（**図３**）にしようかな。

けんた：それなら，シンプルに白，黒の２色でぬり分けるといいんじゃない。

ゆうか：すごくいいね。

けんた：そうすると，この白，**黒２色でぬり分けたデザイン**（**図４**）で，白の部分の面積は一番内側の黒の正方形の面積の［④］倍だね。

ゆうか：そうだね。それから，黒の部分の面積は，白の部分の面積の［⑤］倍だね。

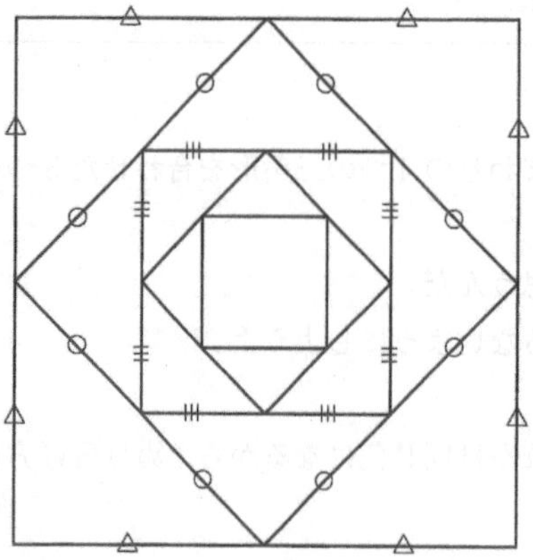

図３　ゆうかさんの考えたデザイン

図４　白、黒２色でぬり分けたデザイン

問題２　けんたさんとゆうかさんの会話文中の［④］，［⑤］にあてはまる数を求めなさい。

［３］　４月のある日，緑化委員のけんたさんとゆうかさんは，理科の授業で育てたツルレイシが，窓（まど）から入る日差しを防ぎ，室内の温度が上がるのをおさえる**緑のカーテン**（**図１**）になることを学習しました。そこで，学校の窓辺（まどべ）でツルレイシをさいばいしようと相談しています。

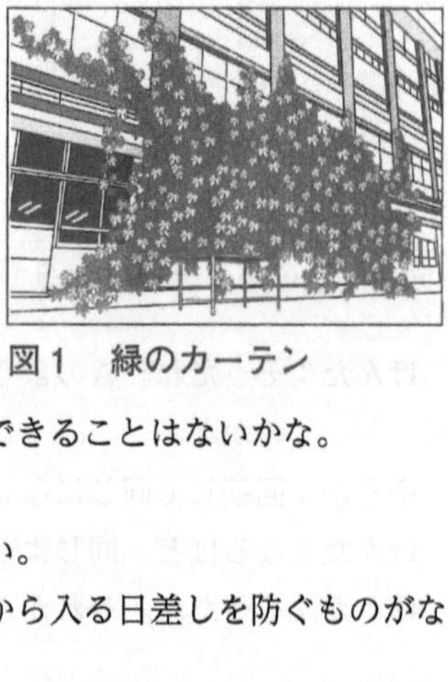

図１　緑のカーテン

けんた：最近，電気代が高くなっているって，ニュースで見たよ。

ゆうか：そうだね。電気を節約しないといけないね。わたしたちにできることはないかな。

けんた：エアコンの設定温度を上げる方法があるね。

ゆうか：でも，設定温度を上げたら室内が暑くなってしまうじゃない。

けんた：理科の授業で学習したツルレイシの**緑のカーテン**なら，窓から入る日差しを防ぐものがない（何もなし）ときと比べて，室内の温度が上がるのをおさえられるんじゃないかな。

ゆうか：なるほどね。でも，前にツルレイシを育てたとき，世話をするのが大変だったな。日差しを防ぐなら**すだれ**（図２）でもいいんじゃないかな。

けんた：たしかに，ツルレイシを育てるのは大変なこともあるけれど，このグラフ（図３）を見てごらんよ。**すだれ**よりもツルレイシの**緑のカーテン**のほうが室内の温度が上がらないんだよ。

図２　すだれ

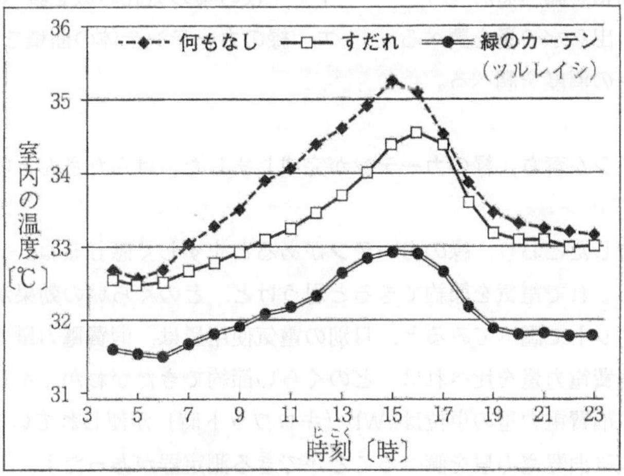

図３　室内の温度の変化

（国立研究開発法人建築研究所の資料より作成）

ゆうか：本当だね。でも，**すだれ**も同じように日差しを防いでいるのに，どうして**緑のカーテン**のほうが室内の温度が上がらないんだろう。

けんた：それは，ツルレイシが日差しを防ぐだけじゃなくて，葉から水を出しているからじゃないかな。

ゆうか：それはどういうことかな。

けんた：a葉の気孔（きこう）から水が水蒸気（すいじょうき）として出ていくときに，［　　　　］からだよ。

ゆうか：なるほど。それじゃあ，b葉からどのくらいの水が出ているのか調べてみよう。

問題１　図３のグラフから読み取れる内容として，次のア～エのうち正しいものには〇を，誤（あやま）っているものには×を書きなさい。

ア　どの時刻（じこく）でも，**緑のカーテン**と**何もなし**の温度差は，**すだれ**と**何もなし**の温度差と比べて大きい。

イ　15時のときの**何もなし**の室内の温度は，**緑のカーテン**の室内の温度の２倍以上である。

ウ　**何もなし**，**すだれ**，**緑のカーテン**のどの室内の温度でも最高温度を記録した時刻は15時である。

エ　７時から14時の間で，室内の温度変化が最も大きいものは**何もなし**である。

問題２　下線部ａ「葉の気孔(きこう)から水が水蒸気(すいじょうき)として出ていく」のことを何というか，最も適切なものを，次のア～オから１つ選んで，その記号を書きなさい。また，**緑のカーテン**のほうが，**すだれよりも室内の温度が上がらない理由を**，会話文中の □ に入るように，**15字以内で書きなさい。**ただし，「，」も１字として数え，文字に誤りがないようにしなさい。

ア　蒸散(じょうさん)　　**イ**　放出　　**ウ**　光合成　　**エ**　吸収(きゅうしゅう)　　**オ**　呼吸(こきゅう)

問題３　下線部ｂ「葉からどのくらいの水が出ているのか調べてみよう」について，けんたさんとゆうかさんは，**緑のカーテン**全体から出るおおよその水の量を調べるために方法を考えた。次の**ア～オ**のうちどれを組み合わせるとよいか，**３つ選んで**，その記号を書きなさい。ただし，すべての葉は同じものとし，**緑のカーテン**の葉にはすき間や重なりがないものとする。

ア　１枚(まい)の葉の面積を調べる。　　**イ**　１枚の葉の気孔の数を調べる。

ウ　１枚の葉から出る水の量を調べる。　**エ**　**緑のカーテン**全体の面積を調べる。

オ　**緑のカーテン**の温度を調べる。

その後，ツルレイシが育ち，**緑のカーテン**が完成しました。けんたさんとゆうかさんが話をしています。

ゆうか：授業で学習したとおり，**緑のカーテン**があるとすずしく感じるね。

けんた：そうだね。これで電気を節約できると思うけど，どのくらいの効果があるのかな。

ゆうか：インターネットで調べてみると，月別の電気使用量は，消費電力量で表されるんだって。だから，消費電力量を比べれば，どのくらい節約できたかわかるんじゃないかな。

けんた：なるほど。消費電力量の単位はkWh（キロワット時）が使われているね。

ゆうか：確か理科室に消費電力量を調べることができる測定器があったよ。

けんた：それなら，この部屋（**緑のカーテン**がある）と，となりの部屋（**緑のカーテン**がない）を比べて，どのくらい電気を節約できるか確かめてみようよ。

ゆうか：となりの部屋なら，大きさや日当たりも同じだし，エアコンも同じものが使われているから比べられるね。さっそくエアコンの設定温度を28℃にして，８時から11時の間の消費電力量を調べてみよう。

けんたさんとゆうかさんは，６日間の消費電力量を測定しました。次の表は，その記録をまとめたものです。

表　設定温度28℃のときの６日間の消費電力量（kWh）

緑のカーテン	１日目	２日目	３日目	４日目	５日目	６日目
あり	1.08	0.97	0.39	0.60	0.74	0.90
なし	1.55	1.40	0.67	0.90	0.94	1.25

ゆうか：**緑のカーテン**がある部屋のほうが**緑のカーテン**がない部屋より，電気を節約できていることがわかるね。

けんた：これなら，エアコンの設定温度をもう少し上げても過ごせるかもしれないね。設定温度を上げて，**緑のカーテン**と組み合わせれば，もっと電気を節約できるんじゃないかな。

ゆうか：それはいいアイデアだね。**緑のカーテン**があって，エアコンの設定温度を上げたときにどのくらい電気を節約できるか考えてみよう。

問題４　**緑のカーテン**がある部屋でエアコンの設定温度を１℃上げた場合，設定温度28℃で**緑のカーテン**がない部屋と比べて，６日間の消費電力量の合計は何％減少することになるか，小数第１位を四捨五入(ししゃごにゅう)して**整数で書きなさい**。ただし，エアコンの消費電力量は設定温度を１℃上げると，温度を上げる前に対して13％節約できるものとする。

４　けんたさんとゆうかさんは，授業で作った電磁石(でんじしゃく)に興味をもち，その性質をくわしく調べようとしています。

けんた：鉄くぎにビニル導線を200回巻(ま)いて，コイルを作り，電磁石を作ったよ。

ゆうか：実験台に電磁石の性質を調べる回路（図１）を用意したよ。電磁石に電流を流して，鉄のクリップがいくつ引きつけられるか調べてみよう。

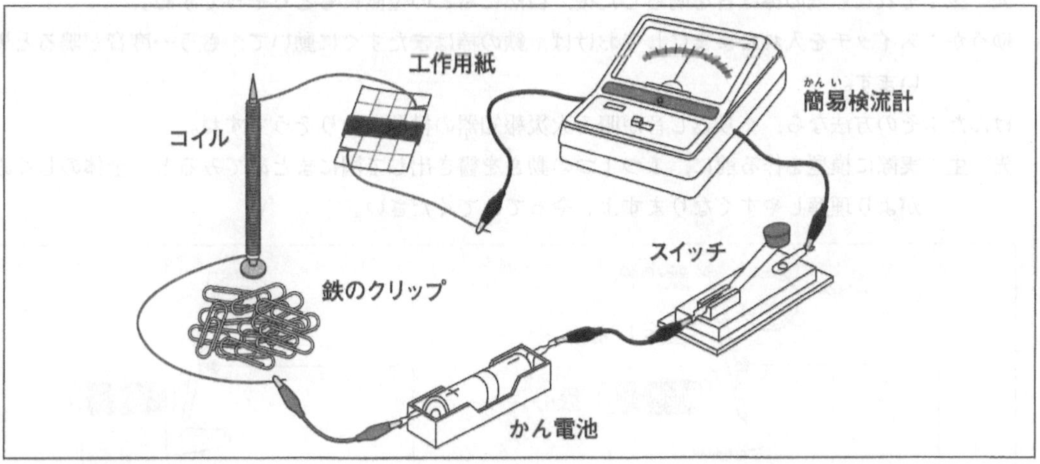

図１　実験用の回路　（大日本図書「たのしい理科５年」より作成）

けんた：クリップがたくさん引きつけられたね。200回も巻いたから，たくさん引きつけられたのかな。巻き数を半分にしたら，引きつけられるクリップの数はどう変わるのだろう。

ゆうか：巻き数が半分なら，クリップの数も半分になると思う。コイルのビニル導線を巻き直して，100回巻きのコイルでもう一度実験してみようよ。

けんた：100回巻きのコイルを作ってみたけど，200回巻きのときに比べて，ビニル導線がかなり余ったよ。

ゆうか：ペンチを使って，ビニル導線を切って短くしよう。

けんた：あっ，今はコイルの巻き数と電磁石の強さの関係を調べたいから，ビニル導線は切らないほうがいいと思うよ。

ゆうか：確かにそうだね。切らずに工作用紙に巻きつけておくよ。

問題１　けんたさんが下線部「コイルの巻き数と電磁石の強さの関係を調べたいから，ビニル導線は切らないほうがいい」のように考えたのはなぜか，その理由を解答らんの「コイルの巻き数」の後に続けて，**15字以内**で書きなさい。ただし，「，」や「。」も１字に数え，文字に誤(あやま)りがないようにしなさい。

電磁石(でんじしゃく)に興味をもったけんたさんとゆうかさんは，小学校に設置されている火災報知器に電磁石の性質が利用されていると知り，火災報知器の模型(もけい)を作ることにしました。

けんた：先生，火災報知器の模型（図２）を作ってみました。

先　生：スイッチを入れると，コイルに電流が流れるようになっているのですね。

ゆうか：電流が流れると，鉄の棒(ぼう)が動いてかねをたたき，音が鳴ります。

先　生：よくできていますが，この模型はくり返し音が鳴らないと思います。くり返し音が鳴ったら，さらに実際の火災報知器に近づきますね。

ゆうか：音を鳴らした後に，鉄の棒がもとの位置にもどればいいですよね。先生，この絵（図３）を見てください。こんなふうに，よくしなるうすい鉄の板に，鉄の棒をしばりつけるのはどうでしょうか。

先　生：それなら鉄の棒は音を鳴らした後，自然にもとの位置にもどりそうですね。

ゆうか：スイッチを入れたままにしておけば，鉄の棒はまたすぐに動いて，もう一度音が鳴ると思います。

けんた：その方法なら，くり返し音が鳴る火災報知器の模型になりそうですね。

先　生：実際に模型を作る前に，１つ１つの動きを書き出して図にまとめてみると，全体のしくみがより理解しやすくなりますよ。やってみてください。

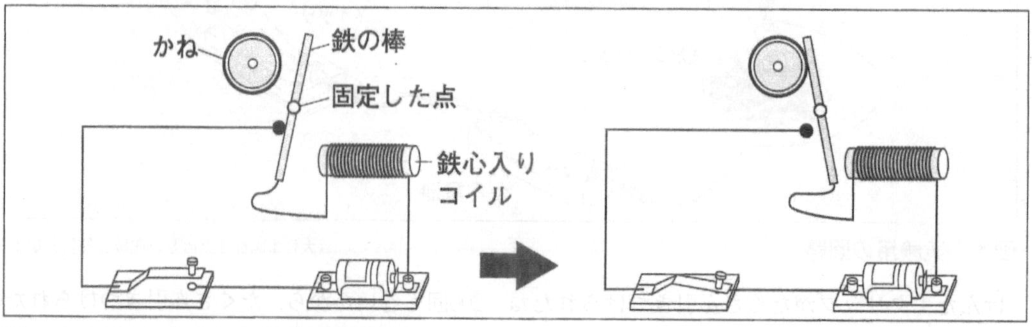

図２　はじめに作った火災報知器の模型

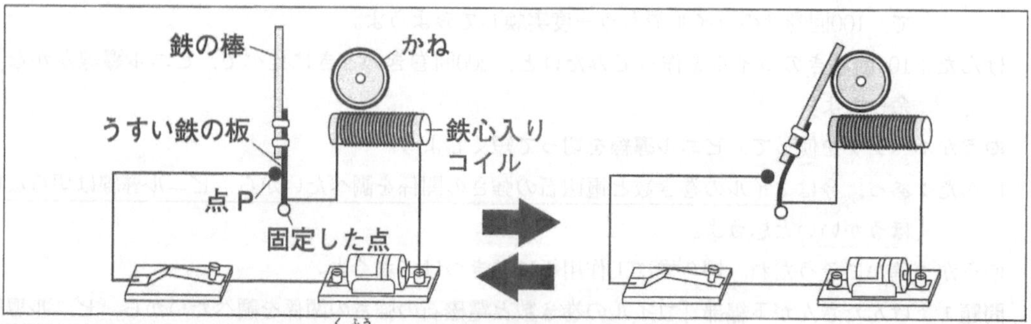

図３　くり返し音が鳴るように工夫(くふう)した火災報知器の模型図

問題２　次のア～オに示された電磁石の性質のうち，図３の火災報知器の模型に利用されているものには○を，利用されていないものには×を書きなさい。

ア　コイルの巻(ま)き数が変わると，鉄を引きつける力の大きさが変わる。

イ　かん電池の数を増やすと，鉄を引きつける力の大きさが変わる。

ウ　電流が流れるときだけ，鉄心入りコイルが磁石のようなはたらきをする。

エ　電流が流れる向きを反対にすると，N極とS極が反対になる。

オ　はなれていても鉄を引きつけることができる。

問題3　けんたさんとゆうかさんは，前のページの**図3**の火災報知器の模型について，**図4**のように短い文をつなげてくり返し音が鳴るしくみをまとめることにしました。**図4**の①～③にあてはまる文として最も適切なものを，次の**ア～オ**からそれぞれ1つずつ選んで，その記号を書きなさい。

ア「うすい鉄の板」と「点P」がつながる。

イ　電磁石のN極とS極の向きが反対になる。

ウ「鉄の棒」が「かね」からはなれる。

エ　電磁石が「鉄の棒」を引きつける。

オ「鉄の棒」が電磁石にしりぞけられる。

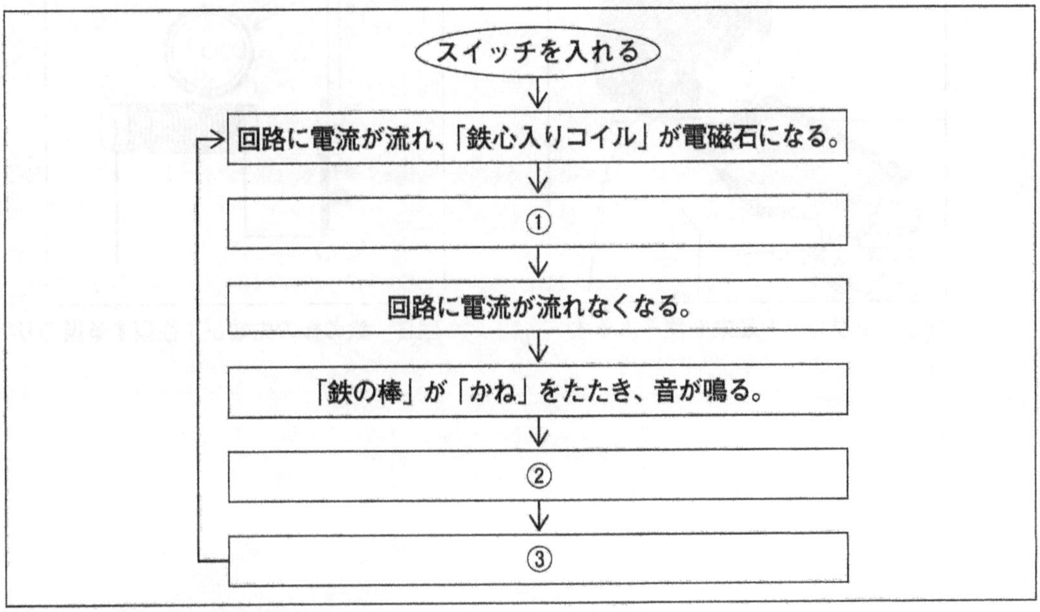

図4　くり返し音が鳴るしくみ

問題4　くり返し音が鳴る火災報知器の模型を作ったけんたさんとゆうかさんは，かねをたたく鉄の棒がどのくらいの速さで動いているのか気になり，調べてみることにしました。次の2人の会話文中の □ にあてはまる数を書きなさい。

けんた：鉄の棒はとても速く動いているように見えたよ。鉄の棒の動きを動画にとって速さを調べてみよう。

ゆうか：タブレット端末を使って動画をとってみるね（次のページの**図5**）。よし，上手にとれたと思う。

けんた：ありがとう。スロー再生して，鉄の棒の動きを観察してみよう。

ゆうか：鉄の棒が何度も往復してかねをたたいていることがよくわかるね。かねをたたいた瞬間を

０回目とすると，そこから５回かねをたたくのに1.25秒かかっているみたい。あとは鉄の棒の先端が動いた道のりを調べれば，速さがわかるね。

けんた：鉄の棒の先端が１往復する道のり（**図６**）を測ってみたら，８㎜だったよ。計算して速さを求めてみよう。速さの表し方には，時速，分速，秒速の３つがあるけれど，時速なら自動車や新幹線などの速さと比べることもできそうだね。

ゆうか：時速ではよくキロメートルを使うから，長さの単位はキロメートルにしてみよう。計算すると，鉄の棒の速さは時速［　　］㎞だね。

けんた：もっと速く動いているように見えたけれど，計算してみると思っていたよりもおそいことがわかったよ。身近なことに疑問をもったら，そのままにせず実験や観察をして確かめてみることが大切だね。

図５　タブレット端末を使うようす

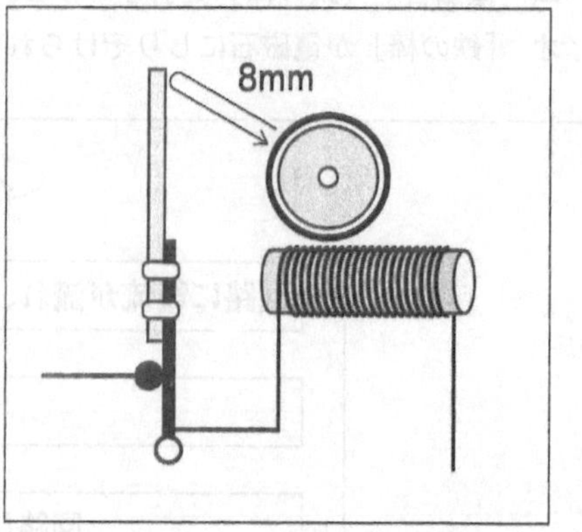

図６　鉄の棒の先端が１往復する道のり

【適性検査Ⅱ】（45分）　＜満点：100点＞

1 東京都に住むけいこさんは，駅で「茨城デスティネーションキャンペーン」のポスターを見て，10月の週末にお父さんと茨城県の霞ヶ浦周辺でサイクリングとキャンプをしました。その時にもらったチラシを見ながら話をしています。

「茨城デスティネーションキャンペーン」のロゴマーク

お父さん：茨城県に行ってよかったね。地域と鉄道会社が一体となった観光キャンペーンだから，鉄道を使った人も多かったね。ロゴマークにある「体験王国いばらき」という言葉のとおり，よい体験ができたね。

けいこ：ロゴマークには，キャンプとサイクリング，それに豊かな自然もえがかれているよ。

お父さん：茨城県の魅力がわかりやすく示されているね。体験できることもわかるね。

けいこ：キャンペーンを記念して運行したサイクルトレインに乗れたのもよかったね。電車に自転車をそのままのせることができて，とても便利だったよ。

お父さん：a道の駅までサイクリングしたときの景色は，すばらしかったね。

問題１　下線部a「道の駅までサイクリング」について，けいこさんは，サイクリング地図（**資料１**）とサイクリングの記録をかきました。**資料１**をもとに，**【サイクリングの記録】**の［A］，［B］にあてはまるおおよその方位とおおよそのきょりの組み合わせとして最も適切なものを，下のア～エから１つ選んで，その記号を書きなさい。

資料１　けいこさんがつくったサイクリング地図（略図）

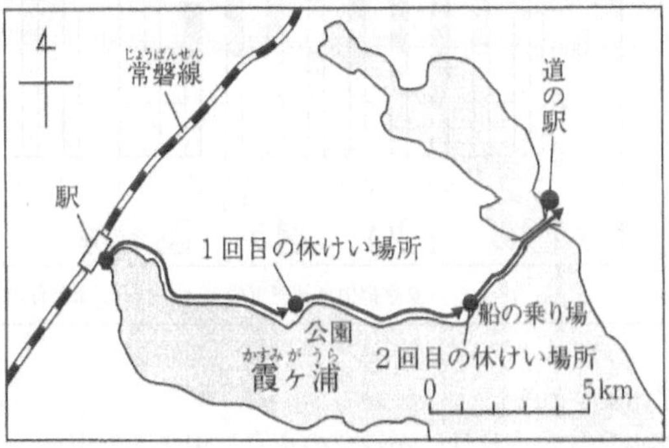

【サイクリングの記録】

駅の東口から湖に沿って進んでいくと、小さな公園があり、ここで１回目の休けいをした。さらに湖に沿って進んでいくと、船の乗り場が見えてきた。次の日にここから観光帆引き船の見学船に乗るので、下見のためこの近くで２回目の休けいをした。２回目の休けい場所からおおよそ［A］方向に［B］進むと道の駅に着いた。

ア　A　北東　B　約４km　　イ　A　南東　B　約４km

ウ　A　北東　B　約８km　　エ　A　南東　B　約８km

けいこ：道の駅では，地元の野菜を売っていたね。そこで，bキャンプで使った野菜をたくさん買ったんだよね。

お父さん：そうだね。どの野菜も新鮮でとてもおいしかったなあ。他のお客さんも茨城県のおみやげを買っていたね。

けいこ：国道沿いにあるから，便利なんだよね。

問題２　下線部ｂ「キャンプで使った野菜」について，けいこさんは，茨城(いばらき)県産の「ある野菜」に着目し，インターネットから**資料２～資料４**を見つけました。さらにインターネットで調べたことを付け加え，それらを**【メモ】**にまとめました。「ある野菜」にあてはまるものを**資料２**から１つ選んで，その野菜の名前を書きなさい。また，**資料４**の**あ**～**う**にあてはまる県の組み合わせとして最も適切なものを，下の**ア**～**カ**から１つ選んで，その記号を書きなさい。

資料２　東京都中央卸売市場(とうきょうとちゅうおうおろしうりしじょう)における茨城県産の野菜の月別出荷量（2022年６月～2023年６月）（kg）

	2022年6月	7月	8月	9月	10月	11月	12月	2023年1月	2月	3月	4月	5月	6月
ねぎ	2254761	1926921	1080419	461294	523040	806694	1506006	1515719	978218	869298	762467	1964510	2453424
ピーマン	1849328	1031701	472652	973866	1255762	953367	573940	151600	272841	811929	1243998	1865475	1890827
にんじん	506480	28841	2539	136	1299	68832	286733	275487	408638	313070	48417	332141	634933
れんこん	76022	187708	576086	974223	1043620	1029634	1371725	894418	900784	875992	538824	404306	131087
ほうれん草	407628	130698	81279	153214	305039	502268	524089	534160	574271	773302	556868	608075	354353
たまねぎ	219345	153220	7610	0	145	425	384	45	215	860	24800	79564	197940

（東京都中央卸売市場ウェブページより作成）

資料３　「ある野菜」が生産される県の県庁(けんちょう)所在地の月別平均気温の変化（1991年～2020年）

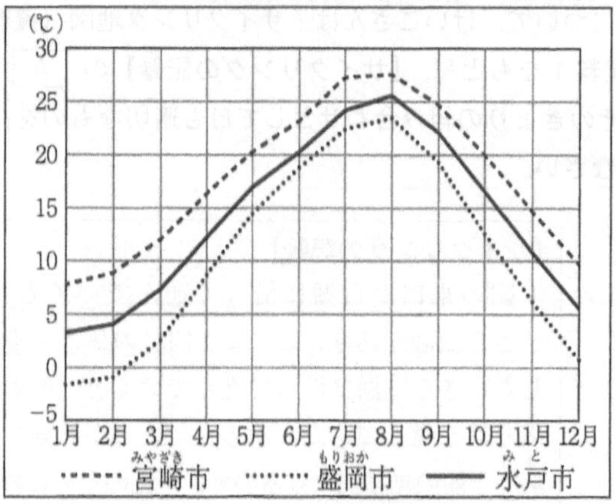

（「理科年表2023」より作成）

資料４　東京都中央卸売市場における「ある野菜」の月ごとの産地別出荷量（2022年６月～2023年６月）

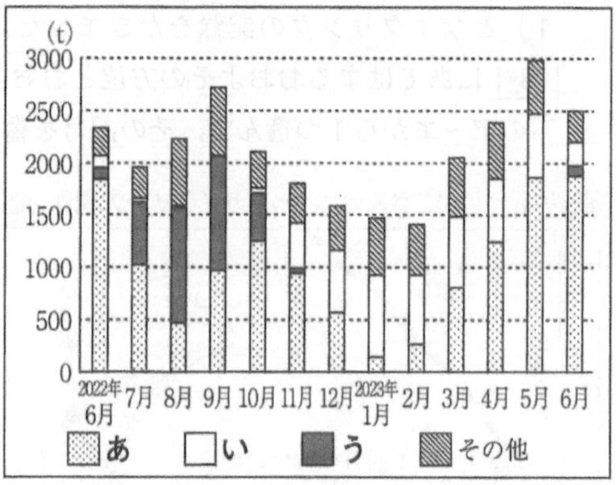

（東京都中央卸売市場ウェブページより作成）

【メモ】＜「ある野菜」の説明＞
・茨城県からは１年を通して東京都中央卸売市場に出荷される。
・茨城県では、2022年９月から10月にかけてと2023年２月から６月にかけての東京都中央卸売市場への出荷量が前の月より増えている。
・ビニールハウスを使うことで、冬でも生産ができる。あたたかい気候の土地では、燃料にかかる費用を少なくすることができる。
・あたたかい地方からの出荷には運送費が多くかかるが、東京に近い県の出荷量が減少する冬は、あたたかい地方からの出荷量が多くなる。

ア　**あ**　茨城県　**い**　岩手(いわて)県　**う**　宮崎県
イ　**あ**　茨城県　**い**　宮崎県　**う**　岩手県
ウ　**あ**　岩手県　**い**　茨城県　**う**　宮崎県
エ　**あ**　岩手県　**い**　宮崎県　**う**　茨城県
オ　**あ**　宮崎県　**い**　茨城県　**う**　岩手県
カ　**あ**　宮崎県　**い**　岩手県　**う**　茨城県

けいこ：道の駅では，地域(ちいき)で作られたものが売られていたね。c奈良時代(なら)も今と同じように人やものの流れがあったということを学校で学習したよ。

お父さん：最近，さかんな農業を生かして，茨城県(いばらき)で生産される野菜を外国にd貿易品として輸出しているんだよ。

けいこ：茨城県には，まだわたしたちの知らない魅力(みりょく)がたくさんあるんだね。また，茨城県に行ってみたいな。

問題3　けいこさんは，下線部c「奈良時代」について興味をもちました。そこで，そのころの様子を表した**資料5**，**資料6**を参考にし，調べてわかったことを**【カード】**にまとめました。**【カード】**の［　　］にあてはまる最も適切なものを，下のア～エから１つ選んで，その記号を書きなさい。

資料5　奈良時代の都へ運ばれてきた各地の主な産物の例

産地	産物
茨城県	あわび、わかめ、くろだい
静岡県(しずおか)	かつお、みかん、海そう
岐阜県(ぎふ)	あゆ、大豆
岡山県(おかやま)	塩、くり、豆でつくった調味料
徳島県(とくしま)	わかめ、うに、しか肉

＊産地は、現在の県名で示している。
（東京書籍(しょせき)「新しい社会６歴史編」より作成）

資料6　奈良時代の都に住む貴族(きぞく)の食事の例

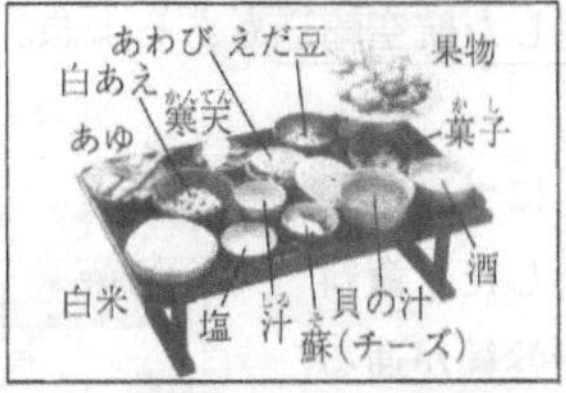

（教育出版「小学社会６」より作成）

【カード】
資料５と資料６から、奈良時代は各地から産物が都に集められ、貴族の食事を支えていたことがわかりました。これは、国を治める法律(ほうりつ)である「律令(りつりょう)」によって、［　　　　］という農民の負担(ふたん)があったからです。

ア　役所や寺の土木工事を行う　　イ　地方の特産物を納(おさ)める
ウ　都で働くか，布を納める　　エ　都や九州(きゅうしゅう)などの警備(けいび)をする

問題4　下線部d「貿易品」について，けいこさんは**資料7**を見つけました。**資料7**をもとに，同じ学級のひろしさんと気づいたことをまとめました。下の(1)，(2)の問題に答えなさい。

資料7　日本の主要な貿易品目の変化

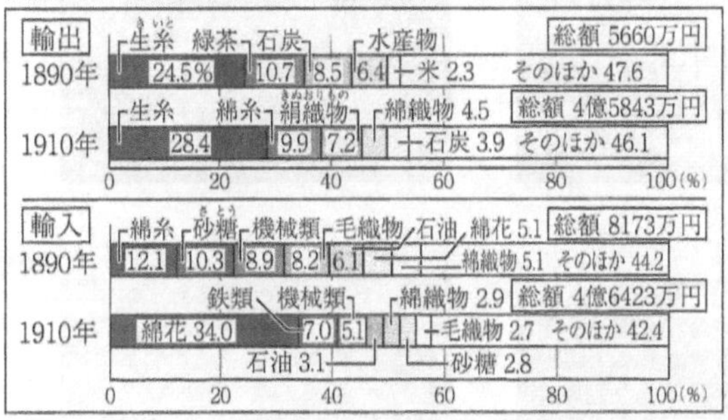

（東京書籍「新しい社会６歴史編」より作成）

【けいこさんとひろしさんのまとめ】

名前	気づいたこと
けいこ	1890年の輸入品目では［A］の割合(わりあい)が最も大きかったが、1910年には［B］を大量に輸入して、それを［C］にして輸出するようになった。日本でも十分な生産ができるようになってきたと考えられる。
ひろし	1890年から1910年にかけて、生糸の輸出額が約［X］倍になっていることから、日本では製糸業が重要な産業となったことがわかった。

(1)　**【けいこさんとひろしさんのまとめ】**の［A］，［B］，［C］にあてはまる主要な貿易品目の組み合わせとして最も適切なものを，次のア～カから１つ選んで，その記号を書きなさい。

ア　A　綿糸　B　綿織物　C　綿糸　　イ　A　砂糖　B　鉄類　C　石炭
ウ　A　緑茶　B　鉄類　C　石炭　　エ　A　綿糸　B　綿花　C　綿糸
オ　A　砂糖　B　綿花　C　綿糸　　カ　A　生糸　B　絹織物　C　生糸

(2) X にあてはまる数字として最も適切なものを，次のア～オから１つ選んで，その記号を書きなさい。

ア 2　イ 5　ウ 9　エ 13　オ 20

2 けいこさんとひろしさんは，日本の交通に興味をもち，調べてみることにしました。

けいこ：社会の授業で江戸時代に五街道が整備されたことを学習したね。五街道は江戸と各地を結んでいた道だったね。

ひろし：江戸と京都を結んでいた「東海道」は，今でも a 鉄道の路線名に使われているよ。この「東海道」が通っていた地域は，現在の b 工業のさかんな地域とも重なるね。交通網との関わりがあるのかもしれないね。

けいこ：そうだね。工業製品は，トラックや船などいろいろな方法を上手に組み合わせて運ばれているんだよ。

ひろし：その他にも c 飛行機を利用した航空輸送もあるよね。ものだけでなく，人の輸送にも飛行機が使われているね。

問題１　下線部 a「鉄道の路線名」について，けいこさんは，**資料１**を見つけました。**資料１**を参考にして，東海道・山陽新幹線が通る都府県にある世界遺産に関係のあるものをＡ～Ｆの写真の中から**３つ**選んで，東京駅から博多駅の間に通過する都府県の順にならべ，その記号を書きなさい。

資料１　東海道・山陽新幹線の路線図

Ａ 厳島神社

Ｂ 中尊寺金色堂

Ｃ 金閣

Ｄ 富岡製糸場

Ｅ 日光東照宮

Ｆ 姫路城

（Ａ、Ｂ、Ｅ　東京書籍「新しい社会６歴史編」より作成）
（Ｃ　教育出版「小学社会６」より作成）
（Ｄ、Ｆ　帝国書院「小学生の地図帳」より作成）

問題２　下線部ｂ「工業のさかんな地域」について，ひろしさんは資料２と資料３を見つけました。下のア～エのうち，資料２，資料３からわかることとして，正しいものには○を，誤っているものには×を書きなさい。

資料２　日本の工業のさかんな地域

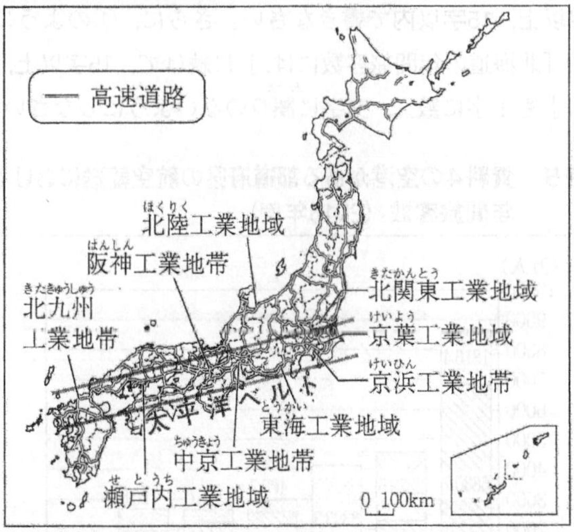

＊高速道路は、主な自動車専用道路をふくむ。
＊北九州工業地帯は、北九州工業地域とよばれることもある。
（帝国書院「小学生の地図帳」より作成）

資料３　工業地帯・工業地域別の工業生産額（2016年）

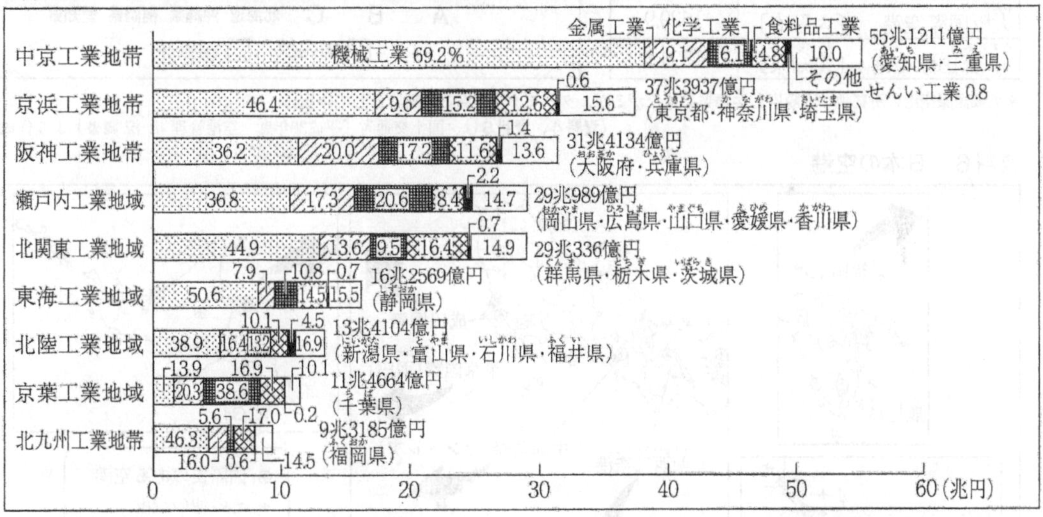

（教育出版「小学社会５」より作成）

ア　関東地方の南部から九州地方の北部にかけて，工業地帯や工業地域が海沿いに広がっている。

イ　高速道路があっても，内陸部には工業のさかんな地域はない。

ウ　すべての工業地帯・工業地域において，工業生産額の割合が最も大きいのは，機械工業である。

エ　工業生産額における化学工業のしめる割合が最も大きくなっているのは，瀬戸内工業地域である。

問題３　下線部ｃ「飛行機を利用した航空輸送」について，**資料４**を参考に**資料５**の**Ａ～Ｃ**にあてはまる都府県の組み合わせとして最も適切なものを，下の**ア～カ**から１つ選んで，その記号を書きなさい。

また，北海道の年間旅客数に着目し，**資料４**，**資料５**から読み取ったことを，解答用紙の①「新千歳空港の年間旅客数は,」に続けて，**10字以上**，**15字以内**で書きなさい。さらに，①のようになる理由を，**資料６**をもとに，解答用紙の②「北海道の年間旅客数には,」に続けて，**15字以上**，**20字以内**で説明しなさい。ただし，「,」や「。」も１字に数え，文字に誤りのないようにしなさい。

資料４　日本の航空輸送における主な空港の年間旅客数（国内線と国際線の合計　2018年度）

空港名〔都道府県〕	年間旅客数（万人）
東京国際空港〔東京都〕	8605.1
成田国際空港〔千葉県〕	4123.8
関西国際空港〔大阪府〕	2930.8
福岡空港〔福岡県〕	2484.5
新千歳空港〔北海道〕	2363.4
那覇空港〔沖縄県〕	2154.7
大阪国際空港〔大阪府〕	1629.9
中部国際空港〔愛知県〕	1234.5

資料５　資料４の空港がある都道府県の航空輸送における年間旅客数（2018年度）

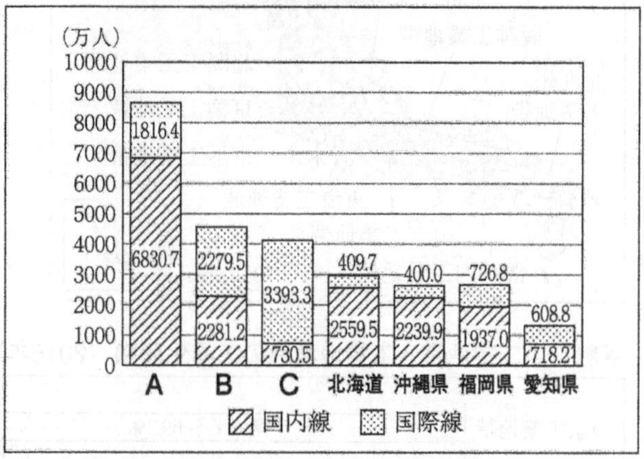

＊大阪国際空港の所在地は大阪府と兵庫県にまたがるが、ターミナルがある大阪府としている。

（**資料４**、**資料５**は、国土交通省「平成30年度　空港管理状況調書」より作成）

資料６　日本の空港

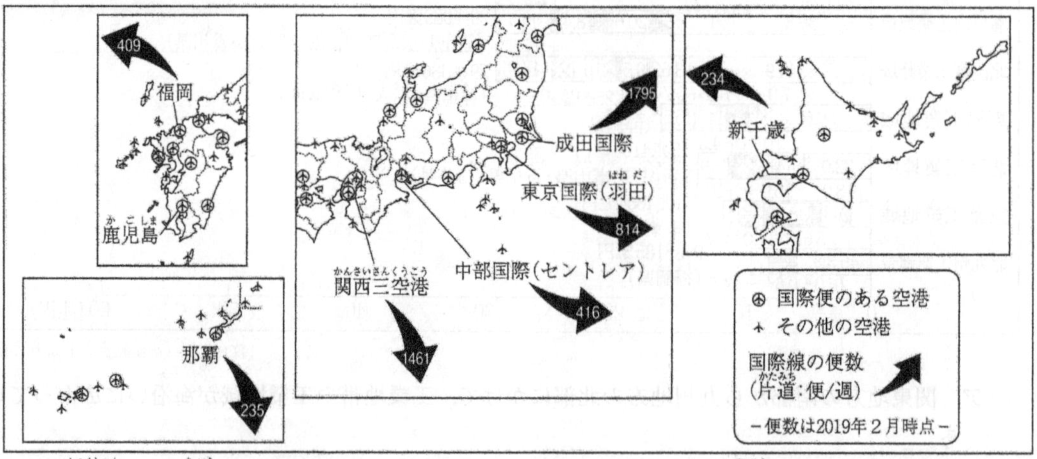

＊地図の縮尺は、どの地域も同じである。　（帝国書院「小学生の地図帳」より作成）
＊関西三空港とは、大阪国際空港、関西国際空港、神戸空港を合わせたものである。

ア	Ａ	東京都	Ｂ	大阪府	Ｃ	千葉県	**イ**	Ａ	東京都	Ｂ	千葉県	Ｃ	大阪府
ウ	Ａ	大阪府	Ｂ	千葉県	Ｃ	東京都	**エ**	Ａ	大阪府	Ｂ	東京都	Ｃ	千葉県
オ	Ａ	千葉県	Ｂ	東京都	Ｃ	大阪府	**カ**	Ａ	千葉県	Ｂ	大阪府	Ｃ	東京都

3 ひろしさんの学年では，総合的な学習の時間に「未来のわたし」をテーマに学習をしています。**資料１**のスライドを用いて学級で中間発表会を行い，みんなから質問や意見をもらいました。今日は，最終発表会に向けてグループで話し合いをしています。

資料１　ひろしさんたちが中間発表会で提示したスライド

１－１　将来つきたい職業ランキング2022

（学研教育総合研究所「小学生白書 2022」より作成）

１－２　職業の分類表

① 未来をつくるＩＴの職業
② メディア業界の職業
③ 食にかかわる職業
④ 自然にかかわる職業
⑤ 交通・宇宙にかかわる職業
⑥ スポーツにかかわる職業
⑦ ファッション・美容の職業
⑧ エンターテイメントの職業
⑨ クリエイティブ系の職業
⑩ モノをつくる、運ぶ職業
⑪ 医療・心理・福祉の職業
⑫ 社会と暮らしを守る職業
⑬ 教育にかかわる職業

（藤田晃之「未来が広がる！世の中が見える！仕事の図鑑」より作成）

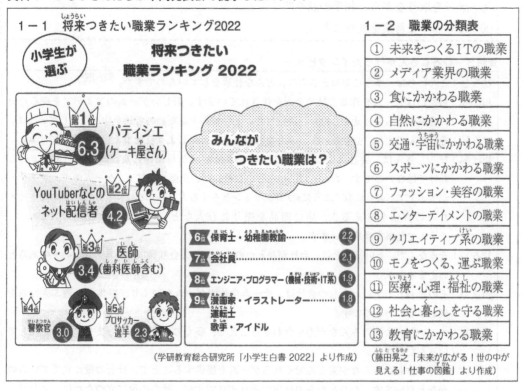

ひろし：今日は，先週の中間発表会をふり返ろう。ぼくたちは，小学生がどんな職業につきたいと思っているのかを調べて，**資料１**（１－１）を提示したんだよね。さらに，世の中にはどんな職業があるのかをもっと知りたくて，いろいろさがして見つけた本の中に，**資料１**（１－２）の分類表を見つけたので，それを提示したんだよね。

けいこ：**資料１**（１－１）の「将来つきたい職業ランキング2022」で，ユーチューバーが第２位だったことに，みんなは驚いていたね。最初の資料として，とても効果的だったと思うよ。

なおき：**資料１**（１－２）については，特に「③『食にかかわる職業』や⑥『スポーツにかかわる職業』について，具体的にどんな職業があるのか」という質問が出たよね。

ひろし：２つの資料とも準備してよかったね。ただ**資料１**（１－１）では，パティシエや警察官などに比べて，「会社員って，具体的に何をしているのかな。」という質問がたくさん出たね。だから，ぼくは，会社員をしている近所のおねえさんに，授業で学んだ次のページの**資料２**を生かして，インタビューをしてみたんだ。

資料2　インタビューで気をつけること

①　インタビューの目的や意図を明確にし、はじめに相手に伝えること。
②　相手の話の中心を考えながら聞くこと。
③　相手の話を聞き、興味や疑問をもったことについて、さらに、くわしくたずねること。
④　メモを取りながら、相手の話を聞くこと。
⑤　ていねいな言葉を使うこと。

資料3　ひろしさんが行ったインタビュー

ひろし：こんにちは。ゆうこおねえさんは、どんな仕事をしているのですか。

おねえさん：わたしはゲームを作る会社で企画を任されています。新しいゲームのアイデアを練るために会議や打ち合わせをしたり、決定したことを報告するための書類を作ったりしています。

ひろし：そうなんですね。会社員って、みんなおねえさんと同じような仕事をしているのですか。

おねえさん：ひろしさんは、会社員について知りたいのかな。会社員はみんなが同じ仕事をしているわけではないのです。たとえば、わたしの会社には、企画の他にも、ゲームのキャラクターがアイデアどおりに動くように※プログラミングをする人、みんなに新しいゲームを知らせるための宣伝を考える人、店に商品を売りこむ人など、いろいろな役割の人がいて、チームで仕事を進めています。

ひろし：そうなんだ。ということは、会社がひとつのチームで、会社員はチームのメンバーであるといえますね。

おねえさん：そのとおりです。わたしの会社は、チーム全体でゲームをつくり、提供し、遊ぶ人たちを楽しませているのです。

ひろし：すごいね。会社のみんなが力を合わせることで、多くの人たちを楽しませて、幸せにしているんだね。

おねえさん：そうですね。みんなが楽しんでくれるゲームを提供することで、社会の役に立てているのかなと思います。わたしたちの仕事はそれぞれですが、社会の役に立つために、メンバーひとりひとりが欠かすことのできない役割を果たしているのです。

ひろし：きっと、他の会社も同じように、チーム全体で社会の役に立とうとしているのですね。よくわかりました。今回のインタビューのメモをもとに、職業について、もう一度考えてみたいと思います。ありがとうございました。

※ プログラミング　コンピューターのプログラムを作成すること。

けいこ：わたしは，最終発表会に向けて，ひろしさんのインタビューの内容をスライドにまとめようと思うんだ。次のページの**資料4**は，作りかけなんだけど，どうかな。

問題1　ひろしさんたちの会話と，**資料2**～**資料4**をもとに，次の(1)，(2)の問題に答えなさい。

(1)　**資料2**のうち，ひろしさんが，**資料3**のインタビューで取り入れることができたものはどれですか。①～⑤のうち，あてはまるものには○を，あてはまらないものには×を書きなさい。

(2)　**資料4**の [A]，[B] にあてはまる最も適切な言葉を，それぞれ**資料3**からぬき出して書きなさい。ただし，[A] は2字で，[B] は7字で，文字に誤りがないようにしなさい。

資料4　けいこさんがまとめようとしているスライド

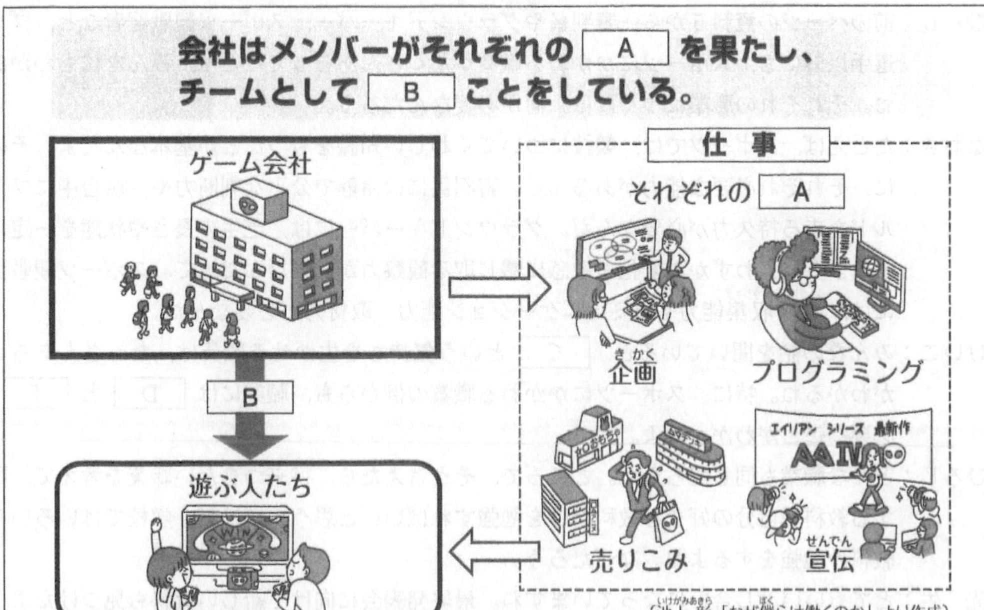

（池上 彰「なぜ僕らは働くのか」より作成）

ひろし：新しい資料が増えて，最終発表会に参加するみんなも，会社員という職業について理解が深まると思うよ。ところで，17ページの**資料1**（1－2）についてだけど，調べてみると世の中には約３万種類もの職業があるそうだよ。なおきさんとさやかさんが，中間発表会でみんなの関心が高かった③「食にかかわる職業」と⑥「スポーツにかかかる職業」についてくわしく調べてくれたんだよね。**資料5**を見てくれるかな。

資料5　なおきさんとさやかさんが、職業についてまとめた資料

③食にかかわる職業		⑥スポーツにかかわる職業		
《料理や飲み物を提供する》 ・ソムリエ／ソムリエール ・バリスタ ・給仕 ・カフェスタッフ　など	《メニューや商品を考える》 ・食品･飲料メーカー企画開発 ・フードコーディネーター ・栄養士 ・給食調理員　など	《選手として活躍》 ・プロアスリート ・パラアスリート ・ｅスポーツ選手 など	《試合にかかわる》 ・審判員 ・グラウンドキーパー ・スポーツ観戦記者 など	《人に教える》 ・インストラクター ・トレーナー など
《料理・お菓子をつくる》 ・料理人（シェフ） ・パティシエ ・板前 ・パン職人　など	《食材をつくる、育てる》 ・農業経営者／農家 ・酪農家 ・畜産農家 ・漁師　など	《選手をサポート》 ・監督／コーチ ・スポーツドクター ・チームフロント など	《道具や場所でサポート》 ・施設運営スタッフ ・スポーツ用品開発者 ・スポーツ用品販売員 など	

（藤田晃之「未来が広がる！世の中が見える！仕事の図鑑」より作成）

さやか：わたしはお菓子づくりが好きだから，「食にかかわる職業」を調べてみたよ。料理人やパティシエだけではなく，レストランなどで，料理や飲み物を出す人，メニューや商品を考える人，食材をつくったり，育てたりする人もいることがわかったよ。

なおき：ぼくはサッカーが好きだから，「スポーツにかかわる職業」をまとめてみたよ。スポーツにかかわる職業には，プロの選手だけではなく，他にもたくさんの職業があるということがわかったよ。

ひろし：前のページの**資料５**から，審判員やグラウンドキーパー，スポーツ観戦記者など，プロの選手以外にも，スポーツにかかわる職業がたくさんあるってことが，みんなにもわかるよね。それぞれの職業につくには，何が必要なんだろう。

なおき：たとえば，スポーツでは，競技についてくわしい知識をもつことが基本なんだよ。その他に，それぞれ必要な能力があるんだ。審判員には冷静で公平な判断力や，試合中にフィールドを走る持久力が必要なんだ。グラウンドキーパーには，芝生(しばふ)の長さや状態を一定に保てるように，わずかな変化も敏感(びんかん)に感じ取る観察力が必要なんだって。スポーツ観戦記者には，情報収集(じょうほうしゅうしゅう)能力やコミュニケーション能力，取材力が必要なんだ。

けいこ：みんなの話を聞いていると，【C】という気持ちを生かせる職業は，たくさんあることがわかるね。特に，スポーツにかかわる職業の例からも，職業には【D】と【E】が必要なことがわかったよ。

ひろし：どんな職業も同じだろうね。ところで，そう考えたら，将来(しょうらい)つきたい職業を考えて，関係する教科や自分の好きな教科だけを勉強すればいいと思うんだけど，学校ではいろいろな教科の勉強をするよね。なぜだろう。

先　生：とてもいい話し合いになっていますね。最終発表会に向けて新しい資料も見つけたようですね。今，ひろしさんが学校の勉強について疑問(ぎもん)を投げかけていましたが，みなさんにしょうかいしたい本があるので，その中の一部を読んでみてください。

資料６　先生がしょうかいしてくれた本の一部

５教科も勉強しなくてもいいと思う人もいるかもしれません。将来(しょうらい)、英語を使う仕事につきたいわけでもないし、石油から発電する仕組みを知らなくても、スイッチを入れればちゃんと電気は使えます。読み書きと足し算引き算ができれば生きていけるから、それで十分だと思う人もいるかもしれません。それでもかまわないと思います。

ただ、前にも書いたように、学ぶということは自分の選択肢(せんたくし)を広げることです。

いま、みなさんがスキー場にいるとします。雪質もコンディションも最高のゲレンデです。そしてみなさんはスキー１級の免許(めんきょ)を持っています。楽しみ方は２つあります。思いきりスキーを楽しんでもいいし、そのへんに寝転(ねころ)がって、スキーをする人たちをぼーっと見ていてもいい。みなさんは、どちらが楽しいと思うでしょうか。

学生にこう聞くと、ほとんどの人が「思いきりスキーを楽しみたい」と言います。中には、ぼーっと眺(なが)めていたいという人ももちろんいます。

どちらでもかまわないのです。ただスキーの技術を身につけていれば、スキー場に行ったとき、どちらの楽しみ方がいいか、自分で選ぶことができます。今日は元気だからガンガンすべろうとか、昨日すべりすぎて疲(つか)れちゃったから、今日はのんびり眺めていようかなというふうにです。別にスキーを学んだからといって、やらなくてもいいのです。でも、もしスキーができなかったら、そもそも選ぶことさえできず、すべる人をボーっと見ていることしかできません。

これはスキーに限ったことではありません。

何かを勉強するということは、自分の人生の選択肢を増やすということです。何かひとつでも学べば選択肢が増えます。選択肢の多い人生の方が楽しいと僕(ぼく)は思うのです。

（出口治明(でぐちはるあき)「なぜ学ぶのか」による）

問題2　さやかさんたちの会話と，前のページの**資料6**をもとに，次の(1)，(2)の問題に答えなさい。

(1) けいこさんの発言の［C］，［D］，［E］にあてはまる最も適切な言葉を，会話文からぬき出して，それぞれ**2字以内**で書きなさい。ただし，文字に誤りがないようにしなさい。

(2) **資料6**の下線部「いま，みなさんがスキー場にいるとします。」で始まる事例を示した筆者の意図を説明しているものはどれですか。次の**ア**～**オ**から**2つ**選んで，その記号を書きなさい。

ア　選択肢の多い人生は楽しいという主張を，読み手に納得させるため。

イ　人生を楽しむには，スキー1級の免許が必要であることを主張するため。

ウ　何事にも全力で取り組むべきだという主張を，読み手に理解させるため。

エ　スキーをすることの楽しさを，だれにでも伝わるように主張するため。

オ　学ぶことで人生の選択肢が増えるという主張に，説得力をもたせるため。

4　なおきさんのクラスでは，国語の授業で「季節の思い出」を題材に作文を書き，読んだ感想を伝え合っています。なおきさんは，友達からの感想や意見をもとに，自分の作文をよりよいものにしようと考えました。なお，作文中の［※］には，なおきさんが作った短歌を書く予定です。

【なおきさんの作文】

a（ぼくは、母と桜を見に行った。いっしょに桜をながめている時に母に言われた言葉が、しばらく会っていない祖父のことを強く思い出させた。）

祖父は桜の季節になると、ぼくを近くの川に連れて行ってくれた。場所は決まっていた。

「桜の名所はたくさんあるが、ここの桜並木がおれには一番だ。」

そう言って、祖父はいつもやさしくほほえんだ。祖父からは桜の話をいろいろと教えてもらった。川沿いに桜を植える理由。※1ソメイヨシノの起源。お花見の歴史など…。

b（そのため、）桜をテーマにした短歌についても教えてくれた。

筆ペンと紙を持って、二人で短歌作りに挑戦したこともある。

いざなおき　山べにゆかむ　桜見に　明日ともいはば　散りもこそせめ

「※2良寛さんのまねだ、まね。」

祖父はにっこり笑っていた。

今年は、母と二人で桜を見に行った。桜はいつものように、きれいにさいていた。

c（つまり、）何かがちがう。祖父がいない花見は、少しだけ、もの足りなかった。

［※　なおきさんが作った短歌］

気づいたら、ぼくは短歌をよんでいた。祖父から受けついだのは、どうやら桜好きだけではなかったようだ。

※1　ソメイヨシノ　桜の一種。現代の代表的な品種。

※2　良寛　江戸時代後期の僧侶。歌人、漢詩人、書家。

「いざ子ども　山べにゆかむ　桜見に　明日ともいはば　散りもこそせめ」

（さあ子供たちよ、山のあたりに行こう、桜の花を見に。明日見に行くと言ったならば、花が散ってしまうであろうに。）

けいこ：おじいさんとの思い出の場所について書いたんだね。なおきさんとおじいさんとの仲のよさが伝わってきたよ。ただ，書き出しの部分については，［A］，という点で書き直してみると，さらによくなると思うよ。

なおき：なるほどね。自分でも少し気になっていたんだ。ありがとう。こんなふうに書き直したらどうかな。

「おじいちゃんの桜好きは，あなたが受けついだのね。」

けいこ：うん。とてもよくなったと思うよ。

なおき：ぼくの作文について，他に気づいたことはあるかな。

ひろし：少し気になったことを質問してもいいかな。——線部b「そのため」，——線部c「つまり」のつなぎ言葉（つなぐ言葉）は，意味が伝わりにくいけれど，どうかな。

なおき：そうだね…ありがとう。おかげで，文と文のつながりが自然になったよ。

さやか：ここに，「川沿(ぞ)いに桜を植える理由」と書かれているよね。どうしてもその理由が気になったから教えてほしいな。

なおき：いいよ。おじいちゃんから聞いて，ノートにまとめたんだ。これを見て。

けいこ：たしかに，花見の季節には美しい桜を見ようと，多くの人が集まるよね。

なおき：そうなんだよ。集まった人たちは，足もとの土手を何度もふむよね。そうするとどうなると思う。おじいちゃんの話では，そこがねらいらしいよ。

さやか：たくさんの人が土手をふむと，固くなるよね。つまり，わたしたちも自分で気づかないうちに，洪水被害(こうずいひがい)を防ぐことに協力しているということだね。

けいこ：さすが，もの知りのおじいさんだね。

資料1　なおきさんのノートの一部

> 川沿いに桜を植える理由のひとつは江戸(えど)時代にあるらしい。江戸時代は大雨が降(ふ)ると、川の増水によって土手の※決壊(けっかい)が起こり、洪水被害になやまされていた。多くのお金をかけずに洪水を防ぐ方法はないかと考えていたところ、桜の木を植えることを思いついた。集まった花見客が、［B］ことで、決壊を防ぐというアイデアが生まれたらしい。

※ 決壊　切れてくずれること。

問題1　なおきさんは，けいこさんからのどのような意見を生かして——線部a「ぼくは，母と桜を見に行った。いっしょに桜をながめている時に母に言われた言葉が，しばらく会っていない祖父のことを強く思い出させた。」を書きかえたのでしょうか。けいこさんの意見［A］にあてはまる内容を，次の**ア**～**カ**から**2つ**選んで，その記号を書きなさい。

ア　時と場所に関する情報がはっきりわかるように書く
イ　書き出しに祖父が好きだった短歌を入れるようにする
ウ　母の発言を具体的に書いて興味を引くようにする
エ　文末の言い切りの言葉をもっとていねいな表現にする
オ　作文の始めと終わりの内容がつながるようにする
カ　自分の考えていることをはっきりと伝えるようにする

問題2　なおきさんは，ひろしさんの意見をもとに b「そのため」，c「つまり」のつなぎ言葉（つなぐ言葉）を直しました。次の**ア**～**カ**から最も適切な組み合わせを１つ選んで，その記号を書きなさい。

ア　b　だから　　c　なお　　　　**イ**　b　なぜなら　c　あるいは
ウ　b　たとえば　c　したがって　**エ**　b　そして　　c　でも
オ　b　なぜなら　c　しかし　　　**カ**　b　さらに　　c　だから

問題3　前のページの**資料１**の［B］にあてはまる内容を，会話文をよく読んで，**５字以上，10字以内**で書きなさい。ただし，花見客の行動とその効果にふれて，文字に誤りがないようにしなさい。

問題4　なおきさんは，作文に書く短歌について，**資料２**をもとに，**資料３**の**C**・**D**の案を考えました。そして，**資料４**を参考に表現を見直し，**C**の案を選ぶことにしました。なおきさんが**C**の案を選んだ理由を，**《条件》**に従って書きなさい。

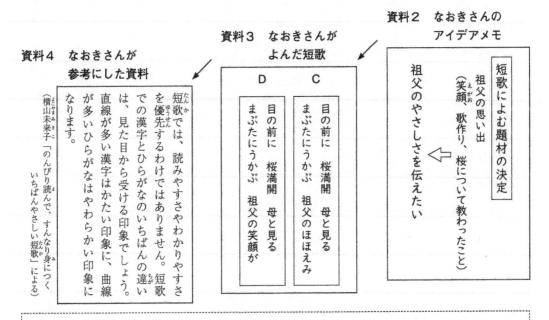

資料２　なおきさんのアイデアメモ

短歌によむ題材の決定
祖父の思い出
（笑顔、歌作り、桜について教わったこと）
⇦
祖父のやさしさを伝えたい

資料３　なおきさんがよんだ短歌

C
目の前に　桜満開　母と見る
まぶたにうかぶ　祖父のほほえみ

D
目の前に　桜満開　母と見る
まぶたにうかぶ　祖父の笑顔が

資料４　なおきさんが参考にした資料

短歌では、読みやすさやわかりやすさを優先するわけではありません。短歌での漢字とひらがなのいちばんの違いは、見た目から受ける印象でしょう。直線が多い漢字はかたい印象に、曲線が多いひらがなはやわらかい印象になります。

（横山未来子「のんびり読んで、すんなり身につく　いちばんやさしい短歌」による）

《条件》
① **C**の案の中の言葉を取り上げ、その言葉を使うことによる効果となおきさんの伝えたいことを関連させながら書くこと。言葉を取り上げる際には、「　」（かぎ）を付けること。
② 「**C**の案を選んだ理由は、」に続けて、「からだ。」につながるようにすること。
③ **30字以上、40字以内**で書くこと。ただし、「、」や「。」および「　」（かぎ）も１字として数えること。
④ 文字に誤りがないようにすること。

MEMO

大切なことはメモしておこうネ！

2024 年 度

解 答 と 解 説

<適性検査Ⅰ解答例>

1 問題1 式：3200×(1－0.1)

値段：2880(円)

問題2 1.8(L)

問題3 記号：イ

説明： おじいさんの家の水そうに小石と水草を入れると水そうの底から水面までの高さが1cm高くなるので，その分の水の量を求めると，30×60×1＝1800で，1800(cm^3) あおいさんは，Aの水そうに入れる小石と水草をちょうど半分にするので，その分の水の量を求めると，1800÷2＝900で，900(cm^3)

2 問題1 ① ア ② イ ③ エ

問題2 ④ 5(倍)

⑤ 2.2(倍)

3 問題1 ア ○ イ × ウ × エ：○

問題2 記号：ア

理由：葉やその周りの熱をうばう(からだよ。)

問題3 ア，ウ，エ

問題4 39(％)

4 問題1 (コイルの巻き数)以外の条件を同じにするため。

問題2 ア × イ × ウ ○ エ × オ ○

問題3 ① エ ② ウ ③ ア

問題4 (時速)0.1152(km)

○配点○

1 問題1・問題3(記号) 各4点×3 問題2 6点 問題3(説明) 7点

2 問題1 各4点×3 問題2④ 6点 問題2⑤ 7点

3 問題1・問題2(理由)・問題3 各5点×3 問題2(記号) 3点 問題4 7点

4 問題1 8点 問題2・問題3 各5点×2 問題4 7点 計100点

<適性検査Ⅰ解説>

1 （算数：割合，容積）

重要

問題１　定価の１割引きの値段とは，定価を100％とするとき，10％引きになる値段のことである。割引きされた代金は，「(定価)×(割引きされたあとの割合)」で求めることができる。定価が3200円なので，１割引きの値段は3200×(1−0.1)＝2880(円)になる。「3200×0.9」，「3200−3200×0.1」など表現がちがっても，値段を求める式として合っているものは正答とする。

問題２　あおいさんとおじいさんの会話文中のおじいさんの発言から，おじいさんの家にいるメダカは30ぴきであること，水そうに水だけを入れたとき，水そうの底から水面までの高さは水そうの高さの$\frac{5}{6}$倍であることがわかる。おじいさんの家の水そうCの容積は，**資料**より64.8Lなので，1L＝1000mL，1mL＝1cm^3より，64800cm^3である。直方体の容積を求めるとき，高さが$\frac{5}{6}$倍になると容積も$\frac{5}{6}$倍になる。したがって，水そうに入っている水の量は，$64800\times\frac{5}{6}=54000$($cm^3$)，つまり54Lである。この水そうの中で，メダカを30ぴき飼っているので，メダカ１匹あたりの水の量は，54÷30＝1.8(L)となる。

また，$\frac{9}{5}$，$1\frac{4}{5}$など，分数で答えても正答となる。

問題３　**あおいさんの考え**によると，水そうに入れられる水の量は最大で11700cm^3＝11.7Lである。あおいさんはメダカ１ぴきあたりの水の量を２L以上にしようとしているため，飼うことができるメダカの数は，11.7÷2＝5.85(ひき)となる。したがって，飼うことができるメダカは最大で５ひきである。

また，**あおいさんの考え**にある式は，Ａの水そうの容積14400cm^3から，1800cm^3と900cm^3をひいて，水そうに入れられる水の量を求めていることがわかる。あおいさんとおじいさんの会話文によると，水そうに入れる水の量について，水そうの底から水面までの高さを水そうの高さより３cm低くすることと，小石と水草を入れる必要があることがわかる。

まず，Ａの水そうで，高さ３cm分の容積は，20×30×3＝1800(cm^3)である。つまり，**あおいさんの考え**にある式で，1800cm^3がひかれているのはこの分であることがわかる。

次に，水そうに入れる小石と水草の体積を求める。会話文中のおじいさんの発言から，おじいさんの家の水そうに小石と水草を入れると，水そうの水面の高さが１cm高くなったことがわかる。このとき，水面が上がった分の水と，入れた小石と水草の体積は等しいので，小石と水草の量は，30×60×1＝1800(cm^3)である。あおいさんは，水そうに入れる小石と水草の量をおじいさんの家のちょうど半分にするので，その体積は，1800÷2＝900(cm^3)となる。よって，**あおいさんの考え**にある式では，この900cm^3が引かれていることがわかる。

したがって，解答では，あおいさんの水そうに入れる小石と水草の体積を，どのように求めたかを書けばよい。

2 （算数：順列，平面図形）

問題１　Ａのぬり分け方も，Ｂのぬり分け方もまわりの４つの三角形のぬり分けが対称的なので，内側の正方形の色だけを考えればよい。したがって，ＢはＡと同じように全部で３通りである。

Cのぬり分け方は対称的ではないので，回転しても同じものになることがない。したがって，内側の正方形を赤，青，黄のうちの１色でぬり，まわりの４つの三角形を３つと１つに分けて２色でぬるので，どちらの色が１つの三角形をぬるかを考えれば，3×2=6(通り)であるとわかる。

よって，３色での色のぬり分け方は，この３つの場合を合わせて，全部で3+3+6=12(通り)である。

問題２　一番内側の黒の正方形の面積を１とする。このとき，そのまわりにある白い４つの三角形の面積は，４つ合わせると内側の黒の正方形の面積と同じになる。つまり，一番内側の黒の正方形のまわりにある白い４つの三角形の面積は，合わせて１である。同じように考えていくと，白の部分の面積は，1＋4＝5となる。よって，白の部分の面積は一番内側の黒の正方形の面積の５倍である。

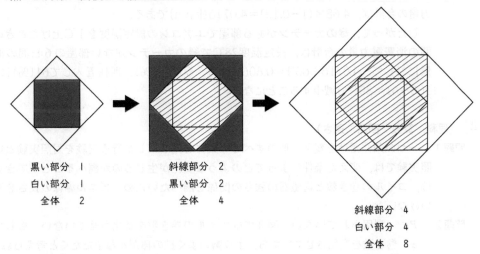

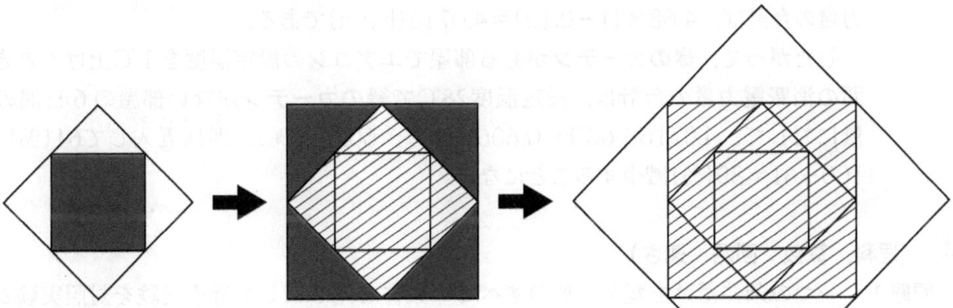

黒い部分　1
白い部分　1
全体　2

斜線部分　2
黒い部分　2
全体　4

斜線部分　4
白い部分　4
全体　8

同様に，黒の部分の面積は，1＋2＋8＝11となる。したがって，黒の部分の面積は白の部分の面積の，11÷5＝2.2(倍)である。

３ （理科：気温，蒸散，折れ線グラフの読み取り）

問題１　**ア**：　正しい。図３を見ると，**何もなし**の室内の温度は，常に**すだれ**の室内の温度よりも高くなっている。**緑のカーテン**の室内の温度は，常に**すだれ**の室内の温度よりも低くなっているので，どの時刻でも，**緑のカーテン**と**何もなし**の温度差は，**すだれ**と**何もなし**の温度差と比べて大きくなる。

イ：　誤りである。図３より，15時のときの**何もなし**の室内の温度はおよそ35.2℃，**緑のカーテン**の室内の温度はおよそ33℃である。したがって，**何もなし**の室内の温度は，**緑のカーテン**の室内の温度よりも高いが，２倍以上ではない。

ウ：　誤りである。図３を見ると，**すだれ**の室内の温度は16時ごろに最高温度を記録していることがわかる。

エ：　正しい。７時から14時の間で，グラフのかたむきが一番急なのは**何もなし**なので，**何もなし**の室内の温度変化が最も大きいことがわかる。

問題２　葉の気孔から水が水蒸気として出ていくことを蒸散という。水は蒸発するときに周囲の温度を下げる性質があるため，蒸散によって葉や室内の熱がうばわれ，**緑のカーテン**の室内の温度が低くなる。

問題３　**緑のカーテン**全体から出るおよその水の量を調べるにはさまざまな方法が考えられるが，**ア**～**オ**の中で考えると，１枚(まい)の葉の面積，１枚の葉から出る水の量，**緑のカーテン**全体の面積がわかればよい。**緑のカーテン**全体の面積を，１枚の葉の面積でわると，**緑のカーテン**の葉の枚数が求められる。葉の枚数と，１枚から出る水の量をかけ算すると，**緑のカーテン**全体から出るおよその水の量を求めることができる。**イ**を使おうとするならば，**緑のカーテン**全体の気孔の数を知る必要がある。

問題４　表より，設定温度が28℃のときの６日間の消費電力量の合計は，**緑のカーテン**がある部屋で，1.08＋0.97＋0.39＋0.60＋0.74＋0.90＝4.68(kWh)，**緑のカーテン**がない部屋は，1.55＋1.40＋0.67＋0.90＋0.94＋1.25＝6.71(kWh)である。

問題文から，エアコンの消費電力量は設定温度を１℃上げると13％節約できるとわかるため，**緑のカーテン**がある部屋でエアコンの設定温度を１℃上げた場合の６日間の消費電力量の合計は，4.68×(1－0.13)＝4.0716(kWh)である。

したがって，**緑のカーテン**がある部屋でエアコンの設定温度を１℃上げたときの，６日間の消費電力量の合計は，設定温度28℃で**緑のカーテン**がない部屋の６日間の消費電力量に対して，4.0716÷6.71＝0.606…より，60.6…(％)，四捨五入(ししゃごにゅう)して61(％)にあたり，100－61＝39(％)減少することになる。

４　（理科，算数：回路，速さ）

基本

問題１　一つの条件だけを変え，他のすべての条件を同じにして行う実験を対照実験という。対照実験では，変えた条件によってどのような変化が生じるのか調べることができる。今回は，コイルの巻(ま)き数と電磁石(でんじしゃく)の強さの関係を調べたいため，ビニル導線の長さを変えてはいけない。

問題２　**ア**：　利用されていない。図３ではコイルの巻き数を変化させていない。もしコイルの巻き数を変化させていたら，より勢いよく鉄の棒(ぼう)がかねをたたくと考えられる。

イ：　利用されていない。図３ではかん電池の数を変化させていない。もしかん電池の数を増やしていたら，より勢いよく鉄の棒がかねをたたくと考えられる。

ウ：　利用されている。電流が流れるときだけ，コイルが磁石のようなはたらきをすることで，コイルが鉄の棒を引きつけ，電流が流れなくなると引きつける力がなくなり，鉄の棒はもとの位置に戻(もど)る。

エ：　利用されていない。図３では電流の流れる向きを変化させていない。もしコイルの極が反対になっても，鉄の棒は磁石ではないため変わらずコイルに引きつけられる。

オ：　利用されている。電磁石ははなれていても鉄を引きつける性質があることで，鉄の棒はくり返しかねに近づき，音が鳴る。

問題３　スイッチを入れると，回路に電流が流れ，「鉄心入りコイル」が電磁石になる。電磁石は「鉄の棒」を引きつけ，「鉄の棒」が電磁石に近づくと，「点Ｐ」と「うすい鉄の板」がはなれ，回路に電流が流れなくなる。このとき「鉄の棒」が「かね」をたたき，音が鳴る。その後，「鉄の棒」が「かね」からはなれてもとの位置に戻ると，「うすい鉄の板」と「点Ｐ」がつながり，再び回路に電流が流れる。

問題４　けんたさんとゆうかさんの会話文から，鉄の棒は５回かねをたたくのに1.25秒かかっているとわかる。したがって，鉄の棒が１往復するのにかかる時間は，1.25÷5＝0.25(秒)

である。

けんたさんの発言から，鉄の棒が１往復する道のりは８mmなので，鉄の棒は１秒で，8÷0.25＝32(mm)進む。１時間で進む道のりを求めると，32×60×60＝115200(mm)なので，時速115200mmである。1cm＝10mm，1km＝100000cmなので，時速115200mmは時速0.1152kmである。

★ワンポイントアドバイス★

算数の問題はていねいに取り組めば解ける。難しい問題も，図や表を活用しよう。理科は図表をよく見て，答えに必要な情報がどこにあるのかを探し出し，問題文の条件に合わせた答えを出そう。

＜適性検査Ⅱ解答例＞

1
問題１　ア
問題２　野菜：ピーマン　記号：イ
問題３　イ
問題４　⑴　エ　⑵　ウ

2
問題１　((東京駅)→C(→)F(→)A(→(博多駅))
問題２　ア　○　イ　×　ウ　×　エ　×
問題３　記号：ア
① (新千歳空港の年間旅客数は,)北海道の年間旅客数と合わない。
② (北海道の年間旅客数には,)北海道の他の空港の旅客数がふくまれる。

3
問題１　⑴　①　×　②　○　③　○　④　○　⑤　×
⑵　A　役割　B　社会の役に立つ
問題２　⑴　C　好き　D・E　知識，能力
⑵　ア，オ

4
問題１　ウ，オ
問題２　エ
問題３　土手をふんで固める
問題４　(Cの案を選んだ理由は,)祖父のやさしさを伝えるために，やわらかい印象をあたえる「ほほえみ」を使いたい(からだ。)

○配点○

1　問題１・問題３・問題４　各5点×4　問題２　完答5点
2　問題１・問題２　各完答5点×2　問題３　各5点×3
3　問題１⑴・問題２⑵　各完答6点×2　問題１⑵A・問題２⑴C　各2点×2
問題１⑵B　4点　問題２⑴D・E　完答4点(順不同)
4　問題１　完答6点　問題２　4点　問題３　6点　問題４　10点　計100点

＜適性検査Ⅱ解説＞

1　（社会：資料の読み取り，奈良時代，貿易）

基本
問題1　資料1より，2回目の休けい場所から見て道の駅は北東の方角にある。また，地図にある縮尺を見ると，2回目の休けい場所から道の駅までのおおよそのきょりは約4kmとわかる。よって，正しい答えはアである。

問題2　【メモ】＜「ある野菜」の説明＞から，「ある野菜」は茨城県では1年を通して東京都中央卸売市場に出荷されること，茨城県の2022年9月から10月にかけてと2023年2月から6月にかけての出荷量が前の月よりも増えていることがわかる。まず，たまねぎは2022年9月の出荷がないため，あてはまらない。次に，ねぎは2023年2月から4月にかけて前の月よりも出荷量が減っているため，あてはまらない。にんじんは2023年2月から4月にかけて出荷量が減っているため，あてはまらない。れんこんは2023年2月から6月まで出荷量が減り続けているため，あてはまらない。ほうれん草は，2023年3月から4月，5月から6月にかけてそれぞれ出荷量が減っているため，あてはまらない。よって，「ある野菜」はピーマンだとわかる。

次に，**資料4**から，冬には**い**の県からの出荷が増え，夏は**う**の県からの出荷が増えている。また，**あ**の県からの出荷は1年を通してあるものの夏場に多く，冬は少ない。これらを**【メモ】＜「ある野菜」の説明＞**の内容と合わせると，**あ**は東京に近い県，**い**は東京から遠いあたたかい地方の県，**う**は寒い地方の県だと考えられる。**資料3**から，各県庁所在地の平均気温の変化を読みとると，**あ**は茨城県，**い**は宮崎県，**う**は岩手県であるとわかる。

問題3　**資料6**の貴族の食事では，**資料5**で見られる各地から運ばれてきた特産物が並んでいることがわかる。したがって，奈良時代の「律令」では農民には地方の特産物を納めるという負担があったと考えられる。これを「調」という。

問題4　(1)　**資料7**を見ると，1890年の輸入品目の第1位は綿糸，1910年の輸入品目の第1位は綿花である。また，1910年の輸出品目を見ると，1890年にはなかった綿糸の輸出が大きく増えている。したがって，**A**は綿糸，**B**は綿花，**C**は綿糸があてはまる。

(2)　**資料7**より，1890年の輸出総額は約6000万円，生糸の割合は約25％である。したがって，1890年の生糸の輸出額はおおよそ，6000×0.25＝1500(万円)である。1910年の輸出総額は約4億6000万円，生糸の割合は約30％である。したがって，1910年の生糸の輸出額はおおよそ，46000×0.3＝13800(万円)である。よって，13800÷1500＝9.2より，1890年から1910年にかけて生糸の輸出額は約9倍になっているとわかる。

2　（社会：資料の読み取り，工業）

基本
問題1　**C金閣**があるのは京都府，**F姫路城**があるのは兵庫県，**A厳島神社**があるのは広島県である。したがって，**C→F→A**の順にならべる。**B中尊寺金色堂**は岩手県，**D富岡製糸場**は群馬県，**E日光東照宮**は栃木県にあるため，東海道・山陽新幹線が通らない都道府県に位置している。

問題2　**ア：**　**資料2**を見ると，関東地方の南部から九州地方の北部にかけて，工業地帯や工業地域が海沿いに集中して広がっていることがわかる。これを太平洋ベルトという。よって，正しい。

イ：　**資料2**より，内陸部にも北関東工業地域が位置していることがわかる。この地域では，各地で作られた部品が高速道路を通じて運びこまれ，機械や自動車の生産がさかんである。よって，誤りである。

ウ：　資料３より，京葉工業地域では，工業生産額の割合が最も大きいのは化学工業であるため，誤りである。

エ：　資料３より，工業生産額における化学工業のしめる割合が最も大きいのは，京葉工業地域であることから，誤りである。

やや難　**問題３**　資料４より年間旅客数を読み取り，それを資料５と照らし合わせて考える。東京国際空港の年間旅客数は約8600万人なので，Ａには東京都があてはまる。成田国際空港の年間旅客数は約4000万人で，大阪府全体の年間旅客数は，関西国際空港の年間旅客数約3000万人と，大阪国際空港の年間旅客数約1600万人を合わせた約4600万人である。よって，Ｂに大阪府，Ｃに千葉県があてはまる。

また，資料４から，新千歳空港の年間旅客数が約2400万人であるとわかる。資料５より，北海道の年間旅客数は約3000万人になる。したがって，新千歳空港の旅客数は北海道の年間旅客数と合っていない。資料６に示されているように，北海道には新千歳空港以外にも複数の空港がある。よって，新千歳空港の旅客数が北海道の年間旅客数と合っていないのは，年間旅客数に他の空港の旅客数がふくまれるためと考えられる。

3　（国語：資料の読み取り，読解）

問題１　⑴　①：　インタビューの目的は，会社員が具体的にどのような仕事をしているのかを知ることである。資料３でのひろしさんの最初の発言では，インタビューの目的や意図が伝えられていないため，あてはまらない。

②：　資料３のひろしさんの３番目の発言では，おねえさんが教えてくれた会社の説明について，その内容の要点をまとめることができている。よって，あてはまる。

③：　資料３のひろしさんの２番目の発言では，おねえさんの具体的な仕事について，他の人も同じような仕事をするのか，さらにくわしくたずねている。よって，あてはまる。

④：　資料３の最後のひろしさんの発言から，インタビューのメモを取っていたことがわかる。よって，あてはまる。

⑤：　資料３では，ひろしさんがおねえさんの発言に対して，「そうなんだ。」，「すごいね。」などといった相づちを打っているとわかる。ひろしさんはずっとていねいな言葉を使えていたわけではないため，あてはまらない。

⑵　資料３のおねえさんの最後の発言から，おねえさんの会社は，ゲームを提供することで「社会の役に立つ」ために，メンバーひとりひとりが欠かすことのできない「役割」を果たしているとわかる。よって，Ａには「役割」，Ｂには「社会の役に立つ」があてはまる。

問題２　⑴　さやかさんたちの会話から，さやかさんとなおきさんは自分の「好き」なものに関する職業について調べてきたことがわかる。お菓子作りが好きなさやかさんが，「食にかかわる職業」は料理人やパティシエだけではないと知ったように，「好き」という気持ちを生かせる職業はたくさんあることがわかっている。よって，Ｃには「好き」があてはまる。

また，なおきさんの２番目の発言の中で，「スポーツにかかわる職業」につくには「くわしい知識をもつことが基本」で，その他にそれぞれ「必要な能力」があることがわかる。よって，DとEには「知識」と「能力」があてはまる。

重要 (2) 資料6は，資料5の内容をふまえて先生がしょうかいした本の一部である。資料6の最後の段落（だんらく）を見ると，筆者がスキー場での事例で伝えたかったことがまとめられている。筆者は，学ぶことで人生の選択肢（せんたくし）が増やせること，そして，選択肢の多い人生の方が楽しいということを主張している。よって，答えはアとオになる。

4 （国語：相手に伝える表現，つなぎ言葉，短歌）

問題1　空らんAのあと，なおきさんが，「おじいちゃんの桜好きは，あなたが受けついだのね。」と書き直していることから，「母に言われた言葉」を具体的にして興味を引くようにし，「祖父から受けついだのは，どうやら桜好きだけではなかったようだ。」という作文の終わりの内容につながるように書きかえたとわかる。よって，あてはまるのはウとオである。

問題2　bの前では，なおきさんの祖父が桜の話をいろいろと教えてくれたこと，bのあとでは，桜をテーマにした短歌についても教えてくれたことが書かれている。つなぎ言葉のあとの内容が，前の内容に付け加えられているため，bには「そして」や「さらに」があてはまる。

次に，cの前では，母と桜を見に行ったときも，桜はいつものようにきれいにさいていたこと，cのあとでは，祖父がいない花見は何かがちがってもの足りなかったことが書かれている。つなぎ言葉の前後で反対の内容が書かれているため，cには「でも」や「しかし」があてはまる。よって，エのb「そして」，c「でも」が適切である。

問題3　会話文と資料1から，川沿（ぞ）いに桜を植えることで，花見をしようと川沿いに集まった人たちが足もとの土手をふんで土が固くなり，洪水被害（こうずいひがい）を防ぐことができるとわかる。これらの内容を，空らんBの前後につながるようにまとめる。

問題4　資料2から，なおきさんが，祖父のやさしさを伝えたいと考えているとわかる。資料3のなおきさんの短歌は，Cでは「祖父のほほえみ」，Dでは「祖父の笑顔」と書かれており，資料4からひらがなは漢字よりもやわらかい印象になることがわかる。したがって，なおきさんは祖父のやさしさを伝えるために，「ほほえみ」とひらがなで書くCの案を選んだと考えられる。以上の内容を，《条件》に合うように，わかりやすくまとめる。

★ワンポイントアドバイス★

ひとつの問題に資料が複数用意されている出題が多く，複数の資料を組み合わせて答えを出す必要がある。答えに必要な情報をぬき出す練習をしよう。また，字数制限のある問題も多いため，字数に合わせて意見をまとめられるようにしよう。

2023年度

★★★★★★★★★★★★★★★★★★★★★★★

入　試　問　題

2023年度

茨城県立中学校・中等教育学校入試問題

【適性検査Ⅰ】（45分）　＜満点：100点＞

1 けんたさんの学校では，先日，在校生が６年生のために「６年生を送る会」を開いてくれました。そのお礼として，在校生に向けて「感謝のつどい」を行うことになり，けんたさんたちはその看板を作っています。

けんた：感謝のつどいでかざる看板のデザインを考えてきたから，見てもらえるかな。
ゆうか：いいよ。どんなデザインにするの。
けんた：こんなデザイン（**図１**）にしたいんだ。
ゆうか：長方形の台紙に，文字の書いてある円の形をした紙をはり付けるんだね。
けんた：そうなんだ。長方形の台紙に10個の円がぴったり収まるようにしたいんだ。
ゆうか：縦80cm，横200cmの長方形の中に円が５個ずつ，２段に並んでいるね。
けんた：うん。10個の円はすべて同じ大きさにするつもりなんだ。ぴったり収めるにはどのくらいの大きさの円にすればいいかな。

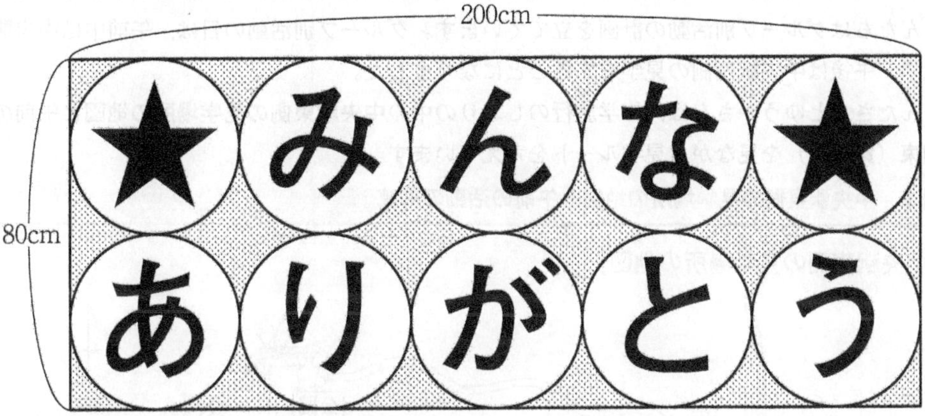

図１　けんたさんが考えた看板のデザイン

問題１　台紙にはり付ける円の半径を求めるための式を書きなさい。また，半径は何cmかを求めなさい。

ゆうか：文字だけだとなんだかさびしいね。まわりに花かざりを付けたらどうかな。
けんた：それはいいね。赤と白の２色にして，交互にはり付けるのはどうかな。
ゆうか：それなら，直径が12cmの円の形をした白い花かざりと，直径が８cmの円の形をした赤い花かざりがあるよ。
けんた：それを使おう。文字がかくれないようにしないとね。
ゆうか：こんなはり方（次のページの**図２**）にしたらどうかな。四すみは白い花かざりで，$\frac{1}{4}$が台紙にかかるようにはって，それ以外は半分が台紙にかかるようにはるの。

けんた：それはいいね。それぞれ何個ずつあればいいかな。

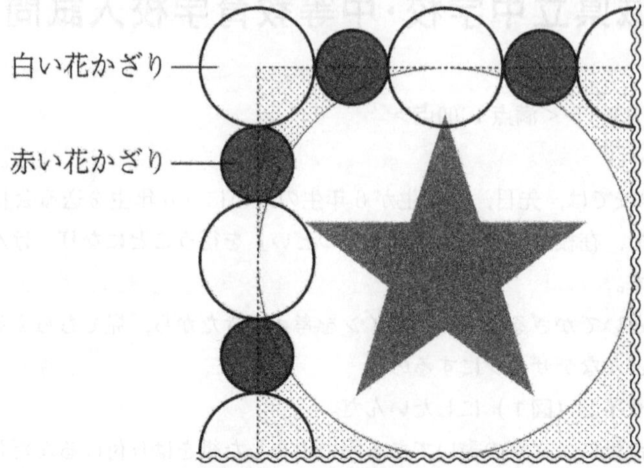

図２　けんたさんとゆうかさんが考えた花かざりのはり方

問題２　白い花かざりと赤い花かざりはそれぞれ何個必要かを求めなさい。

２　けんたさんの学校では，来月，県外に電車で修学旅行に行く予定になっています。そこで，けんたさんたちはグループ別活動の計画を立てています。グループ別活動の日は，午前中は中央駅東側の見学，午後は中央駅西側の見学をすることになりました。

けんたさんとゆうかさんは，修学旅行のしおりの中の**中央駅東側の見学場所の地図と午前の活動の約束（資料１）**を見ながら見学ルートを考えています。

資料１　中央駅東側の見学場所の地図と午前の活動の約束

【中央駅東側の見学場所の地図】

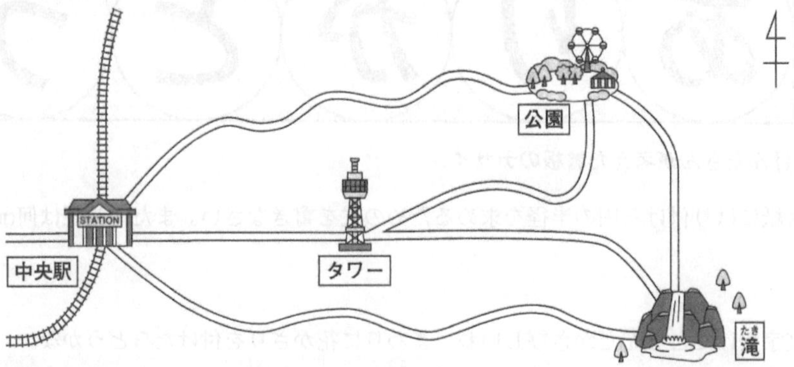

【午前の活動の約束】

・中央駅を出発し、徒歩で移動する。

・３つの見学場所（公園、タワー、滝）のうち１つには必ず行く。

・同じ見学場所には１度しか行かない。

・中央駅にもどったら、次の見学場所には行かない。

けんた：しおりに**【午前の活動の約束】**が書いてあるね。約束を守って見学ルートを考えてみよう。
ゆうか：見学する順番を考えると，全部で［ア］通りの見学ルートがあるね。
けんた：そうだね。タワーはこの街のシンボルだから，ぜひ行ってみたいな。
ゆうか：そうしよう。タワーに必ず行くような見学ルートは何通りあるかな。
けんた：タワーを入れた見学ルートは全部で［イ］通りだね。

問題１　けんたさんとゆうかさんの会話が正しくなるように，［ア］，［イ］にあてはまる数を求めなさい。

たくやさんとさやかさんは，修学旅行のしおりの中の**中央駅西側の見学場所の地図と午後の活動の約束（資料２）**を見ながら見学ルートを考えています。

資料２　中央駅西側の見学場所の地図と午後の活動の約束

【中央駅西側の見学場所の地図】

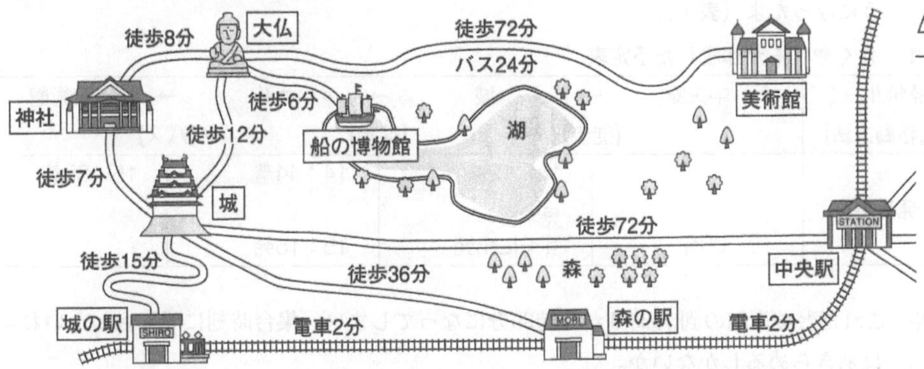

【午後の活動の約束】
・グループ別の活動時間は、13時から15時30分（集合時刻）までとする。
・中央駅を出発し、徒歩、バス、電車のどれかで移動する。
・集合時刻までに美術館に到着する。
・下のバスと電車の行き先と出発時刻・運賃、見学場所の料金と見学時間を見て計画する。
・**〈見学場所の料金と見学時間〉**にある見学時間を守る。

〈電車の時刻表〉

中央駅発	12：55	13：25	13：55	14：25	14：55
森の駅発	12：57	13：27	13：57	14：27	14：57
城の駅発	12：59	13：29	13：59	14：29	14：59

〈電車の運賃（小学生）〉
中央駅→森の駅：100円
中央駅→城の駅：180円

〈バスの時刻表（大仏発）〉

美術館行き	
時	出発時刻（分）
13	15　35　55
14	15　35　55
15	15　35　55

〈バスの運賃（小学生）〉
大仏→美術館：150円

〈見学場所の料金と見学時間〉

見学場所	料　金	見学時間
大仏	無料	15分以上
神社	無料	15分以上
城	入場料　小学生200円	20分以上
船の博物館	入場料　小学生300円	60分以上

※　13時、13：00は午後１時のことを表す。

さやか：わたしたちのグループでは城，大仏を必ず見学するという意見でまとまったね。

たくや：湖や森をながめながら散歩もしたいね。中央駅から城，大仏の順に徒歩で行って見学しても，大仏から美術館までバスに乗れば集合時刻に間に合うんじゃないかな。

さやか：時刻表できちんと調べてみる必要があるね。

たくや：そうだね。しおりにバスと電車の時刻表がのっているから，きちんと調べたら，こんなふうになったよ（表１）。

表１　たくやさんが作成した予定表

見学ルート 【移動方法】	中央駅　→【徒歩】	城　→【徒歩】	大仏　→【バス】	美術館
発着時刻	13：00発	14：12着 見学後 すぐに出発	14：44着 15：15発	15：39着

たくや：これだと美術館の到着時刻が15時39分になってしまい，集合時刻に間に合わないね。散歩はあきらめるしかないか。

さやか：残念だけどね。じゃあ，電車を使って行く方法を考えてみようか。

たくや：それなら間に合いそうだね。みんな大仏を見たいと言っていたから，できるだけ長く大仏を見学できるように計画しよう。

さやか：おみやげも買いたいから，バスや電車の運賃と入場料を合わせて500円以内になるようにしよう。

問題２　電車を使ったときに，バスや電車の運賃と入場料を合わせて500円以内にして，集合時刻に間に合うように美術館に行くためには，どのような行き方をすればよいか。

たくやさんが作成した予定表（**表１**）と同じように，次の**予定表**（**表２**）の（①），（②）にはあてはまる適切な言葉を，（③）～（⑧）にはあてはまる適切な時刻を書き，**予定表**を完成させなさい。ただし，できるだけ長く大仏を見学できる予定とすること。

また，そのときの**バスや電車の運賃と入場料の合計**は何円かを求めなさい。

表２　予定表

見学ルート 【移動方法】	中央駅　→【電車】	（　①　）　→【徒歩】	城　→【徒歩】	大仏　→【（　②　）】	美術館
発着時刻	（　③　）発	（　④　）着 到着後 すぐに出発	（　⑤　）着 見学後 すぐに出発	（　⑥　）着 （　⑦　）発	（　⑧　）着

3　ゆうかさんは理科の授業で，ミョウバンは，ナスのつけものの色が変わるのを防ぐために使われていることを知りました。そこで，ナスのつけものの作り方を，インターネットで検索（けんさく）してみました。すると，ナスをつける「つけじる」にミョウバンが使われていることがわかりました。

さっそく，ナスをつけるためのつけじるを自宅（じたく）で作ったところ，作り方をまちがえてしまいました。ところが，ミョウバンは残りがなくて，新しく作り直すことができません。そこで，ゆうかさんはお兄さんに相談しています。

図　つけじるを作る様子

ゆうか：どうしよう。まちがえちゃった。

兄　：どうしたの。

ゆうか：食塩とまちがえて小麦粉を入れちゃったの。それと，ミョウバンも水250gに小さじ3ばい（約3～4g）でいいのに，大さじで3ばい（約9～12g）入れちゃったの。

兄　：それは大変だね。でも，ろ過すれば液体から小麦粉を分けることができると思うよ。

ゆうか：そうなんだね。でも，理科室みたいにろ過するための道具がないよ。何か代わりのものはあるかな。

兄　：**ろ紙**の代わりの道具として（　①　）を，**ろうと**の代わりの道具として（　②　）を使えばいいんじゃないかな。

ゆうか：ありがとう。本当だ。とうめいな液体が出てきたよ。あとは，入れすぎたミョウバンはどうすればいいだろう。

兄　：水を加えてミョウバンのこさを調整すればいいんじゃないかな。

ゆうか：でも，ミョウバンが何g入ったか正確にはわからないから，こさの調整はできないよ。

兄　：理科の授業で，一定量の水にとける食塩やミョウバンの量が決まっていることや，水溶液（すいようえき）のこさはどこも同じだということを学習したよね。ほら，この**表**を見てごらん。

ゆうか：じゃあ，水溶液（すいようえき）の温度がわかれば，その温度の時に一定の量の水にとけるミョウバンの量を求められそうだね。さっそく水溶液の温度を測ってみるね。

兄　：温度は，25℃だったよ。［　A　］℃にすると余分なミョウバンが出てくるから，それをろ過すればいいね。

ゆうか：そうか。そうすれば，ろ過した水溶液にとけているミョウバンの量が決まるから a加える水の量がわかるよね。

兄　：そうだね。b食塩だとこれはできないけど，入れすぎたのがミョウバンでよかったね。

ゆうか：なぜ食塩だとできないのかな。

兄　：［　　　　B　　　　］からだよ。

ゆうか：なるほど。ありがとう。さっそくつけじるをつくるね。

表　100gの水にとける食塩やミョウバンの量

温度	食塩	ミョウバン
0℃	35.6g	3.0g
20℃	35.8g	5.9g
40℃	36.3g	11.70g
60℃	37.1g	24.75g

＊食塩やミョウバンがとけている水溶液は0℃でもこおらない。

（理科年表 2022年版より作成）

問題１　ろ過のときに**ろ紙**と**ろうと**の代わりになる（①），（②）にあてはまる道具の組み合わせとして最も適切なものを，次の**ア～シ**から１つ選んで，その記号を書きなさい。

	ろ紙の代わり（　①　）	**ろうと**の代わり（　②　）
ア	食品用ラップ	ボウル
イ	食品用ラップ	まな板
ウ	食品用ラップ	包丁
エ	ビニルぶくろ	ざる
オ	ビニルぶくろ	ボウル
カ	ビニルぶくろ	包丁
キ	アルミホイル	ざる
ク	アルミホイル	まな板
ケ	アルミホイル	ボウル
コ	キッチンペーパー	ざる
サ	キッチンペーパー	包丁
シ	キッチンペーパー	まな板

問題２　会話文の［A］にあてはまる最も適切なものを，次の**ア～エ**から１つ選んで，その記号を書きなさい。

ア　0　　**イ**　20　　**ウ**　40　　**エ**　60

また，下線部ａ（加える水の量がわかるよね）について，ゆうかさんがろ過した水溶液（すいようえき）を，水250ｇに対して３ｇのミョウバンをとかす作り方と同じつけじるのこさにするためには，**水を何ｇ加えればよいか整数で書きなさい**。ただし，ろ過した後の水の量は250ｇのまま減らないものとします。

問題３　下線部ｂ（食塩だとこれはできない）について，その理由を前のページの**表**を根拠（こんきょ）として，会話文の［B］にあてはまるように，**20字以上，30字以内**で書きなさい。ただし，「，」も１字として数え，文字に誤（あやま）りがないようにしなさい。

４　台風による被害（ひがい）のニュースをテレビで見て，ゆうかさんとけんたさんは台風について調べることにしました。２人は，ある年の秋に東日本を通過した台風Ｘについて，下の図１と次ページの図２，表を見ながら話しています。

ゆうか：台風の被害はとても大きいから，備えが必要だよね。

けんた：そうだよね。台風は少し進路がずれただけで雨の降（ふ）り方や風の強さが変わってしまうからね。だから，台風の進み方や天気の変化の特徴（とくちょう）を知っておくといいよ。たとえば，地上付近では台風の風は，図１のように中心に向かって左まき（時計の針（はり）が回る向きと反対）にふきこむんだよ。

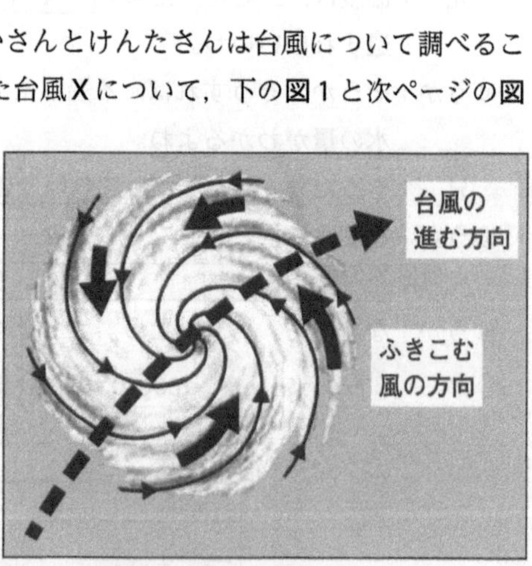

図１　**台風にふきこむ風**

（大日本図書「たのしい理科５年」より作成）

ゆうか：台風が近づいてきたとき，風の向きから台風の中心の位置がわかりそうだね。
けんた：そうだね。表の気象観測の結果から，台風ＸがＡ市に最も近づいた時刻もわかるかな。
ゆうか：［Ｙ］ごろじゃないかな。

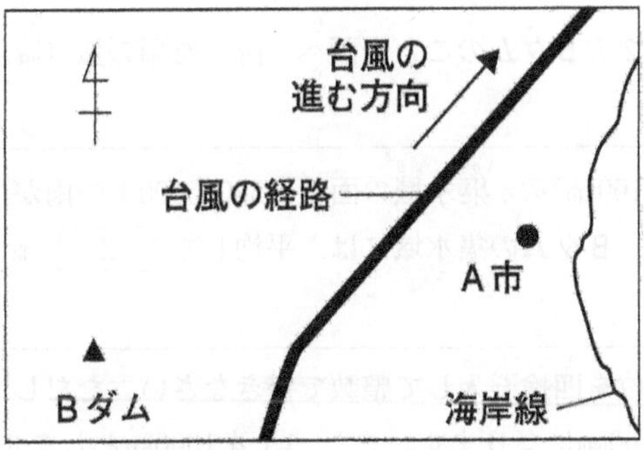

図２　台風Ｘの経路
（国土地理院および気象庁のWebページより作成）

表　台風Ｘが通過した日のＡ市の気象観測結果

時刻	降水量〔mm〕	気温〔℃〕	風速〔m(秒速)〕	風向	天気
3	0.0	21.5	4.6	北東	くもり
4	0.0	21.4	4.9	北東	くもり
5	――	21.7	5.8	北東	くもり
6	0.0	22.3	6.1	北東	雨
7	6.5	21.8	6.8	北東	雨
8	5.0	22.0	6.2	北東	雨
9	2.5	22.2	7.3	北東	雨
10	4.0	22.5	6.6	北東	雨
11	1.5	23.1	6.6	北東	雨
12	2.0	23.6	7.1	北東	雨
13	1.0	24.2	7.0	北東	雨
14	2.0	24.2	7.6	北東	雨
15	16.0	24.0	10.4	北東	雨
16	16.5	24.3	9.3	東	雨
17	9.0	24.4	9.1	東	雨
18	7.0	24.4	8.7	東	雨
19	7.0	24.5	8.3	南東	雨
20	16.5	24.1	9.2	南東	雨
21	9.0	23.8	7.8	南東	雨
22	13.0	23.5	8.7	南東	雨
23	7.0	22.5	10.0	南	雨
24	0.5	21.9	9.4	西	雨

＊――の記号は、「現象なし（降水・雪）」を表している。
（気象庁のWebページより作成）

問題１　台風Ｘの中心がＡ市に最も近づいた時刻［Ｙ］は何時ごろですか。その時刻とゆうかさんがそのように考えた理由の組み合わせとして，最も適切なものを，次のア～エから１つ選び，その記号を書きなさい。

記号	時刻	理由
ア	7～8時	雨が降り始めたすぐ後だから。
イ	12～13時	気温の変化が小さいから。
ウ	15～16時	風向が北東から東に変わったから。
エ	22～23時	風向が南東から南に変わったから。

けんた：台風は，本当にたくさんの雨を降らせるよね。

ゆうか：台風の雨は多くの被害を出すけど，農業や工業の水資源にもなるよね。

けんた：雨を水資源として利用する方法の１つにダムがあるよね。

ゆうか：ダムについても，くわしく調べてみようよ。

問題２　ゆうかさんとけんたさんは前のページの図２の**Bダム**のことを調べ，降った雨の量（降水量）について次のように考えました。

> 台風**X**が東日本を通過したとき，**Bダム**では109㎢の※集水域の面積に59000000ｔの雨が降ったとすると，１ｔの雨の体積は１m^3だから，**Bダム**の集水域には，平均して［ Z ］㎜の大雨が降ったことになる。

上の文章［ Z ］にあてはまる数字を，小数第１位を四捨五入して整数で書きなさい。ただし，１m^2の面積に100kgの雨が降ったとき，降水量は100㎜になります。また，１ｔを1000kgとします。

※集水域［斜線］　降った雨がダムに流れこむ範囲。

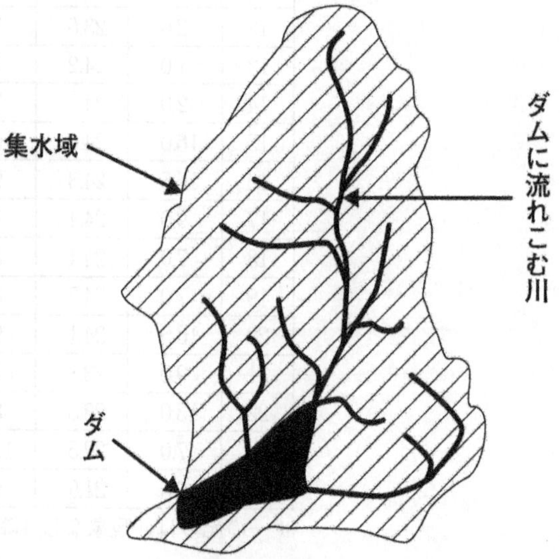

問題３　次のページの図３と図４は，台風**X**が東日本を通過した年と過去の平均を比べたもので，図３は**Bダム**の集水域における月ごとの降水量について，図４は**Bダム**の月ごとの貯水量について表しています。次の**ア**～**エ**のうち，これらのグラフから読み取れる内容として，正しいものには○を，誤っているものには×を書きなさい。

ア　台風**X**が東日本を通過した年も過去の平均も，10月から11月にかけて降水量は減少しているが，貯水量は増加している。

イ　台風**X**が東日本を通過した年も過去の平均も，６月から７月は梅雨のため降水量が増加し，貯水量も増加している。

ウ　台風**X**が東日本を通過した年は，ダムの貯水量が3000万m^3以下になった月はない。

エ　台風**X**が東日本を通過した年において，過去の平均の２倍以上の降水量だった月は，ダムの貯水量がその年で最も多くなった。

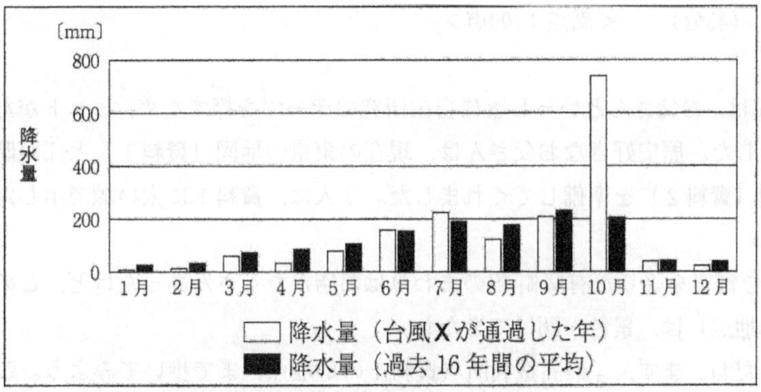

図３　Ｂダムの集水域の月ごとの降水量

（独立行政法人 水資源機構のWebページより作成）

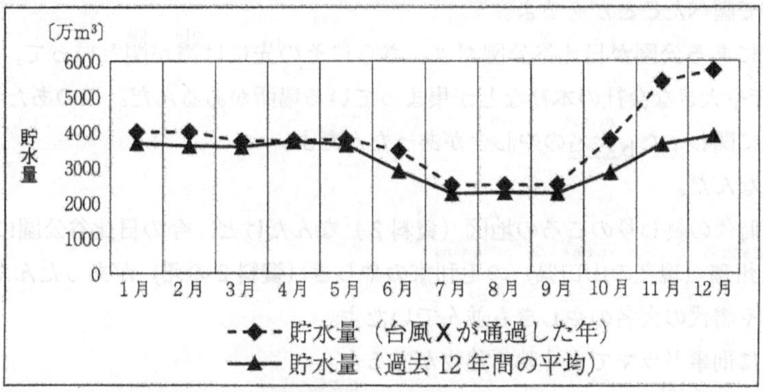

図４　Ｂダムの月ごとの貯水量

（独立行政法人 水資源機構のWebページより作成）

【適性検査Ⅱ】（45分）　＜満点：100点＞

1 　なおきさんは，お父さんといっしょに自由研究のテーマを探すため，ヒントがたくさんありそうな東京に来ました。歴史好きなお父さんは，現在の東京の地図（**資料1**）と江戸時代の終わりごろの江戸の地図（**資料2**）を準備してくれました。２人は，**資料1**に太い線で示したルートを歩いています。

なおき：さっき電車を降りた有楽町駅のまわりはお店がたくさんあったけど，このあたり（**資料1**の**あ**地点）は，景色が開けてきたね。

父　：そうだね。まず，a <u>最高裁判所</u>（**資料1**の**い**地点）まで歩いてみよう。この先右に見えてくる皇居は，江戸時代には将軍が住む江戸城があった場所だということは知っているよね。

なおき：授業で調べたことがあるよ。

父　：左側にある公園が日比谷公園だよ。さらにその先には霞が関といって，国の政治を行う省・庁や大きな会社の本社などが集まっている場所があるんだ。このあたりには江戸時代，政治に関わった b <u>大名</u>のやしきがあったんだよ。

なおき：そうなんだ。

父　：江戸時代の終わりのころの地図（**資料2**）なんだけど，今の日比谷公園には外様大名だった長州藩（現在の山口県）の毛利家のやしき（**資料2**の**え**）があったんだよ。近くには，親藩や譜代の大名のやしきも並んでいたよ。

なおき：左側に刑事ドラマでよく映る建物があるよ。

父　：あれは警視庁だよ。その少し先には，c <u>鎖国の状態が終わったころ</u>に江戸幕府の重要な地位についていた井伊家の広いやしきがあったんだ。

資料1　現在の東京の地図

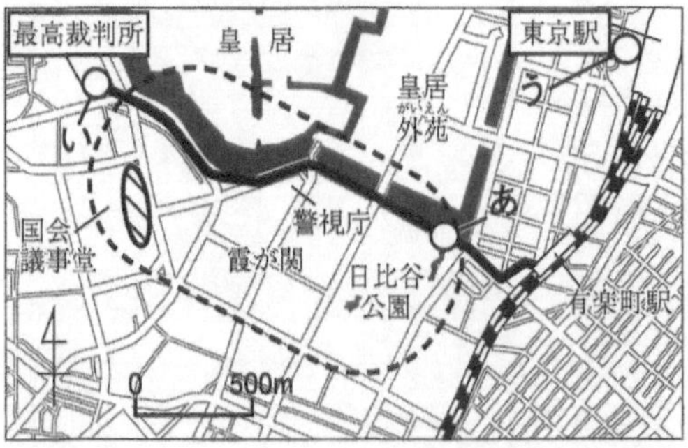

（「国土地理院地図」より作成）

資料2　江戸時代の終わりごろの江戸の地図

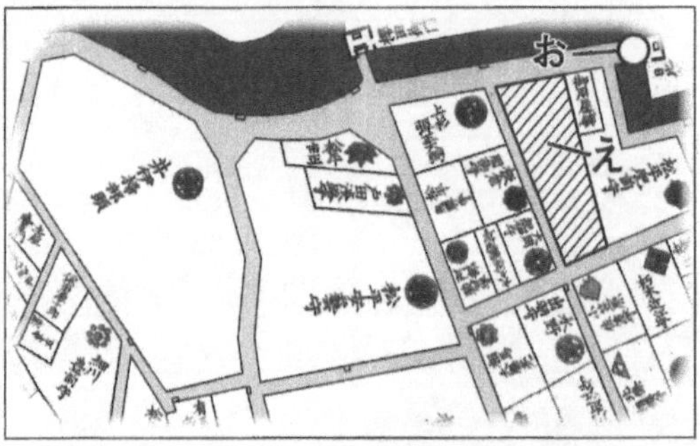

（国立国会図書館デジタルコレクション「外桜田永田町絵図」より作成）

＊**資料1**の点線で囲んだ部分と**資料2**の地図は、おおよそ同じ範囲を表している。

＊**資料1**の**あ**地点と**資料2**の**お**地点は、ほぼ同じ場所である。

＊**資料2**の**え**は、**資料1**の日比谷公園の範囲にふくまれる。

問題1　下線部**a**（最高裁判所）は前のページの**資料1**の**い**地点です。そこから見て，**う**地点の東京駅はどの方位にありますか。また，**い**地点と**う**地点の２点間の直線きょりはどのくらいですか。**資料1**から読み取れるおおよその方位とおおよそのきょりの組み合わせとして最も適切なものを，次の**ア**～**カ**から１つ選んで，その記号を書きなさい。

ア　方位ー西　きょりー約２km　　**イ**　方位ー西　きょりー約４km
ウ　方位ー西　きょりー約６km　　**エ**　方位ー東　きょりー約２km
オ　方位ー東　きょりー約４km　　**カ**　方位ー東　きょりー約６km

問題2　下線部**b**（大名）について，江戸幕府が大名や直接の支配地をどのように配置したかを，右の**資料3**をもとに下の①～③のようにまとめたとき，③の□にあてはまる内容を「**外様大名**」という言葉を使い，②にならって**20字以上，30字以内**で書きなさい。ただし，「，」や「。」も１字に数え，文字に誤りがないようにしなさい。

① 江戸や京都，大阪など幕府にとって重要な地域は，幕府が直接支配している。
② 江戸に近いところには，親藩や譜代の大名を多く配置している。
③ □

資料３　大名の配置（1664年）

（教育出版「小学社会６」より作成）

問題3　右の**資料A**は，下線部**c**（鎖国の状態が終わったころ）のできごとです。**資料A**の後に起こったできごとに関する**資料B**～**資料D**について古い順に並べたものを，下の**ア**～**カ**から１つ選んで，その記号を書きなさい。

ア　［B→C→D］　　**イ**　［B→D→C］
ウ　［C→B→D］　　**エ**　［C→D→B］
オ　［D→B→C］　　**カ**　［D→C→B］

資料A
ペリーが開国を求めて浦賀に上陸した

（東京書籍「新しい社会６歴史編」より作成）

資料B
明治政府が新しい政治の方針を発表した

五か条（五箇条）の御誓文
一、政治は、会議を開いて
　みんなの意見を聞いて決めよう。
一、国民が心を合わせて、国の勢いを
　さかんにしよう。
一、国民一人一人の意見がかなう
　世の中にしよう。
一、これまでのよくないしきたりを
　改めよう。
一、知識を世界から学んで、
　天皇中心の国家をさかんにしよう。

（教育出版「小学社会６」より作成）

資料C
官営富岡製糸場に外国の進んだ技術を取り入れた

（東京書籍「新しい社会６歴史編」より作成）

資料D
長州藩が外国と戦って砲台を占領された

（教育出版「小学社会６」より作成）

なおき：お父さん，国会議事堂が見えてきたよ。建物の前の方にいろいろな種類の木が並んでいるね（10ページの資料１の⬯で示した部分）。

父　：各都道府県から送られた木だよ。茨城県の木であるウメもあるよ。ウメはもう１本あって，大分県のブンゴウメというウメなんだよ。

なおき：大分県か。４年前に家族で旅行に行ったね。温泉の数が多いんだよね。あのときは，ホテルに海外から来た人もたくさんいたよね。

父　：自由研究で，e 大分県の観光について調べてみるのもいいんじゃないかな。

問題４　下線部ｅ（大分県の観光）について，興味をもったなおきさんは，大分県に2019年に宿泊した客の人数に関する**資料４**～**資料６**を集め，これらの資料にもとづいて，わかったことをまとめました。下の**まとめ①**～**まとめ③**のうち，**資料４**～**資料６**から読み取れる内容として，正しいものには〇を，誤っているものには×を書きなさい。

資料４　１年間に国内から大分県に宿泊した客の出発地別の人数（2019年）

	出発地	宿泊客数（人）
1	大分県内	581997
2	福岡県	1054368
3	1、2以外の九州・沖縄	681659
4	四国	121022
5	中国	320877
6	近畿	336664
7	中部	166856
8	関東	554784
9	東北・北海道	61803
	国内合計	3880030

資料５　１年間に海外から大分県に宿泊した客の国・地域別の人数（2019年）

	出発地	宿泊客数（人）
1	韓国	344269
2	中国（大陸）	83929
3	香港	89376
4	台湾	140405
5	タイ	18296
6	１～５以外のアジア	30934
7	１～６以外の海外	63808
	海外合計	771017

資料６　国内と海外から大分県に宿泊した客の月別の人数（2019年）

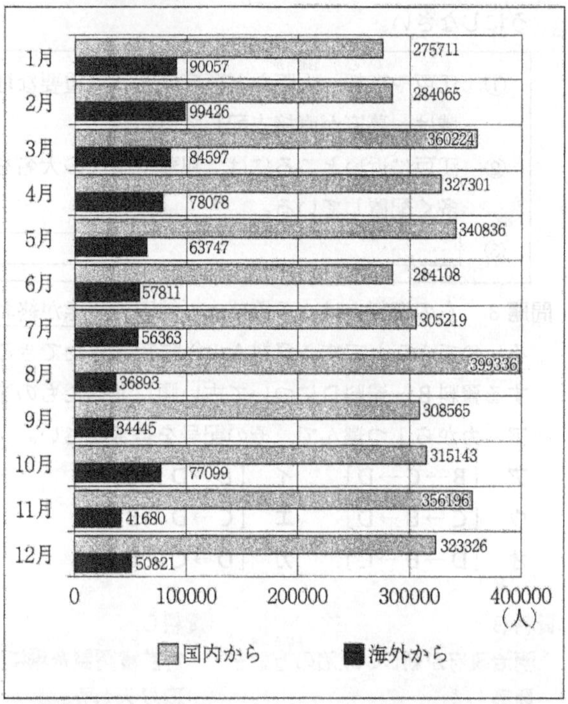

（資料４～資料６は「大分県商工観光労働部　大分県観光統計調査」より作成）

まとめ①

海外から大分県に宿泊した客の月別の人数は、最も少なかった月でも、１年間に東北・北海道から宿泊した客の人数より多い。

まとめ②

１月と２月は、他の月と比べると、国内から大分県に宿泊した客は少なく、海外から大分県に宿泊した客は多い。

まとめ③

１年間に、九州に近い韓国と台湾から大分県に宿泊した客の人数の合計は、１年間に大分県内から宿泊した客の人数より多い。

2 ひろしさんとけいこさんは，なおきさんの自由研究の話を聞いて，それぞれの自由研究のテーマを何にしようか話し合っています。

ひろし：なおきさんから東京へ行ったときの話を聞いたんだけど，国会議事堂の前には各都道府県の木が植えられているんだって。都道府県の木といえば，東京オリンピック・パラリンピック会場として建てられた国立競技場には，47都道府県の木材を使用しているそうだよ。

けいこ：なるほど。茨城県産の木材はどこに使われているのかな。

ひろし：北側の外周の部分に使われているって聞いたよ。そういえば，「いばらき木づかいチャレンジ」という取り組みがあって，家を建てるとき茨城県産の木材を利用すると，建築費用を助けてもらえるらしいよ。

けいこ：そういう制度もあるんだね。木材を使った建物は長持ちするのかな。

ひろし：日本には，古い木造建築が多く残っているね。中には世界遺産になっているものもあるみたいだよ。

問題１　右の資料１の法隆寺は，現存する世界最古の木造建築です。法隆寺がある都道府県の形を，次のア～エから１つ選んで，その記号を書きなさい。

資料１　法隆寺

（教育出版「小学社会６」より）

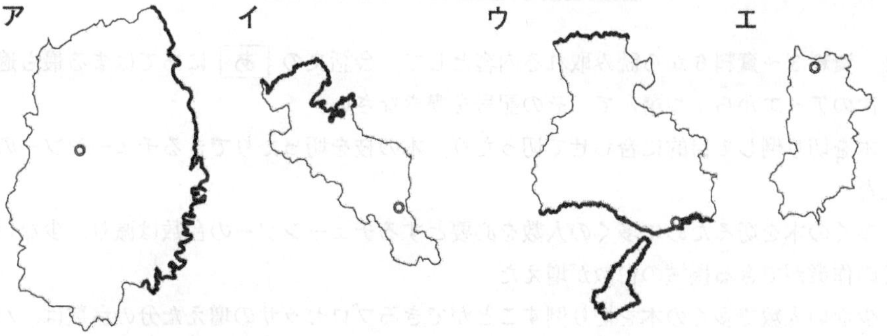

＊**ア～エ**は、ほぼ同じ縮尺でかかれている。
＊太線は、海岸線を示している。
＊○は、都道府県庁所在地を示している。

ひろし：建物以外にもわたしたちのまわりには，木材を使った製品がたくさんあるよ。

けいこ：そうだね。日本の森林面積は国土のおよそ３分の２をしめているからね。

ひろし：木材の原料となる木を育てたり，伐採して売ったりする仕事など，木に関わる仕事はたくさんあるね。

けいこ：そのような仕事を，林業と呼ぶんだよね。わたしは，日本の森林や林業についてくわしく調べてみることにするよ。

ひろし：学校の授業では，林業で働いている人の数は減っていると学んだよ。

けいこ：そうだね。でも，わたしの調べた資料（**資料２**）では，国産木材の生産量は増えていることがわかったから，他にも資料を集めてみたよ。（**資料３～資料６**）

ひろし：これらの資料から，どんなことが読み取れるのかな。

けいこ：2000年から2019年にかけて［　あ　］から，国産木材の生産量が増えたんじゃないかな。

資料２

国産木材の生産量　（千m³）

2000年	18022
2019年	23805

資料３

日本の林業で使われる機械の台数の変化　（台）

機械の種類	2000年	2019年
チェーンソー	300300	110158
プロセッサ	854	2155
ハーベスタ	379	1918

資料４　チェーンソー

人が持って使用し、木を切り倒す・目的に合わせて切る・枝を切るなどのことができる自動のこぎり。多くの木を切るためには、多くの人数が必要になる。

資料５　プロセッサ

人が乗って使用し、枝をつけたまま切り倒されてきた木の枝を切る・長さを測る・使う目的に合わせて切ることを連続して行う機械。少ない人数で多くの作業ができる。

資料６　ハーベスタ

人が乗って使用する。プロセッサのできることに加え、木を切り倒すこともできる機械。少ない人数で多くの作業ができる。

（**資料２～資料６**は林野庁Webページより作成）

問題２　**資料３～資料６**から読み取れる内容として，会話文の［あ］にあてはまる最も適切なものを，次の**ア～エ**から１つ選んで，その記号を書きなさい。

ア　木を切り倒して目的に合わせて切ったり，木の枝を切ったりできるチェーンソーの台数が増えた

イ　多くの木を切るために多くの人数を必要とするチェーンソーの台数は減り，少ない人数で多くの作業ができる機械の台数が増えた

ウ　少ない人数で多くの木を切り倒すことができるプロセッサの増えた分の台数は，ハーベスタの増えた分の台数より多い

エ　人が持って木を切り倒したり目的に合わせて切ったりするチェーンソーの台数が増え，人が乗って作業する機械の台数が減った

ひろし：林業がさかんになると，森林を守ることにもつながるよ。

けいこ：森林を守ることで土砂くずれを防ぐことができるね。

ひろし：たしか，森林を守ることは，水の循環とも関係していたよ。茨城県では，森林や湖沼，河川などの自然環境のために「森林湖沼環境税」を導入しているみたいだよ。

けいこ：税金を活用して自然環境保全のための取り組みを行っているんだね。きれいな水がわたしたちのところに届くまでの流れをまとめてみよう。

問題3　けいこさんは，水の循環の例を資料7のようにまとめました。［A］～［D］のそれぞれにあてはまる最も適切なものを，次のア～カから1つずつ選んで，その記号を書きなさい。ただし，それぞれの記号は1回ずつしか使えません。

ア　消防署　　**イ**　浄水場
ウ　川や海　　**エ**　清掃工場
オ　下水処理場（下水処理施設）　　**カ**　ダム

資料7　けいこさんがまとめた水の循環の例

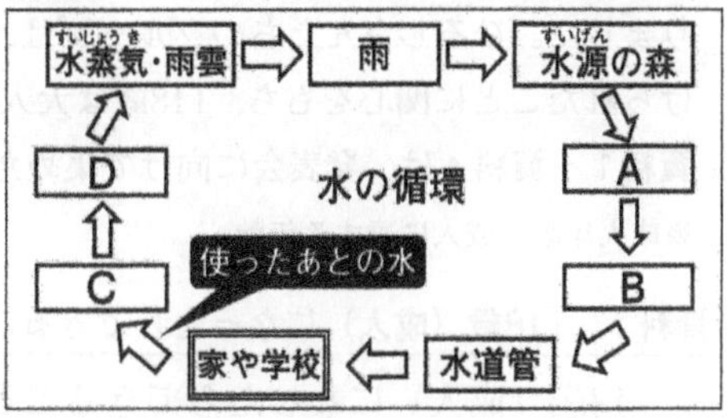

ひろし：常にきれいな水が届くおかげで，わたしたちは飲み水やおふろの水，トイレの水を安心して使うことができるね。

けいこ：そうだね。ところで，トイレといえば前にこんなトイレ（**資料8**）を見たよ。どうしてこのようなトイレを作ることになったんだろう。

ひろし：それは，多機能トイレ（多目的トイレ）だね。すべての人にとって使いやすい形や機能を考えたユニバーサルデザインで作られているんだよ。

けいこ：そういえば，操作が簡単なレバーハンドル（**資料9**）やセンサー付き自動ドア（**資料10**）を見たことがあるけど，これらもユニバーサルデザインだね。

ひろし：ぼくは，ユニバーサルデザインについて調べてみようかな。

けいこ：それは，いいテーマだね。ユニバーサルデザインの考え方は，日本国憲法の基本的人権の尊重と関係していると思うな。

資料8　多機能トイレ（多目的トイレ）

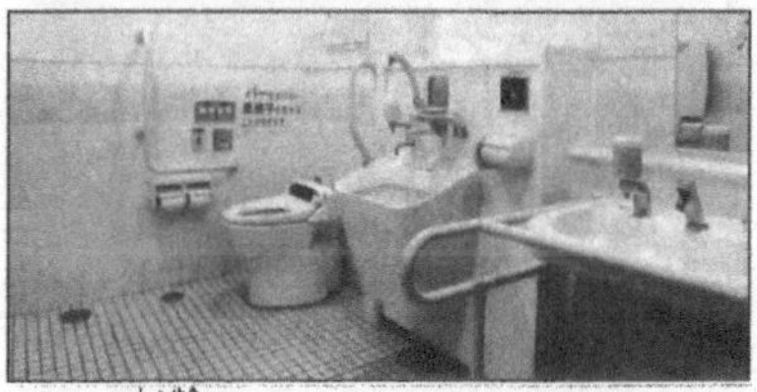

（東京書籍「新しい社会6政治・国際編」より）

資料9　操作が簡単なレバーハンドル

（茨城県Webページより）

資料10　センサー付き自動ドア

（茨城県Webページより）

問題4　ひろしさんたちは，**資料8**～**資料10**にみられるユニバーサルデザインが日本国憲法の3つの原則の1つである基本的人権の尊重と関係が深いと考えました。基本的人権の尊重の説明として最も適切なものを，次の**ア**～**エ**から1つ選んで，その記号を書きなさい。

ア　日本人だけでなく，戦争や紛争に苦しんでいる人々が平和に安心してくらしていけるように，日本は積極的に活動しています。

イ　国民が国の政治のあり方を最終的に決定する力をもっていることです。適切な判断をして，自分の意見を政治に反映させていくことが重要です。

ウ　人が生まれながらにもっているおかすことのできないものとして，すべての国民に保障されています。

エ　天皇は，日本国のまとまりの象徴（しるし）であり，政治については権限をもたないとされています。

3 ひろしさんの学年では，総合的な学習の時間に「10年後のわたし」をテーマに学習することになりました。ひろしさんたちのグループは，2022年４月１日から※成人年齢が20歳から18歳に引き下げられたことに関心をもち，「18歳は大人」という課題を設定し，話し合いを進めています。次の**資料１～資料４**は，発表会に向けて集めたものです。

※成人年齢　成人に達する年齢。

資料１　「18歳（成人）になったらできることと20歳にならないとできないこと」の一部

18歳（成人）になったらできること	20歳にならないとできないこと
◆親の同意がなくても契約できる ・携帯電話を契約する ・１人暮らしの部屋を借りる　など ◆公認会計士や司法書士、行政書士などの国家資格を取る	◆飲酒をする ◆喫煙をする ◆中型自動車運転免許を取得する

（「政府広報オンライン　2022年１月７日」より作成）

資料２　なぜ成人年齢が引き下げられたのか

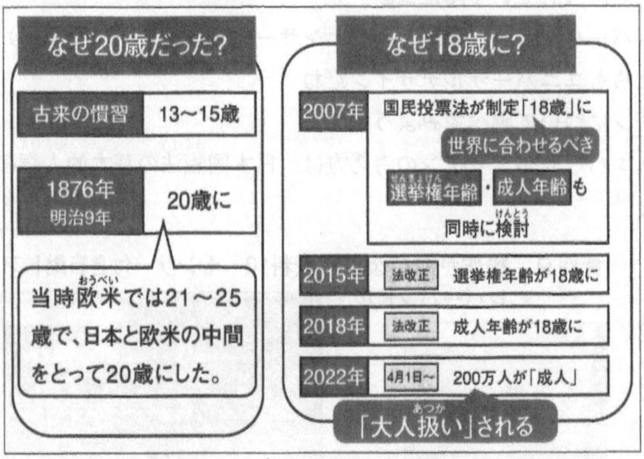

（NHK解説委員室Webページ 2022年より作成）

資料３　世界の成人年齢（2016年）

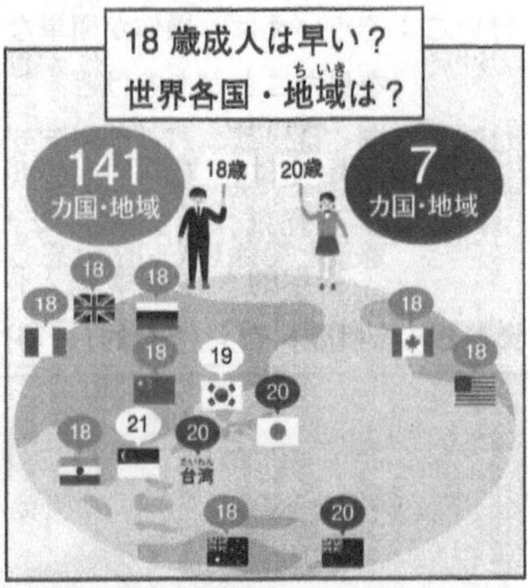

（法務省民事局Webページ 2016年より作成）

資料４　社会現象が変えられるかもしれない

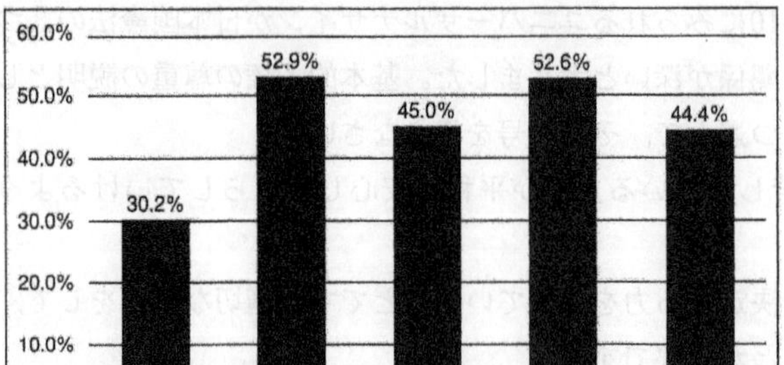

＊調査対象は各国の満13～29歳の若者。
＊「私の参加により、変えてほしい社会現象が少し変えられるかもしれない」という意見について、「そう思う」「どちらかといえばそう思う」と回答した人の割合。

（内閣府「子ども・若者白書2014年」より作成）

ひろし：今日は，発表会に向けて調べたことを出し合おう。

けいこ：わたしは，「どうして成人年齢が20歳から18歳に引き下げられたのか」を調べてみたよ。［ A ］から，多くの国々の成人年齢が18歳ということがわかったの。別の資料だと，日本は長い間，成人年齢が20歳だったけど，「世界に合わせるべき」という考えの影響もあって，18歳に引き下げられたみたいだよ。

なおき：ぼくが一番おどろいたのは，若者の意識のちがいだね。前のページの**資料４**を見ると，日本と欧米では，社会に参加しようとする意識がちがうよね。

ひろし：日本に比べて欧米では，自分の参加で［　　　B　　　］ことにびっくりしたよ。ぼくたちも，もっと世の中の出来事に関心をもたないとね。

さやか：わたしは，［ C ］から，18歳になったらできることと，20歳にならないとできないことがよくわかったよ。

なおき：親の同意がなくてもできることが増えるね。

ひろし：ぼくは，学校の図書館でこんな本（**資料５**）を見つけたよ。今回のテーマに結びつくと思うんだけど，みんなも読んでみて。

問題１　ひろしさんたちの会話文と，前のページの**資料１**～**資料４**を参考に次の⑴，⑵の問題に答えなさい。

⑴　会話文の［ A ］，［ C ］にあてはまる適切なものを，次の**ア**～**エ**からそれぞれ１つ選んで，その記号を書きなさい。

ア　**資料１**　　**イ**　**資料２**　　**ウ**　**資料３**　　**エ**　**資料４**

⑵　**資料４**をもとにして，［ B ］にあてはまる内容を，**25字以上，30字以内**で書きなさい。ただし，「，」も１字として数え，文字に誤りがないようにしなさい。

資料５　学校の図書館で見つけた本の一部

「知能」は優れた能力だが，それを使いこなすには，それなりの手間を掛けなければならない。

一年に満たないうちに生涯を終えてしまうような昆虫は，知能を使いこなすことができない。そのため，昆虫は生まれてすぐに決められた行動をすることができる「本能」を高度に発達させるほうを選択したのである。

知能を利用するためには，「経験」が必要である。

そして，経験とは「成功」と「失敗」を繰り返すことである。

囲碁や将棋のＡＩは，「こうしたから勝った」「こうしたから負けた」という，経験を蓄積していく。

知能を発達させた※哺乳動物もまったく同じだ。

成功と失敗を繰り返すことで，どうすれば成功するのか，どうしたら失敗するのかを学んでいく。そして，判断に必要な経験を積み重ねていくのである。

しかし，問題がある。

たとえば，シマウマにとって，「ライオンに襲われたら死んでしまうから，ライオンに追われたら逃げなければならない」ということは，生存に必要な極めて重要な情報である。しかし，だからといって，その情報を得るために「ライオンに襲われる」という経験をすれば，そのシマウマは死んでしまう。

成功と失敗を繰り返して，経験を積み重ねるためには，「失敗しても命に別状はない」という安全が保障されなければならないのである。
それでは，哺乳類はどうしているのだろう。
哺乳類は，「親が子どもを育てる」という特徴がある。
そのため，生存に必要な情報は親が教えてくれるのである。
たとえば，何も教わっていないシマウマの赤ちゃんは，どの生き物が危険で，どの生き物が安全かの区別ができない。何も知らない赤ちゃんは，ライオンを恐れるどころか，ライオンに近づいていってしまうこともある。
一方，ライオンの赤ちゃんも，どの生き物が獲物なのかを知らない。そこで，ライオンの親は，子どもに狩りの仕方を教える。ところがライオンの子どもは，親ライオンが練習用に取ってきた小動物と，仲良く遊んでしまうことさえある。教わらなければ何もわからないのだ。
シマウマの赤ちゃんも何も知らない。そのため，ライオンが来れば，シマウマの親は「逃げろ」と促して，走り出す。シマウマの子は訳もわからずに，親の後をついて走るだけだ。しかし，この経験を繰り返すことによって，シマウマの子どもはライオンが危険なものであり，ライオンに追いかけられたら逃げなければならないということを認識するのである。
親の保護があるから，哺乳類の子どもたちはたくさんの経験を積むことができる。
たとえば，哺乳類の子どもたちは，よく遊ぶ。
キツネやライオンなど肉食動物の子どもたちは，小動物を追いかけ回して遊ぶ。あるいは，兄弟姉妹でじゃれあったり，けんかしたりする。
こうした遊びは，「狩り」や「戦い」，「交尾」などの練習になっていると言われている。
そして，遊びを通して模擬的な成功と失敗を繰り返し，獲物を捕る方法や，仲間との接し方など，生きるために必要な知恵を学んでいくのである。

（稲垣栄洋「生き物が老いるということ」による）

※哺乳動物　子を母乳で育てる，最も高等な動物。哺乳類に同じ。

ひろし：この文章を読んで，みんなの感想を聞かせてほしいな。
さやか：シマウマやライオンの赤ちゃんは，成功や失敗の［　D　］を積み重ねることで生きるために必要なちえを学んでいくのね。
けいこ：わたしたち人間も，日常生活で，成功や失敗をたくさん繰り返しながら，ちえを身に付けているよね。
なおき：そうだよね。そういうたくさんの［　D　］をすることで，正しい判断ができるようになるね。「18歳は大人」という課題とつながっているよ。
さやか：わたしは，この文章中の「親の保護があるから」という言葉が印象に残ったな。さっき，なおきさんは「親の同意がなくてもできる」と話していたけど，見方を変えれば，成人になる前は，それだけ親の保護を受けているということでもあるよね。
けいこ：そうすると，大人になるということは，自分の行動に責任をもたないといけないということだよね。自由にできるようになることが増えるのはうれしいけど，18歳になったら自分で責任をもって判断しなければならないと思うと心配ね。

なおき：そうだね。だからこそ，ぼくたちは将来に向けて，判断に必要な［ D ］を積んで，きちんと自分で考えて行動できる心構えが大切だね。

ひろし：では，発表会に向けて，これまでの話題をもとに提案していこう。

問題２　ひろしさんたちの会話文と，17ページの**資料５**をもとに，次の(1)，(2)の問題に答えなさい。

(1)　会話文の［ D ］にあてはまる最も適切な言葉を，**資料５**からぬき出して書きなさい。

(2)　ひろしさんたちは，これまでに集めた資料や話し合ったことから**資料６**の構成メモを作成しました。

この構成メモ（**資料６**）③をもとに発表原稿（**資料７**）の［ E ］に入る内容を，**30字以上，35字以内**で書いて，原稿を完成させなさい。

ただし，「**成功**」「**失敗**」「**ちえ**」という言葉を必ず使い，「，」も１字として数え，文字に誤りがないようにしなさい。

資料６　ひろしさんのグループの構成メモ

番号	スライド	発表原稿のためのメモ
①	成人年齢 20歳→18歳に！	・成人年齢が引き下げられた理由 ・18歳になったらできること ・20歳にならないとできないこと
②	海外と日本の比較	・世界の成人年齢の実態 ・欧米と日本の若者の意識調査の比較 ・社会の出来事に関心をもつこと
③	わたしたちの提案 大人になる準備	**・自由には責任がともなう** **・日常生活での成功と失敗から学ぶこと** **・生きるために必要なちえを身に付けていくこと**

資料７　スライド③の発表原稿

スライド③

今回、「10年後のわたし」というテーマで学習を進めてきましたが、わたしたちが、６年後に大人になるということを知ることができたのは大きな収穫でした。大人になると自由にできることが増えますが、１つ１つの行動に責任がともないます。

ですから、わたしたちが自分の行動に責任をもてる大人になるためには、［　　E　　］ことが大切だと考えます。

これからは、大人になる準備ができるように心がけて、生活していきましょう。

4 けいこさんの学年では，外国の友好都市Ａ市の小学生とオンラインで交流会を行うことになりました。けいこさんたちは，「日本のよいところ」を紹介するために，集めた資料をもとに話し合っています。

資料１　外国人が日本を訪れる前に期待していたこと
（複数回答）

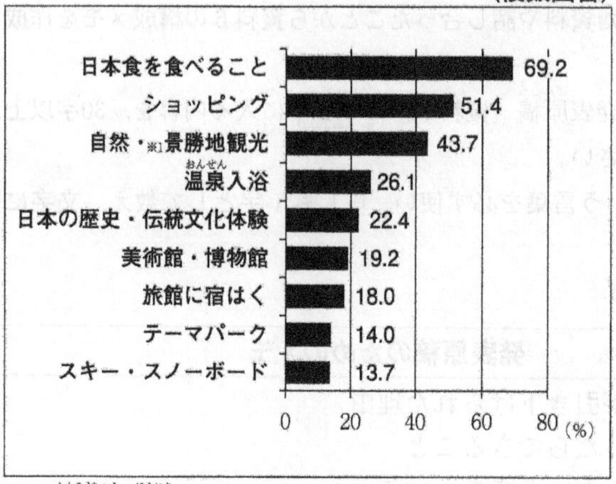

（観光庁「訪日外国人の消費動向報告書2020年1－3月期」より作成）

資料２　外国人にすすめたい日本の文化・芸能
（複数回答）

順位	内容	割合(%)
1位	マンガ・アニメ	44.8
2位	日本食	40.9
3位	温泉	20.1
4位	ゲーム	16.4
5位	お祭り	14.3
6位	伝統玩具(おりがみ・けん玉など)	13.8
7位	和服	11.5
8位	スポーツ（柔道・剣道など）	11.4
9位	書道	10.9
10位	ゆるキャラ	9.6

（バンダイ「子どもたちが考える日本に関する意識調査2015年」より作成）

※１ 景勝地　景色が優れている土地。

先　生：資料１と資料２を使って，「日本のよいところ」について，どのようなことを紹介するか考えてみましょう。

さやか：資料２では，外国人にすすめたいものの第１位がマンガやアニメです。わたしは，マンガを読むことが好きなので，マンガやアニメの魅力を伝えたいと思っています。

ひろし：ぼくは，資料１にも資料２にも関連のある［　Ａ　］について紹介したいです。

けいこ：なるほど。それなら外国人が期待していることでもあるし，日本の子どもたちが外国人にすすめたいものでもありますね。わたしも，２つの資料に共通している食に注目したいと思います。

ひろし：資料１を見ると，約70％の外国人が日本での食事を楽しみにしているのですね。

先　生：そうですね。日本独自の食文化である和食は，※２ユネスコの世界無形文化遺産に登録されています。次のページの資料３を見てください。これは和食の特徴について書かれたものです。

けいこ：和食には４つの特徴があるのですね。わたしは，「『和食』は，日本特有の気候・風土の中ではぐくまれてきた『自然の尊重』を土台とした日本人の伝統的な『食文化』である。」というところが印象的でした。和食の特徴がＡ市の小学生にしっかりと伝わるようにしたいと思います。

※２ ユネスコ　教育，科学，文化を通じて，平和な社会をつくることを目指している国際連合の機関。

資料３「和食」の特徴

日本は，周囲を海に囲まれ，国土の75％を山地がしめ，春夏秋冬の変化に富んだ気候風土にめぐまれている。豊かな自然は，海から，里から，山から，川からさまざまなめぐみをわたしたちにもたらしている。

こうした特徴のある環境の中で，日本人は自然を敬い，そのめぐみに感謝する心をはぐくみ，その心が日本独自の食文化である「和食」のもとになっている。自然を敬う心は，節目の行事にともなう食事の作法やしきたりを生み，めぐみに感謝する心が食材をむだなく大切に使う加工技術や調理法を生み出している。また，海外からの作物や食事の用具も上手に取り入れ，日本独自の食文化を発展させてきた。「和食」とは，自然を敬う日本人の心がはぐくんだ食の知恵，工夫，慣習のすべてを含んだものだといえる。

「和食」は，日本特有の気候・風土の中ではぐくまれてきた「自然の尊重」を土台とした日本人の伝統的な「食文化」である。

〈和食の４つの特徴〉

1　［　B　］

日本の国土は南北に長く、海、山、里と表情豊かな自然が広がっているため、各地で地域に根差した多様な食材が用いられている。また、素材の味わいを生かす調理技術・調理道具が発達している。

2　［　C　］

一汁三菜を基本とする日本の食事スタイルは、栄養バランスが取りやすいといわれている。また、だしの「うま味」や発酵食品を上手に使うことによって動物性油脂の少ない食生活を実現しており、日本人の長寿、生活習慣病予防に役立っている。

3　［　D　］

食事の場で、自然の美しさや四季の移ろいを表現することも特徴の１つである。季節の花や葉などで料理をかざりつけたり、季節に合った道具や器を利用したりして、季節感を楽しんでいる。

4　［　E　］

日本人の食文化は、年中行事と密接にかかわってはぐくまれてきた。自然のめぐみである食を分け合い、食の時間を共にすることで、家族や地域のきずなを深めてきた。

（農林水産省「『和食』のユネスコ無形文化遺産登録2019年」より作成）

問題１　会話文の［A］にあてはまる適切な内容を，次の**ア**～**オ**から２つ選んで，その記号を書きなさい。

ア　日本の子どもが行きたい国
イ　日本の有名なお城や庭園
ウ　日本の子どもに人気のある球技
エ　日本に昔から伝わる玩具や遊び
オ　日本の有名な温泉や観光地

問題２　前のページの**資料３**を読んで，次の⑴，⑵の問題に答えなさい。

⑴　次の**ア**～**カ**のうち，**資料３**から読み取れる内容として，正しいものには○を，誤っているものには×を書きなさい。

ア　季節に合った道具を利用することで，季節感を楽しんでいる。

イ　動物性油脂の多い食生活を実現し，日本人の生活習慣病予防に役立っている。

ウ　地域に根差した食材を用い，素材の味わいを生かす調理技術などが発達している。

エ　海外の食事の用具を取り入れ，欧米の食文化を発展させている。

オ　一汁三菜を基本とする日本の食事スタイルは，栄養バランスが取りやすい。

カ　年中行事などで食の時間を共にすることにより，家族や地域のきずなを深めている。

⑵　けいこさんたちは，**資料３**の**〈和食の４つの特徴〉**に，それぞれ見出しを付けることにしました。［B］～［E］にあてはまる最も適切なものを，次の**ア**～**オ**から１つずつ選んで，その記号を書きなさい。

ア　季節感を楽しむ心

イ　食が結ぶ人々のつながり

ウ　海外と日本の食文化の比較

エ　豊かな自然が生む多様な食材

オ　健康を支える食事の工夫

2023 年 度

解 答 と 解 説

＜適性検査Ⅰ解答例＞

1 問題１ 式：80÷2÷2
半径：20(cm)
問題２ 白い花かざり：28(個)
赤い花かざり：28(個)

2 問題１ ア：15(通り)
イ：11(通り)
問題２ 見学ルート：①森の駅 ②バス
発着時刻：③13：25 ④13：27
⑤14：03 ⑥14：35
⑦14：55 ⑧15：19
バスや電車の運賃と入場料の合計：450(円)

3 問題１ コ
問題２ 記号：ア
水の量：375(g)
問題３ 温度が変わっても水にとける食塩の量はあまり変わらない(からだよ。)

4 問題１ エ
問題２ 541(mm)
問題３ ア：○ イ：× ウ：× エ：×

○配点○
1 問題１ 各3点×2 問題２ 各7点×2
2 問題１ 各6点×2
問題２ (見学ルート，発着時刻，バスや電車の運賃と入場料の合計) 各完答6点×3
3 問題１ 6点 問題２ 記号：5点 水の量：8点 問題３ 6点
4 問題１ 7点 問題２ 10点 問題３ 各2点×4 計100点

＜適性検査Ⅰ解説＞

1 (算数：平面図形，円)

問題１ 長方形の縦(たて)80cmの中に円が2つ入っていることから，円１つあたりの直径は80÷2で求められる。半径を答えるので，直径をさらに2で割(わ)って求めると，

80÷2÷2＝20(cm)

長方形の横200cmの中に円が５つ入っていると考えると，

200÷5÷2＝20(cm)

と考えることもできる。

重要 問題２　長方形の４つの辺の長さの合計は，

(80＋200)×2＝560(cm)

けんたさんとゆうかさんの発言から，白い花かざりと赤い花かざりは同じ数ずつ必要になるとわかる。白い花かざり１個と赤い花かざり１個をセットにしてはると考えると，長方形には560÷(8＋12)＝28(セット)はることができる。よって，白い花かざりと赤い花かざりはそれぞれ28個ずつ必要になる。角の白い花かざりも，**図２**を見ると２辺にそれぞれ半径の６cmずつのっているので，看板(かんばん)の周の合計12cmに重なっていることに注意する。

2 （算数：組み合わせ，道のり）

問題１　**【中央駅東側の見学場所の地図】**と**【午前の活動の約束】**より，同じ場所には一度しか行かないことと，一度駅にもどったらその後は見学場所に行けないことに注目する。最初にタワーを見学するルートを考えると，

① 中央駅→タワー→公園→中央駅
② 中央駅→タワー→公園→滝(たき)→中央駅
③ 中央駅→タワー→滝→中央駅
④ 中央駅→タワー→滝→公園→中央駅
⑤ 中央駅→タワー→中央駅

の５通りがある。公園と滝を最初に見学するルートも同様に５通りずつ考えられるので，考えられる見学ルートは全部で5×3＝15(通り)となる。

また，タワーに必ず行くルートは，上の①～⑤に加えて，

⑥ 中央駅→滝→タワー→公園→中央駅
⑦ 中央駅→滝→タワー→中央駅
⑧ 中央駅→滝→公園→タワー→中央駅

の３通りあり，⑥・⑧の滝と公園の順番を入れかえた２通りと，⑦の滝に行かず公園に行く１通りのあわせて３通りがさらに考えられるので，

5＋3＋3＝11(通り)

やや難 問題２　まず，必要になる運賃(うんちん)や時間を考える。たくやさんとさやかさんの会話をふまえて，必ず見学する場所のうち，大仏は無料で見学できるが，城は入場料が200円なので，ほかの運賃や見学に使える残金は500－200＝300(円)である。また，美術館に15時30分までにつくためには，バスの場合14時55分，徒歩の場合14時18分に大仏を出発する必要がある。

【表２】より，中央駅から城へは電車を使うとわかる。城の駅まで乗車する行き方と森の駅まで乗車する行き方を考えてみると，**【表２】**を参考に以下のような予定表になる。なお，城の駅で下車する場合，残金が300－180＝120(円)と，大仏から美術館に向かうバスの運賃より少なくなってしまうので，大仏から美術館へは徒歩で向かうことに注意する。

【城の駅まで乗車する行き方】

見学ルート	中央駅	→	城	→	大仏	→	美術館
【移動方法】		【電車】 【徒歩】		【徒歩】		【徒歩】	
発着時刻	13：25発	城の駅 13：29着 到着後すぐに出発	13：44着 見学後 すぐに 出発		14：16着 14：18発		15：30着

【森の駅まで乗車する行き方】

見学ルート	中央駅	→	城	→	大仏	→	美術館
【移動方法】		【電車】 【徒歩】		【徒歩】		【バス】	
発着時刻	13：25発	森の駅 13：27着 到着後すぐに出発	14：03着 見学後 すぐに 出発		14：35着 14：55発		15：19着

2つの行き方のうち，大仏の「15分以上」という見学時間を守っており，かつたくやさんの最後の発言の「できるだけ長く大仏を見学できる」にあてはまるのは森の駅を利用する行き方である。このとき，バスや電車の運賃と入場料の合計は，100＋200＋150=450(円)となる。

行き方を組み立てる中で，必ず必要になる時間や料金から順番に逆算していくとよい。

3 (理科，算数：水溶液，ろ過)

問題1　小麦粉を水溶液から分離すればよいので，ろ紙の代わりに使うのはキッチンペーパーが適当である。他の道具では水溶液を通さず，分離させることができないためろ紙の代わりにはならない。ろうとの代わりは器の形をしており，水を通すざるを用いるとよい。ボウルは水を通さないため，ろうとの代用にはできない。

重要 **問題2**　表より，100gの水が0℃のとき3.0gのミョウバンがとける。よって，250gの水には，$3.0\times\frac{250}{100}=7.5$(g)がとけるとわかる。つまり，水を0℃まで冷やせば，7.5g以上のミョウバンはとけないので，ろ過でこしとることができる。

つけじるは，水250gに約3gのミョウバンが入っているこさである。よって，加える水の量は，

$7.5\div3\times250-250=375$(g)

問題3　表を見ると，食塩は水の温度が上がってもとける量がほとんど変化しない。そのため，食塩はミョウバンのように温度を調整してとけている量を明らかにすることはできない。

4 (理科，算数：台風，降水量の計算)

問題1　図2を見ると，A市は台風X経路の東側にある。台風の風は中心に向かって左まきにふ

きこむので，台風がA市に近づくまでの風向きは北東～南東になる。台風XがA市に最も近づいたのは，台風XがA市の北西を通過した時なので，風向きは南東から南に変化するはずである。

やや難 **問題2**　59000000tをkgに直すと，

　59000000×1000＝59000000000(kg)

集水域の面積は，

　1000×1000×109＝109000000(m^2)

よって，Bダムの集水域1 m^2あたりに降った雨は，

　59000000000÷109000000＝541.2…(mm)

小数第1位を四捨五入して，541mmとなる。

問題3　ア：　10月の降水量は，台風Xが通過した年は約760mm，過去の平均は約200mm。11月の降水量は，台風Xが通過した年は約50mm，過去の平均は約50mmで，10月から11月にかけて減少している。一方で，10月の貯水量は台風Xが通過した年は約4000万m^3，過去の平均は約3000万m^3である。11月の貯水量は，台風Xが通過した年は約5500万m^3，過去の平均は約3800万m^3で，10月から11月にかけて増加している。よって，正しい。

イ：　6月の降水量は台風Xが通過した年は約170mm，過去の平均も約170mmである。7月の降水量は台風Xが通過した年は約220mm，過去の平均は約195mmで，6月から7月にかけて増加している。6月の貯水量は，台風Xが通過した年は約3800万m^3，過去の平均は約3000万m^3である。7月の貯水量は，台風Xが通過した年は約2500万m^3，過去の平均は約2200万m^3で，6月から7月にかけて減少しているので，誤り。

ウ：　台風Xが通過した年の貯水量は，7月～9月が3000万m^3以下であるので誤り。

エ：　台風Xが通過した年において過去の2倍以上の降水量だったのは10月である。10月の貯水量を見ると，11月，12月より少ないことがわかるので，誤り。

★ワンポイントアドバイス★

算数の問題はていねいに取り組めばとくことができる。混乱してしまうときは，紙にとちゅうの計算を書いて考えを整理しよう。理科は図表をよく見て，答えに必要な情報がどこにあるのかを探し出そう。

＜適性検査Ⅱ解答例＞

1　**問題1**　エ

問題2　江戸から遠いところには，外様大名を多く配置している。

問題3　オ

問題4　まとめ①　×　　まとめ②　○　　まとめ③　×

2　**問題1**　エ

問題2　イ

問題3　A カ　B イ　C オ　D ウ
問題4　ウ

3 問題1　(1)　A ウ　C ア
(2)　社会現象が変えられるかもしれないと回答した人の割合が高い(ことにびっくりしたよ。)
問題2　(1)　経験
(2)　日常生活での成功と失敗から学び，生きるために必要なちえを身に付ける(ことが大切だと考えます。)

4 問題1　エ，オ
問題2　(1)　ア ○　イ ×　ウ ○　エ ×　オ ○　カ ○
(2)　B エ　C オ　D ア　E イ

○配点○
1　問題1・問題3　各6点×2　問題2　10点　問題4　完答4点
2　問題1・問題2・問題4　各6点×3　問題3　完答6点
3　問題1(1)　各3点×2　問題1(2)　6点　問題2(1)　6点　問題2(2)　12点
4　問題1　各3点×2　問題2(1)　完答6点　問題2(2)　各2点×4　計100点

<適性検査Ⅱ解説>

1 (社会：資料の読み取り，地図，江戸時代)

基本　問題1　資料1より，い地点の最高裁判所から見てう地点の東京駅は東の方角にある。また，地図にある縮尺を見ると，最高裁判所と東京駅の直線きょりは約2kmとわかる。よって，正しい答えはエである。

問題2　「外様大名」という言葉を使う指定があるので，資料3の外様大名の配置に注目する。外様大名の多くは九州地方や東北地方など，江戸から離れた場所に配置されていることがわかる。そのことを指定字数に合うようにまとめる。

やや難　問題3　資料Bは1868年に明治政府が発表した五箇条の御誓文，資料Cは1872年に操業開始した富岡製糸場，資料Dは1864年の四国艦隊下関砲撃事件に関するものである。くわしい内容がわからなくても，説明にあるキーワードを読み取ればよい。「長州藩が」とある資料Dが最も古いできごとで，「富岡製糸場」とある資料Cがもっとも新しいできごとだと予想できる。

問題4　まとめ①：　資料4と資料6を見る。海外から大分県に宿泊した客の月別の人数で最も少なかった月は9月で34445人である。資料4を見ると，1年間に東北・北海道から宿泊した客の人数は61803人とあるので，誤り。

まとめ②：　資料6を見る。1月と2月は海外から大分県に宿泊した客が9万人を超えており，他の月よりも多い。一方，国内から大分県に宿泊した客は約28万人と，他の月よりも少ない。よって，正しい。

まとめ③：　資料4と資料5を見る。資料5で韓国と台湾から大分県に宿泊した客の数をたすと，344269＋140405＝484674(人)となる。一方，資料4を見ると，大分県内から宿泊した客の人数は581997人である。よって，誤り。

2 （国語・社会：資料の読み取り，林業）

基本

問題1 法隆寺があるのは奈良県。奈良県は内陸県で，海岸線をもたないことから，正しいのは太線部分がない**エ**である。**ア**は岩手県，**イ**は京都府，**ウ**は兵庫県である。

問題2 **ア**： **資料3**を見ると，チェーンソーの台数は減少している。また**資料4**より，作業に多くの人数が必要になるチェーンソーでは，林業で働いている人の数が減ったのに国産木材の生産量が上がったことを説明できない。よって，誤り。

イ： **資料3**では，チェーンソーの台数が減り，プロセッサとハーベスタの台数が増えている。**資料4**から**資料6**を見ても，チェーンソーが多くの人数を必要とするのに対し，プロセッサやハーベスタは少ない人数で多くの作業ができることがわかる。よって，正しい。

ウ： **資料3**より，プロセッサとハーベスタの増えた分の台数はそれぞれ，

プロセッサ：2155－854＝1301(台)

ハーベスタ：1918－379＝1539(台)

よって，プロセッサよりハーベスタの方が多いので，誤り。

エ： **資料3**より，チェーンソーが減りプロセッサとハーベスタの台数が増えていることから，誤り。

問題3 まず，**C**には家や学校からやってくる使ったあとの水が入るので，**オ**の下水処理場(下水処理施設)が適当である。つづいて，下水処理場できれいになった水は，川や海へと流されるので，**D**には**ウ**が入る。川や海の水は蒸発し，雨となって森に降り注ぐ。その一部はダムに集められ，さらにダムから浄水場へと送られ，人が飲めるように浄水してから水道管を通って家や学校へとやってくる。よって，**A**には**カ**，**B**には**イ**が入る。わかるところから順番にうめていくとよい。

問題4 **ア**，**イ**，**エ**はそれぞれ日本国憲法のほかの原則や条文について書かれている。**ア**は平和主義の内容，**イ**は国民主権の内容，**エ**は第１条の内容について書かれている。基本的人権の尊重は，人間が生まれながらにもっている当然の権利のことなので，**ウ**の説明があてはまる。

3 （国語，社会：資料の読み取り）

問題1 ⑴ **A**： 空らんの続きに，「多くの国々の成人年齢が18歳ということがわかった」とあるので，**ウ**の**資料3**があてはまる。

C： 「18歳になったらできることと，20歳にならないとできないこと」とあるので，**ア**の**資料1**があてはまる。

⑵ **資料4**を見ると，「私の参加により，変えてほしい社会現象が少し変えられるかもしれない」という意見について，賛成している人の割合は日本より欧米の国々の方が高いことがわかる。以上の内容を，字数に合うようにまとめる。なお，空らんの前に「日本に比べて欧米では」とあるので，日本ではなく欧米の割合について答える。

問題2 ⑴ **資料5**は，成功と失敗の経験を繰り返して動物が知能を身に付けていくことが語られている。空らんの前後にも「成功や失敗」，「積み重ねることで生きるために必要なちえを学んでいく」，「正しい判断」とあるので，空らん**D**には「経験」があてはまる。

⑵ **資料7**は，**資料5**の内容をふまえた発表原稿である。よって，**資料5**や，**資料5**に

関する話し合い，**資料6**の構成メモをふまえて，「成功と失敗の経験を重ねること」，「生きるために必要なちえを身に付けていくこと」を字数に合うようにまとめればよい。

4 **（国語：相手に伝える表現，日本の食文化）**

問題1　空らん**A**のあとのけいこさんの発言で，「それなら外国人が期待していることでもあるし，日本の子どもたちが外国人にすすめたいものでもありますね」と言われていることから，空らんには**資料1**と**資料2**で共通している内容を選ぶ。あてはまるのは**エ**と**オ**である。2つ選ぶことに注意する。

問題2　(1)　**ア**：　**＜和食の４つの特徴＞３**にあてはまる。正しい。

イ：　**＜和食の４つの特徴＞２**には「動物性油脂の少ない食生活を実現」とある。誤り。

ウ：　**＜和食の４つの特徴＞１**にあてはまる。正しい。

エ：　「海外からの作物や食事の用具も上手に取り入れ」とあり前半部分は正しいが，発展させたのは欧米の食文化ではなく「日本独自の食文化」と紹介されている。誤り。

オ：　**＜和食の４つの特徴＞２**にあてはまる。正しい。

カ：　**＜和食の４つの特徴＞４**にあてはまる。正しい。

(2)　それぞれの内容をふまえて，適切な見出しを選ぶ。**B**は日本の自然環境や素材のことについて書かれているので**エ**，**C**は和食と健康の関係について書かれているので**オ**，**D**は季節感について書かれているので**ア**，**E**は食を通じたきずなについて書かれているので**イ**があてはまる。**C**は日本の食文化の特徴が書かれているが，海外の食文化については書かれていないので，**ウ**はいずれにもあてはまらない。

★ワンポイントアドバイス★

ひとつの問題に資料が複数用意されている出題が多い。問題に必要な部分はどこか，素早く見極められるようにしよう。

MEMO

大切なことはメモしておこうネ！

2022年度

★★★★★★★★★★★★★★★★★★★★★★★

入　試　問　題

2022年度

茨城県立中学校・中等教育学校入試問題

【適性検査Ⅰ】（45分）　＜満点：100点＞

1　けんたさんとゆうかさんは，算数の授業で，１辺が18cmの正方形の折り紙を使った問題づくりをしています。

けんた：折り紙を折って，できあがった形の面積を求める問題はどうかな。
ゆうか：そうだね。いい考えだと思うよ。
けんた：こんなふうに折ると，できあがった形あ（図１）の面積は何cm²かな。
ゆうか：折り紙は正方形で，１辺の長さがわかっているから，面積を求めることができるね。

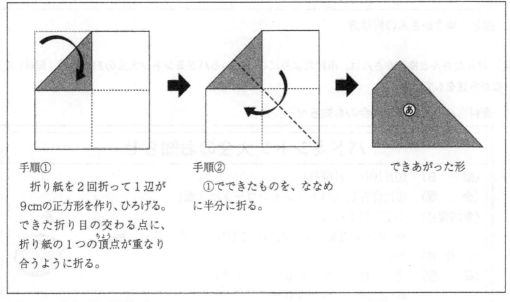

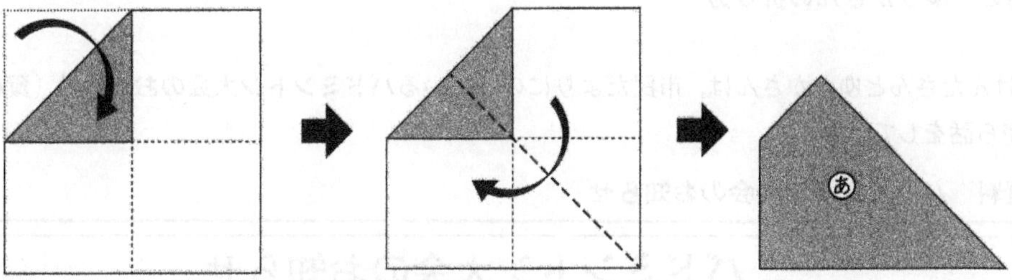

手順①
折り紙を２回折って１辺が9cmの正方形を作り、ひろげる。できた折り目の交わる点に、折り紙の１つの頂点（ちょう）が重なり合うように折る。

手順②
①でできたものを、ななめに半分に折る。

できあがった形

図１　けんたさんの折り方

問題１　できあがった形あの面積は何cm²かを求めなさい。

ゆうか：折り紙を折ったときにできる角の大きさを求める問題をつくりたいな。
けんた：いいね。折り紙は正方形だから，その性質を使えないかな。
ゆうか：こんなふうに折ったとき，できあがった形の中にできるいの角（図２（次のページ））の大きさなら求められるよね。
けんた：どんなふうに折ったか説明してくれるかな。
ゆうか：折り紙を半分に折ったときにできる折り目の上で，頂点Bと頂点Cが重なり合うように折って台形を作ったの。
けんた：なるほど。それなら求められるね。

問題２　できあがった形の中にできるいの角の大きさは何度かを求めなさい。

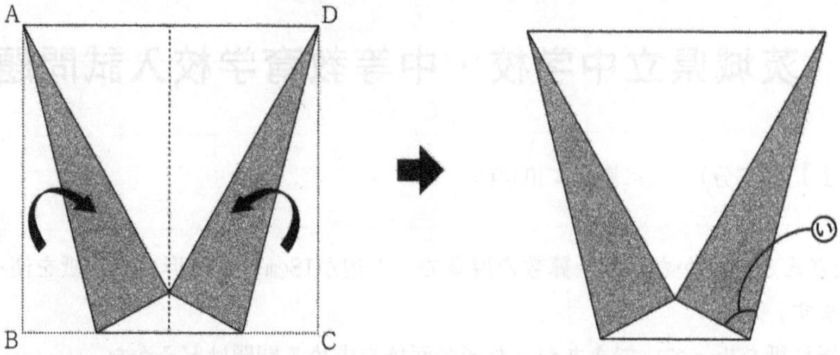

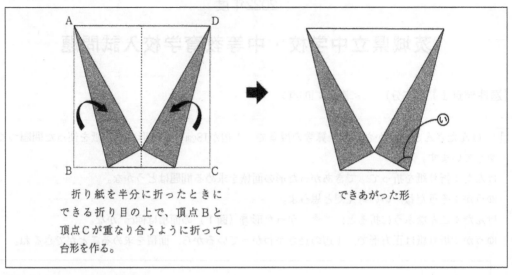

折り紙を半分に折ったときにできる折り目の上で、頂点Bと頂点Cが重なり合うように折って台形を作る。

できあがった形

図２　ゆうかさんの折り方

２　けんたさんとゆうかさんは，市民だよりにのっている**バドミントン大会のお知らせ**（**資料**）を見ながら話をしています。

資料　バドミントン大会のお知らせ

バドミントン大会のお知らせ

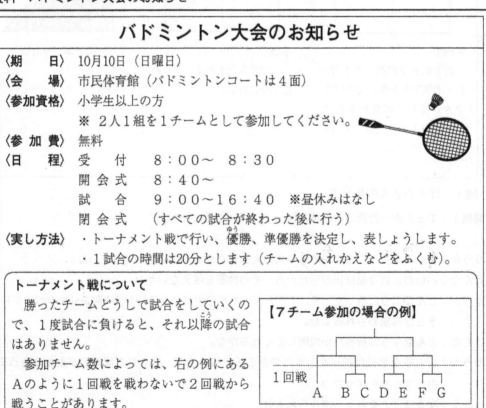

〈期　　日〉　10月10日（日曜日）
〈会　　場〉　市民体育館（バドミントンコートは４面）
〈参加資格〉　小学生以上の方
※ ２人１組を１チームとして参加してください。

〈参 加 費〉　無料
〈日　　程〉　受　　付　　８：００～ ８：３０
開 会 式　　８：４０～
試　　合　　９：００～１６：４０　※昼休みはなし
閉 会 式　　（すべての試合が終わった後に行う）
〈実し方法〉　・トーナメント戦で行い、優勝、準優勝を決定し、表しょうします。
・１試合の時間は20分とします（チームの入れかえなどをふくむ）。

トーナメント戦について

勝ったチームどうしで試合をしていくので、１度試合に負けると、それ以降の試合はありません。

参加チーム数によっては、右の例にあるAのように１回戦を戦わないで２回戦から戦うことがあります。

【７チーム参加の場合の例】

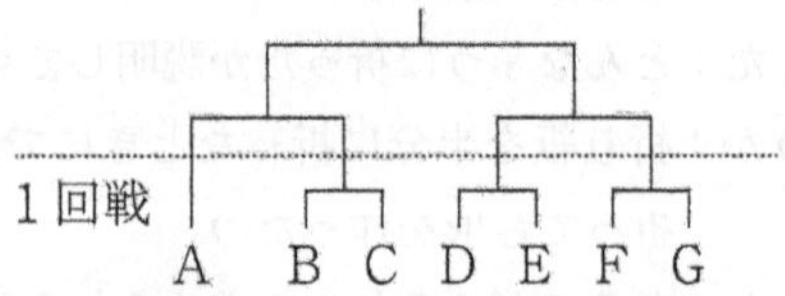

〈注 意 点〉 ・バドミントンシューズまたは体育館ばきを用意してください。
・バドミントンラケットは当日に貸し出しができます。
・コートは試合以外では使用しないでください。
・昼食は各自でとってください。

〈申しこみ方法〉
大会前日までに、電話で必要事こう（参加者氏名、年れい）をお知らせください。
電話：＊＊＊－＊＊＊－＊＊＊＊（担当：スポーツ係）
※ 時間内に大会を終りょうすることができる最大のチーム数になりしだい、ぼ集をしめ切ります。参加をご希望の方は早めにお申しこみください。

けんた：このバドミントン大会に２人で参加しようよ。
ゆうか：いいよ。お知らせの**〈申しこみ方法〉**のところを見てみると，「時間内に大会を終りょうすることができる最大のチーム数になりしだい，ぼ集をしめ切ります。」って書いてあるから，すぐに申しこみをしないとね。
けんた：そうだね。ところで，この「最大のチーム数」って何チームかな。
ゆうか：お知らせをよく見てみようよ。
けんた：うん。この大会は，トーナメント戦で，チームの入れかえなどをふくめて，１試合20分だね。
ゆうか：コートは４面あるから，同時に最大で４試合できるね。
けんた：どう考えればよいのかな。まずは，**【７チーム参加の場合の例】**で考えてみようよ。
ゆうか：トーナメント戦で，総試合数は６試合だから，優勝が決まるまでには何分かかるかな。

問題１ **【７チーム参加の場合の例】**のとき，優勝が決まるまで何分かかるかを求めなさい。

けんた：じゃあ，このバドミントン大会で考えると，どうなるのかな。
ゆうか：トーナメント戦だから，時間内に大会を終りょうすることができる最大の総試合数はわかるね。
けんた：それがわかれば，「最大のチーム数」がわかるね。

問題２ このバドミントン大会の**最大の総試合数**と，そのときの**「最大のチーム数」**を求めなさい。

３ いきもの係のけんたさんとゆうかさんは，メダカのたまごがついた水草を切りとって，水の入った小さな容器に入れ，たまごの中のようすをそう眼実体けんび鏡で調べました。６月のある日，けんたさんとゆうかさんはメダカの世話をしながら話をしています。

ゆうか：どうしよう。観察カードを落としてばらばらにしちゃった。カードに日付が書いてあったけど，よごれがついて日付がわからないよ。
けんた：だいじょうぶだよ，ゆうかさん。a時間がたつにつれて大人のメダカと似た形になるように，カードを並べかえればいいんだよ。
ゆうか：そうだね。ありがとう。
けんた：ところで，毎日えさをあたえるのは大変だよね。１か月分のえさをまとめてあたえれば，しばらくはメダカにえさをあたえなくてもいいんじゃない。

ゆうか：食べきれずに残ったえさが，水をよごすからだめだよ。でも，えさをあたえる回数を減らす飼育方法を聞いたことがあるよ。

けんた：たしかに，自然の池や川ではえさをあたえなくてもメダカは生活しているよね。メダカは何を食べているのかな。

ゆうか：池や川のメダカは，ミジンコなどの小さな生物を食べているんだよ。

けんた：じゃあ，ミジンコは何を食べているの。

ゆうか：インターネットで，ミジンコがミドリムシを食べている動画を見たよ。

けんた：そうすると，メダカがミジンコを食べて，ミジンコがミドリムシを食べるんだね。でもミドリムシは何を食べるのかな。

ゆうか：b ミドリムシは日光が当たると養分ができるんだよ。そうは言っても，自然の環境（かんきょう）を水そうで再現するのはとても難（むずか）しいことだよね。c メダカが住んでいる池や川の食物連鎖（しょくもつれんさ）を調べてみようよ。

問題１　下線部ａ（時間がたつにつれて大人のメダカと似た形になるように，カードを並（なら）べかえればいいんだよ）について，Ａ～Ｆのカードをたまごから姿（すがた）を変えてゆく順番に並べかえ，記号を書きなさい。ただし，最後のカードはＦである。

A

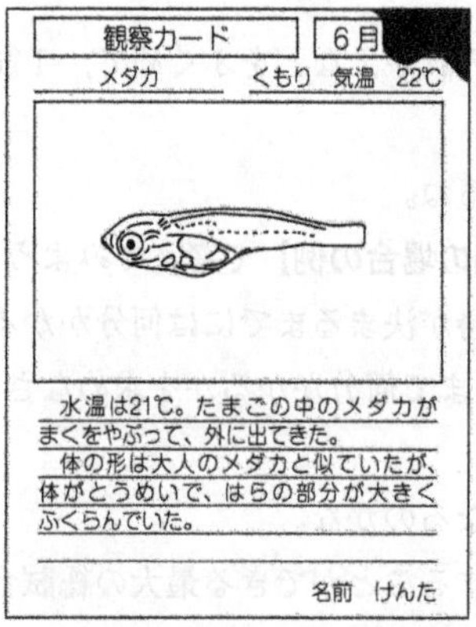

B

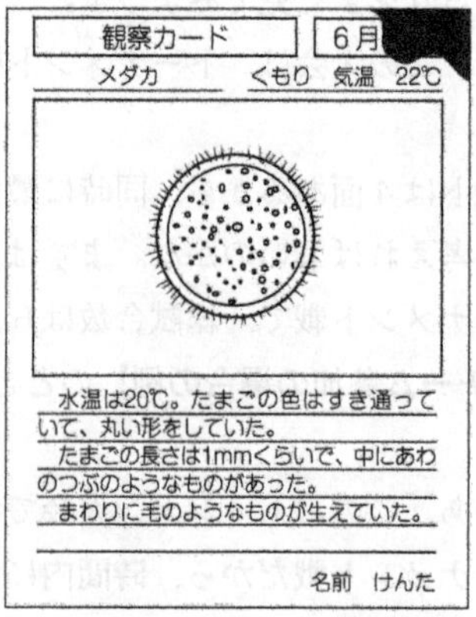

C

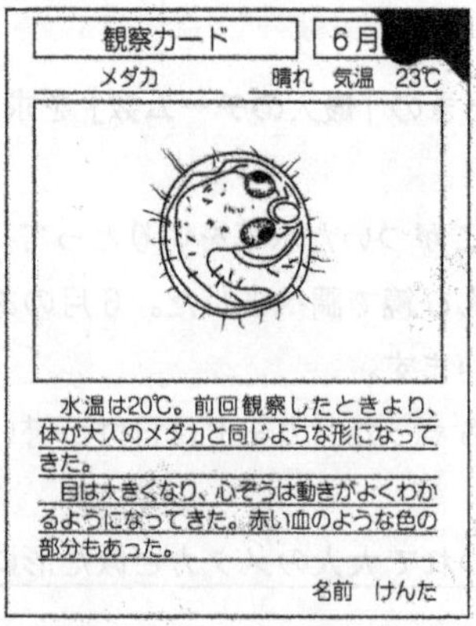

D

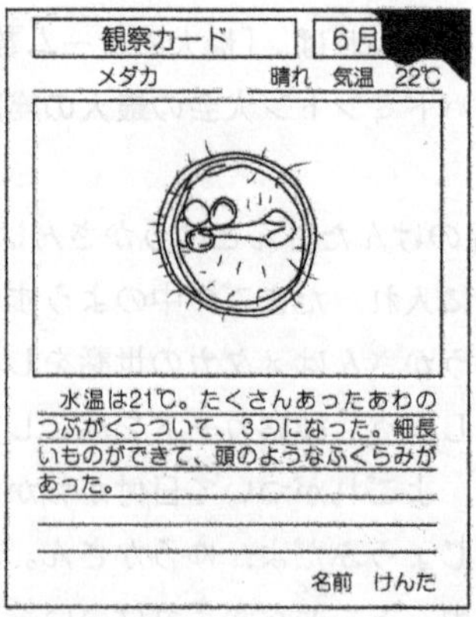

E

観察カード
6月
メダカ
晴れ　気温　24℃
水温は21℃。前回観察したときよりあわのつぶが大きくなり、1つになっていた。
黒い目のような部分や、ずっと動いている部分もできていた。動いている部分は、心ぞうだと思う。
名前　けんた

F

観察カード
6月
メダカ
くもり　気温　21℃
水温は20℃。とう明だったメダカの体に色がついた。また、大きくふくらんでいたはらの部分もなくなったことで、大人のメダカとそっくりになった。
名前　けんた

問題2　カード**A**の時期のふ化したばかりのメダカはどのように生活していましたか。次の**ア**～**カ**の中からあてはまるものを**すべて**選びなさい。ただし，あてはまるものがない場合は，「なし」を選びなさい。

ア　水からデンプンを作って生活していた。

イ　底のほうでじっとしていた。

ウ　活発に水面付近を動き回っていた。

エ　親のメダカからえさをもらって生活していた。

オ　ふくらんだはらの養分を使って生活していた。

カ　親のメダカのへそのおから養分をもらって生活していた。

問題3　下線部**b**（ミドリムシは日光が当たると養分ができるんだよ。）と同じように，日光が当たると養分ができるものをあとの**ア**～**ケ**の中から**すべて**選びなさい。ただし，あてはまるものがない場合は，「なし」を選びなさい。

ア　イカダモ

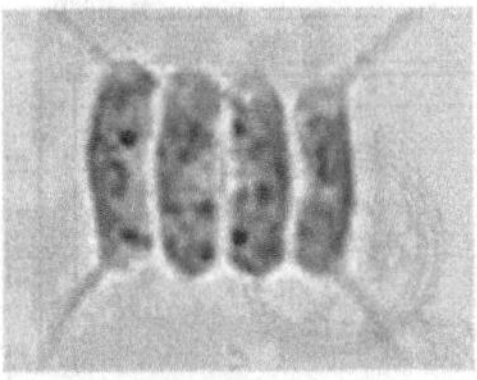

イ　オオカナダモ

ウ　バッタ

エ　カマキリ

オ　ハゴロモモ

カ　アマガエル

キ　オキアミ

ク　キャベツ

ケ　ツルレイシ

（岐阜大学教育学部理科教育講座・仙台市科学館・名古屋港水族館・JAグループ茨城・大阪府立環境農林水産総合研究所の各Webページより）

問題４　下線部ｃ（メダカが住んでいる池や川の食物連鎖（しょくもつれんさ））について，ある池では生物は図に示すような「食べる・食べられる」という関係で一本の線のようにつながっています。また，下の文章は，この池の生物どうしの関わりを表したものです。

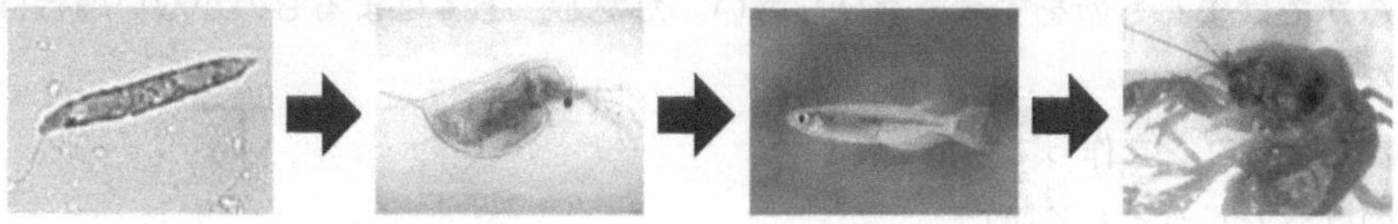

図　「食べる・食べられる」の関係　（仙台市科学館のWebページより）

生物どうしの関わり

> この池のミドリムシ，ミジンコ，メダカ，ザリガニの数は，通常はつり合いが保たれているが，メダカの数が一時的に減ると，まず，ミジンコの数は［Ｘ］。しかし，一時的な増減があっても，それは再びもとにもどり，つり合いが保たれる。

文中の［Ｘ］に入る言葉と，そのようになる理由として最も適しているものの組み合わせを次の**ア**～**カ**の中から一つ選びなさい。

	［Ｘ］	理由
ア	増える	ミジンコが食べるミドリムシの数が減ったから。
イ	増える	メダカを食べるザリガニの数が減ったから。
ウ	増える	ミジンコを食べるメダカの数が減ったから。
エ	減る	ミジンコが食べるミドリムシの数が減ったから。
オ	減る	メダカを食べるザリガニの数が減ったから。
カ	減る	ミジンコを食べるメダカの数が減ったから。

4 音楽の授業で**図1**の機械式メトロノームを使って練習をしました。メトロノームはふりこのしくみを利用しているので，理科の授業でそのしくみを調べることにしました。**図2**のようにひもにおもりをつけたふりこを作りました。**実験①～⑨**のように，おもりの重さ・ふりこのふれはば・ふりこの長さの条件を変えて，ふりこが20回往復する時間を３回はかり，その平均を求め，下の**表**にまとめました。

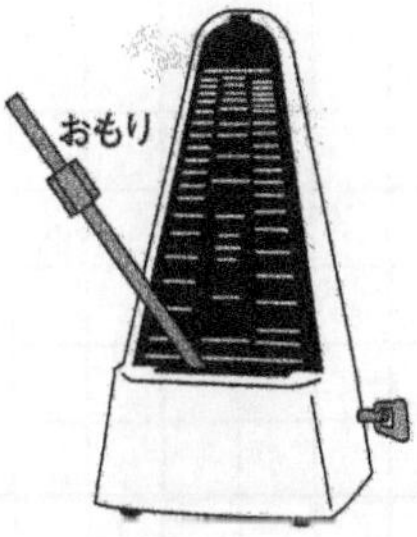

図１　機械式メトロノーム

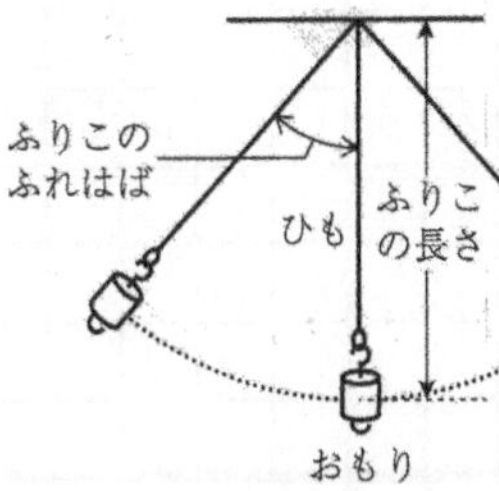

図２　実験に用いたふりこ

表　ふりこの実験結果

実験	おもりの重さ	ふりこのふれはば	ふりこの長さ	ふりこが20回往復する時間
①	4 g	30°	10cm	12.7秒
②	4 g	10°	25cm	20.1秒
③	4 g	20°	25cm	20.0秒
④	8 g	10°	75cm	34.7秒
⑤	8 g	20°	50cm	28.3秒
⑥	8 g	30°	100cm	40.3秒
⑦	12g	10°	75cm	34.8秒
⑧	12g	10°	200cm	56.9秒
⑨	12g	20°	150cm	Y

問題１　**実験①～⑧**の結果から，ふりこが１回往復する時間（秒）とふりこの長さ（cm）の関係をグラフで表すと，どれに近くなりますか。次の**ア～エ**の中から一つ選びなさい。必要なら，次ページのグラフ用紙を使用してもかまいません。

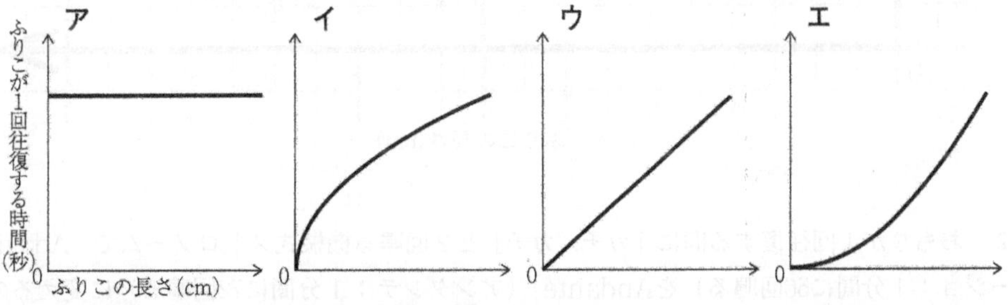

また，**実験⑨**でふりこが20回往復する時間 Y は，何秒と考えられますか。次の**オ～ケ**の中から最も適しているものを一つ選びなさい。

オ　約40秒　　**カ**　約45秒　　**キ**　約50秒　　**ク**　約55秒　　**ケ**　約60秒

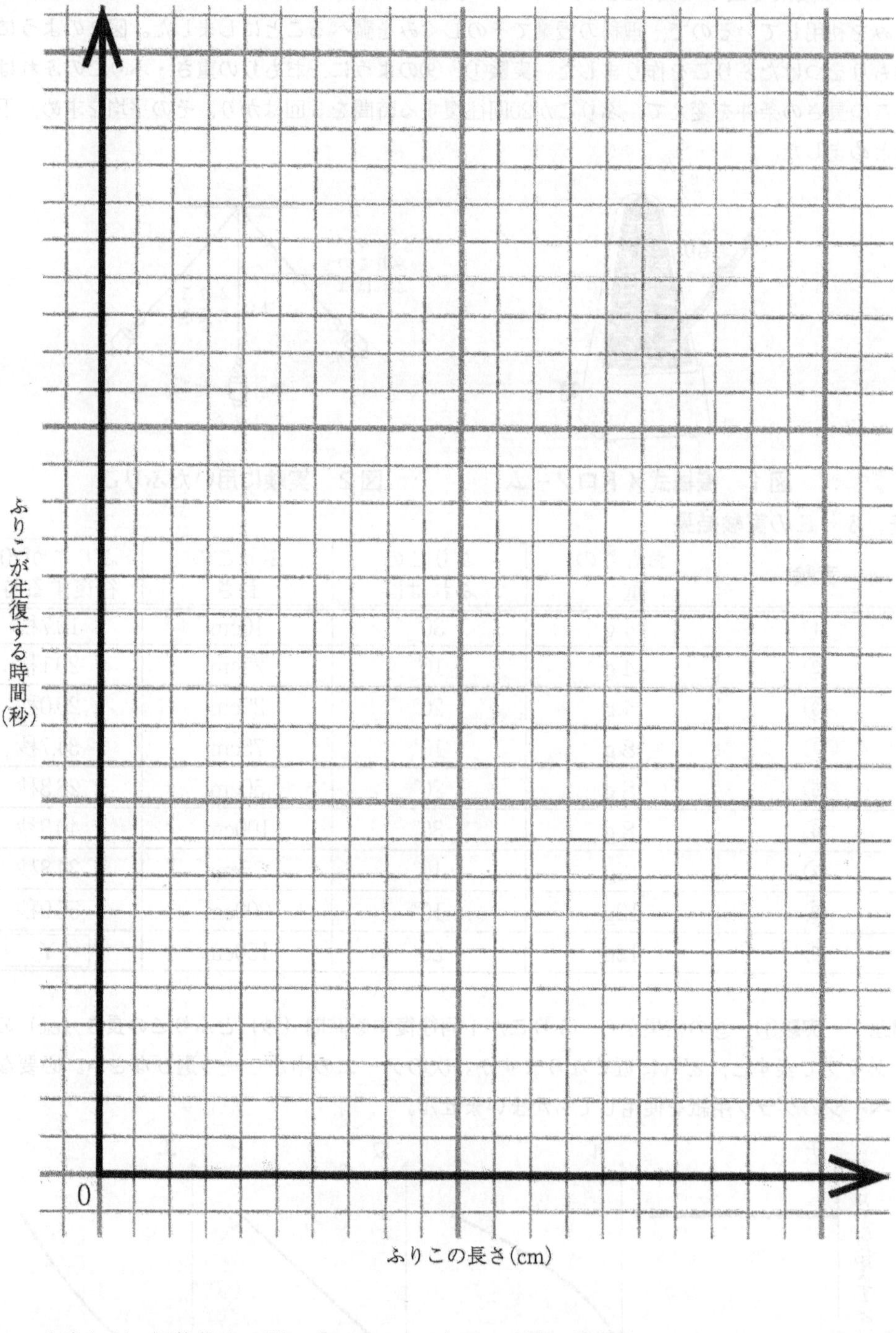

問題２　おもりが１回往復する間に「カチ，カチ」と２回鳴る機械式メトロノームで，Adagio（アダージョ：１分間に56回鳴る）をAndante（アンダンテ：１分間に72回鳴る）に変えるのに必要なおもりのそう作とそのようにおもりを動かす理由の組み合わせを次のページの**ア**～**カ**の中から一つ選びなさい。

	おもりのそう作	おもりを動かす理由
ア	位置を上げる	ふりこの長さが長くなり、ふりこの往復時間が長くなるから
イ	位置を上げる	ふりこの長さが長くなり、ふりこの往復時間が短くなるから
ウ	位置を上げる	ふりこの長さが短くなり、ふりこの往復時間が短くなるから
エ	位置を下げる	ふりこの長さが短くなり、ふりこの往復時間が短くなるから
オ	位置を下げる	ふりこの長さが短くなり、ふりこの往復時間が長くなるから
カ	位置を下げる	ふりこの長さが長くなり、ふりこの往復時間が長くなるから

問題３　図３の曲をAllegretto（アレグレット：メトロノームが１分間に100回鳴る）のはやさで，メトロノームに合わせて演奏（そう）したとき，４分休ふをふくめたこの曲16小節すべての演奏時間は何秒になるか，求めなさい。答えは，小数第一位まで答えなさい。

図３　ある曲の楽ふ

【適性検査Ⅱ】（45分）　＜満点：100点＞

1 ひろしさんの学校では，特色のある地域について調べています。今日は校長先生の出身地である新潟市の小学校と，「わたしたちの県のみ力をしょうかいしよう」というテーマで，オンラインによるテレビ会議をしています。

ひろし：新潟市の越後小学校のみなさんこんにちは。水戸市の好文小学校の司会をするひろしです。今日の水戸市の天気は晴れです。こちらは朝から学校の池に氷が張っていて，とても寒いです。新潟市の天気はどうですか。

けいこ：好文小学校のみなさんこんにちは。越後小学校の司会をするけいこです。水戸市は晴れているんですね。新潟市は朝から雪です。校庭に雪が積もっています。今の時期は，雪がたくさん降るんですよ。

ひろし：そうなんですね。新潟市と水戸市の気候はちがいがありそうですね。

けいこ：まず，今日のテーマに入る前に，a 新潟市の気候の特色について，**資料1**から**資料5**を使って説明しますね。［　A　］

ひろし：ありがとうございました。新潟市の気候は水戸市とこんなにちがうんですね。今日のテレビ会議では，他にもたくさん新潟県のことを知ることができそうです。

資料1　新潟市と水戸市の月ごとの平均気温の比かく（※平年値）

	最も高い月（気温）／最も低い月（気温）	年平均の気温
新潟市	8月（26.4℃）	13.6℃
	1月（ 2.4℃）	
水戸市	8月（25.2℃）	13.6℃
	1月（ 3.0℃）	

資料2　かみなりの月ごとの発生日数（※平年値）

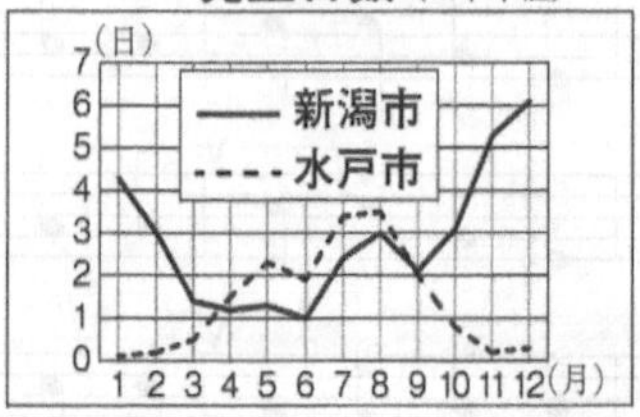

資料3　北陸地方と関東地方のつゆ（※平年値）

	つゆ入り	つゆ明け
北陸地方（新潟市）	6月12日	7月24日
関東地方（水戸市）	6月8日	7月21日

資料4　月ごとの降水量（※平年値）

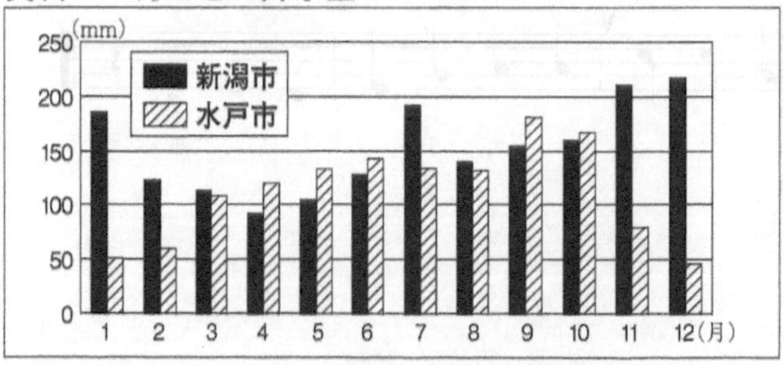

資料5　季節ごとに変わる風のようす

（東京書籍「新しい社会５上」より作成）

（資料１～資料４は「理科年表2021」より作成）

※ 資料１～資料４の平年値は30年間の観測値を平均した値。データはすべて、1981～2010年までの平均値。

問題１　下線部a（新潟市の気候の特色）について，けいこさんは，**資料１～資料５**を使って説明しました。［A］に入るけいこさんの説明の内容として，適切なものをあとの**ア～オ**の中からすべて選びなさい。

ア　新潟市は，水戸市と比べると，つゆの期間の長さはほとんど変わらないが，6月と７月を合わせた降水量は多い。

イ　新潟市では，一年中太平洋側からかわいた風がふき，1月の気温は水戸市より低い。

ウ　新潟市は，水戸市と比べると，年平均の気温には差がないが，年間のかみなり発生日数は多い。

エ　新潟市で，かみなりが最も多く発生した時期は，つゆの時期である。

オ　新潟市では，冬に，日本海側からしめった風がふき，水戸市と比べて降水量が多い。

ひろし：それでは，茨城県のみ力をしょうかいしますね。茨城県は新潟県と同じように，海，山，川など豊かな自然があります。私からは，豊かな自然を生かした茨城県のキャンプ場をしょうかいします。

問題2　ひろしさんたちは，新潟市のみなさんに，茨城県のキャンプ場について説明するために，４つの資料をもとに発表原こうをつくりました。その時に使った資料は，**資料6**～**資料8**の他にもう一つあります。その資料として，最も適切なものを次の**ア**～**エ**の中から一つ選びなさい。

ア　65才以上の人口の割合のグラフ　　**イ**　公共し設の場所を示した地図

ウ　月ごとの雨や雪が降った日数のグラフ　　**エ**　ハザードマップ

資料6　各道県のキャンプ場の数

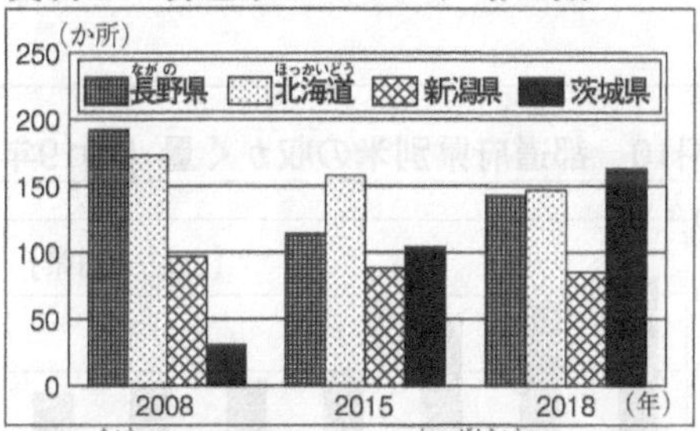

（スポーツ庁「平成30年度体育・スポーツ施設現況調査」より作成）

資料7　茨城県の主要な交通もうと東京駅からのきょり

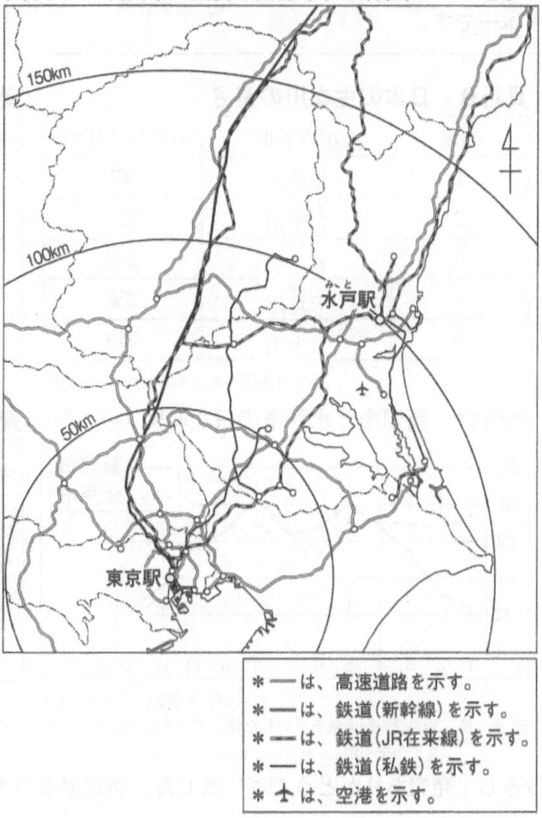

資料8　茨城県作成キャンプ場情報Webページ

（茨城県営業戦略部観光物産課「いばらきキャンプ」Webページより）

ひろしさんたちの発表原こう

今人気のキャンプ場について説明します。資料を見てください。2008年には，茨城県のキャンプ場の数は少なかったのですが，10年間でとても増えました。茨城県は，11月から２

月の間は雨や雪の日が少なく，年間を通して野外でキャンプを楽しめます。また，茨城県のほとんどの地域は東京駅から150km以内にあります。他にも，キャンプ場の情報を見られるWebページを茨城県が作成して，キャンプのみ力などをしょうかいしています。ぜひWebページを見てください。

けいこ：ありがとうございました。茨城県のキャンプ場が増えている理由がよくわかりました。今度は，新潟県のみ力についてしょうかいします。

けいこさんたちの発表原こう

新潟県にもみ力はたくさんあります。新潟県は，日本一の米どころとして有名です。これだけたくさん米がとれるのは，米の成長に必要な時期に日照時間が長いことや，米づくりに大量の水を使えることなどが理由だと言われています。この水を運んでくれる川の中でも，特に有名なのが，長野県と新潟県の２つの県を流れる全長367kmの信濃川です。長さでは日本一です。他にも，新潟県には，米を原料にしたおかしを作る大きな米か工場があり，米かの出荷額も日本一です。

資料９　日本の主な川の長さ

順位	川の名前	川の長さ(km)
1	信濃川	367
2	利根川	322
3	石狩川	268
4	天塩川	256
5	北上川	249

(「日本国勢図絵2020/21」より作成)

資料10　都道府県別米の収かく量（2019年）

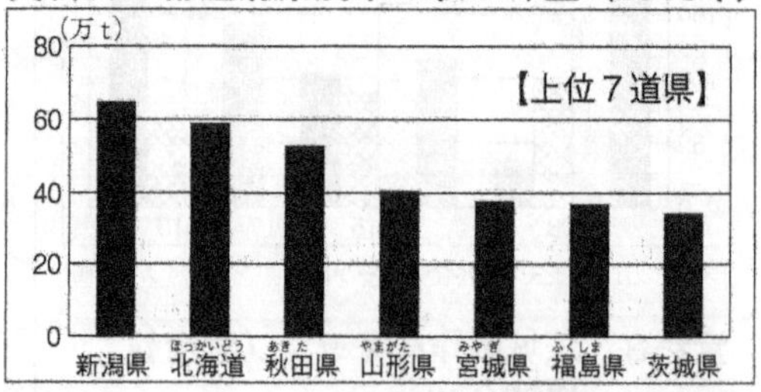

(「データでみる県勢2021」より作成)

資料11　新潟市と水戸市の日照時間（※平年値）

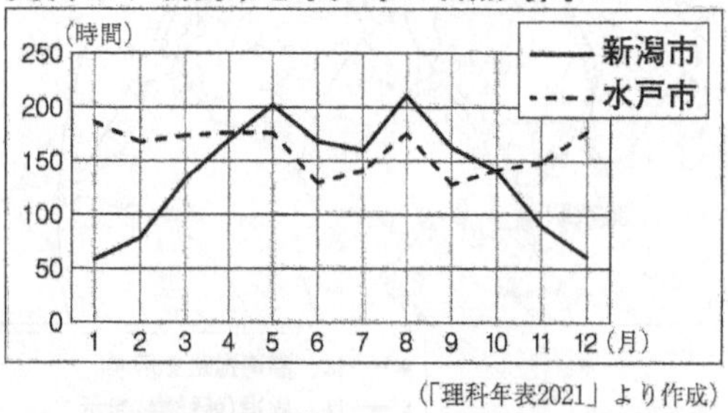

(「理科年表2021」より作成)

※　平年値　30年間の観測値を平均した値。データは1981～2010年までの平均値。

資料12　都道府県別米かの出荷額（2018年）

【　上位３県　】

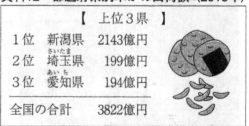

1位	新潟県	2143億円
2位	埼玉県	199億円
3位	愛知県	194億円
全国の合計		3822億円

(「データでみる県勢2021」より作成)

ひろし：発表ありがとうございました。新潟県もみ力いっぱいですね。この後，質問タイムとします。

問題３　ひろしさんたちは，けいこさんたちの発表を聞いて，さらにくわしく知りたいことを三つ質問しました。**けいこさんたちの発表原こう**と**資料９～資料12**をもとにした質問として，**適切でないもの**をあとの**ア～エ**の中から一つ選びなさい。

ア　米かの出荷額は新潟県が全国の５割以上をしめていますが，どんな種類の米かが多いですか。

イ　新潟県の米の収かく量は茨城県の３倍になっていますが，どんな工夫をしていますか。

ウ　５月の田植えの時期から９月の収かくの期間に，新潟市の日照時間が長いことは，米以外の農作物の収かく量にも関係がありますか。

エ　利根川より長い信濃川の水源は，どこにありますか。

2　なおきさんはお父さんとサイクリングに出かけ，と中で休けいをとっています。

なおき：このあたりは車で通ったことはあるけれど，自転車で来るのは初めてだね。

お父さん：そうだね。今休んでいるところは，まわりに田んぼが多いけど，ここから西に600mぐらい進むと果樹園があって，その先には有名な古いお寺もあるんだよ。

なおき：お父さんくわしいね。

お父さん：昔このあたりに住んでいて，西町中学校に通っていたんだよ。

なおき：お父さんの通っていた中学校も見てみたいな。

お父さん：ひさしぶりに西町中学校まで行ってみるか。

問題１　なおきさんとお父さんの上の会話文から，二人はどのあたりで休けいしていると考えられますか。最も適切な場所を下の**資料１**の**ア**～**エ**の中から一つ選びなさい。

資料１　お父さんが住んでいたまちの地図

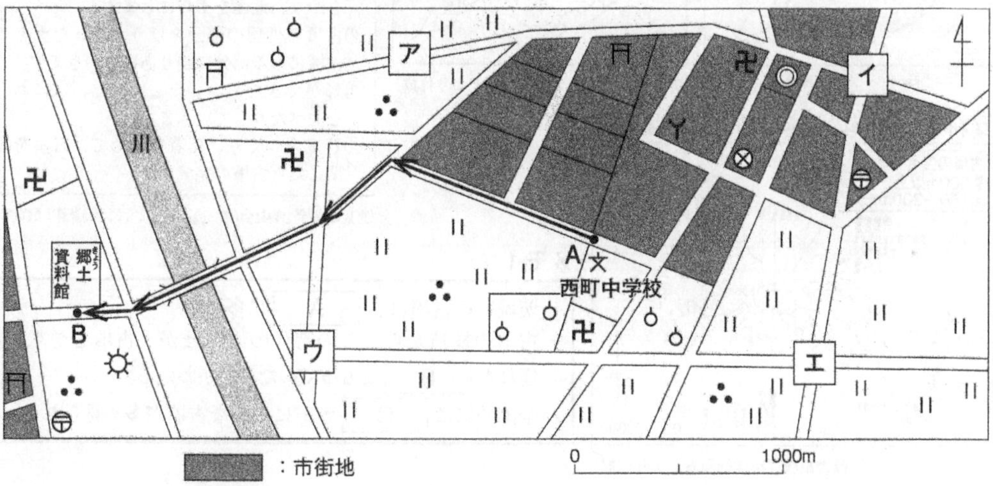

なおき：これがお父さんが通っていた学校なんだね。この案内板にかいてあるけれど，このあたりは古墳がたくさんあるんだね。

お父さん：近くに郷土資料館があるから，これから行って古墳について調べてみようか。

問題２　なおきさんとお父さんは，古墳について調べるため郷土資料館に行くことにしました。西町中学校（Ａ地点）から「←―」で示された道路を通り郷土資料館（Ｂ地点）へ行くための道のりとして，最も適切なものを次の**ア**～**エ**の中から一つ選びなさい。

ア　約1.5km　　**イ**　約2.5km　　**ウ**　約3.5km　　**エ**　約4.5km

問題３　なおきさんとお父さんは，郷土資料館で次のページの**資料２**～**資料５**を見つけ，わかったことを次のページの**メモ１**にまとめました。**メモ１**の A ～ C にあてはまる内容の組み合わせとして，最も適切なものを次のページの**ア**～**カ**の中から一つ選びなさい。

ア	A	高い土地より低い土地	B	木造建築技術	C	近畿
イ	A	高い土地より低い土地	B	土木技術	C	関東
ウ	A	高い土地より低い土地	B	土木技術	C	近畿
エ	A	低い土地より高い土地	B	木造建築技術	C	関東
オ	A	低い土地より高い土地	B	木造建築技術	C	近畿
カ	A	低い土地より高い土地	B	土木技術	C	関東

資料２　茨城県内の主な前方後円墳の分布

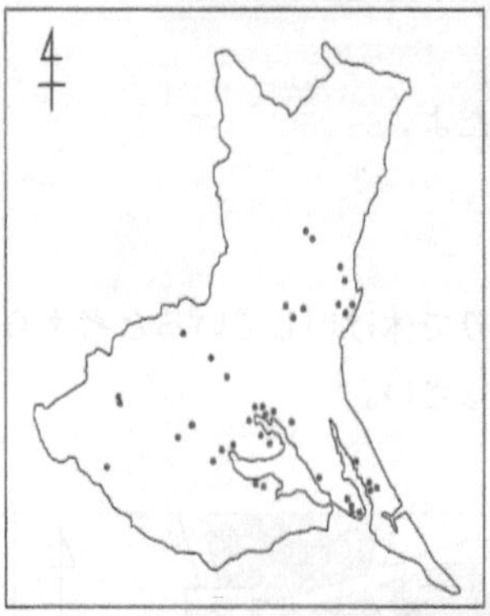

資料３　茨城県の土地の高さ

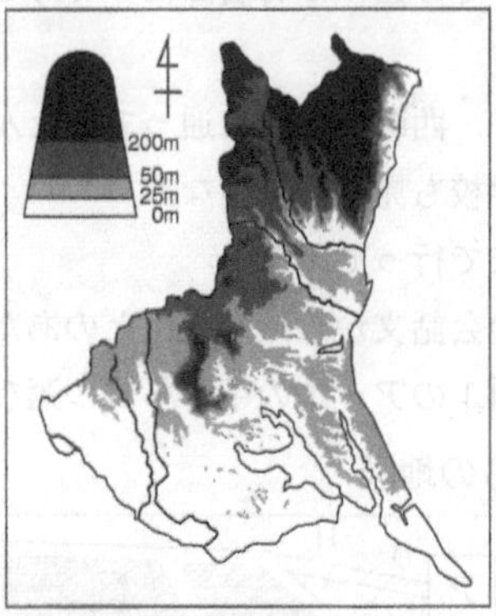

（資料２・資料３は茨城県教育研究会「わたしたちの茨城県」より作成）

資料４　前方後円墳の構造

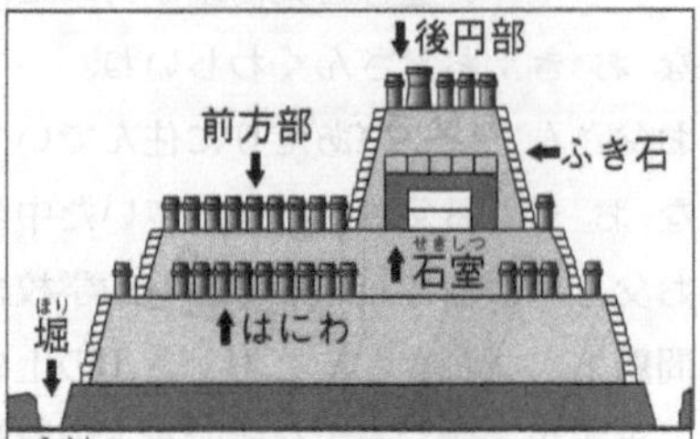

古墳はどうやってつくるの？
①古墳をつくる場所を見つけて、木や草をかり、地面を平らにします。
②古墳の外側の部分をほり、ほった土を古墳になる部分に盛りあげていきます。
③形ができたら、石をしいたり、はにわを並べたりしていきます。
④石室をつくり、死者を納めて、石室を閉じたら古墳の完成です。

（東京書籍「新しい社会６歴史編」、堺市文化観光局資料より作成）

資料５　規模の大きい前方後円墳の数

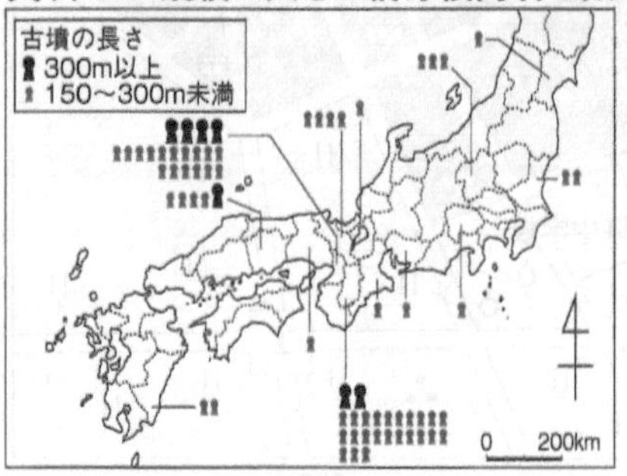

（教育出版「小学社会６」より作成）

メモ１

- 茨城県の古墳は、［　A　］に多い。
- 古墳の構造から、この時代の人びとが、古墳をつくる優れた［　B　］をもっていたことがわかる。
- 全国的には［　C　］地方に大きな古墳が多く見られる。

なおき：古墳から，当時の社会のようすを知ることができるんだね。
お父さん：そうだね，ここは昔から人が住んでいてとても歴史があるまちなんだよ。
なおき：そういえば，中学校の近くには，商店街があったね。
お父さん：子どものころは，あのあたりの商店街でよく買い物をしていたんだよ。
なおき：でも，シャッターが閉まったままになっているお店もいくつかあったよね。
お父さん：そうなんだよ。残念だけど最近は商売をやめてしまう店も増えてきているんだ。
なおき：どうして，a<u>商店街のお店が少なくなってしまう</u>のかな。
お父さん：バスが通らなくなったからかもしれないな。昔は，商店街をバスが通っていたけれど，はい止されてからは，b<u>買い物をするのに不便だと感じる人たちも増えたみたいだよ。</u>

問題４　下線部a（商店街のお店が少なくなってしまう）について，なおきさんは家に帰ったあと，茨城県の商店街のようすについて調べてみました。商店会長などに対して行ったアンケート結果（**資料６**～**資料８**）をインターネットで見つけ，わかったことを**メモ２**にまとめました。**メモ２**の D ～ F にあてはまる語句として，最も適切なものを次の**ア**～**ク**の中から一つずつ選びなさい。

ア　祭り・イベントを開さい　　**イ**　増加したこと　　**ウ**　変わらないこと
エ　み力ある店ぽ　　**オ**　空き店ぽ　　**カ**　減少したこと
キ　サービス券・スタンプ・ポイントカードを発行　　**ク**　チラシ・マップなどで宣伝

資料６　商店街へ来る人数の変化

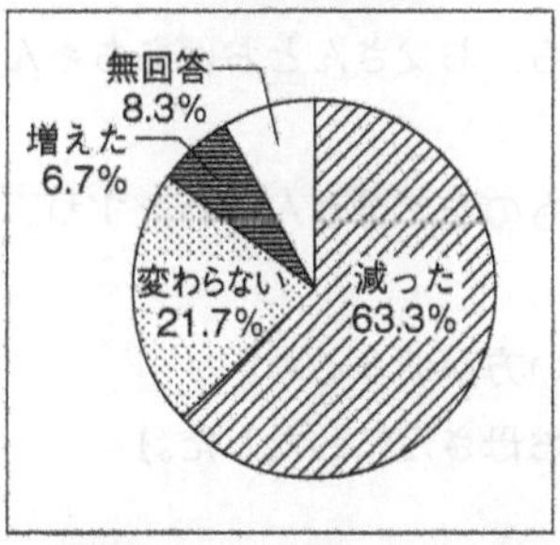

（**資料６**～**資料８**は茨城県商工労働観光部中小企業課「平成29年度商店街実態調査報告書」より作成）

資料７　商店街へ来る人が減った主な理由（複数回答）

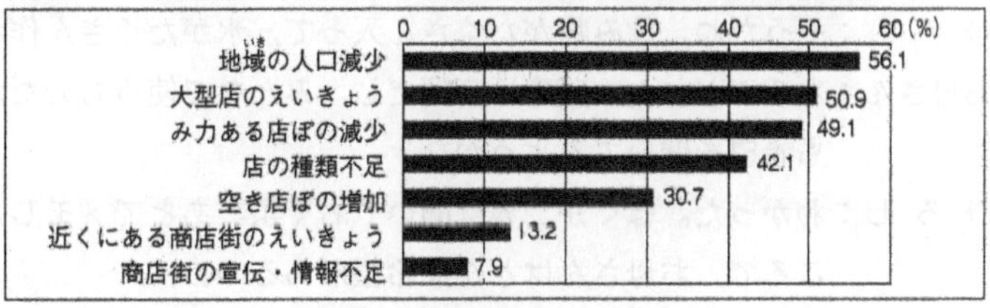

資料８　商店街へ来る人を増やす取り組み

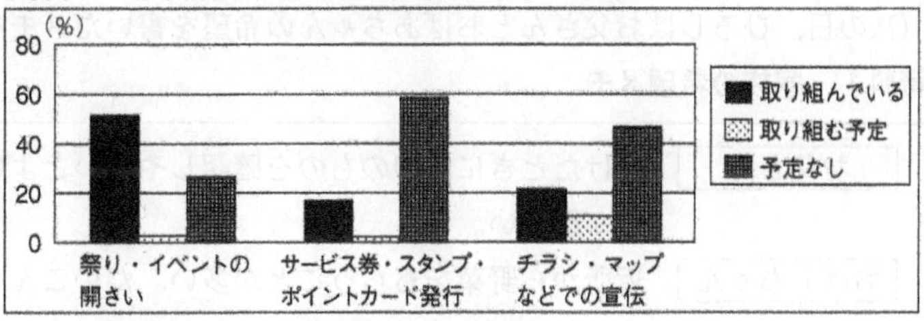

メモ２

> 調査した商店会長などの半数以上が，商店街へ来る人が減ったと感じている。
> 〈理由〉　まわりの変化による理由……地域の人口が D ，大型店のえいきょう
> 　　　　商店街内の理由……………… E の減少，商店街の宣伝・情報の不足
> 〈対策〉　来る人を増やすために一番取り組んでいること…… F する。

問題５　下線部ｂ（<u>買い物をするのに不便だと感じる</u>）について，なおきさんは，不便だと感じる人たち向けの新しいサービスについて調べ，**メモ３**にまとめました。**メモ３**の①～③の具体的な事例にあてはまるものとして，最も適切なものをあとの**ア**～**エ**の中から一つずつ選びなさい。

メモ３

> ①　注文を受けて商品を自宅まで届けるサービス
> ②　商店街まで，送りむかえをするサービス
> ③　移動型の店で地域を回ってはん売するサービス

（農林水産省「平成27年度食料品アクセス環境改善対策事業実施報告書」より作成）

ア　公民館の前のちゅう車場で，移動はん売車が週に３日はん売を行うようになった。
イ　地域のスーパーが閉店したために，商店街までの「お買い物ツアー」が始まった。
ウ　「道の駅」では地元の野菜を中心にはん売していたが，生活に必要なさまざまな品物も売るようになった。

エ　電話で注文すると，商店街のお店が商品を届けてくれる「商品お届け便」が始まった。

3　ひろしさんは家庭科の「買い物名人になろう」の授業で，自分たちの身の回りには，広告，パンフレット，インターネットなどたくさんの情報源があり，「買い物をするときには，その情報をもとに，比べて考えることが大切だ」と学びました。学校から帰って，お母さんと次のような会話をしています。

お母さん：冷蔵庫を新しくしようと思って，お店をのぞいたり，電器屋さんのチラシとインターネット上の広告を比べてみたりしているんだけど，ひろしはどんなものがいいと思う。

ひろし：そうだね，飲み物がたくさん入って，氷がたくさん作れるものがいいな。

お母さん：なるほどね。冷蔵庫は高額だし，みんなで使うものだから，お父さんとおばあちゃんにも希望を聞いてみようかな。

ひろし：わかった。ぼくが二人に聞いておくよ。あとでメモしたものをお母さんにわたすね。ところで，お母さんはどんな希望があるの。

お母さん：よい品が安くなっているといいわね。電気代もかからない方が助かるわ。

（次の日，ひろしはお父さんとおばあちゃんの希望を書いたメモをお母さんにわたした。）

資料１　家族の希望メモ

お父さん	開けたときに，中のものを確認しやすいとよい。家族４人に合う大きさのものが欲しい。
おばあちゃん	近所から野菜をもらうことが多い。だいこんやはくさいなど重いものをもらうこともあるから，野菜を入れる場所は出し入れしやすいところにあるとよい。

お母さん：ひろし，これ見てくれるかな。インターネットで見つけたの（**資料２**）。絶対お買い得だと思うのよ。※省エネだし。どうかな。このサイズなら，うちのキッチンにも収まるわ。

※省エネ　省エネルギーの略（エネルギーを効率よく使うこと）

資料２　インターネット上の広告

お買い得　**４～６人家族にぴったり！冷蔵庫**

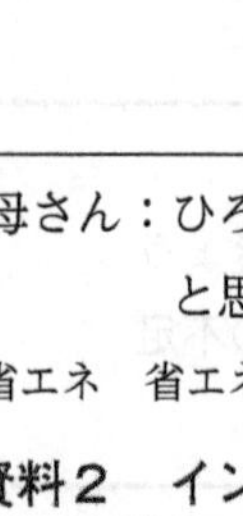

・サイズ　はば650mm×おく行き650mm×高さ1826mm　・重量112kg　・総容積455L
・整理しやすい４段ドア　・46Ｌ大容量冷とう室　・明るく見やすいＬＥＤ照明
・たっぷりおまかせ製氷　・省エネトップクラス
・野菜室が真ん中タイプ（重い野菜も、無理のない姿勢で出し入れ可能）
・２Ｌペットボトル収納（冷蔵室に４本、野菜室に５本）
・当社におきまして冷蔵庫の設置サービスは行っておりません。配送は、げん関までとなります。
・送料は代金と別に必要となります。

通常価格　**185000円 →**　特別価格　**110000円（税こみ）**　数量　1　▽　カートに入れる

ひろし：確かに，これなら［　A　］の希望を満たすことができるね。でも，ぼくが見つけたこの電器屋さんのチラシ（**資料３**（次のページ））と比べてみると，心配な点が二つあるよ。お母さんがインターネットで見つけた冷蔵庫はね，［　B　］

お母さん：なるほどね。ありがとう。もう一度考えてみるわ。

資料３　まちの電器屋さんのチラシ

お買い得　４～６人家族にぴったり！冷蔵庫

通常価格　**185000円** → 特別価格　**125000円（税こみ）**

・明るく見やすいＬＥＤ照明
・はば650mm×おく行き650mm×高さ1826mm
・重量112kg　・総容積455L

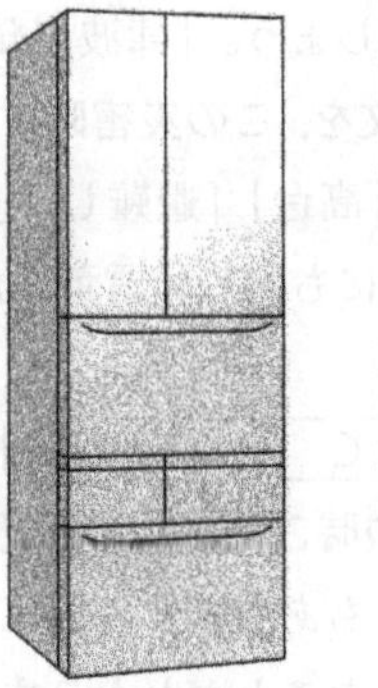

・２Ｌペットボトル収納
（冷蔵室に４本、野菜室に５本）

・整理しやすい４段ドア
・46Ｌ大容量冷とう室

・たっぷりおまかせ製氷
・省エネトップクラス
・野菜室が真ん中タイプ（重い野菜も、無理のない姿勢で出し入れ可能）

・送料無料！
・設置サービス付き！建物内のご希望の場所に設置いたします。

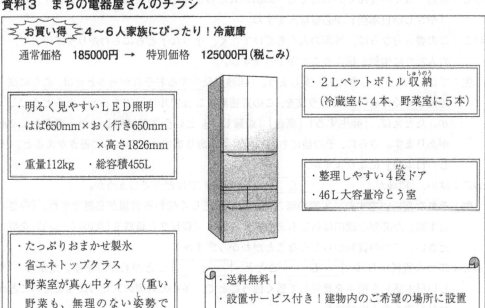

問題１　会話と**資料１**の内容をふまえて，会話文の **A** にあてはまる最も適切なものを次の**ア**～**カ**の中から一つ選びなさい。

ア　ぼくとお母さん　　**イ**　ぼくとおばあちゃん

ウ　ぼくとお父さんとおばあちゃん　　**エ**　ぼくとお母さんとおばあちゃん

オ　お父さんとおばあちゃん　　**カ**　家族全員

問題２　ひろしさんが**資料２**と**資料３**を比べて，お母さんに伝えた内容を**20字以上30字以内**で，会話文の **B** にあてはまるように書きなさい。ただし，「，」や「。」も１字に数え，文字に誤りがないようにしなさい。

４　６年１組では，国語の授業で「相手に伝わるように表現しよう」という学習をしています。先生は，各家庭に配布されている**災害時マニュアルの一部**（**資料１**（次のページ））を提示し，説明をしています。

先　生：私たちの学校は，災害が起こったとき，地域の人たちも利用することができる避難所になっています。この**災害時マニュアル**の表現の仕方で，気がついたことはありますか。

ひろし：すべての漢字にふりがながついています。

けいこ：「消火してください」ではなく「火を消してください」のように，小さな子どもにもわかる表現で書かれています。

先　生：よいところに気がつきましたね。これは，※1「やさしい日本語」というもので書かれています。日本語を学んでいる外国の人たちにもわかりやすくなっています。文章表現は，伝える相手に応じて書き分けることが必要です。

けいこ：[A] や [B] などが工夫されている点ですね。

ひろし：最近，ぼくの住んでいる町でも，外国の人たちを見かける機会が増えています。だから，「やさしい日本語」が必要なんですね。

けいこ：この書き方ならば，外国の人たちだけでなく，小さな子どもにもわかりやすいので，多くの人たちに情報を伝えることができますね。

先　生：では，みなさんも考えてみましょう。「津波が発生するおそれがあるときは，直ちに高台へ避難してください。」という文を，この災害時マニュアルに追加するとしたらどうでしょうか。たとえば，「発生する」「高台」「避難して」という言葉は難しいから書きかえる必要があります。さらに，その他にも難しい言葉があります。どのように書きかえると，「やさしい日本語」になりますか。

けいこ：はい，「津波が [C] 」ではどうでしょうか。

先　生：それならいいですね。災害の時こそ，相手に正しく伝わる表現が必要ですね。「やさしい日本語」が必要な理由は他にもあります。これ（**資料２**と**資料３**（次のページ））を見てください。二つの資料からどんなことがわかりますか。

ひろし：二つの資料からは，[D] ことと，[E] ことがわかります。だから，「やさしい日本語」を相手を意識して広く使うことで，多くの外国の人たちに伝えたいことが伝わりやすくなるのですね。

※１「やさしい日本語」難しい言葉を言いかえるなどして相手に配りょしたわかりやすい日本語

（出入国在留管理庁・文化庁「在留支援のためのやさしい日本語ガイドライン2020年」より）

資料１　災害時マニュアルの一部

地震が起こったら（家の中にいるとき）

○　**自分の体を守ってください。**

すぐに丈夫な机やテーブルの下に入ってください。落ちてくるもの、倒れてくるものに気をつけてください。

○　**出口を作ってください。**

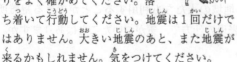

建物が壊れると、ドアやまどが開かなくなります。外へ逃げるために、ドアやまどを開けてください。

○　**すぐに外に出ないでください。**

地震のとき外に出ると、まどガラスや看板が上から落ちてきます。地震が終わるまで、まわりをよく確かめてください。落ち着いて行動してください。地震は１回だけではありません。大きい地震のあと、また地震が来るかもしれません。気をつけてください。

○　**火を消してください。**

使っている火を消してください。ストーブ、ガス、台所の火を全部消してください。大きく揺れて危ないときは、揺れるのが止まってから消します。燃えているものがあったら、消火器で消します。自分で火を消せないときは、すぐに119番に電話してください。

（茨城県国際交流協会「災害時マニュアル」より作成）

資料２　日本に住んでいる外国人の国せき・地域、公用語、人数

	国せき・地域	※2公用語	人数（人）	※3構成比（%）
1	中国	中国語	813675	27.7
2	韓国	韓国語	446364	15.2
3	ベトナム	ベトナム語	411968	14.0
4	フィリピン	フィリピノ語・英語	282798	9.6
5	ブラジル	ポルトガル語	211677	7.2
6	ネパール	ネパール語	96824	3.3
7	インドネシア	インドネシア語	66860	2.3
8	台湾	中国語	64773	2.2
9	アメリカ合衆国	英語	59172	2.0
10	タイ	タイ語	54809	1.9

※２ 公用語　その国の公の場で定められている言語

※３ 構成比　日本に住んでいる外国人全体の中の割合

資料３　日本に住んでいる外国人が、日常生活で困らないくらい使える言語

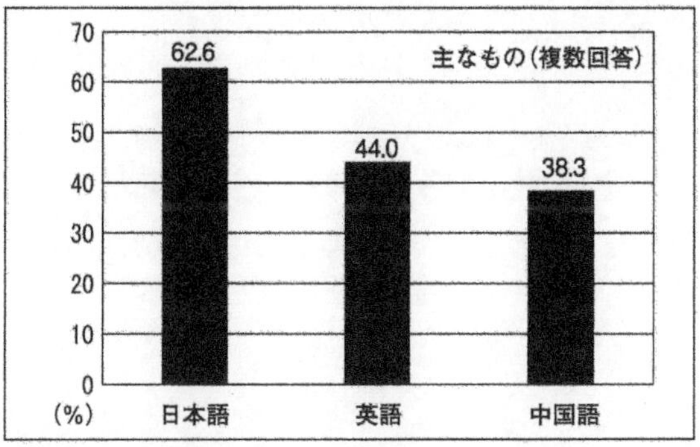

（**資料２**・**資料３**は出入国在留管理庁・文化庁「在留支援のためのやさしい日本語ガイドライン2020年」より作成）
＊全国20地域に在留する20歳以上の外国人1662人が対象

問題１　**資料１**（前のページ）の**災害時マニュアルの一部**で工夫されている点について，会話文の [A] ，[B] にあてはまる適切なものを，次の**ア**～**オ**の中から**二つ**選びなさい。

ア　情報が確実に伝わるように，短い文の見出しをつけていること

イ　場面のようすが想像しやすいように，二人の会話形式で説明していること

ウ　相手を思いやる気持ちを伝えるために，けんじょう語を多く使っていること

エ　指示であることがはっきりとわかるような文末の表現にしていること

オ　説明が長くならないように，文と文をつなぐ言葉を使っていること

問題２　けいこさんは先生の言葉を受けて，「津波が発生するおそれがあるときは，直ちに高台へ避難してください。」を，どのように書きかえましたか。会話文の [C] にあてはまる文を書きなさい。ただし，文末については「～ください。」の形にすること。また，漢字にふりがなをふる必要はありません。

問題３　「やさしい日本語」が必要な理由として，**資料２**と**資料３**の二つの資料から読み取れることについて，会話文の [D] ，[E] にあてはまる適切なものを，あとの**ア**～**オ**の中から**二つ**選びなさい。

ア　日本に住んでいる外国人の公用語はさまざまであり，すべての人に通じる言語というものはない

イ　日本に住んでいる外国人のうち，中国語を公用語とする人が半数近くをしめていて，漢字を

理解することができる人が多い

ウ　日常生活で困らないくらい使える言語を英語と回答している人は，日本に住んでいる期間が長い

エ　日本に住んでいる外国人には，言語よりも図や写真を用いてのコミュニケーションの方が伝わりやすい

オ　日本に住んでいる外国人の半数以上が，日常生活で困らないくらい日本語を使うことができる

2022 年 度

解 答 と 解 説

＜適性検査Ⅰ解答例＞

1 問題１　141.75(cm²)
問題２　75(°)

2 問題１　60(分)
問題２　最大の総試合数：87(試合)
最大のチーム数：88(チーム)

3 問題１　B→D→E→C→A→(F)
問題２　イ　オ
問題３　ア　イ　オ　ク　ケ
問題４　ウ

4 問題１　グラフ：イ
Y：キ
問題２　エ
問題３　38.4(秒)

○配点○
1 問題１　10点　問題２　12点
2 問題１　8点　問題２　各10点×2
3 問題１・問題２・問題３・問題４　各6点×4
4 問題１・問題２　各6点×3　問題３　8点　　計100点

＜適性検査Ⅰ解説＞

1 (算数：図形)

問題１　できあがった形㋐は，１辺が９cmの正方形１つと，その半分の大きさの三角形１つと，さらにその半分の大きさの三角形１つが合わさった形になっている。それぞれの面積は

(１辺が９cmの正方形)＝9×9＝81(cm²)

(半分の大きさの三角形)＝81÷2＝40.5(cm²)

(さらに半分の大きさの三角形)＝40.5÷2＝20.25(cm²)

と求められるから，それらをたし合わせて

81＋40.5＋20.25＝141.75(cm²)

$141\frac{3}{4}(cm^2)$，$\frac{567}{4}(cm^2)$でもよい。

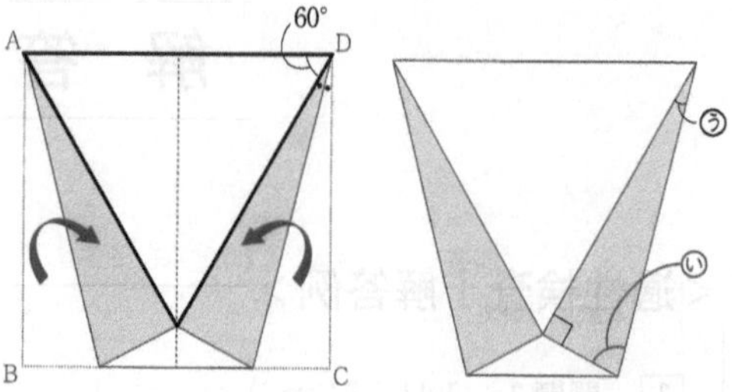

問題２　右の図で，太線で囲まれた三角形は正三角形であるから，その１つの角の大きさは60°である。よって，㋒の角の大きさは，

$(90-60)\div2=15(°)$

三角形の内角の和は180°なので，㋑の角の大きさは，

$180-(90+15)=75(°)$

２ （算数：トーナメント）

問題１　【７チーム参加の場合の例】のとき，試合は３回戦で終りょうする。１試合の時間は20分であるから，優勝が決まるまでにかかる時間は

$20\times3=60$(分)

やや難 **問題２**　同時に最大で４試合できることから，準々決勝以降はそれぞれ同時に行うことができるが，それより前の試合は４試合ずつしか行うことができないことに注意する。〈日程〉のところを見ると，試合の時間は9：00～16：40の460分間であるが，準々決勝以降に必要な時間は**問題１**より60分であるため，それより前の試合にかけられる最大の時間は$460-60=400$(分)である。

準々決勝より前に同時に試合を行うチームをまとめて「１グループ」と呼(よ)ぶことにすると，１グループの試合にかかる時間は20分であるから，

$400\div20=20$

より，準々決勝までに20グループの試合を行えることがわかる。１グループでは最大４試合が行われるため，20グループの最大の総試合数は，

$20\times4=80$(試合)

と求められる。一方，準々決勝以降の総試合数は最大で７試合だから，このバドミントン大会の最大の総試合数は

$80+7=87$(試合)

となる。ここで，チーム数と総試合数には，

チーム数＝総試合数＋１

の関係がある(右図参照)から，最大のチーム数は$87+1=88$(チーム)である。

チーム数	総試合数
2	1
3	2
4	3
5	4

基本 ３ （理科：メダカの誕生(たんじょう)，植物，食物連鎖(れんさ)）

問題１　たまごの中のあわのつぶのようなものがくっついてやがてひとつになり，大人のメダカの形に近づいていくような順番に並べかえる。

問題２　ふ化したばかりのメダカはえさを食べずにじっとしていて，はらの中の養分で育つ。

問題３　日光が当たると養分ができるものは植物のなかまである。

問題４　メダカの数が一時的に減ると，ミジンコは食べられる相手が減るので増える。

4 （理科・算数：ふりこ，単位量あたりの計算）

問題1　グラフ：

実験②と**実験③**を比べると，ふりこのふれはばが変わってもふりこの往復時間はほとんど変わっていないことがわかる。また，**実験④**と**実験⑦**を比べると，おもりの重さが変わってもふりこの往復時間はほとんど変わっていないことがわかる。これらのことから，ふりこのふれはばやおもりの重さはふりこの往復時間とは関係ないことが読み取れる。一方で，ふりこの長さを長くすると往復時間は長くなっていることがわかる。したがって，ふりこの往復時間には長さだけが関係するといえる。

ふりこの長さとふりこが20往復する時間の関係は下の表のようになっており，グラフ用紙に表の値を書きこむと右のようになる。

ふりこの長さ	ふりこが20往復する時間
10cm	約13秒
25cm	約20秒
50cm	約28秒
75cm	約35秒
100cm	約40秒
200cm	約57秒

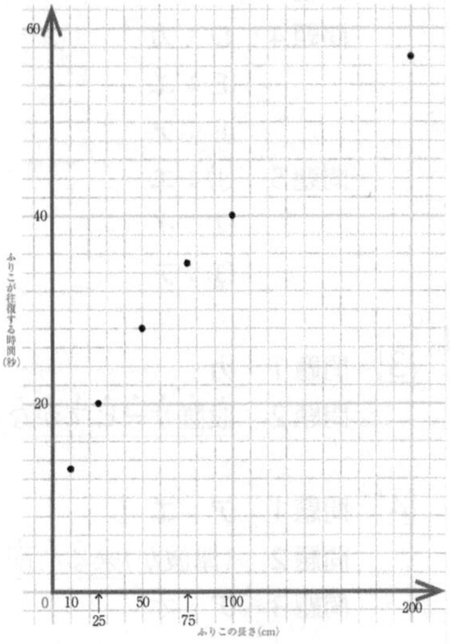

Y：

実験⑨ではふりこの長さは150cmであるから，100cmのときよりは長く，200cmのときよりも短い時間を選べばよい。したがって**キ**か**ク**となるが，上のグラフより適切なのは**キ**のほうである。

問題2　ふりこの長さを短くすると往復にかかる時間も短くなる。したがって，おもりを下げてふりこの長さを短くすればふりこの往復時間は短くなり，1分間に鳴る回数は多くなる。

問題3　メトロノームが1分間に100回鳴るとき，1回鳴るのにかかる時間は，

60÷100＝0.6(秒)

である。この曲では1小節にメトロノームが4回鳴るので，16小節では，

4×16＝64(回)

鳴る。したがって，16小節すべての演奏時間は，

0.6×64＝38.4(秒)

★ワンポイントアドバイス★

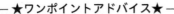

理科は基本的な知識を定着させよう。算数の問題では，きまりを見つけると楽に解けることがある。

＜適性検査Ⅱ解答例＞

1 問題1 ア ウ オ
問題2 ウ
問題3 イ

2 問題1 エ
問題2 イ
問題3 ウ
問題4 D：カ
E：エ
F：ア
問題5 ①：エ
②：イ
③：ア

3 問題1 カ
問題2 設置サービスがなくて，送料は代金と別に必要だよ。

4 問題1 ア エ
問題2 (津波が)来る心配があるときは，すぐに高いところへ逃げてください。
問題3 ア オ

○配点○
1 問題1 8点 問題2・問題3 各6点×2
2 問題1・問題2・問題3 各6点×3 問題4 各2点×3 問題5 6点(完答)
3 問題1 8点 問題2 14点(ただし，誤字，脱字があれば2点減点，中間点7点もあり)
4 問題1・問題3 各8点×2
問題2 12点(ただし，誤字，脱字があれば2点減点，中間点6点もあり) 計100点

＜適性検査Ⅱ解説＞

1 (国語・社会：資料の読み取り)

問題1 資料1～5から必要な情報を読み取る。イは「一年中太平洋側からかわいた風がふき」が誤り。エは，新潟市でかみなりが最も多く発生したのは12月であるから，「つゆの時期」が誤り。

問題2 茨城県のキャンプ場の数が2008年から2018年の間に増えていること(資料6)，茨城県の11月から2月の雨や雪の日が他の月に比べて少ないこと，茨城県のほとんどの地域が東京駅から150km以内にあること(資料7)，キャンプ場の情報が見られるWebページがあること(資料8)，の4点がわかる資料が必要であるが，茨城県の11月から2月の雨や雪の日が他の月と比べて少ないことを示す資料がないので，ウを選ぶ。

問題3 資料10より，新潟県の米の収かく量は茨城県のおよそ2倍程度である。

基本 ② （国語・社会：資料の読み取り，地図）

問題１　「まわりに田んぼが多い」ことから，**ア**，**ウ**，**エ**のどれかであることがわかる。この中から，西に600mぐらい進むと果樹園があり，その先に寺のある場所を選ぶ。寺と神社の地図記号をまちがえないように注意する。

問題２　地図の下に示されている長さと見比べる。1000m＝1km。

問題３　A：**資料２**と**３**を比べる。土地が高い北部より，低い南部の方に古墳が多く分布している。

B：**資料４**より，古墳は木造建築ではないことがわかる。

C：**資料５**より，大きな古墳があるのは大阪府，奈良県，岡山県である。

問題４　D：**資料７**に「地域の人口減少」とある。

E：**資料７**に「み力ある店ぽの減少」とある。

F：**資料８**より，「取り組んでいる」の割合が一番大きいのは「祭り・イベントの開さい」とわかる。

問題５　①が「商品お届け便」，②が「お買い物ツアー」，③が「移動はん売車」にそれぞれ対応している。

③ （国語：資料の読み取り）

問題１　ひろしさんとお母さんの会話や家族の希望メモ（**資料１**）から，それぞれの希望をまとめると次のようになる。

ひろしさん	飲み物がたくさん入って，氷がたくさん作れるもの
お母さん	電気代があまりかからず，安くてよいもの
お父さん	家族４人に合う大きさで，開けたときに中を確認しやすいもの
おばあちゃん	野菜を入れる場所が出し入れしやすいところにあるもの

したがって，**資料２**の冷蔵庫は家族全員の希望を満たしているとわかる。

問題２　**資料２**と**資料３**を比べた際，**資料２**の冷蔵庫は「冷蔵庫の設置サービスは行っておりません」と「送料は代金と別に必要となります」の２点がデメリットであることがわかる。よってこれらを心配な理由としてあげる。

「設置サービスがないよ。それに，送料が代金と別だよ。」，「配送はげん関までしかしてくれないし，送料は代金とは別だよ。」なども正答となる。「設置サービスがなくて，配送はげん関までしかしてくれないよ。」，「げん関までしか配送してくれないから，その後運ぶのが大変だよ。」，「送料と代金は別だけど，設置サービスがあるからいいね。」など，どちらか一方の理由しか書かれていない場合は，中間点として７点となる。

④ （国語：相手に伝える表現）

問題１　災害時マニュアルでは，「○自分の体を守ってください。」「○すぐに外に出ないでください。」のように短い文の見出しがついており，文末のほとんどが「～してください。」という指示の表現になっている。よって**ア**と**エ**が適切。**イ**の「会話形式」，**ウ**の「けんじょう語」，**オ**の「文と文をつなぐ言葉」は使われていない。

問題２　「発生する」「高台」「避難して」のほかに，「おそれ」や「直ちに」も書きかえるとよい。

【書きかえの例】
発生する→起こる，起きる，来る
高台→高いところ，高い場所
避難して→逃げて，行って，向かって
おそれ→心配
おそれがある→可能性がある，～そうな，～かもしれない
直ちに→すぐに，早く，急いで

「(津波が)来そうなときは，すぐに高いところへ逃げてください。」，「(津波が)起こるおそれがあるときは，すぐに高いところへ逃げてください。」，「(津波が)来る心配があるときは，直ちに高いところへ逃げてください。」なども正答となる。「(津波が)起こるおそれがあるときは，直ちに高いところへ逃げてください。」のように，「発生する」，「高台」，「避難して」の３語すべてを適切に書き換えてはいるが，「おそれ」，「直ちに」のうち１語以上を適切に書き換えていない場合は，中間点として６点となる。

問題３　アとオが適切。資料より，日本に住んでいる外国人の公用語はさまざまである(資料２)が，62.6％の人が日常生活で困らないくらい日本語を使える(資料３)ことがわかる。したがって，「やさしい日本語」を使うことで，多くの外国人に伝えたいことを正しく伝えることができるのである。イは「中国語を公用語とする人が半数近くをしめていて」が誤り。ウとエは，資料２・３から読み取ることはできない。

★ワンポイントアドバイス★
表やグラフなどの資料から正しく情報を読み取る問題が多く出題されている。細かい情報も見落とさないようにしよう。

2021年度

★★★★★★★★★★★★★★★★★★★★★★★

入　試　問　題

2021年度

茨城県立中学校・中等教育学校入試問題

【適性検査Ⅰ】（45分）　＜満点：100点＞

1　けんたさんとゆうかさんは，ある晴れた日の太陽の高さの変化（図１）と校庭の気温の変化（図２）について話しています。

けんた：太陽は正午ごろに南の空で最も高くなるよね。

ゆうか：そうね。でも気温が一日の中で一番高くなるのは［　あ　］時ごろよね。

けんた：そうだね。理由は，［　い　］からだね。反対に，気温が一日の中で一番低くなるのは日の出ごろだね。

ゆうか：日の出ごろに一番気温か低くなる理由は，［　う　］からよね。

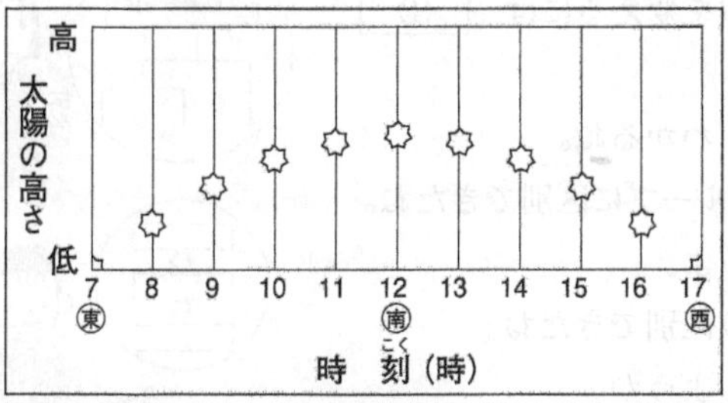

図１　太陽の高さの変化

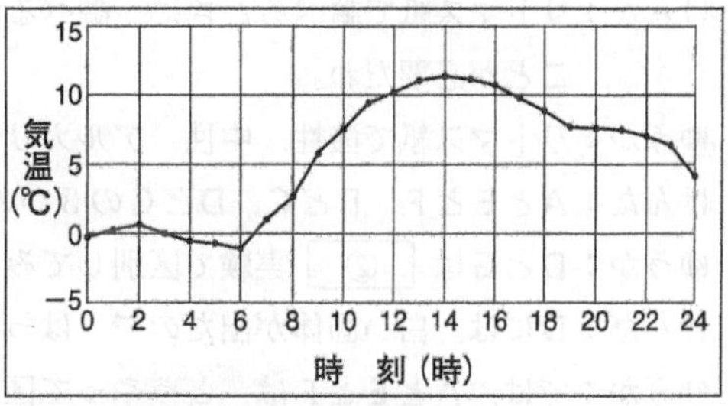

図２　校庭の気温の変化

問題１　けんたさんとゆうかさんの会話文の［あ］～［う］にあてはまる数字や内容を書きなさい。

問題２　正午ごろ，図３・図４のように地面にパネルを立てると，太陽の光で，（図５）と書かれたパネルのかげが地面にできた。このとき，かげはけんたさん側から見るとどのように見えるか。次のア～クの中から最も適切なものを一つ選び，記号を書きなさい。ただし，パネルはとう明で光を通し，の部分は光を通さずかげをつくることとする。

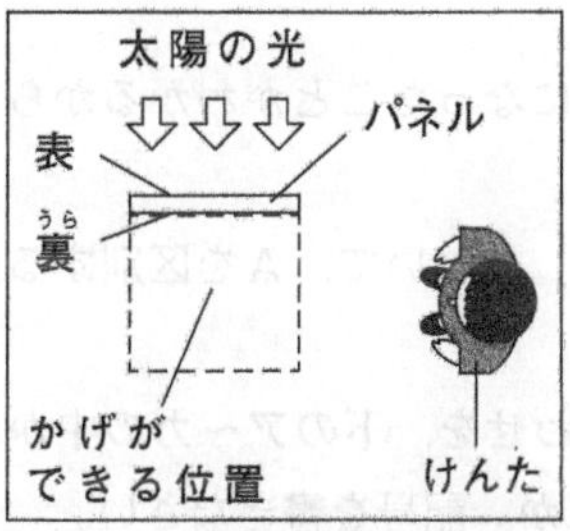

図３　上から見たようす

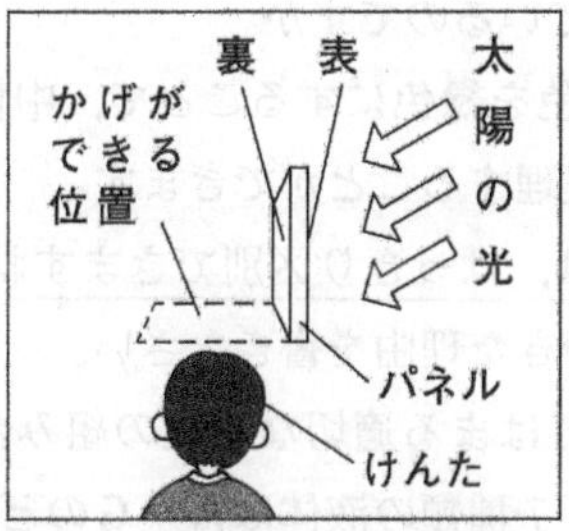

図４　けんたさん側から見たようす

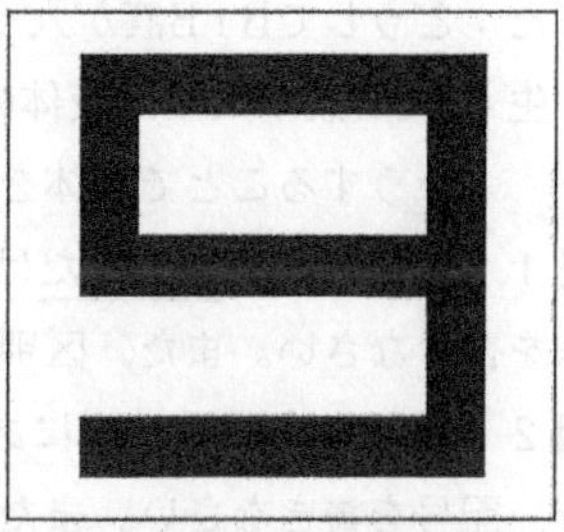

図５　地面に立てたパネルを表側から見たようす

ア　イ　ウ　エ　オ　カ　キ　ク

問題３　図３・図４でけんたさん側から見たかげは，正午ごろに見たものである。３時間後に同じ位置で見ると，かげはどちらの方位に動き，その方位に向かったかげの長さはどのように変わるか，太陽の動きに関連づけて説明しなさい。

2 けんたさんとゆうかさんは，先生といっしょに，色のついていない７種類の液体（図１）を区別しようとしています。

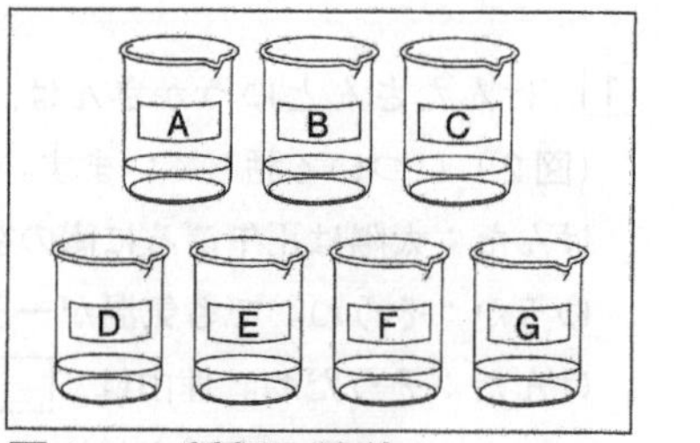

図１　７種類の液体

先　生：７種類の液体は，うすい塩酸，炭酸水，石灰水，食塩水，アンモニア水，水酸化ナトリウムの水よう液，水のどれかです。どのように調べればよいですか。

ゆうか：まず，実験器具を使わずにAとCだけは，はっきり区別できますね。

けんた：そうだね。次はどうしようか。

ゆうか：リトマス紙で調べてみようよ。

けんた：リトマス紙で調べるときに，調べる液体を変えるには，［　①　］ことが必要だね。

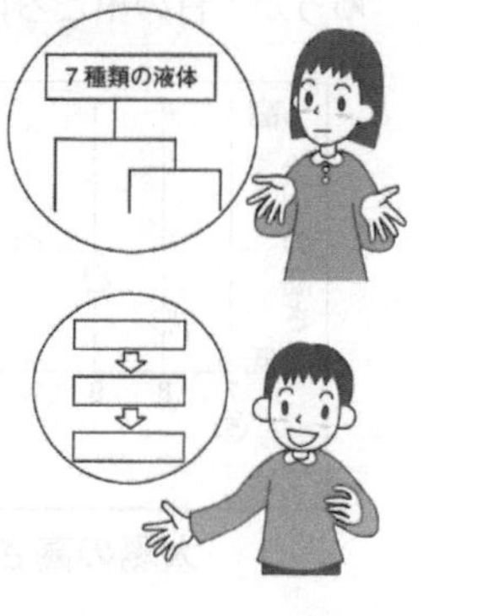

ゆうか：リトマス紙で酸性，中性，アルカリ性がわかるね。

けんた：AとEとF，BとC，DとGの３つのグループに区別できたね。

ゆうか：DとGは［　②　］実験で区別してみようよ。

けんた：Dには，白い固体が出たので，はっきり区別できたね。

ゆうか：では，AとEとFは，どうやって区別しようか。

けんた：Aがわかっているから，EとFの区別だね。

ゆうか：EとFを区別するために，［　③　］実験をしてみよう。

けんた：Eだけ白くにごったから，EとFの区別ができたね。

ゆうか：これでA～Gがわかりました。

先　生：それでは片付けをしましょう。実験で使った酸性とアルカリ性の液体は，BTB液の入った大きなビーカーに集めます。

けんた：どうしてBTB液が入っているのですか。

先　生：BTB液が入った液体の色を緑色にすることで，中性になったことがわかるからですよ。そうすることで液体を処理することができます。

問題１　下線部の（AとCだけは，はっきり区別できますね。）について，Aを区別する正しい方法を書きなさい。また，区別できた理由を書きなさい。

問題２　会話文中の①～③にあてはまる適切な言葉の組み合わせを，下のア～カの中から一つ選び，記号を書きなさい。また，７種類の液体はA～Gのどれか。記号を書きなさい。

	①	②	③
ア	かくはん棒をふく	お湯で温める	アルミニウムを入れる
イ	かくはん棒をふく	熱して蒸発させる	鉄を入れる
ウ	かくはん棒をふく	お湯で温める	二酸化炭素を通す
エ	かくはん棒を水で洗う	熱して蒸発させる	二酸化炭素を通す
オ	かくはん棒を水で洗う	お湯で温める	アルミニウムを入れる
カ	かくはん棒を水で洗う	熱して蒸発させる	鉄を入れる

問題３　けんたさんは片付けのとき，酸性の液体を入れたり，アルカリ性の液体を入れたりすると，ビーカー中のBTB液が入った液体の色が変化することに気づいた。色が変化する理由を「酸性とアルカリ性の液体が混ざり合うと，」に続く形で書きなさい。また，先生が液体を緑色にして処理する理由を書きなさい。

３　けんたさんとゆうかさんのクラスでは，総合的な学習の時間に，「かん境を守るために私たちができること」をテーマにして発表会を行いました。

ゆうか：私たちが調べた川では，かん境を守るためのさまざまな取り組みがみられたね。

けんた：私たちの市は，自然豊かな川をめざした川づくりをすすめていたね。

問題１　けんたさんとゆうかさんは，学校付近で下の資料１～資料３のような川を見つけ，調べたことを発表しました。自然豊かな川をめざした川づくりが行われているものに○をつけ，どのような効果があるか書きなさい。また，行われていないものには×をつけ，より自然豊かな川にする方法を書きなさい。

資料１　穴のあいたブロックがある川

資料２　両岸がコンクリートで川底が土の浅い川

資料３　階段状の坂がある川

（大日本図書「新版たのしい理科５年」より）

ゆうか：調べた結果，川のかん境には，森林が大きく関係していることもわかったね。

けんた：そうだね。林業について発表した班もあったね。

資料４　林業で働く人の数・※1高れい者率・※2若年者率の変化

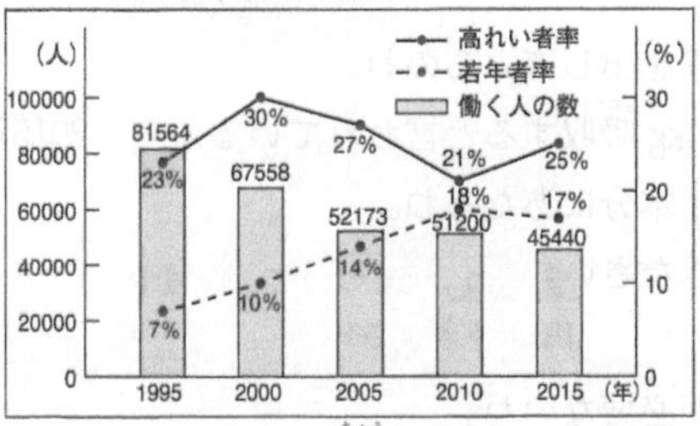

（林野庁ホームページより作成）

※1 高れい者率　65さい以上の人の割合

※2 若年者率　35さい未満の人の割合

資料５　日本の木材※3供給量と木材※4自給率の変化

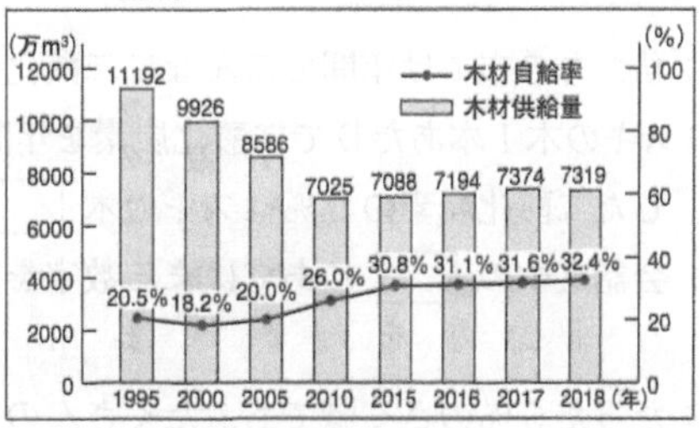

（森林・林業学習館ホームページより作成）

※3 供給　はん売すること

※4 自給率　全体のうち国内で生産する割合

資料６　日本の森林面積の変化

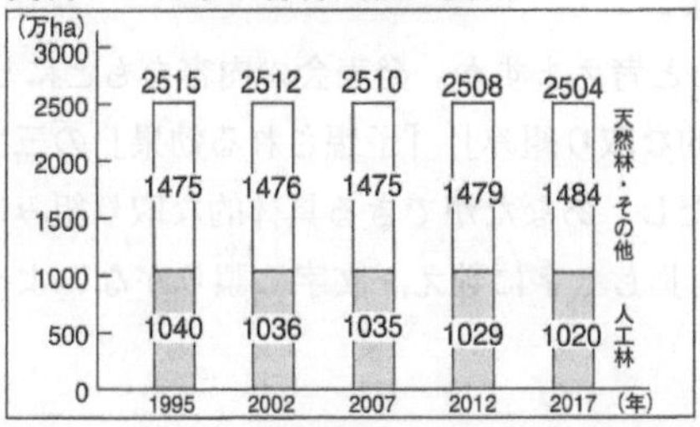

（森林・林業学習館ホームページより作成）

資料７　林業で働く人の話

人工林には，木材を育てるほか，災害から人々の命や家を守るはたらきがあります。

林業で働く人が減ると，日本の山々は手入れが行き届かず，あれ始めてしまいます。もう一度，森林とのつながりを見直し，木の大切さと林業の未来について考えることが必要です。

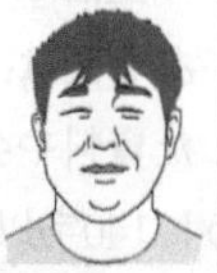

（東京書籍「新編新しい社会５年下」より作成）

問題２　次の文章は，林業に関する前のページの**資料４**～**資料７**について説明したものです。**ア**～**エ**の中から説明として正しいものを一つ選び，記号を書きなさい。

ア　日本の木材自給率は1995年から増え続けている一方で，林業で働く人の数は減り続けていて，日本の山があれることが心配されている。

イ　日本の森林面積は1995年から2017年までほぼ変化は見られないが，木材供(きょう)給量は1995年から減った後，2010年から増え続けている。

ウ　災害から人々の命や家を守るはたらきがある人工林の面積は，1995年から大きな変化が見られないが，木材自給率は，2000年から減り続けている。

エ　林業で働く人について2000年からの変化を見ると，35さい未満の人の割(わり)合が2010年まで増えた後に減り，65さい以上の人の割合は2010年まで減った後に増えている。

ゆうか：森林を守ることがかん境を守ることにつながっていることがわかったわ。

けんた：二酸化炭素をさく減するための取り組みについて発表した班(はん)もあったね。

ゆうか：近年，地球の気温が少しずつ上がっていることが報告されているよ。原因の一つに，二酸化炭素の増加が考えられるんだね。私(わたし)たちの市でも，二酸化炭素をさく減するための取り組みをしているんだね（**資料８**）。

資料８　**私たちがすむ市の二酸化炭素を出す量をさく減するための取り組みに関するホームページ**

年 度	年間で二酸化炭素を出した量
2015	5005000 kg

当市では2016年度に「二酸化炭素さく減計画」を立て，二酸化炭素を出す量のさく減に向けて取り組んでいます。
計画の目標は，2015年度に対し，2020年度の終わりまでに二酸化炭素を出す量を５％さく減することです。

（ある市のホームページより作成）

ゆうか：私たちの市では年間でこんなに二酸化炭素を出しているのね。

けんた：スギの木１本あたりで二酸化炭素を年間14kg 吸収(きゅうしゅう)すると言われているから，2015年度に出した二酸化炭素の５％はスギの木 ［　　］ 本分にあたるね。

問題３　会話文中の ［　　］ にあてはまる数字を書きなさい。

ゆうか：たった５％のさく減でも，たくさんの木が必要なのね。

けんた：そうだね。植林のお手伝いとかできるんじゃないかな。

ゆうか：他の班の発表を聞くと参考になることがたくさんあったから，かん境を守るために私たちの生活の中で何ができるか考えてみようよ。

問題４　あなたは，かん境を守るために何ができると考えますか。発表会の内容をもとにして，「もとにした資料や会話文」，「あなたができる具体的な取り組み」，「予想される効果」の三つがわかるように140字以上180字以内で書きなさい。ただし，あなたができる具体的な取り組みは，資料や会話文以外のものとします。また，「，」や「。」も１字に数え，文字に誤(あやま)りがないようにしなさい。

4 けんたさんは，休日にお父さんと自動車はん売店に行ったときのことについて，先生と話しています。

けんた：この前，お父さんと，自動車はん売店へ家の自動車の点検に行きました。そこで，今使っているタイヤのゴムがすり減って，みぞ（図１）が浅くなっていたので，新しいタイヤに交かんしてきました。

先　生：それなら安心ですね。

けんた：はい。交かんする新しいタイヤの大きさは直径（図２）670㎜だとお店の人が教えてくれました。

先　生：なるほど。

けんた：この新しいタイヤで，お店から家まで13.4㎞の道のりを走ると何回転するのか興味をもったので，調べてみました。

先　生：何回転でしたか。

けんた：タイヤを円と考え，円周率を3.14として，タイヤの回転数を計算したら，約［あ］回転でした。

先　生：そんなに回転しているのですね。

けんた：そうなんです。ところで，お父さんは今回のタイヤ交かんから，さらに100000㎞走るまでこの車を乗りたいと言っていました。

先　生：100000㎞を走るとなると，今回のタイヤ交かんの後にも，タイヤを交かんすることになりますね。

けんた：はい。何回か交かんが必要になるとお店の人も言っていました。

先　生：そうですよね。

けんた：今回のタイヤ交かんで，タイヤＡとタイヤＢの２種類がお父さんの車に合うことがわかりました。でも，これにはちがい（表１）があって，お父さんは一番安くなるように選びたいと言っていました。

先　生：それでどうしましたか。

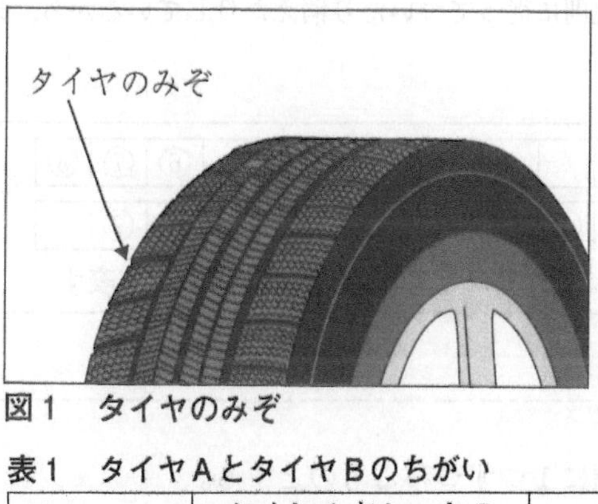

図１　タイヤのみぞ

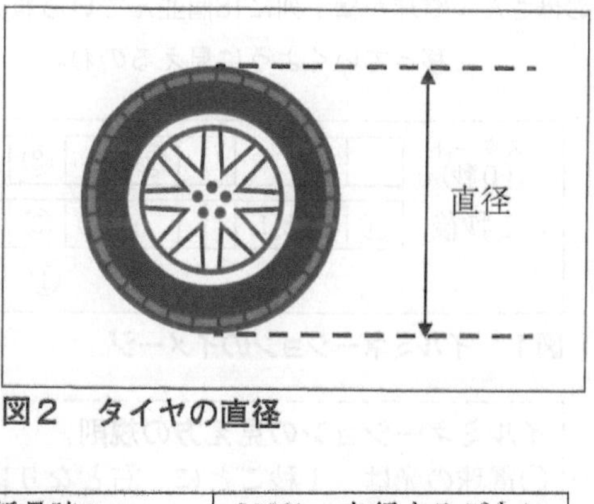

図２　タイヤの直径

表１　タイヤＡとタイヤＢのちがい

	タイヤ４本セットの価格（税こみ価格）	新品時のみぞの深さ	2000km走行するごとに減るみぞの深さ
タイヤＡ	54000円	7.6mm	0.3mm
タイヤＢ	39000円	8.0mm	0.4mm

※この表に示されていること以外は，同じ条件とする。

タイヤ交かんについて

① 走行にともなって，タイヤは一定の割(わり)合ですり減り，みぞが浅くなる。
② タイヤ交かんは，みぞの深さが残り1.6㎜になったら行う。それまでは走行に問題はなく，交かんの必要はないものとする。
③ 交かんするときは，４本すべて新品にする。
④ 交かん費用は，４本セットで税こみ価格8000円とする。

けんた：ぼくは，10000㎞を走った時点で一番安くなるような，タイヤＡの４本セットとタイヤＢの４本セットを選ぶ組み合わせ方を考えてみました。

先　生：その中で，一番安くなる組み合わせが見つかりましたか。

けんた：はい。タイヤＡの４本セットとタイヤＢの４本セットを買うときの組み合わせを考えて，100000㎞走った時点での費用を計算しました。

先　生：それで，結果はどうなりましたか。

けんた：はい。［い］という組み合わせにすれば，今回の交かん費用もふくめた費用の合計が一番安くなることがわかったので，その組み合わせをお父さんに伝えました。

先　生：その組み合わせであれば，一番安いですね。買う順番は関係ないですね。

問題１　会話文中の［あ］にあてはまる数を，四捨(しゃ)五入し，上から２けたのがい数にして書きなさい。

問題２　会話文中の［い］にあてはまる適切なタイヤの組み合わせとなるように，解答用紙の（　）に数を書きなさい。また，そのように考えた理由を，言葉や数，式，図，表などを使って説明しなさい。ただし，タイヤの価格や交かん費用は，今後も変わらないものとする。

５　ゆうかさんとお母さんは，市立図書館入口のイルミネーションを見ています。

ゆ う か：光が右に移っていくように見えて，きれいれなイルミネーションね（**図１**）。

お母さん：電球が横１列に18個並(なら)んでいるね。規則に従(したが)ってついたり消えたりしているから，光が移っていくように見えるのね。

スタート（０秒）		①			②		③	④						⑤		⑥	⑦	⑧
１秒後	⑧		①			②	③		④						⑤	⑥	⑦	

①～⑧はそれぞれ電球が点灯していることを表す。

図１　イルミネーションのイメージ

イルミネーションの見え方の規則

○電球の光は，１秒ごとに，右どなりに順に１つずつ移るものとする。
（**図１**では，①，②，④，⑤の光）
ただし，右はしの電球の光は，左はしに移るものとする。（**図１**では，⑧の光）

○移ろうとした先の電球も点灯している場合は，光はその場にもう１秒とどまる。
（**図１**では，③，⑥，⑦の光）

ゆ う か：この右から３番目の電球の光（前のページの図１⑥の光）が，左はしに移るのは，はじめ（「スタート(０秒)」）の状態から考えて，［あ］秒後になるね。

問題１　会話文中の［あ］にあてはまる数を書きなさい。

ゆ う か：私（わたし），さっきのイルミネーションの見え方の規則に従って，点灯している電球の数を増やして考えてみたの。

お母さん：あら，それはすごいわね。何か気がついたことはあったの。

スタート（０秒）	○				○	○	○	○	○	○				○	○	○	○	○
１秒後		○			○	○	○	○	○		○			○	○	○	○	○
２秒後	○		○		○	○	○	○		○		○		○	○	○	○	

○はそれぞれ電球が点灯していることを表す。

図２　ゆうかさんの考え

ゆ う か：うん。例えばこれよ（図２）。このつき方（(スタート０秒)」）からはじめたら，60秒後にどういうふうについているかもわかるのよ。

お母さん：それじゃあ，はじめから60秒後に右から５番目の電球は点灯しているのかしら。

ゆ う か：ちょっと待って。60秒後に右から５番目の電球は，［い］ね。

問題２　図２について，会話文中の［い］にあてはまるように，「点灯している」か，「点灯していない」かを書きなさい。また，どのように考えたのかを言葉や数，式，図，表などを使って説明しなさい。

【適性検査Ⅱ】（45分）　＜満点：100点＞

1　ひろしさんとけいこさんは総合的な学習の時間の授業で，地域の方にインタビューを行うことになりました。そこで，事前に，上手に話をきくために大切なことについて話し合っています。

先　生：みなさんは，話をきくときに，気をつけていることはありますか。

ひろし：ぼくは，相手の目を見て話をきくように心がけています。授業のときに「目と耳と心できくこと」が大切だと言われたので，実行しています。

けいこ：こちらを向いてきいてもらえると，安心します。

先　生：そうですね。ところで，「きく」という言葉には，たずねるという意味もありますね。これは，※1インタビュアーの経験をもつ阿川佐和子さんが話した内容です。

※1 インタビュアー　インタビューする人。

> 私が「聞く力」の重要性に気づいたのは，インタビュアーになりたてのころでした。作家の城山三郎さんと対談したときです。著書に感動し，「面白かったです」と申し上げたところ，城山さんは，にっこりほほ笑まれて，「そう，どこが？」とおっしゃるんです。私はうれしくなって，感動した部分をいろいろお話ししました。城山さんは「面白いねぇ」「それから？」と一言，はさむだけで，どんどん私を乗せていくのです。
>
> 城山さんのおだやかな語り口を思い出しながら，聞き上手とは？を考えさせられた経験でした。そして，豊富な予備知識や高度な会話のテクニックがなくても，「この人に語りたい」「こいつは話を聞いているな」と思わせるやりとりをすることはできると気づきました。
>
> 私は最近，自分の長年のインタビュー経験を元に，『聞く力』という本を出しました。きっかけは，「聞く力」がコミュニケーションにとても重要ということ，自分の※2尺度では計り知れない宝物をいっぱい相手からもらえることを，子どもたちに教えてもらったからです。
>
> 昨年，ＮＨＫの「課外授業ようこそ先ぱい」に出演したとき，授業前，聞くコツを子どもたちにどう教えたらいいか，必死で考えました。思いついたのは，悪いインタビュアーの見本を見せることでした。
>
> 時間を気にしながら「はぁ，はぁ」と※3上の空で聞いたり，「わー，私，大ファンなんですぅ」というような態度だったり，相手の話に向き合わないのが悪い見本。子どもたちは「相手からちゃんと話を聞きたい人とは思えない」と，ダメな理由をわかってくれました。
>
> 人と向き合うには，相手に興味を持ち，一生けん命聞くしか手立てはありません。不思議と，聞くことに集中すると，「こんな人だろう」と思いこんでいたのとはちがう面が見えてきます。
>
> 用意する質問はたった一つでも構わない。相手の話をきちんと受け止めれば，次の質問も思いつきます。その上で，「具体的には？」「たとえば？」と重ねれば，同じ内容でも角度のちがう言葉で答えてくれます。そのやりとりが理解を深め，心のきょりを縮めることに，とても役立つのです。
>
> ※2 尺度　物ごとのねうちや，よしあしをはかる基準。
>
> ※3 上の空　ほかのことが気になって，少しも落ち着かないようす。

（朝日新聞「相手に向き合えば　宝物もらえる」による）

先　生：この文章を読んで，けいこさんは「きくこと」についてどのように思いましたか。

けいこ：ひろしさんが言ったように，相手の目を見て話をきくことはもちろん大切ですが，阿川さんが言ったように，［ア］ことも必要だと思いました。

問題１　けいこさんは，８ページの［　］内の文章を読んで，どのようなことに気づいたと考えられますか。会話が成り立つように，［ア］に入る内容を本文中の言葉を使って，50字以上70字以内で書きなさい。ただし，「,」や「。」も１字に数え，文字に誤りがないようにしなさい。

ひろし：インタビューでは，自分の知りたいことをたずねますが，どのように質問すればよいのでしょうか。

先　生：確かに，知りたいことがわかるように質問することが大切ですね。それでは，質問の仕方について，**ワークシート（資料１）**を使って考えてみましょう。

資料１　ワークシート

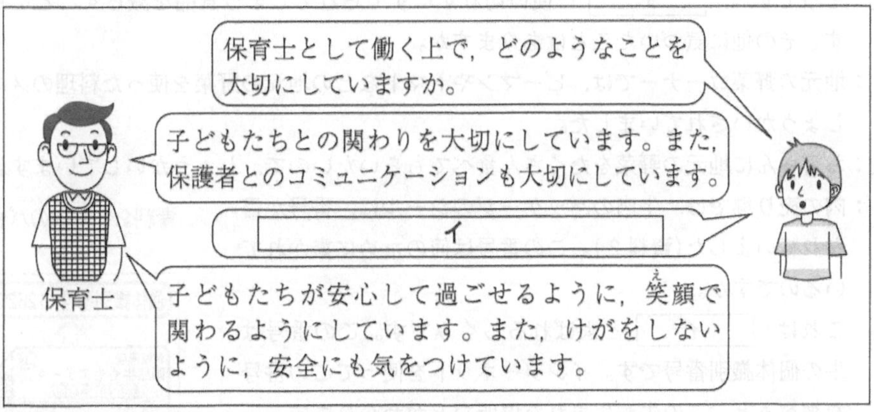
保育士として働く上で，どのようなことを大切にしていますか。
子どもたちとの関わりを大切にしています。また，保護者とのコミュニケーションも大切にしています。
イ
子どもたちが安心して過ごせるように，笑顔で関わるようにしています。また，けがをしないように，安全にも気をつけています。
保育士

問題２　インタビューが成り立つように，**資料１**の［イ］に入る保育士への質問を考えて，この場面にふさわしい言葉づかいで書きなさい。

資料２　インタビュー練習後の感想・反省点

【聞き手（質問する人）】 ・質問したい内容を，相手にうまく伝えることができなかった。 ・たくさん質問をすることができたが，くわしくきくことができなかった。 ・相手の話を受け止めながら，次の質問につなげるようにしたかったが，うまくいかなかった。
【話し手（質問に答える人）】 ・相手が何を知りたいのかがわからず，答えるのに困ってしまい，しばらくだまってしまった。 ・質問にはできるだけ簡潔に答えるようにしたが，もっと自分の気持ちも伝えたかった。 ・一つの質問から話題が広がったが，いつものおしゃべりのようになってしまった。

問題３　ひろしさんとけいこさんのクラスでは，インタビューの練習を行いました。**資料２**をもとに，インタビューをよりよいものにするために，聞き手としてあなたはどのようなことに気をつ

けたいと考えますか。資料２の内容にふれながら，あなたの考えを，理由もふくめて100字以上120字以内で書きなさい。ただし，「，」や「。」も１字に数え，文字に誤りがないようにしなさい。

2　ひろしさんとけいこさんは，総合的な学習の時間に，「私（わたし）たちと食」をテーマにして学習することになりました。情報を集めるために，近くのスーパーマーケットの売り場を見学して，気づいたことを店員さんに聞いています。

資料１　ばら売りのようす

ひろし：野菜の売り場では，にんじんやじゃがいもが，ふくろに複数入ったふくろ売りと，ばら売り（**資料１**）ではん売されていました。

店　員：ばら売りは，お客さんに，どのような良い点があるか，わかりますか。

ひろし：お客さんにとって［　ア　］ことが良い点だと思います。

店　員：そうですね。［　ア　］に使い切れずにすてられてしまう食品を減らすことにもなります。その他に気づいたことはありますか。

けいこ：地元の野菜コーナーでは，ピーマンやトマトなどの地元の野菜を使った料理のメニューもしょうかいされていました。

店　員：お客さんに地元の野菜をたくさん食べてもらいたいので，しょうかいしています。

ひろし：肉の売り場では，牛肉のパッケージのシールに，番号が書かれていました（**資料２**）。この番号は何のために書かれているのですか。

資料２　牛肉のパッケージのシール

店　員：これは，［　イ　］とよばれるしくみです。この番号は牛の個体識別番号です。インターネットを使ってこの番号を調べると，この牛が生まれた場所などがわかります。

ひろし：［　イ　］によって，お客さんは，安心して買うことができますね。

問題１　会話が成り立つように，［ア］に入る内容を書きなさい。

問題２　会話文中の［イ］に入る言葉を書きなさい。

問題３　ひろしさんはスーパーマーケットで米がはん売されていたのを見て，日本の米づくりについて調べることにしました。次の⑴，⑵の問題に答えなさい。

⑴　米づくりの作業には，種まき，田おこし，代かき，田植え，農薬散布，稲（いね）かりなどがあり，いろいろな機械が使われていることがわかりました。**資料３**の**ア**～**エ**の中から，代かきと田植えの作業を選び，それぞれ記号を書きなさい。

資料３　米づくりの作業のようす

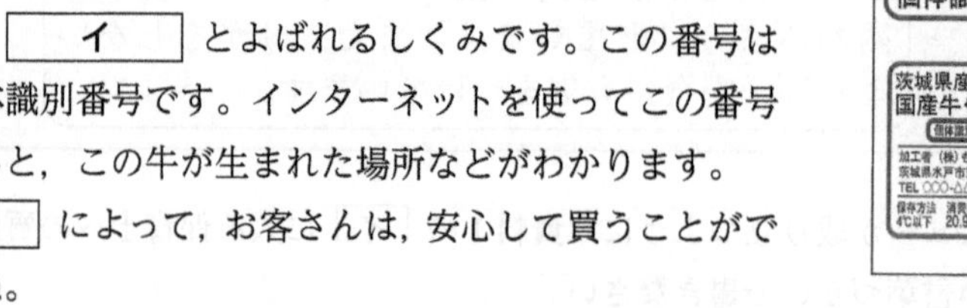

（農業機械メーカーホームページより）

(2)　米づくりでは，大型コンバインを複数の農家が共同でこう入して，**資料４**のように順番に共同で使用している地域があることがわかりました。このように大型コンバインを共同でこう入し，共同で使用することは，個人でこう入し，個人で使用する場合に比べて，それぞれの農家にはどのような良い点がありますか，二つ書きなさい。

資料４　共同で使用するイメージ

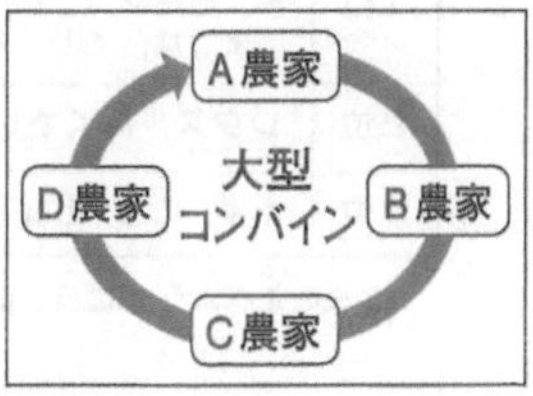

（JA全農ホームページより作成）

問題４　ひろしさんは，日本の米づくりについて調べている中で，**資料５**と**資料６**を見つけました。次の(1)，(2)の問題に答えなさい。

(1)　**資料５**のような棚田が，かん境保全のために果たしている役わりを一つ書きなさい。

(2)　ひろしさんは，**資料６**を見て日本の農業がかかえる問題について考えました。**資料６**から考えられる日本の農業がかかえる問題を二つ書きなさい。

資料５　棚田

（茨城県ホームページより）

資料６　農業で働く人数などの変化

内容	2015年	2017年	2019年
農業で働く人数（万人）	209.7	181.6	168.1
農業で働く人数のうち65さい以上の割合（%）	63.5	66.5	70.2

＊日本の農業就業人口を農業で働く人数とした。

（農林水産省ホームページより作成）

問題５　けいこさんは，スーパーマーケットの「地元の野菜コーナー」でしょうかいされていた料理のメニューを見たときに，来月の給食だよりにのせる「お楽しみ給食のメニュー」のしょうかい文をたのまれていたことを思い出しました。

来月の「お楽しみ給食のメニュー」は，「たっぷり野菜カレー」と「具だくさんオムレツ」（**資料８**）です。

あなたは，しょうかい文を書く方のメニューを選び，解答用紙の（　）内に○をつけなさい。また，**資料７**のしょうかい文を書くポイントに従い，選んだメニューと**資料８**～**資料10**の内容を関連づけて，80字以上100字以内でしょうかい文を書きなさい。ただし「，」や「。」も１字に数え，文字の誤りがないようにしなさい。（**資料９・資料10**は次のページにあります。）

資料７　しょうかい文を書くポイント

【しょうかい文を書いてくれるみなさんへ】

○全校の子どもたちに「お楽しみ給食のメニュー」をしょうかいしてください。

○あなたが書いたしょうかい文を，給食だよりにけいさいします。

【しょうかい文を書くポイント】

◇複数の種類の材料をしょうかいしよう。

◇茨城県の農産物をアピールしよう。

資料８　お楽しみ給食のメニュー

たっぷり野菜カレー

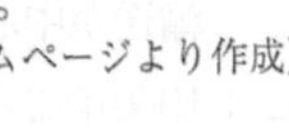

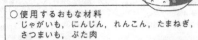

○使用するおもな材料
じゃがいも，にんじん，れんこん，たまねぎ，さつまいも，ぶた肉

具だくさんオムレツ

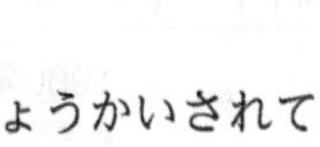

○使用するおもな材料
卵，にんじん，ピーマン，たまねぎ，じゃがいも，ベーコン，パセリ

資料9　茨城県で生産量が多いおもな農産物（全国順位）

1位	卵，ピーマン，れんこん，みずな，さつまいも，こまつな，くり，など
2位	レタス，はくさい，なし，パセリ，など
3位	ネギ，にら，しゅんぎく，もやし，など

（茨城をたべよう いばらき食と農のポータルサイトより作成）

資料10　使用する材料と三つの食品のグループ

食品のグループ	おもにエネルギーのもとになる食品	おもに体をつくるもとになる食品	おもに体の調子を整えるもとになる食品
材料	じゃがいも，さつまいも	ぶた肉，ベーコン，卵	れんこん，たまねぎ，ピーマン，にんじん，パセリ
多くふくまれる栄養素	炭水化物	たんぱく質	ビタミン

3　けいこさんとひろしさんは，日本の貿易の変化（資料1）から日本と茨城県の工業生産について話しています。

けいこ：日本の貿易の変化（資料1）の輸出品の割合を見ると［あ］は，1960年は30％と最も割合が大きかったけれど，2018年には1％になっているわ。

ひろし：2018年の輸出品は，機械類，自動車の割合が大きいね。

けいこ：石油になる原油は，［い］やアラブ首長国連邦から多く輸入しているよ。鉄の原料となる鉄鉱石は，オーストラリアやブラジルから多く輸入しているわ。

ひろし：日本では，1960年ごろから，貿易の拡大，輸出の増加に力を入れていたんだね。そして，各地に港が整備され，石油コンビナートや製鉄所などがつくられたよ。貿易は，船による輸送が中心だったんだね。

けいこ：<u>1960年ごろから，加工貿易が日本の経済を大きく成長させてきたんだね。</u>

資料1　日本の貿易の変化

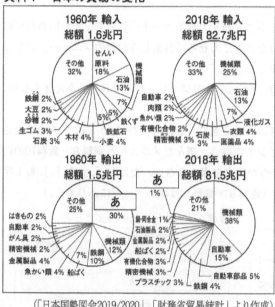

（「日本国勢図会2019/2020」，「財務省貿易統計」より作成）

資料2　日本の原油輸入先（2018年）

国名	千kL	%
い	67935	38.6
アラブ首長国連邦	44604	25.4
カタール	13809	7.9
その他	49549	28.1
合計	175897	100.0

（「日本国勢図会2019/2020」より作成）

資料3　地図

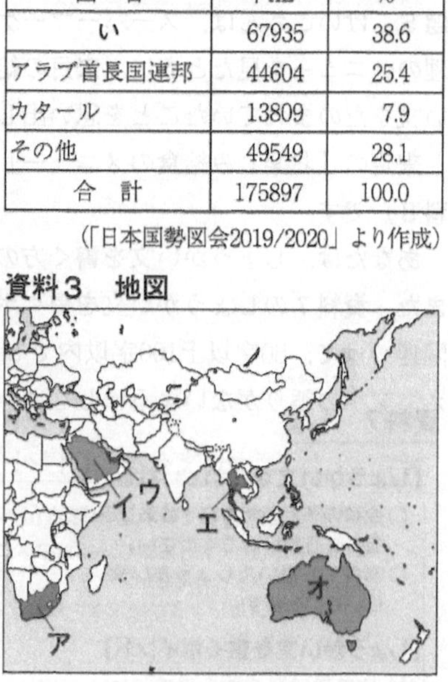

問題1　会話文中や資料1の［あ］にあてはまる輸出品をあとのア～エの中から一つ選び，記号を書きなさい。

ア　せんい品　　イ　木材　　ウ　石炭　　エ　医薬品

問題２　会話文中や資料２の［い］の国名を書きなさい。また，その国の位置を資料３のア～オの中から一つ選び，記号を書きなさい。

問題３　下線部（1960年ごろから，加工貿易が日本の経済を大きく成長させてきた）の「加工貿易」とは，どのような貿易か説明しなさい。

ひろし：次に，日本の工業生産について調べてみよう。
けいこ：工業は，機械工業，金属工業，化学工業，食料品工業，せんい工業などに分類できるわ。
ひろし：金属工業について，製鉄会社のホームページでは「鉄は，どのように使われるかにより，求められる品質はさまざまです。例えば，自動車の車体に使う鉄は，じょうぶで加工しやすいことが重要です。そして，よりうすい鉄であることも大切です。」という説明が書いてあったよ。
けいこ：工業製品は日本各地でつくられているわ。日本の工業のさかんな地域について調べてみましょう。
ひろし：日本の主な工業地域や工業地帯は，海ぞいに広がっているね（**資料４**）。
けいこ：茨城県はどうなのかな。
ひろし：2018年の製造品出荷額等が5,000億円以上の市町村を調べたら，海に面している日立市，ひたちなか市，鹿嶋市，神栖市の他に，海に面していない内陸の筑西市，土浦市，古河市もあったよ（**資料５**）。
けいこ：そうね。内陸部にも工業のさかんな地域ができているわ。

資料４　日本の工業のさかんな地域

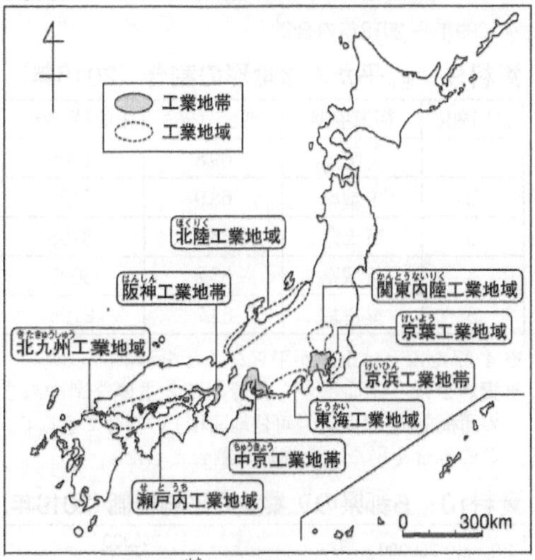

（東京書籍「新編新しい社会５下」より作成）

資料５　茨城県の工業のさかんな市町村

※1 重要港…海上輸送もうの拠点となる港わん
（茨城県ホームページより作成）

問題４　金属工業，化学工業，せんい工業のそれぞれにあてはまる工業製品を，次のア～オの中から一つずつ選び，記号を書きなさい。

ア　パソコン　　イ　レール　　ウ　焼き物　　エ　薬　　オ　シャツ

問題５　会話文の下線部の（自動車の車体に使う鉄は，じょうぶで加工しやすいことが重要です。そして，よりうすい鉄であることも大切です。）について，自動車にとって，よりうすい鉄を車体に使う方が，かん境に良い理由を「燃料」，「二酸化炭素など」の二つの言葉を使って書きなさい。

問題６　資料５をもと，に下線部の（内陸部にも工業のさかんな地域ができている）理由について書きなさい。

けいこ：次に，茨城県の工業についてくわしく調べてみましょうよ。
ひろし：茨城県のホームページに資料があったよ。茨城県は，製造品出荷額等が全国８位で，農業だけでなく，工業もさかんだね（資料６）。
けいこ：茨城県は，県外からの会社の立地件数が全国１位だわ（資料７）。
ひろし：茨城県は東京から近いしね。それに，県外の会社が進出しやすいように補助金を出したり，税金の負担を少なくしたりしているそうだよ。
けいこ：私も関係する資料を見つけたわ（資料８～資料10）。
ひろし：そういえば，筑波研究学園都市には，多くの研究し設があり，会社に協力して，最先たんの研究に取り組んでいるそうだよ。

資料６　茨城県の※2製造品出荷額等と農業産出額（2018年）

こう目	金額	全国順位
製造品出荷額等	13兆360億円	第８位
農業産出額	4508億円	第３位

※２ 製造品出荷額等には，修理料収入など生産以外の経済活動の金額もふくまれている。

資料７　県外からの会社の※3立地件数

全国順位	都道府県	件数（件）
1	茨城県	438
2	栃木県	255
3	兵庫県	207
4	群馬県	202
5	埼玉県	185

＊2009年～2018年の合計

※３
立地とは，産業を営むのに適した土地を決め，工場や会社を建てること。

資料８　茨城県の主要な交通もうと東京駅からのきょり

＊50km，100km，150kmは東京駅からのきょりを表している。

資料９　※4平たんな地形の割合（2018年）

全国順位	都道府県	割合（%）	総面積（km²）
1	大阪府	69.8	1905
2	千葉県	68.9	5158
3	埼玉県	68.1	3798
4	茨城県	65.2	6097
5	東京都	64.7	2194

※４ 平たんとは土地が平らなことを示す。
＊資料９は，総面積から林野面積と主要な湖やぬまの面積を差し引いた「可住地面積」の割合で示して，この割合を平たんな地形の割合とした。

資料10　５都県の工業地の平均地価（2019年）

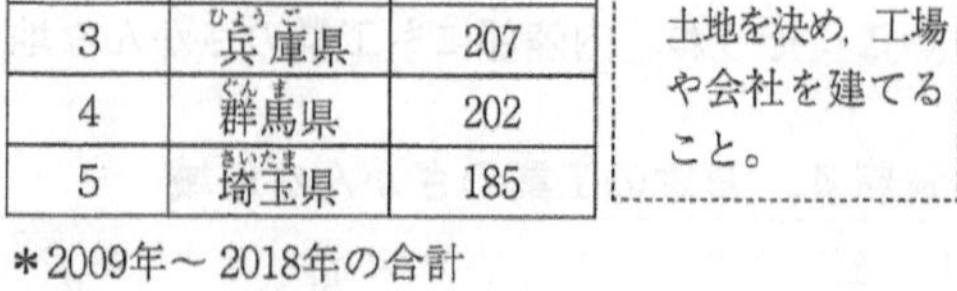

（資料６～資料10は，茨城県ホームページ他より作成）

問題7　県外の食料品工業の会社が，新工場の建設を計画しています。あなたはこの会社の人に茨城県への進出をすすめることになりました。次の(1)，(2)の問題に答えなさい。

(1)　茨城県に進出することの「よさ」をどのように説明しますか。前のページの**資料8**～**資料10**からそれぞれ読み取れることをもとに考え，説明する内容を書きなさい。

(2)　(1)で書いた以外の茨城県の「よさ」や「み力」を生かしてこの会社が取り組むと良いと思うことを提案します。あなたなら，どのようなことを提案するか考えて書きなさい。

MEMO

大切なことはメモしておこうネ！

2021 年 度

解 答 と 解 説

＜茨城県立中学校　適性検査Ⅰ解答例＞

1 問題1 あ：14(時ごろ)

い：(理由は,)太陽の光が地面をあたため，地面によって空気があたためられるので，あたたまるまでに時間がかかる(からだね。)

う：(理由は,)太陽がしずむと，地面はあたためられないため，地面の温度がだんだん下がり，地面近くの空気の温度も下がる(からよね。)

問題2 カ

問題3 説明：

太陽は南から西の方にしずんでいくので，かげは，北から東の方に動き，長くなる。

2 問題1 方法：手であおいでにおいをかぐ。

理由：つんとしたにおいがあるから。

問題2 記号：エ

うすい塩酸：B

炭酸水：C

石灰水：E

食塩水：D

アンモニア水：A

水酸化ナトリウムの水よう液：F

水：G

問題3 色が変化する理由：

(酸性とアルカリ性の液体が混ざり合うと,)たがいの性質を打ち消し合うから。

液体を緑色にして処理する理由：

(中性にすることで,)かん境に悪いえいきょうが出ないようにするため。

3 問題1 資料1　○：魚やこん虫がすみやすいかん境になる。

資料2　×：川底をほり，その土を両岸にもり，生物がすめるようにする。

資料3　○：魚が川を移動できる。

問題2 エ

問題3 17875(本)

問題4 ゆうかさんは，地球温だん化の原因の一つに，二酸化炭素の増加が考えられると言っています。そこで，わたしは二酸化炭素の発生量を少なくするために，将来，太陽光パネルを設置した家に住み，太陽光発電を利用します。太陽光発電が社会に広がることで，二酸化炭素を出す量がさく減され，地球温だん化を防止する効果があると思います。

4　**問題1**　あ　6400(回転)
問題2　い　(タイヤAの4本セットを)1(回)
(タイヤBの4本セットを)2(回)

説明

新品から交かんまでに減るみぞの深さは

タイヤA　7.6−1.6＝6mm，タイヤB　8−1.6＝6.4mm

したがって，交かん1回分の走行きょりは，

タイヤA　6÷0.3×2000＝40000km

タイヤB　6.4÷0.4×2000＝32000km

商品	交かん1回分の走行きょり	費用の合計
タイヤA	40000km	62000円
タイヤB	32000km	47000円

100000km以上走るためには，タイヤ交かんが3回以上必要になる。

まず，タイヤBに3回交かんする場合は，

32000×3＝96000km

となり，100000kmを走れない。

次に，タイヤAに1回交かんし，タイヤBに2回交かんする場合は，

走行きょり　40000＋32000×2＝104000km

費用の合計　62000＋47000×2＝156000円

となる。

ここで，タイヤBに4回交かんする場合も確かめると，

走行きょり　32000×4＝128000km

費用の合計　47000×4＝188000円

となり，タイヤAに1回交かんし，タイヤBに2回交かんする場合よりも費用の合計が高い。

したがって，タイヤAに1回交かんし，タイヤBに2回交かんする場合を選ぶと，費用の合計が一番安くなる。

【参考】

タイヤの組み合わせ	走行きょりの合計	10万km	費用の合計
B，B，B	96000km		141000円
A，B，B	104000km	○	156000円
A，A，B	112000km	○	171000円
A，A，A	120000km	○	186000円
B，B，B，B	128000km	○	188000円

5　**問題1**　あ　5(秒後)
問題2　い　点灯していない

説明

最初から１秒後までを除いた２秒後からは，９秒ごとにくり返す。
このことから，

60－1＝59　59÷9＝6　あまり　5

したがって，くり返す部分（２～10秒後）の５番目（つまり，６秒後）と同じになるから，６秒後の右から５番目を考えて，「点灯していない」ことが分かる。

【参考】

０秒後	○				○	○	○	○	○	○				○	○	○	○	○
１秒後		○			○	○	○	○	○		○			○	○	○	○	○
２秒後	○		○		○	○	○	○		○		○		○	○	○	○	
３秒後		○		○	○	○	○		○		○		○	○	○	○		○
４秒後	○		○	○	○	○		○		○		○	○	○	○		○	
５秒後		○	○	○	○		○		○		○	○	○	○		○		○
６秒後	○	○	○	○		○		○		○	○	○	○	★	○		○	
７秒後	○	○	○		○		○		○	○	○	○		○		○		○
８秒後	○	○		○		○		○	○	○	○		○		○		○	○
９秒後	○		○		○		○	○	○	○		○		○		○	○	○
10秒後		○		○		○	○	○	○		○		○		○	○	○	○
11秒後	○		○		○	○	○	○		○		○		○	○	○	○	

○配点○

１　問題１　8点　問題２・問題３　各4点×2

２　問題１　4点　問題２　9点　問題３　6点

３　問題１　9点　問題２　5点　問題３　4点　問題４　12点

４　問題１　5点　問題２　15点　５　問題１　5点　問題２　10点　　計100点

＜適性検査Ⅰ解説＞

１　（理科：太陽の高さ）

問題１　太陽が地面をあたため，あたためられた地面によって空気があたためられる。太陽の高さが一番高くなるのは12時ごろであり，地面がもっともあたたまるのは13時ごろだが，そこから空気があたためられ気温が上がるのには時間がかかるため，気温が一日の中で一番高くなるのは14時ごろになる。太陽がしずんだ後地面はあたためられることがなく，時間が経つにつれてだんだん地面の温度が下がるので，その周りの空気の温度も下がり，日の出ごろにもっとも気温が低くなる。

問題２　パネルの裏（うら）側から見ると図５はアのように見え，けんたさんの位置からそのかげを見るとカのように見える。

問題３　かげは太陽の光と逆の方向にできることに注意する。太陽の高さはだんだんと低くなっていくため，かげは長くのびていく。

２　（理科：水溶液）

問題１　色以外に実験器具を使わずに判断できるのは，水溶液のにおいである。直接顔を近づけてにおいをかぐと危険な場合があるので，必ず手であおいでかぐようにする。

問題２　かくはん棒を連続して使うときは，前の水溶液が混ざってしまう可能性があるので，ふくだけではなく１回ごとに水で洗う。ここであげられている水溶液をお湯で温めても固体が出てくることはないが，熱して水を蒸発させるともともと溶けていた物質が出てくる場合がある。７種類の中でにおいがないアルカリ性の水溶液は石灰水と水酸化ナトリウム水溶液である。石灰水は二酸化炭素を通すと白くにごる性質があるので，二酸化炭素を通すことでこの二つを区別することができる。

問題３　酸性とアルカリ性の水溶液を混ぜることで，たがいの性質がうち消されて中性の水溶液になる。酸性やアルカリ性の液体をそのまま大量に水道に流すと，周辺の生態系やかん境に悪いえいきょうを与えることがある。

3 **（理科：かん境問題）**

問題１　穴(あな)があいたブロックがある川には生き物がすむ場所がたくさんあると考えられるので○。両岸がコンクリートで川底が浅いと，川やその周辺の生き物がすめなくなってしまうので×。川底をほってその土を両岸にもるとよい。川に階段(だん)状の坂があると魚が川の中を移動することができるので○。

問題２　ア：日本の木材自給率は1995年から2000年にかけて一度減少しているので，増え続けているとはいえない。イ：木材供給量は2017年から2018年にかけてわずかに減少しているので，2010年から増え続けているわけではない。ウ：木材自給率は2000年から増え続けている。

問題３　まず，2015年度に出した二酸化炭素の５％の量を求めると

5005000×0.05＝250250

より，250250kgである。スギの木は１本あたり年間14kg吸収するので，

250250÷14＝17875

よって，2015年度に出した二酸化炭素の５％はスギの木17875本分である。

問題４　「もとにした資料や会話文」，「あなたができる具体的な取り組み」，「予想される効果」の３つがわかるように字数に気をつけて書く。

4 **（算数：計算）**

問題１　直径670mmのタイヤの円周を求めると

670×3.14＝2103.8

すなわちタイヤが１回転したとき，自動車は2103.8mm進む。お店から家までのきょりは13.4kmなので

2103.8mm＝2.103m　13.4km＝13400m

13400÷2.103＝6371.84974

上から２けたのがい数にするので，6371.84974の10の位を四捨五入すると6400となる。よって，求めるタイヤの回転数は6400回転である。

やや難

問題２　タイヤ交かんはみぞの深さが残り1.6mmのときに行うので，新品時のみぞの深さから1.6mmをひいた深さが走行ですり減る深さになることに注意する。タイヤＡとタイヤＢが交かんまでに減るみぞの深さはそれぞれ6mm，6.4mmであるのでここから交かん１回分の走行きょりが求められて，それぞれ40000km，32000kmである。１回の交かんにはタイヤ本体の費用に加えて8000円の交かん費用がかかるので，それぞれ62000円，47000円の費用がかかる。以上のことからタイヤＡとタイヤＢの組み合わせを考えて合計費用を計算し，【参考】の表のようにして比べていく。

5 **（算数：イルミネーションの点灯の規則）**

問題１　１秒後には⑧が左はしに動き，２秒後には⑦が右はしに動く。３秒後には⑦が左はしに動くと同時に⑥が最初の⑦の位置に動く。４秒後には⑥が右はしに動くので，⑥が左はしに移るのは５秒後になる。

問題２　電球の光の移動を実際に表にすることによってその規則性を見つけることができる。

★ワンポイントアドバイス★

理科の問題では，実験の仕方や器具の扱い方などについても出題されている。算数の問題では表を利用して説明したり，答えを求めたりすることができるようになるとよい。

<適性検査Ⅱ解答例>

1　問題１　相手の話をきちんと受け止めた上で,「具体的には？」「たとえば？」などのように，質問を重ねてやりとりをする

問題２　どのように子どもたちと関わっているのですか。

問題３　わたしは，質問したい内容が相手にうまく伝わるように話をしたいと思います。なぜなら，質問したい内容が伝わらないと，話し手が答えるのにこまるからです。やりとりを通しておたがいの理解を深めるために，質問したい内容をはっきりさせて話をしたいです。

2　問題１　ア：必要な数だけを買うことができる

問題２　イ：トレーサビリティ

問題３　⑴　代かき：エ

田植え：ウ

⑵　それぞれの農家のこう入費用が安くなる。

保管場所が１つでよい。

問題４　⑴　こう水を防ぐ。

⑵　農業で働く人が減少している。

農業で働く人の高れい化が進んでいる。

問題５　たっぷり野菜カレー

茨城県が生産量全国１位のれんこんやさつまいもが入っています。れんこんには，おもに体の調子を整えるビタミンが多くふくまれています。多くの種類の野菜を食べることができるのでみんなにおすすめします。

3　問題１　ア

問題２　国名：サウジアラビア　　　位置：イ

問題３　原油，鉄鉱石，石炭などの原料品を輸入して自動車，船などの工業製品に加工し，輸出する貿易。

問題４　金属工業：イ

化学工業：エ

せんい工業：オ

問題５　うすい鉄を使うことで，自動車の車体が軽くなり，走るための燃料が少なくなる。また，二酸化炭素などのはい出を減らすことができるから。

問題６　高速道路ができて，トラックなどによる工業製品の輸送が便利になったため。

問題７　(1)　茨城県は，高速道路，鉄道，港などの交通もうが整備されているので，原材料や製品をトラックや鉄道，船で輸送するのに便利です。また，平たんな土地が広いので，工場を新しく建設するのに適しています。さらに，茨城県は，他の４都県より工業地の平均地価が安いので，工場を建設する土地を安く買うことができます。

(2)　茨城県は，農業がさかんなので，特産物のさつまいもなどを使ったおかしを開発することを提案します。

○配点○

① 問題１　10点　問題２　5点　問題３　20点

② 問題１・問題３(2)・問題４(2)　各4点×3　問題２・問題４(1)　各3点×2　問題３(1)　2点
問題５　10点

③ 問題１　2点　問題２・問題４　各3点×2　問題３・問題５・問題６　各4点×3
問題７(1)　9点　問題７(2)　6点　　計100点

＜適性検査Ⅱ解説＞

基本 ① （国語・社会：インタビュー）

問題１　阿川（あがわ）さんの話した内容の第７段落目からは，相手の話をよく聞いて，会話の間に自分の質問や感想をはさむことが話の理解を深めるのに大切だということが読み取れる。

【別解】

人と向き合うには，相手に興味を持ち，一生けん命聞きながら，質問や感想を会話のと中にはさんでやりとりをする

問題２　質問のあとの発言で，保育士は子どもたちとの関わりの中で気をつけていることをいくつかあげているので，子どもたちとの関わり方についてたずねるのが適切。この場面にふさわしい言葉づかいにするために，です・ますを用いた疑（ぎ）問文にすることに注意する。

【別解】

子どもたちとの関わりで，どのようなことに気をつけていますか。

問題３　資料２の中には，「質問したい内容を，相手にうまく伝え」られないことや，「くわしくきくことができな」いことなどの反省点があげられていた。これらをふまえて，良い質問を考えたり，より効果的に質問をするためにはどのようにしたらいいかを考えたりしてまとめる。

【別解】

わたしは，相手の話を受け止めて次の質問につなげるために，メモを取りながらインタビューをするようにしたいです。メモを見れば，相手が答えた内容について確認することができるので，より具体的に質問ができるからです。

② （国語・社会：米づくり，高れい化問題，地域）

問題１　野菜がまとめ売りされていると，必要な数より多く買わなければいけない場合もあるが，ばら売りされていることでいつも必要な数だけ買うことができる。

問題２　物品が流通する過程で，各事業者が取り扱ったときの記録をすることによって，その物品がどのように移動してきたのかを追せきし，はあくすることができるシステムのことを

トレーサビリティという。

問題3 (1) 代かきとは，田植え前の田に水をはって土をならす作業のことなので，土をならしている様子の**エ**があてはまる。田植えは水田に機械で稲を植えている様子の**ウ**を選ぶ。

(2) 大型コンバインは高額で，使用時期ではないときの保管も場所をとるため個人農家にはこう入が難しい場合がある。共同で使用することによって農家個人の負担も減り，保管場所も一つでよいため，これらの問題が解消される。

問題4 (1) 棚田は雨水を一時的にためておくことができるので，ダムとなってこう水や土しゃくずれを防ぐ役わりがある。

【別解】

土しゃくずれを防ぐ。

(2) 資料6からは農業で働く人数がだんだんと少なくなっていること，そしてその中で65歳以上の人の割合が大きくなっていることが読み取れる。

問題5 全校の子どもたちにわかりやすいように，どのような理由があっておすすめするのかを書くとよい。どちらのメニューにも茨城県で生産量の多い野菜が複数使われているので，それらの野菜がどのような栄養や働きがあるのかを資料10から読みとって簡潔にまとめる。

【別解】

具だくさんオムレツ

生産量全国１位のたまごやピーマンを使っています。たまごには，おもに体をつくるもとになるたんぱく質が，ピーマンには，おもに体の調子を整えるもとになるビタミンが多くふくまれているのでおすすめします。

3 （社会：日本の貿易，地域の工業）

問題1 1960年代にはせんい品は日本の主要な輸出品であったが，近年はその輸出額が大きく減少している。日本のせんい工業の輸出額が減った理由には，高度経済成長期に重化学工業が大きく発展したということのほかにも，土地や人件費の安い海外に工場を建設することが多くなったということがあげられる。

問題2 サウジアラビアには多くの油田があり，世界でも有数の原油の輸出国である。日本の原油の輸入先としてはもっとも高い割合をしめている。サウジアラビアは中東の国の一つでアラビア半島に位置している。中東の国々の中では面積の大きな国で大きな砂漠が広がっている。西側は紅海，東側はペルシャ湾に面しているのが特ちょうだ。**ア**は南アフリカ共和国，**ウ**は日本の原油輸入先３位のカタール，**エ**はタイ，**オ**はオーストラリアである。

問題3 加工貿易とは，原材料を輸入し，製品に加工して輸出する貿易のことである。日本は1960年代以降，自動車や船の加工貿易で大きく発展してきた。

問題4 金属工業は金属を加工して製品をつくるものなので，鉄などを材料とするレールがあてはまる。化学工業は化学反応を利用として製品を生産するので，薬がふさわしい。

問題5 うすい鉄を使うことによって自動車の車体は軽くなり，今まで必要としていた燃料より少ない量で同じきょりを走ることができるようになる。燃料の量が少なくなれば，それによって二酸化炭素などのはい気ガスの量も減るのでかん境に良いと考えられる。

問題6 **資料5**の地図から内陸部で工業のさかんな古河市や筑西市，土浦市付近には高速道路が通っていることが読み取れる。

問題7 (1) **資料8**からは，鉄道や高速道路，空港，港などの交通もうが発展していることや東京からも近いことがわかる。原材料や製品を輸送するのに交通もうは非常に重要なので，茨城県に進出するよさの一つだといえるだろう。また，土地が平たんであることや地価が周辺４都県と比べて安価であることは，工場を新しく建設するのにも適している。

(2) (1)で書いた，「交通もうが整備されている」「土地が平たんで安い」以外の茨城県のよさやみ力を考える。食料品工業の会社なので，茨城県産の野菜を使用した新商品や，筑波研究学園都市にある研究し設と協力した商品開発などが考えられる。

【別解】

筑波研究学園都市の研究し設と協力して，食品に関する商品開発をすることを提案します。

★ワンポイントアドバイス★

表やグラフ，地図などから正しく情報を読み取って，説明する問題が多い。農業や工業，環境問題など(に関する)はば広い社会の知識が求められる。国語の問題では読み書きの力だけでなく，インタビューで聞いたり話したりする力，コミュニケーション力も問われている。

2020年度

★★★★★★★★★★★★★★★★★★★★★★★

入　試　問　題

2020年度

茨城県立中学校・中等教育学校入試問題

【適性検査Ⅰ】（45分）　＜満点：100点＞

1　ゆうかさんは，お父さんといっしょに，あるサッカーチームのイベントに参加しました。

ゆうか：サッカーボールには，いろいろな模様（もよう）のものがあるのね。学校にあるサッカーボールは，黒と白の図形が組み合わされた模様よ。

父　：このイベントでは，サッカーを身近に感じることができるように，自由にボールを手に取ることができるよ。学校にあるサッカーボールと同じ模様のものがあるか，探（さが）してごらん。

ゆうか：あったわ。このボールよ。（図１）五角形と六角形が組み合わされているのに，すき間なく組み合わされているなんて，すごいわね。

父　：おもしろいことに気づいたね。ちょっと，このボールの面について考えてみよう。このボールの五角形と六角形の部分を，それぞれ正五角形と正六角形の平面と考えると，１個の正五角形ととなり合っているのはどんな形で，その数は何個あるかな。

ゆうか：正六角形が５個あるわ。（図２）

父　：そうだね。正六角形に注目すると，１個の正六角形ととなり合っている形はどんな形だろうね。

ゆうか：正六角形も，正五角形もあるわね。

図１　ゆうかさんが手に取ったサッカーボール

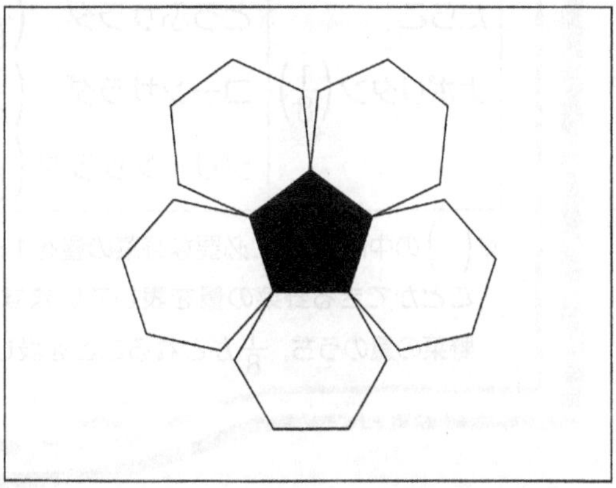

図２　正五角形に注目して切り開いたときのサッカーボールの展開（てん）図の一部

問題１　図１のサッカーボールを，正五角形と正六角形の平面でできた立体としてみると，正五角形は全部で12個あります。正六角形は全部で何個あるか，数を書きなさい。

ゆうかさんとお父さんは，イベント会場の食事コーナーで昼食をとることにしました。そこで，ランチメニュー（図３）を見ながら話しています。

父　：ランチの値段（ねだん）は700円に決まっていて，スパゲッティ，サラダ，デザートから，それぞれ１種類ずつ選ぶようだね。

ゆうか：このランチメニューには，１日に必要な野菜の量を１とみたとき，それぞれの料理でとることができる野菜の量が示されているそうよ。

父　：サッカー選手は，食べる物にも気をつけて生活をしているから，イベントに参加した人にも，栄養のバランスを考えて食事をとるということについて意識してほしいのかもしれないね。

ゆうか：食事の中で，栄養のバランスを考えて野菜をとることが大切なのね。

父　：１日に３回食事をとると考えて，ここで食べる昼食で，１日に必要な野菜の量の３分の１以上がとれるような組み合わせを，メニューを見ながら考えてみようか。

ゆうか：わかったわ。そうすると，１日に必要な野菜の量の３分の１以上がとれる組み合わせは［　　］通りね。

ランチメニュー

スパゲッティ，サラダ，デザートから，それぞれ１種類ずつ選んでください。どの組み合わせを選んでも，代金はすべて700円です。

スパゲッティ	サラダ	デザート
たらこ	とうふサラダ $\left(\frac{1}{6}\right)$	ゼリー
ナポリタン $\left(\frac{1}{8}\right)$	コーンサラダ $\left(\frac{1}{4}\right)$	プリン
	グリーンサラダ $\left(\frac{1}{3}\right)$	かぼちゃアイスクリーム $\left(\frac{1}{12}\right)$

※（　）の中は，１日に必要な野菜の量を１とみたときに，その料理でとることができる野菜の量を表しています。例えば $\frac{1}{8}$ は，１日に必要な野菜の量のうち，$\frac{1}{8}$ がとれることを表しています。

※（　）がないものについては，野菜がふくまれていないものと考えます

図３　ランチメニュー

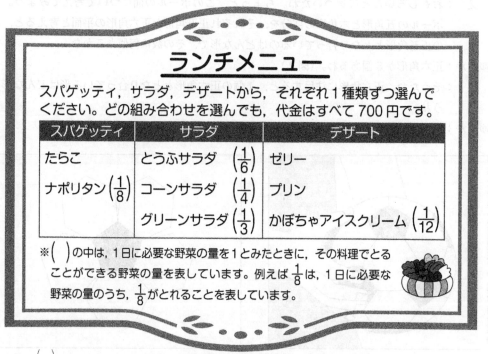

問題２　会話文中の［　　］にあてはまる数を書きなさい。

2　けんたさんとゆうかさんは，クラスで工場へ社会科見学に行きました。学校にもどったあとみんなで話し合い，工場で見学したことをレポートにまとめているところです。

けんた：工場では，同じ部品を作るのに，**機械Ａ**と**機械Ｂ**の２種類の機械を使っていたね。

ゆうか：工場長さんの話では，「**機械A**は，**機械B**より作る速さはおそいけれど，連続して動かすことができる。**機械B**は，**機械A**と同じ時間動かしたときに1.2倍の個数を作ることができるけれど，２時間動かすと，整備のために30分止まるように設定されている。」ということだったわね。

けんた：ということは，両方の機械を同時に動かし始めた場合，それぞれの機械を10時間動かしたときに作られる部品の個数を簡単な比で表すと，どうなるかな。

ゆうか：計算してみると，**機械A**：**機械B**＝ ア ： イ になるわ。

問題１　会話文中の ア ， イ にあてはまる数を書きなさい。

ゆうか：工場長さんは，「工場では，製品を作る過程で不良品ができてしまいます。**機械A**，**機械B**で作られた部品をふくむさまざまな部品が**機械C**で組み立てられ，その後に検査１を行い不良品を取り除きます。次に，検査１で合格したものを**機械D**で仕上げます。仕上げの後に検査２を行い，さらに不良品を取り除きます。検査２で合格した製品を，こわれないように１箱に12個ずつ入れて出荷しています。」と言っていたわね。

けんた：ぼくたちが工場にいた２時間の間，工場の機械はずっと動いていたけれど，どのくらいの製品ができたのかな。

ゆうか：**機械C**は，１時間で130個を組み立てているけれど，20個に１個の割合で不良品ができるから，検査１で取り除くそうよ。また，**機械D**では検査１で合格したものを仕上げるときに，不良品が４％できてしまうので，検査２で取り除くと言っていたわ。

けんた：それなら，この**機械C**を２時間動かして組み立てたものは，どのくらいの数が，検査２で合格して製品になるのかな。

ゆうか：１箱に12個入った出荷できる箱が，何箱できるかで考えてみたらどうかしら。

けんた：（しばらくたって） ウ 箱できるよ。

問題２　会話文中の ウ にあてはまる数を書きなさい。また，どのように求めたのか，言葉や数，式，図，表などを使って説明しなさい。

3　けんたさん，ゆうかさん，りくさんの３人は，ゴムのはたらきを利用して走る**図１**のようなプロペラカーを体育館のゆかでそれぞれ走らせました。

ただし，**表１**（次のページ）の条件以外は，すべて同じものとします。

けんた：プロペラカーの車体を持ってプロペラを回せば，つながっているゴムがねじれるね。

ゆうか：何回か回したあと，プロペラカーを体育館のゆかに置いてプロペラから手をはなせば，プロペラが回転してプロペラカーの車体が進むよ。

り　く：３人でプロペラを回す回数や回す方向を変えて進ませてみようよ。その結果を記録して，だれが一番短い時間でスタートからゴールまで進むか競争しよう。

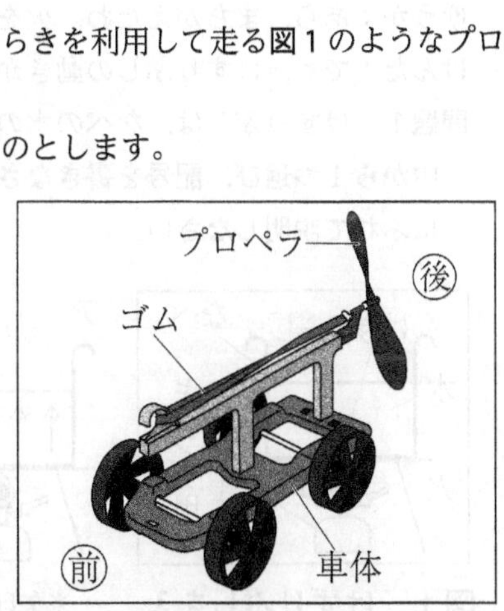

図１　プロペラカーのようす

表１　３人が走らせたプロペラカーの条件

プロペラカー／条件	あ	い	う
プロペラを回す回数	80回	40回	80回
プロペラを回す方向	 反時計回り	 時計回り	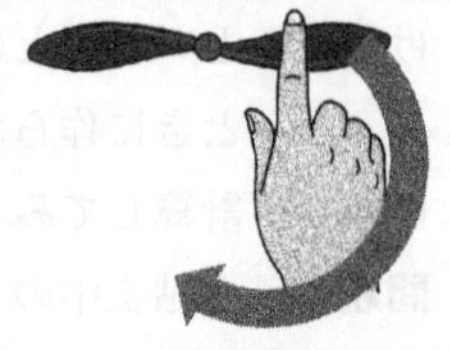 時計回り

※表１中の「プロペラを回す方向」の図は，車体の後ろから見たようすを示している

３人がそれぞれ表１の条件で走らせたところ，けんたさんのプロペラカーが一番短い時間でゴールし，ゆうかさんのプロペラカーが二番目にゴールしました。りくさんのプロペラカーは，後ろに進んだので，ゴールできませんでした。

問題１　前のページの図１のプロペラカーのプロペラを回したあと，プロペラから手をはなすとプロペラが回転するのはなぜですか。理由を書きなさい。

問題２　表１のあ，い，うは，それぞれだれが走らせたプロペラカーですか。名前を書きなさい。

問題３　りくさんは，けんたさんのプロペラカーより短い時間でゴールまで進むための条件を考えました。表１の条件の「プロペラを回す方向」と「プロペラを回す回数」をどのように変えるとよかったか説明しなさい。

４　けんたさんの家族とゆうかさんの家族は，キャンプ場に行き昼食の準備を始めました。

ゆうかさんは，図１のように，キャンプ用のガスバーナーでみそしるをつくることにしました。ゆうかさんは，なべの水の中にけずりぶしを入れてから，なべ底の中央を熱しました。なお，なべやガスバーナーは，動かさないようにして，なべ底の中央を熱しました。

けんた：けずりぶしは，水がふっとうしてから入れるんだよ。

ゆうか：あら，まちがえたわ。火をつける前に，けずりぶしを入れてしまったわ。

けんた：でも，けずりぶしの動きから，水の温まり方がわかるね。

問題１　けずりぶしは，なべの水の中でどのような動きをしますか。最も近いものを下のア～エの中から１つ選び，記号を書きなさい。また，そのように考えた理由を，なべの中の水の温まり方にふれて説明しなさい。

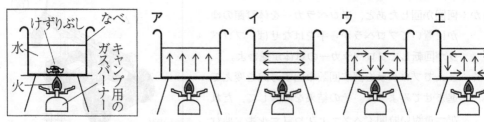

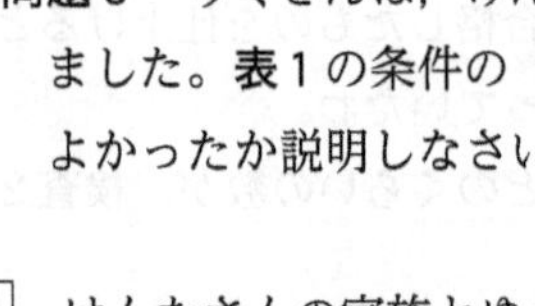

図１　けずりぶしを入れたなべのようす

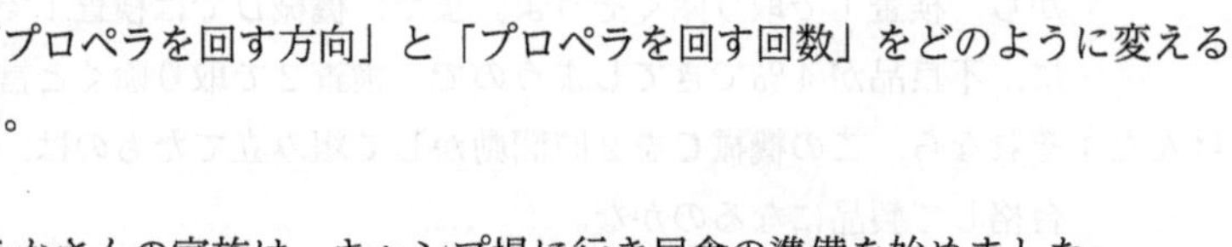

※矢印は，けずりぶしが動くようすを表している
※図１とア～エは，横から見たなべの中のようすを表している

次に，けんたさんは，キャンプ場のかまどで，ご飯をたくために，お父さんからまきをもらってきました。

ゆうか：理科の授業で，ものの燃え方について学習したよね。

けんた：ものが燃え続けるためには，空気が必要だと習ったよ。

ゆうか：そうだね。木や紙などが燃えるとき，空気中の酸素が使われて［ア］ができるわ。［ア］を集めたびんに，石灰水を入れてふたをしてふると，石灰水が白くにごることを理科の授業で実験したよね。

けんた：そうだね。じゃあ，まきは，どのように置くと燃えやすいのかな。

ゆうか：２つの置き方を考えてみたわ（図２）。わたしは，［イ］の方が燃えやすいと思うわ。

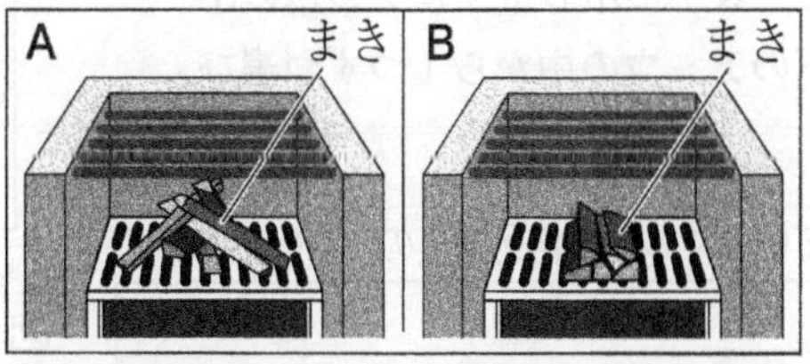

図２　ゆうかさんが考えたまきの置き方

けんた：確かにそうだね。まきを［イ］のように置いて，ご飯をたこうよ。学校で習ったことが，キャンプで役に立ったね。

※かまど…食品を加熱するために石やれんがなどでつくった設備。上になべなどをかけて，下から火で加熱する

問題２　ゆうかさんの会話文中の［ア］に入る適切な言葉を書きなさい。

問題３　二人の会話文中の［イ］にあてはまるまきの置き方は，図２のＡ，Ｂどちらですか。記号を書きなさい。また，そのように考えた理由を説明しなさい。

5　けんたさんは，４月上じゅんに茨城(いばらき)県のある市に住む，農家の親せきの家に行きました。親せきのおじさんは，メロンをつくっているビニールハウスの中で，農作業をしているところでした。

けんた　：おじさん，ビニールハウスの中に，ミツバチを放しているのはなぜですか。

おじさん：どうしてだと思う。メロンは，アサガオやイネとはちがって，おばなとめばながある植物だということは知っているよね。考えてごらん。

けんた　：なるほど。花がさいたあと，メロンの実ができるためには，ミツバチのはたらきが重要なのですね。

おじさん：その他にも品質のよいメロンを育てるための工夫をしているよ。足もとを見てごらん。

けんた　：どうして，土にシートがしいてあるのですか。

おじさん：これはマルチ（図１）といって，土の温度である地温を高める効果や，雑草の発生をおさえる効果などがあるよ。

おじさんの家では，黒色，銀色，無色とう明

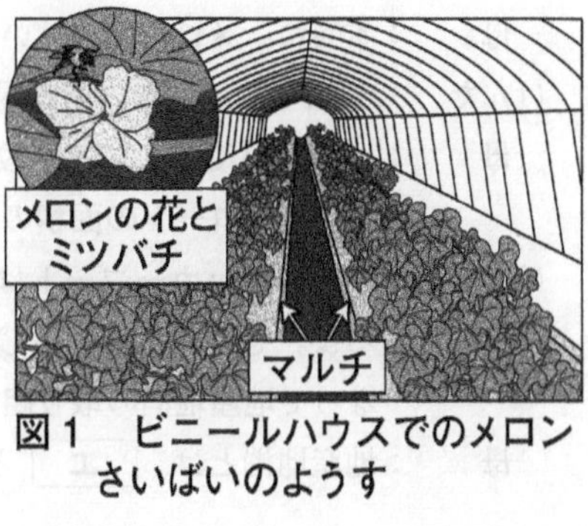

図１　ビニールハウスでのメロンさいばいのようす

の３種類のマルチを使い分けて，いろいろな野菜をつくっているんだ。

けんた　：おじさんの家で使っている３種類のマルチには，どんな特ちょうがあるのですか。

おじさん：黒色マルチは，日光をさえぎり，熱を吸収（きゅうしゅう）するよ。銀色マルチは，日光を反射（しゃ）するので，マルチの内側には熱が伝わりにくく，無色とう明マルチは，日光をさえぎらないんだ。おじさんの家で使っているマルチの色と効果は，この図（**図２**）のとおりだよ。

けんた　：３種類のマルチの色と効果が，わかりやすく示されていますね。

問題１　下線部の（ミツバチのはたらき）とは，どのようなはたらきですか。「おばな」「めばな」という言葉を使って説明しなさい。

問題２　けんたさんは，おじさんに聞きながら，**図２**をもとにして，**表１**を作りました。**表１**に示したマルチの色の①～③にあてはまるものを下の**ア**～**ウ**の中から１つずつ選び，記号を書きなさい。

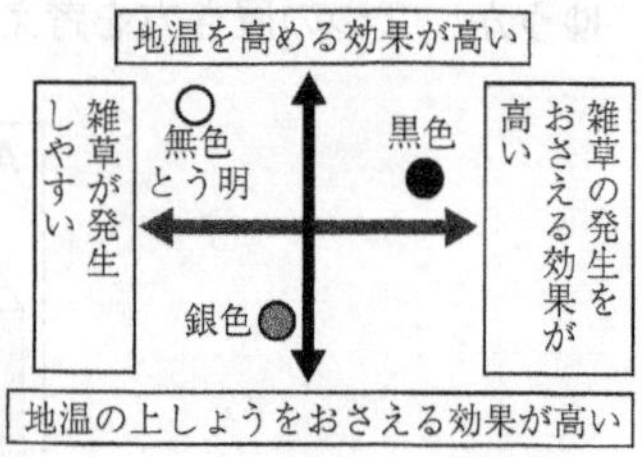

図２　マルチの色と効果
（やまむファームホームページより作成）

表１　おじさんの家で使用しているマルチの色と効果のちがいについて

マルチの色	効果
①	地温を高める効果が最も高く，雑草が最も発生しやすい。
②	地温の上しょうをおさえる効果が最も高い。
③	雑草の発生をおさえる効果が最も高い。

ア　黒色　　**イ**　銀色　　**ウ**　無色とう明

けんたは，家に帰ってから，おじさんに教えてもらったことをまとめました。

（**表２**，**図３**は次のページにあります。）

けんた　：おじさんが，茨城県（いばらき）は日本一のメロンの産地だと言っていたから，メロンの収（しゅう）かく量の多い上位５道県について調べて，表（**表２**）を作ってみたよ。全国のメロンの収かく量は155000ｔだから，［ア］％が茨城県産ということがわかったよ。

母　：茨城県は，作付面積もずいぶん広いのね。この表（**表２**）を見ると作付面積は，５つの道県でさまざまだから，表（**表２**）の**イ**も求めてみたのね。

けんた　：そうだよ。［イ］で比べても，表（**表２**）にある５つの道県で，茨城県は一番多いということがわかったよ。

母　：本当ね。メロンさいばいの特ちょうについて，別の見方ができたね。

けんた　：１haって，学校の運動場と比べると，どちらが広いのかな。

母　：けんたが使っている学校のサッカーコートと比べてみるとわかりやすいかな。１haはサッカーコートの面積の何倍になるかしら。

けんた　：学校のサッカーコートは 70m×50m だから，これをもとに考えると，［ウ］倍になるよ。その他にも，おじさんは，メロンを出荷（か）している直売所を中心に地域（いき）が一体となって地産地消の取り組みを進めていることを教えてくれたよ。（**図３**）

母　：地産地消とは，［エ］という意味よね。わたしも野菜などを買うときに，産地を確認（にん）

しているわ。

表２　メロンの収かく量の多い上位５道県について

道県	作付面積(ha)	収かく量(t)	イ
北海道(ほっかいどう)	1050	24900	23.7
青森県(あおもり)	519	10400	20.0
山形県(やまがた)	533	10300	19.3
茨城県	1330	40000	30.1
熊本県(くまもと)	925	20200	21.8

（農林水産省「2017年作況(きょう)調査」より作成）

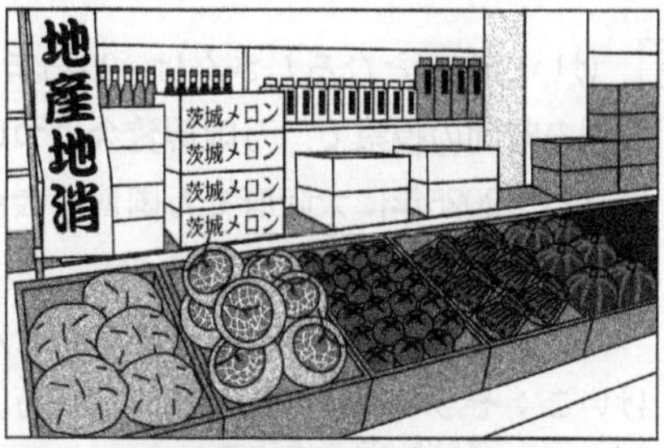

図３　直売所のようす
（メロンなどのはん売）

問題３　会話文中の ア にあてはまる数を書きなさい。ただし，アは，四捨(しゃ)五入して，$\frac{1}{10}$の位まで求めなさい。また，**表２**をもとにして，会話文中の イ にあてはまる言葉を書きなさい。

問題４　会話文中の ウ にあてはまる数を書きなさい。ただし，ウは，四捨五入して，$\frac{1}{10}$の位まで求めなさい。

問題５　母とけんたさんの会話が成り立つように， エ に入る内容を書きなさい。

【適性検査Ⅱ】（45分）　＜満点：100点＞

1　けいこさんとひろしさんは，2025年に大阪府で万国博覧会が開さいされることを知り，総合的な学習の時間の授業で，万国博覧会について調べました。

ひろし：2025年に大阪府で万国博覧会が開さいされることが決まったというニュースをテレビで見たよ。博覧会というのは，さまざまなものを集めて展示などをするもよおしだよね。万博ってずいぶん昔からあったんだね。

けいこ：そういえば，1867年のパリ万国博覧会には，2024年に発行予定の新紙へいの図がらになる渋沢栄一が江戸幕府の使節の一員として，視察に行ったそうよ。

ひろし：渋沢栄一は，帰国後は官営富岡製糸場の設立にも関わっていたそうだね。

けいこ：官営富岡製糸場は2014年に世界文化遺産になったよね。

ひろし：そうだよね。渋沢栄一は，その後，銀行，ぼう績，鉄道などの数多くの会社などの設立にも関わったと本で読んだよ。

けいこ：渋沢栄一は，日本の産業の発展に力をつくした人物なんだね。

問題1　会話文中の官営富岡製糸場がつくられた都道府県名を書きなさい。

問題2　会話文中の下線部（ぼう績）について，1880年代に**資料1**のような綿糸を生産する機械を設置したぼう績工場が各地につくられました。

その結果，貿易品目としての綿糸は，1890年と1910年を比かくして，どのように変化しましたか。**資料2**～**資料4**からそれぞれ読み取れることにふれて，「綿糸生産高」「原材料」という言葉を使って説明しなさい。

資料1　1883年生産開始の大阪市のぼう績工場

（東京書籍「新編新しい社会6上」より）

資料2　綿糸生産高とぼう績会社数

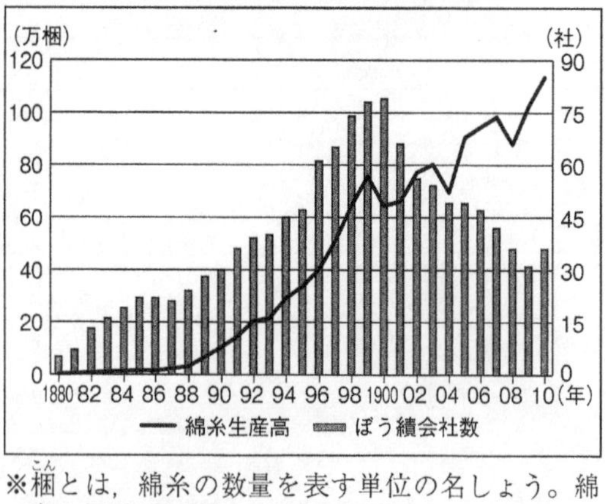

※梱とは，綿糸の数量を表す単位の名しょう。綿糸1梱は181.44キログラム

※1901年以降，2つ以上の会社が1つになったことなどにより，会社数が減少している年がある

（内外綿業年鑑より作成）

資料3　主要な貿易品目の推移

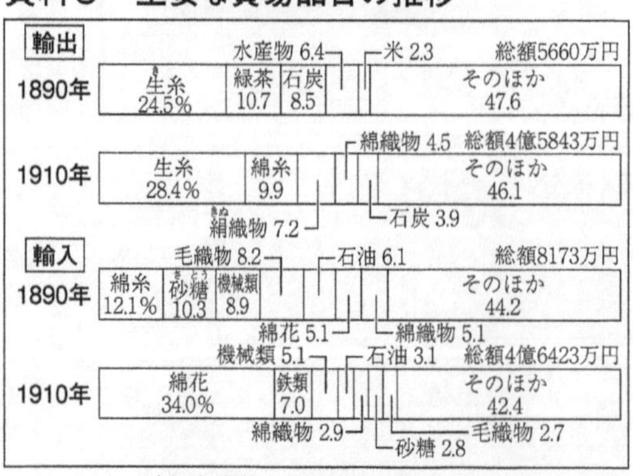

（東京書籍「新編新しい社会6上」より）

資料4　原材料と製品の関係

原材料 →	製品
まゆ	生糸
綿花	綿糸

ひろし：万国博覧会は，数年おきに世界のいろいろな都市で開かれてきたんだ。日本でも，大阪府，沖縄県，茨城県，愛知県で開さいされたよ。

けいこ：茨城県では1985年に現在のつくば市で国際科学技術博覧会（つくば万国博覧会）が開かれたわ。今では，つくば市で数多くの研究者が研究開発を進めているそうよ。

ひろし：茨城県をふくめた４つの府県の特ちょうについて調べてみよう。

問題３　けいこさんとひろしさんは，４つの府県について比かくするため，**資料５**を作りました。**資料５**の**Ａ**～**Ｄ**は，大阪府，沖縄県，茨城県，愛知県のいずれかを示しています。解答用紙にある４つの府県にあてはまる記号を書きなさい。また，**資料６**を見て４つの府県の位置を**ア**～**エ**の中からそれぞれ選んで，記号を書きなさい。

資料５　４つの府県の特ちょう

こう目＼府県	A	B	C	D
①面積〔km^2〕	2281	6097	1905	5173
②農業産出額〔億円〕	1025	4903	353	3154
③製造品出荷額〔億円〕	4620	112674	161784	451718
④府県庁所在地の年平均気温〔℃〕	23.1	13.6	16.9	15.8

※①は2017年の値，②と③は2016年の値，④は1981年～2010年の平均値
※製造品出荷額…１年間における工場から出荷した製品の価格
（「データでみる県勢 2019」，総務省統計局「日本の統計 2019」より作成）

資料６　４つの府県の位置

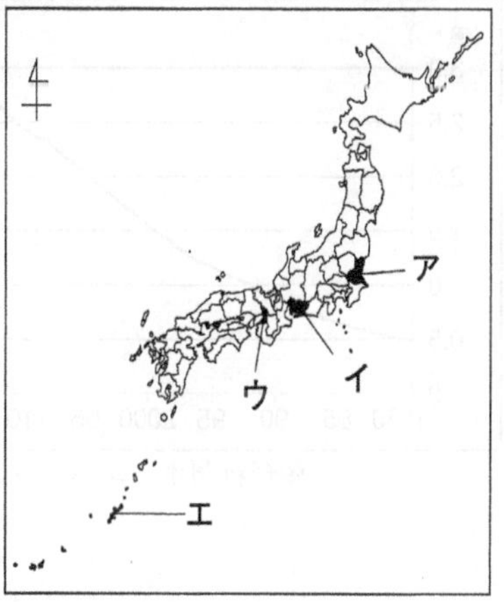

けいこ：2025年の万国博覧会のテーマは「いのち輝く未来社会のデザイン」で，サブテーマが「多様で心身ともに健康な生き方」「持続可能な社会・経済システム」と，先月，日本国際博覧会協会のホームページで見たわ。

ひろし：持続可能な社会は，未来に生きる人々の幸福のために，かん境を大切にし，資源を使い切ってしまわない社会の実現を目指していると学習したよね。

けいこ：持続可能な社会の実現のために，どのような取り組みが行われているか調べてみましょう。

問題４　けいこさんとひろしさんは，持続可能な社会の実現に向けて，日本をはじめ世界の多くの国で，レジぶくろやペットボトルの代わりにエコバッグやマイボトルを使用する取り組みが行われていることを知り，次ページの**資料７**～**資料９**を集めました。これらの**資料**からエコバッグやマイボトルを使用する取り組みはどのようなことを目的に行われていると考えられますか。**資料７**～**資料９**からそれぞれ読み取れることにふれて，その目的を書きなさい。

※エコバッグ…スーパーマーケットやコンビニエンスストアなどでレジぶくろをもらわなくて済むように持参する買い物ぶくろのこと
※マイボトル…自分用の飲み物を入れて，持ち運ぶ水とうのこと

資料７　海のごみについて

・海のごみは，レジぶくろ，ペットボトル，食品トレー，空きかんなどが多い。これらのごみの一部は，道などに捨てられたごみが，水路や川へ流れ，海まで流れ出たものと考えられる。
・プラスチックごみなどの海のごみは，きれいな海岸の景色を台無しにしている。
・海に流れ出たプラスチックごみは，し外線や波の力などでこわれて小さくなり，５mm以下になったプラスチックは，マイクロプラスチックとよばれる。
・マイクロプラスチックを，魚などが食べてしまうこともある。

（中日新聞ホームページ他より作成）

資料８　世界のプラスチックごみの発生量

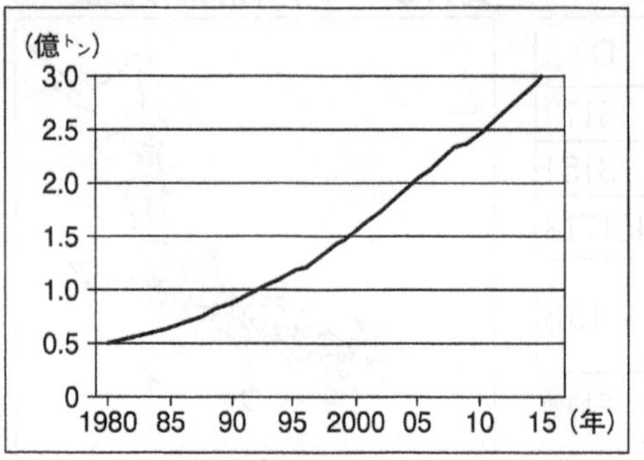

（産経新聞ホームページより作成）

資料９　マイクロプラスチックの密度分布

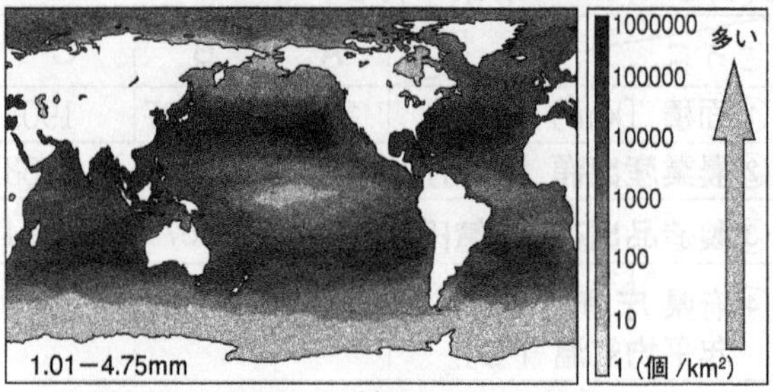

※Eriksonら（2014年）の論文から引用
※１km²あたりに，1.01～4.75mmのマイクロプラスチックが何個あるかを示している
※黒色に近いほど多く存在している

（環境省ホームページより作成）

けいこ：2025年に大阪府で開かれる万国博覧会では，海外からの大勢の来場者を期待しているんだって。
ひろし：そういえば，新聞で，最近，日本を訪れる外国人観光客が増えたという記事を見たよ。
けいこ：そうだね。バス停の表示や観光地の案内板の表示も工夫されているよ。日本語にあわせて，外国語や絵文字なども表示されているよ。

資料10　バス停の表示（茨城空港）

資料11　観光地の案内板の表示（水戸市のかい楽園）

問題５　資料10，資料11のように表示されたバス停や観光地の案内板は，茨城県を訪れた外国人観光客に対して，どのような目的で設置されていますか。資料10，資料11のそれぞれの目的を書きなさい。

2　次の［　］内の文章は，けいこさんたちが国語の授業で読んだ本，『奮闘するたすく』の一部です。この文章をもとに，けいこさんとひろしさんは，放課後，先生と話しています。

【文章の場面】 小学校５年生の佑は，担任の早田先生のすすめでデイサービス（通所かい護）についてレポートを書くことになり，夏休みに，祖父が利用している「ケアハウスこもれび」へ通うことにしました。［　］内の文章は，佑が，「ケアハウスこもれび」を訪れた早田先生といっしょに，インドネシア人研修生のリニさんから話を聞いているところです。

> 「この協定で日本への受け入れが定められている職業は，看護師と介護福祉士のふたつですが，リニさんが，介護福祉士になろうと思ったのはどうしてですか？」
> 　早田先生が次の質問をしたので，佑も急いで書きなぐる。
> “どうして，かんごしではなく，介ごふくしし？”
> 　質問に，リニさんは少し考えるように首を傾げたが，やがて小さくうなずいた。考えをまとめたようだった。
> 「私は，お年寄りのお世話をしたい，思ったからです」
> 「お年寄りのお世話をしたい，と思ったんですか？」
> 　佑は，思わず完璧なオウム返しでき返してしまった。お年寄りのお世話は，とても大変だということは，ちょっと見ただけでもわかっていたからだ。こもれびに来ているお年寄りは，体が不自由な人が多い。その人たちのお風呂やトイレを手伝うのは，力がいるし，忙しそうだ。
> 　ほかにも，のどに絡んだたんを，ノズルのついた吸引器で取っているのも見たことがある。「ズコズコズコッ」とすごい音がしていて，初めて見たときには，ぎょっとした。
> 　見たことはないけれど，もちろん，おむつを替えることもあると思う。それは，正直に言うと，見たくなかった。足をけがして動けなくなった祖父が，いっときおむつをつけたことがある。母が手伝っていたけれど，佑は手を出せなかった。自分の祖父でさえだ。嫌な顔ひとつせず，おむつを替える母は，えらいな，と思った。
> 　それなのに，家族以外のお年寄りのお世話をしたいなんて。いや，実際にしているなんて。しかも，遠い外国まで来て。
> 　けれどもリニさんは，ちっとも嫌そうではなかった。むしろ，誇らしそうだ。
> 「インドネシアでは，お年寄りはとても尊敬されているのです。だから，家族全員が代わりばんこに世話をします。みんながお世話をしたい。それがあたり前。お年寄りは，私たちよりたくさん生きている分だけ，かしこくて物知りです。日本のお年寄りも，たいへんかしこいです」

※この協定…日本とインドネシアとの経済連けい協定

（まはら三桃『奮闘するたすく』による）

けいこ：以前，総合的な学習の時間の授業で，高れい者し設に行ったとき，足の具合の悪いおじいちゃんの手を引いて，いっしょに食堂に行ったら喜んでくれました。

ひろし：し設で働く人の手を借りて，トイレに行っていた方もいました。

けいこ：わたしのおじいちゃんは去年転んで，しばらく歩けなかったとき，おばあちゃんがトイレやおふろを手伝っていました。

ひろし：この本では，インドネシア人のリニさんが，日本で，かい護福し士になろうと思い，「ケアハウスこもれび」で研修をしていました。

先　生：そうでしたね。主人公の佑は，リニさんから話を聞いて，リニさんに対してどのように思ったと考えますか。

けいこ：佑は，［　　　　　　］とわたしは考えます。

ひろし：かい護の仕事は人手不足だと母が言っていました。

けいこ：人手不足を解消するために，かい護を助けるロボットなどが開発されているというニュースをテレビで見たことがあります。

先　生：総合的な学習の時間の授業で学習したように，高れい化が進む日本では，高れい者かい護問題は，大きな問題の一つです。高れい者が安心して生活できるよう，どのような工夫をしていくことが大切だと思いますか。来週の総合的な学習の時間の授業で話し合えるように，資料を集めてきましょう。

問題１　会話が成り立つように，［　　］に入る内容を書きなさい。［　　］には，11ページの［　　］内の文章をもとに，佑がリニさんから話を聞いて，リニさんに対してどのように思ったかについて考え，50字以上70字以内で書きなさい。ただし，「,」や「。」も１字に数え，文字に誤りがないようにしなさい。

問題２　**資料１**～**資料３**は，けいこさんが集めたものです。これらの資料をもとに，高れい者が安心して生活できるよう，どのような工夫をしていくことが大切だと思いますか。**資料１**～**資料３**の中から二つの資料を選び，それらを関係づけて，あなたが考える具体的な工夫を入れ，80字以上100字以内で書きなさい。ただし，「,」や「。」も１字に数え，文字に誤りがないようにしなさい。また，選んだ資料の番号も解答用紙に書きなさい。

資料１　高れい期の一人暮らしで不安に思うこと（複数回答）

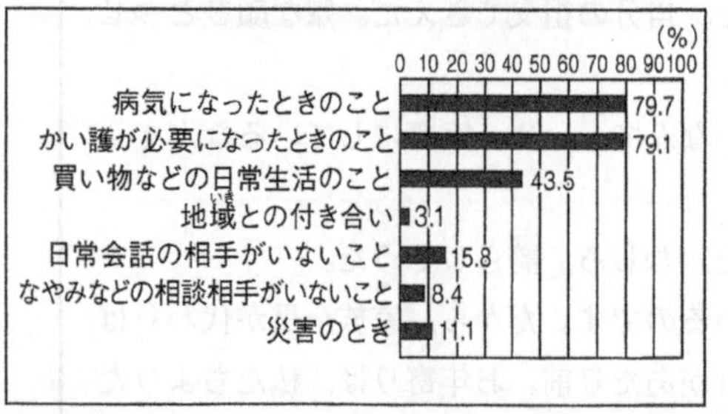

資料２　高れい期に必要と考える健康づくり，かい護予防の内容（複数回答）

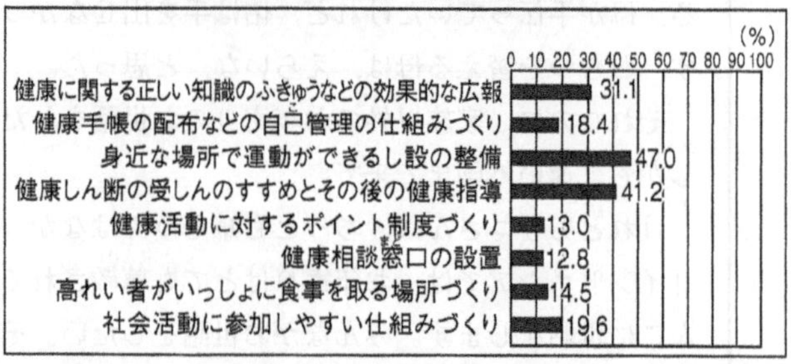

※厚生労働省による高れい社会に対する意識調査（40さい以上の男女3000人が対象）
※高れい期…高れいになったとき

（**資料１**，**資料２**は，「平成27年度少子高齢社会等調査検討事業報告書」より作成）

資料３　かい護を助けるロボットの長所と短所

長所	短所
・かい護する人の負担を減らせる ・かい護を適切に，効率よく行える ・かい護される人の精神的な負担を減らせる	・値段が高い ・操作を覚えるのが難しい ・人の手のぬくもりが感じられない

（かい護を助けるロボットを使用している，かい護し設の方の意見などをまとめたもの）

3 2020年夏，東京オリンピック・パラリンピック競技大会が開さいされます。ひろしさんとけいこさんは，次のように話しています。

ひろし：東京オリンピック・パラリンピック競技大会の準備が進んでいるみたいだね。

けいこ：日本で開さいされるなんて，とても楽しみだわ。でも，夏の東京など，日本はとても暑いから，選手だけでなくボランティアや観客も大変そうね。

ひろし：2016年にブラジルのリオデジャネイロで開かれたオリンピックは，それほど暑くなかったと聞いたよ。その前は，2012年にイギリスのロンドンで開かれたよ。

問題1 ひろしさんとけいこさんは，オリンピックの開さい都市の気温と降水量を調べました。ひろしさんとけいこさんが見つけた**資料1**の**ア**～**ウ**は，東京，リオデジャネイロ，ロンドンのいずれかの都市の気温と降水量を示したものです。東京の気温と降水量を示したものはどれですか。**ア**～**ウ**の中から一つ選び，記号を書きなさい。

問題2 **資料2**は，ブラジルを■の色でぬりつぶし，東京，リオデジャネイロ，サンパウロ，ロンドンの位置を示した地図です。日本から遠く離れたブラジルの都市，サンパウロでは，**資料3**のように，七夕祭りが開さいされています。なぜ，サンパウロで七夕祭りが開さいされるようになったのか，**資料4**をもとに，1908年から1941年にかけて日本人がおこなったことにふれて，その理由を書きなさい。

資料1　東京，リオデジャネイロ，ロンドンの気温と降水量

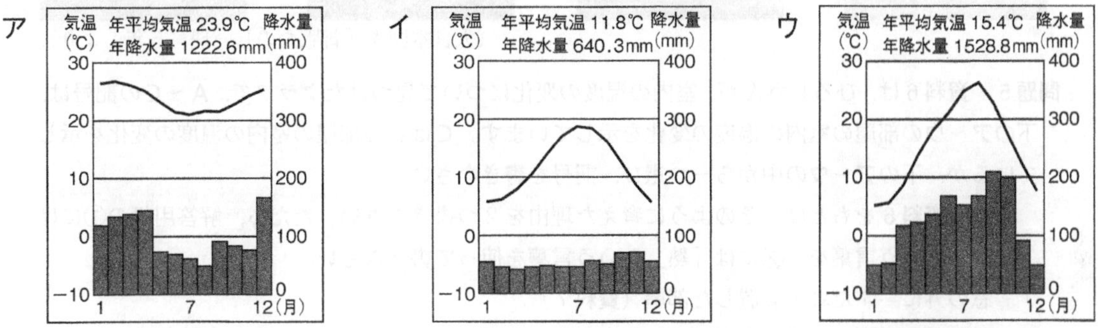

（国立天文台「理科年表2019」より作成）

資料2　東京，リオデジャネイロ，サンパウロ，ロンドンの位置

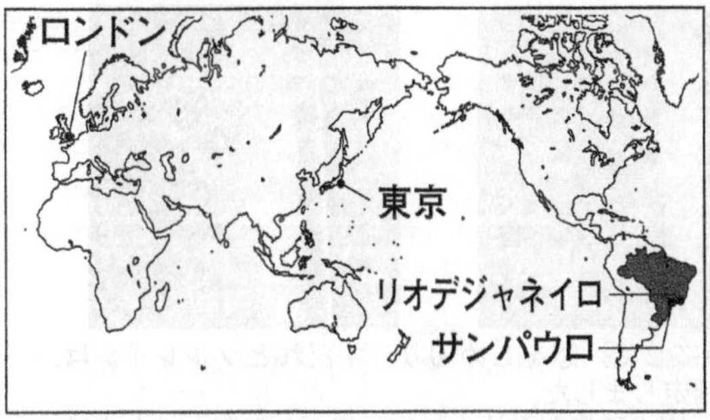

資料3　サンパウロの七夕祭り

（十勝毎日新聞社ホームページより）

資料4　笠戸丸

※ブラジルへ向かった笠戸丸
（東京書籍「新編新しい社会6上」より）

けいこ：東京オリンピック・パラリンピック競技大会に観戦に来る人たちは，暑さだけでなく，天気の急な変化にも注意が必要だよね。雲のようすが変わると，天気も変わるわね。<u>雲はど</u>

のように発生するのかな。

ひろし：海や川などの水面や地面などから［　　　］と雲になるよ。

けいこ：ひろしさんは雲にくわしいのね。入道雲とよばれている雲はどんな雲なの。

ひろし：積乱(らん)雲のことだよ。夏の晴れた日の空に，もくもくと高く大きく広がる雲で，積乱雲ができたときには注意が必要だよ。積乱雲を見たら建物の中に移動した方がいいよ。

けいこ：建物の中に移動して部屋に入ったら，夏だから室内の温度にも気をつけないとね。

ひろし：そうだね。夏の室内の温度の変化についても調べてみようよ。

問題３　下線部（雲はどのように発生するのかな。）について，会話文中の［　］に入るように，雲が発生するしくみを書きなさい。

問題４　けいこさんとひろしさんの会話をもとにして，積乱雲の写真を資料５のア～エの中から一つ選び，記号を書きなさい。また，夏の晴れた日に，積乱雲が発生した場所で，その後の天気が変化するとしたら，どのような天候が予想されるかを二つ書きなさい。

資料５　いろいろな雲の写真

ア

イ

ウ
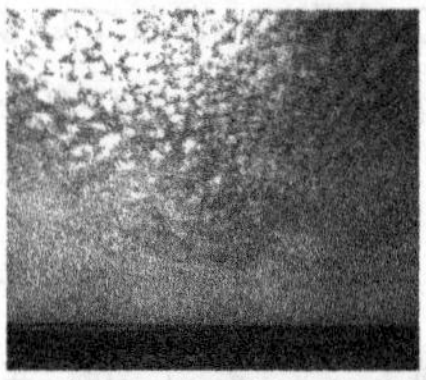

エ

（大日本図書「新版たのしい理科５年」より）

問題５　資料６は，ひろしさんが，室内の温度の変化について見つけたグラフで，Ａ～Ｃの記号は，下のア～ウの部屋の室内の温度の変化を示しています。Ｃはどの部屋の室内の温度の変化を示しているか，下のア～ウの中から一つ選び，記号を書きなさい。

また，資料６をもとに，そのように考えた理由を２つ書きなさい。ただし，解答用紙の①には「温度」という言葉を，②には「熱」という言葉を使って書きなさい。

ア　窓(まど)の外に，すだれを設置した部屋（資料７）

イ　窓の外に，ツルレイシをさいばいした部屋（資料８）

ウ　窓の外に，何も設置していない部屋

資料６　室内の温度の変化（８月14日・晴れ）

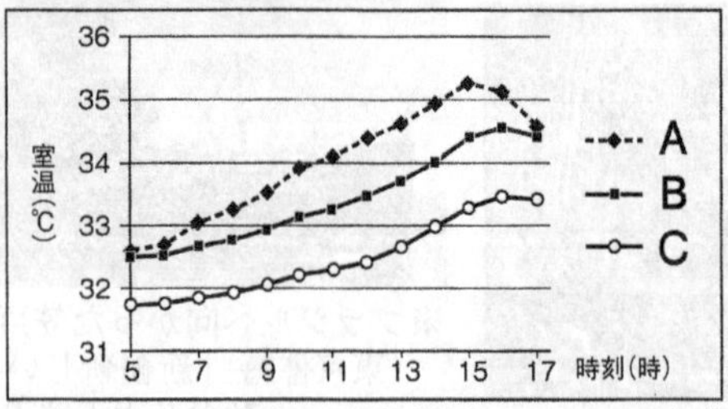

資料７　すだれを設置

資料８　ツルレイシをさいばい

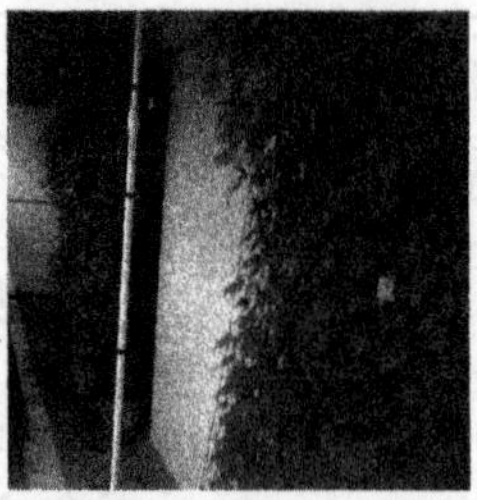

※窓ガラスの大きさなど部屋についての条件は同じものにして，窓をしめ切り，すだれとツルレイシは，窓ガラスの全面をおおっていた状態で，室内の温度を測定しました。

（資料６，資料７，資料８は，「国立研究開発法人建築研究所の資料」より作成）

2020 年 度

解 答 と 解 説

＜茨城県立中学校　適性検査Ⅰ解答例＞

1 **問題1**　20(個)

問題2　11(通り)

2 **問題1**　ア　25　イ　24　または，ア　5　イ　6

問題2　ウ　19(箱)

説明　(その1)1時間で130個できるから，2時間で，130×2＝260　つまり，260個できる。機械Cで，不良品を除いてできるものの個数は　(20－1)÷20＝0.95だから，260×0.95＝247　つまり，247個できる。機械Dで，不良品を除いてできるものの個数は(100－4)÷100＝0.96だから，247×0.96＝237.12

つまり，237.12個できる。12個ずつ箱に入れるので，237.12÷12＝19.76

出荷できる製品が12個入った箱は19個できる。

(その2)機械Cでは20個に1個不良品が出るから，機械Cでできるものの個数と不良品を除いてできるものの個数の比は，20：19である。

20：19＝130：□

□＝123.5　つまり，1時間で123.5個できる。機械Dで，不良品を除いたものの個数は，(100－4)÷100＝0.96だから，123.5×0.96＝118.56

つまり，1時間で118.56個できる。12個ずつ箱に入れるので，118.56÷12＝9.88

2時間で出荷できる製品が12個入った箱は，9.88×2＝19.76　つまり，19箱できる。

(その3)

機械C

↓　1時間で130個　2時間では130×2＝260　260個できる

検査1

↓　(20－1)÷20＝0.95　検査1で合格したもの260×0.95＝247

機械D

検査2

↓　(100－4)÷100＝0.96　検査2で合格したもの　247×0.96＝237.12

箱づめ

12個ずつ箱に入れるので，237.12÷12＝19.76　19箱

3 **問題1**　プロペラにつながっているねじれたゴムが元に戻ろうとするときに，つながっているプロペラを回すから。

問題2　あ　りく(さん)　い　ゆうか(さん)　う　けんた(さん)

問題3　プロペラを回す方向を時計回りにし，プロペラを回す回数を80回よりも多くする。

4 **問題1**　記号　エ

説明　けずりぶしは，水の動きと同じ動きをし，なべの中の水は，温度の高くなった水が上の方へ動き，上の方にあった温度の低い水が下がってきて，全体が温まっていくか

ら。

問題2 二酸化炭素

問題3 記号 A

説明 Aの方がBに比べて，まきの間に，すき間が多く，空気にふれやすいので，燃えやすい

[5] **問題1** メロンのおばなの花粉をめばなに運んで，受粉させるはたらき

問題2 ① ウ

② イ

③ ア

問題3 ア 25.8%

イ 1haあたりの収かく量

問題4 ウ 2.9(倍)

問題5 地域で生産された農産物を地域で消費する

○配点○

[1] 問題1 5点 問題2 5点 [2] 問題1 5点 問題2 数値5点 説明10点

[3] 問題1 6点 問題2 5点 問題3 6点

[4] 問題1 数値2点 説明4点 問題2 3点 問題3 4点

[5] 問題1 8点 問題2 6点 問題3 各6点 問題4 6点 問題5 8点 計100点

＜適性検査Ⅰ解説＞

[1] (算数：場合の数)

問題1 正五角形1個あたり正六角形が5個となり合っているので，12×5＝60(個)。一方，正六角形に注目すると，正六角形1個あたり正五角形が3個となり合っているので，60÷3＝20(個)。

やや難 **問題2** 選んだメニューでとることができる野菜の量の合計が，$\frac{1}{3}$以上になればよい。それぞれの料理の，1日に必要な野菜の量を1とみたときに，その料理でとることのできる野菜の量を通分して分母をそろえておく。この中で，野菜の両の合計が$\frac{1}{3}\left(\frac{8}{24}\right)$以上になる組み合わせは，

[1]たらこスパゲッティ＋グリーンサラダ

[2]たらこスパゲッティ＋コーンサラダ+かぼちゃアイスクリーム

[3]ナポリタン＋とうふサラダ+かぼちゃアイスクリーム

[4]ナポリタン＋コーンサラダ

[5]ナポリタン＋グリーンサラダ

スパゲッティとサラダだけで野菜の量の合計が$\frac{1}{3}$以上の組み合わせ([1]，[4]，[5])は，デザートに何を選んでもいいので，3通りずつある。よって，3+1+1+3+3＝11(通り)となる。

[2] (算数：比例，割合)

問題1 機械Aが1時間あたりに作れる部品の量を1とすると，10時間では10作れる。機械Bが1時

間あたりに作れる部品の量は1.2になる。2.5時間を1回とすると，10時間では10÷2.5＝4より，4回動かすことができる。0.5時間の停止が4回あるので，**機械Bが動いている時間は**10－(0.5×4)＝8(時間)。1.2×8＝9.6より，**機械A：機械B＝10：9.6＝25：24。**

（別解） 動いている時間の合計を10時間とする。**機械Aが**10時間で作れる部品の量を1とすると，機械Bが10時間で作れる部品の量は1.2になる。1：1.2＝5：6。

問題2 機械C⇒検査1⇒機械D⇒検査2の順に，どの割合で不良品が取り除かれていくのかを考える。取り除かれる部品の割合が示されていることに注意する。

3 （理科：ゴムの力）

問題1 プロペラを回すと，プロペラカーの他の部分はどのようになるかを考える。ゴムのねじれから，プロペラカーのエネルギーを判断する。

問題2 3人の中で，りくさんのプロペラカーだけが後ろに進んでいるので，一人だけ反時計回りに回しているあがりくさんだと分かる。プロペラを回す回数が多いほど，ねじれたゴムが元に戻ろうとする力が強くなり，プロペラカーが進むのも速くなると考えられるので，一番短い時間でゴールしたけんたさんが走らせたのは，80回プロペラを回したうで，ゆうかさんがいだと分かる。

問題3 **問題2**より，時計回りにプロペラを回すと前に進み，プロペラを回した数が多ければ多いほど速く進むことが分かった。

4 （理科：もののあたたまり方，ものの燃え方）

問題1 水は熱せられると上昇し，上の方の水は下降していく。下に沈んだ水は，あたためられるとふたたび上昇する。これをくり返すことで，水全体があたたまっていく。この現象を対流といい，もっともこれを正しく表しているのが**エ**である。

問題2 ものが燃えたあとの空気には，二酸化炭素ができる。二酸化炭素は，石灰水を白くにごらせるはたらきをもっている。

問題3 木が燃えているところに空気がよくとおるようにして，常に新しい空気とふれているようにすると火はよく燃える。

5 （理科，算数，社会：受粉のしかた，割合，面積，産業）

問題1 おばなの花粉がめばなにつくのが受粉である。同じ種類の他の花との間で受粉が行われるとき，ミツバチなどの虫が花粉を運ぶ役目をはたすことがある。

問題2 **図2**をみると，上に位置するものほど地温を高める効果が高く，下に位置するものほど地温の上しょうをおさえる効果が高いことが分かる。また，左に位置するものほど雑草が発生しやすく，右に位置するものほど雑草の発生をおさえる効果が高いことも読み取れる。地温を高める効果が最も高く，雑草が最も発生しやすいのは，最も上にあり，なおかつ最も左にある無色とう明のマルチである。同じように，地温の上しょうをおさえる効果が最も高いのは，最も下にある銀色のマルチで，雑草の発生をおさえる効果が最も高いのは最も右にある黒色のマルチである。

問題3 **ア** **表2**の収かく量の部分に注目する。全国のメロンの収かく量は155000tで，茨城県は40000 t であるから，40000÷155000×100＝25.806…より，十分の一の位を四捨五入して，25.8%。

イ 「…作付面積は，5つの道県でさまざまだから，表のイも求めてみたのね。」という文より，作付面積をそろえて，1haあたりの収かく量を求めたことが分かる。

問題4 1haは10000m^2。サッカーコートは70m×50m＝3500m^2だから，
10000÷3500＝2.85…。十分の一の位を四捨五入して，2.9(倍)。

問題5 「地」域で生「産」された農産物を「地」域で「消」費するから，地産地消。地産地消には，新鮮な農産物が食べられる「生産者の顔が見えやすいため，安心できる」，「流通コストが減らせるので，安くなる」，「地域の伝統ある食文化を守れる」，「輸送のときに二酸化炭素の排出量が少ないので，環境に優しい」，などのメリットがある。

★ワンポイントアドバイス★

算数・理科とも出題範囲は幅広く出ており，説明をともなった問題が多い。問題を解くときには，自分だけにしか分からない書き方ではなく，ていねいにわかりやすく書けるようにしよう。

＜適性検査Ⅱ解答例＞

1 **問題1** 群馬県

問題2 1890年から1910年にかけて，綿糸生産高が大きくのびた。綿糸は，1890年には輸入品目であったが，1910年には原材料である綿花の輸入割合が増加して，綿糸は輸出品目になった。

問題3

	大阪府	沖縄県	茨城県	愛知県
資料5の記号	C	A	B	D
資料6の記号	ウ	エ	ア	イ

問題4 レジぶくろやペットボトルなどのプラスチックごみは，海まで流れ出ると，し外線や波の力などでこわれて小さくなり，マイクロプラスチックになる。こうしたマイクロプラスチックは，魚などが食べてしまうこともある。近年，世界のプラスチックごみの発生量は増えてきており，また，マイクロプラスチックも世界の海に広がっている。そのために，プラスチックごみとなるレジぶくろやペットボトルを減らす必要があり，エコバッグやマイボトルを使用する取り組みが行われている。

問題5 資料10 バスで目的地にスムーズに移動できるようにするため。
資料11 トイレなどの場所が自分でわかり，観光地で困らないようにするため。

2 **問題1** お年寄りの世話は，とても大変だと思っていたが，リニさんが，遠い外国まで来て，家族以外のお年寄りの世話をしていることを知って，すごいと思った

問題2 (例1)1，2(資料1，資料2)
高れい期の一人暮らしで，病気になったときのことを不安に思うと多くの方が回答しているので，健康相談窓口の設置とあわせて，高れい者を定期的に訪問して，気軽に健康相談できるようにすればいいと思う。
(例2)1，2(資料1，資料2)
高れい期の一人暮らしで，日常会話の相手がいないことを不安に思う方には，地域の行事に高れい者を講師として招くなど，高れい者が積極的に社会活動に参

加しやすい仕組みづくりをすればよいと思う。

(例3) 1, 3(資料1, 資料3)

高れい期の一人暮らしで，かい護が必要になったときのことを不安に思う方には，かい護を助けるロボットを体験してもらい，かい護される人の精神的な負担を減らせるロボットの長所を理解してもらうとよいと思う。

(例4) 2, 3(資料2, 資料3)

健康づくりなどのために身近な場所で運動ができるし設を整備すれば，多くの方が利用するだろう。利用者に，かい護を助けるロボットを説明し，かい護する人の負担を減らせる長所などを理解してもらうとよいと思う。

3 問題1 ウ

問題2 多くの日本人がブラジルに移民としてわたり，サンパウロに住む日本人の移民の子孫が日本の文化や伝統を引きついでいるから。

問題3 蒸発した水が，水蒸気となって空気中にふくまれていき，空気中の水蒸気が上空に運ばれて冷やされる

問題4 エ

大量の雨が降る。強い風がふく。＊「(大量の)ひょうが降る。」「かみなりが発生する。」でもよい。

問題5 イ

① 葉が窓から入る日光をさえぎり，室内の温度が上がるのをおさえることができるから。

② 蒸散の効果により，外から部屋に伝わる熱を和らげることができるから。

○配点○

1 問題1 2点 問題2 8点 問題3 4点 問題4 8点 問題5 8点

2 問題1 10点 問題2 20点

3 問題1 3点 問題2 10点 問題3 8点 問題4 3点 6点 問題5 10点

計100点

＜適性検査Ⅱ解説＞

1 (社会：日本の産業)

基本 問題1 官営富岡製糸場は，明治5年に現在の群馬県富岡市に建設された大規模な器械製糸工場である。

問題2 資料2からは，1890年から1910年の間に，綿糸生産高が大きく成長したことが読み取れる。1890年には20万梱もなかった綿糸生産高が，1910年には120万梱近くまで生産されるようになっている。資料3からは，1890年には輸出品のなかになかった綿糸が1910年には輸出の10％を占めるようになったことや，1910年には綿花が輸入品の中で大きな割合を占めていることが分かる。また，綿糸の原材料は綿花であることが資料4から読み取れる。これらの情報をまとめて答える。

問題3 まず資料5の④府県庁所在地の年平均気温を見ると，Aが23.1℃で最も高いことが分かる。沖縄県は日本で最も南にある県なので，Aは沖縄県であり，資料6からエがあてはまる。また，資料5の①面積を見ると，Cが1905km^{2}で最も小さいことが分かる。4つの府県のなかで最も面積が小さいのは大阪府なので，Cは大阪府であり，資料6ではウにあてはまる。資料5

のBとDをくらべると，②農業産出額はBの方が大きく，③製造品出荷額はDの方が大きいことが分かる。愛知県は工業地帯があり，製造業が盛んである。茨城県は農業が盛んであることから，Bは茨城県で**資料6**だと**ア**，Dは愛知県で**資料6**だと**イ**であることが分かる。

問題4　**資料7**からは，レジぶくろやペットボトルなどのプラスチックごみが，海まで流れ出てマイクロプラスチックになり，海の環境をこわしていることが読み取れる。**資料8**からは，世界でプラスチックごみの発生量が増加していることがわかる。**資料9**からは，マイクロプラスチックが世界中の海に広がっていることがわかる。また，問題文からエコバッグやマイボトルは，レジぶくろやペットボトルを使わないようにするための取り組みだとわかる。これらのことをまとめる。

問題5　資料が，何を表しているのかを考える。**資料10**はバスの行き先を伝えているので，目的地に移動することを助ける目的があるとわかる。**資料11**はトイレの場所を伝えているので，外国人観光客が観光地でトイレに迷わないようにする目的があるとわかる。

2　**（国語，社会：話を聞く，高れい化問題）**

問題1　佑が「思わず完璧なオウム返しでききし返してしまった」という文から，お年寄りのお世話をしたいというリニさんの答えにおどろいていることが分かる。つづく文章で，佑がお年寄りのお世話はとても大変だと思っていることが読み取れる。「それなのに，家族以外のお年寄りのお世話をしたいなんて。いや，実際にしているなんて。しかも，遠い外国まで来て。」という文から，そんな大変なことを，外国に来てまでしているリニさんのことをすごいと思っていることが分かる。これらを，50字以上70字以下でまとめる。

問題2　高れい者が安心して生活できるようにするための具体的なくふうを考えなくてはいけないので，それぞれの資料から高れい者が何を必要としているのかを読み取ろう。読み取れたことを80～100字の間でまとめる。

（資料1，資料2を選んだ場合）

資料1からは，80％の人が高れい期の一人暮らしで病気になったときのことや，かい護が必要になったときのことを不安に思っていることが分かる。**資料2**では，高れい期に必要と考える健康づくり，かい護予防の内容の例が挙げられているので，これらをヒントにして具体的な工夫を考える。

（資料1，資料3を選んだ場合）

資料3からは，かい護を助けるロボットの長所と短所が分かる。ロボットはかい護に関わる人の負担を減らせるが，値段や操作のむずかしさ，人の手のぬくもりがないことなどが問題である。**資料1**で読み取れる不安をロボットで解消するためには，どのような工夫ができるかを考える。

（資料2，資料3を選んだ場合）

資料2であげられている例と，**資料3**であげられているロボットを組み合わせ，かい護を助けるロボットのよさを説明する工夫が考えられる。

3　**（社会，理科：気温と降水量，天気）**

問題1　リオデジャネイロはブラジルにあり，赤道に最も近いので年平均気温が最も高いことが予想される。また，ロンドンは東京よりも緯度が高いので，年平均気温は東京よりも低くなる。以上より，**ア**がリオデジャネイロ，**イ**がロンドン，**ウ**が東京である。

問題2　当時，日本国内の苦しい経済状況から，移民として海外にわたることを求める声が挙がるようになっていた。このような状況から，日本政府は1908年からブラジルへの移民を始めた。**資料4**の笠戸丸は，初めて日本からブラジルへ移民を送ったときに使われた船である。1941年に太平洋戦争が始まり，日本とブラジルの国交が断絶するまで移民は行われており，多くの日本人がブラジルに渡った。その後，第二次世界大戦が終わっても多くの日本人がブラジルに残留し，伝統や文化を保持しながら生活していた。

問題3　海や地面の水が太陽であたためられると，水が蒸発して水蒸気となり，空気中のちりとまざる。水蒸気はあたたかい空気にのって上空へいくが，上空の冷たい空気に冷やされてちりに水蒸気がつく。すると水や氷のこまかいつぶが発生し，これらが集まることで雲になる。

問題4　ひろしさんの発言から，積乱雲は「夏の晴れた日の空に，もくもくと高く大きく広がる雲」であることがわかる。これにあてはまる写真は，**エ**である。積乱雲は，大気の状態が不安定なときにあらわれやすい。積乱雲が発生すると，大雨や，強風，かみなり，ひょうなどが発生しやすくなる。

問題5　**ウ**は，外からの光をさえぎるものが何もなく，室内の温度が上がるのをおさえることができない。よって，**A**である。**イ**は，ツルレイシがあることで日光をさえぎることができるだけでなく，蒸散の効果で外から部屋に入る熱を和らげることができる。よって，**C**である。**ア**は，すだれによって外からの光をさえぎることはできるが，植物ではないので熱を和らげることはできない。よって，**B**である。

蒸散は，植物のはたらきで，根から吸い上げた水分を葉の気孔から水蒸気として排出することである。蒸散がおこなわれるときに，まわりの熱を下げることができる。

★ワンポイントアドバイス★

いくつかの資料を参考に答える問題が多いので，それぞれの資料を組み合わせてどのような状況が想定できるかを考えよう。

MEMO

大切なことはメモしておこうネ！

2019年度

★★★★★★★★★★★★★★★★★★★★★★★★

入　試　問　題

2019年度

茨城県立中学校・中等教育学校入試問題

【適性検査Ⅰ】（45分）　＜満点：100点＞

1　けんたさんとゆうかさんの通う学校では，全校児童が参加する学習発表会が毎年行われています。けんたさんとゆうかさんの学級では，この学習発表会に向けて，総合的な学習の時間に，「日本のお正月について調べよう」という学習課題にもとづいて調べ学習を進めています。けんたさんとゆうかさんは，二人で「かど松」について調べているところです。

ゆうか：お正月でかざられるものの一つにかど松があるわね。

けんた：ぼくも今，この資料のかど松（**図1**）を見ていて，竹の部分がおもしろい形をしているなと思っていたところだよ。

ゆうか：算数の授業でいろいろな立体について学習したね。竹を円柱とみると，この資料のかど松の竹は，円柱を，ななめにまっすぐ切断した立体とみることができるわね。（**図2**）

けんた：この立体（**図2**）は，真横から見ると台形，真上から見ると円に見えるね。授業では円柱の体積を求めたけれど，この立体の体積も求めることができないかな。

ゆうか：この立体で底面にあたる部分から，切断してできる面に向かって垂直（すい）にはかったとき，一番低いところまでの長さが40cm，一番高いところまでの長さが60cmとして考えてみましょう。

けんた：底面の円の直径は８cmとして考えよう。円周率を3.14とすれば求めることができるかな。わかった。この立体の体積は［　　］cm^3だね。

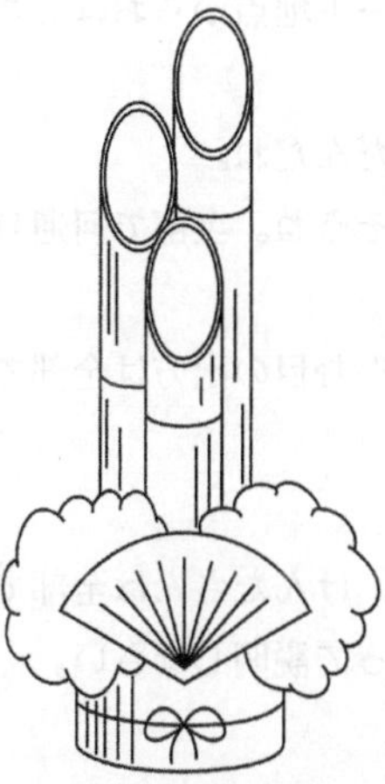

図1　けんたさんが見ているかど松の資料

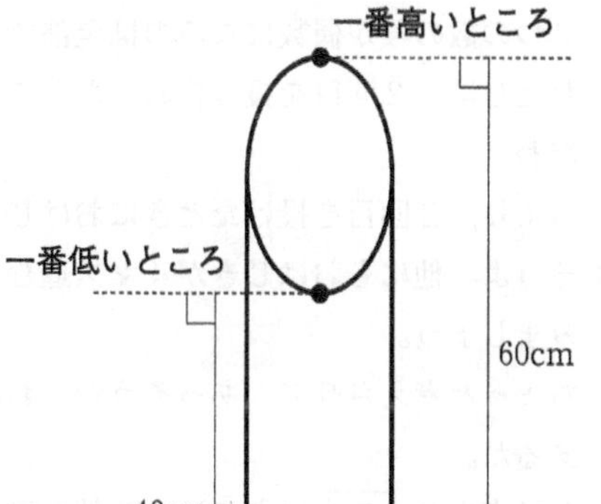

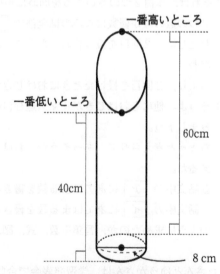

図2　二人が考えている立体

問題　会話文中の［　　］にあてはまる数を書きなさい。

2 けんたさんとゆうかさんは，学習発表会の昼休みに行われているすごろくゲームに参加しています。会場には，次のような「すごろくゲームのルール」が書いてありました。

すごろくゲームのルール
赤白２つのさいころ（それぞれの面に１から６までの目がついている）を同時に投げて，それぞれの出た目の数を見て，次のようにおはじきを進めます。 ○ 赤白２つのさいころの目の積が偶数(ぐうすう)のときは，**出た目の和**だけ進む。 ○ 赤白２つのさいころの目の積が奇数(きすう)のときは，**出た目の差**だけ進む。 （ただし，大きい数から小さい数を引く。また，同じ奇数の目が出たときは進めない。）

図 すごろくゲームのルール

ゆうか：じゃあ，さっそくやってみましょうよ。

けんた：さて，何と何の目が出たかな。あっ，赤いさいころは出た目が６で，白いさいころは出た目が３だったよ。

ゆうか：それなら，さいころの目の積が偶数だから，おはじきは出た目の和の９マス進めるわね。次は，わたしね。

けんた：何と何の目が出たかな。

ゆうか：わたしは，赤いさいころは出た目が５で，白いさいころは出た目が３だったわ。

けんた：それなら，おはじきは２マス進むことができるね。

ゆうか：このゲームのルールでは，おはじきは出た目の２つの数の和の分だけ進むことが多いわ。

けんた：それは，赤白２つのさいころを同時に投げたときの目の出方は全部で36通りで，出た目の２つの数の積が偶数になるのは全部で［ア］通りあるからじゃないかな。

ゆうか：わたしは，２回目を投げ終わったところだけど，スタート地点からおはじきが６マス進んだわ。

けんた：つまり，２回目を投げたときにおはじきが４マス進んだんだね。

ゆうか：そうよ。他にもおはじきが４マス進む目の出方はありそうね。全部で何通りあるか考えてみましょう。

けんた：ちょっと考えさせて。あっそうか，おはじきが４マス進む目の出方は全部で［イ］通りあるね。

問題１ 会話文中の［ア］にあてはまる数を書きなさい。

問題２ 会話文中の［イ］にあてはまる数を書きなさい。また，けんたさんは全部で何通りあるのかをどのように求めたのか，言葉や数，式，図，表などを使って説明しなさい。

3 けんたさんとゆうかさんは，学習発表会で合唱発表の会場となる体育館に向かいました。二人は，体育館の窓(まど)ガラスに色セロハンをはって，かざり付けをする係でした。下の会話は，かざり付けをしていたときの会話です。

けんた：係の打ち合わせでは，まず「上と下の２段(だん)に分けて，それぞれの段に同じ大きさの長方形の色セロハンをはっていく。」ということに決まったね。

ゆうか：そうね。それから「上の段は左から１枚(まい)ずつ赤，黄，青，緑の順にはり，それをくり返していく。」ということも決めたわ。

けんた：そう。それと「下の段は左から１枚ずつ白，赤，青の順にはり，それをくり返していく。」ということにしたね。

ゆうか：待って。そうすると，例えば左から３番目は，上も下も青になってしまうわ。同じ列の上下には，ちがう色の色セロハンをはる方がいいと思うけど。

けんた：そうだね。じゃあ，「色が上下同じになるところだけ，下の段の色をむらさきに変える。」というルールにしてみるとどうかな。

ゆうか：それはいいわね。そうすれば，上下が同じ色にならなくて済(す)むわ。

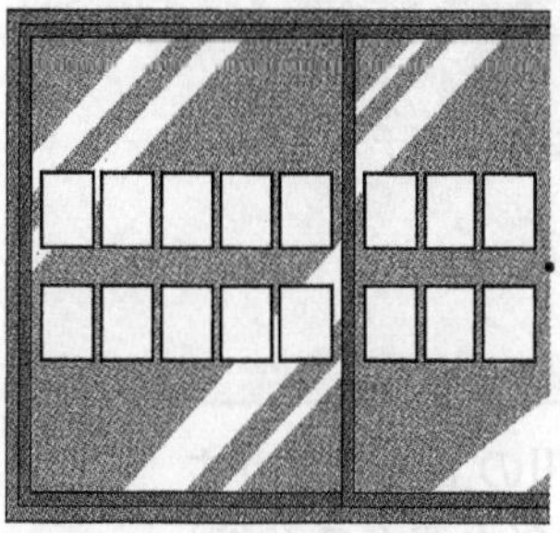

図１　窓ガラスに色セロハンをはったイメージ

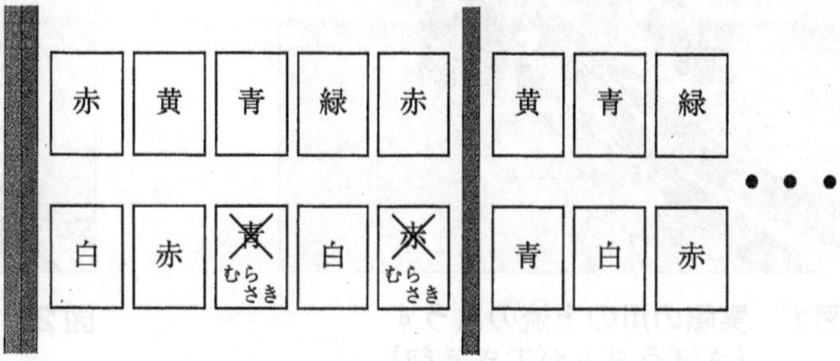

図２　図１を拡大(かく)したようす

問題１　左から17番目の上下の色セロハンは，それぞれ何色(なにいろ)になるか答えなさい。

ゆうか：ためしに色セロハンをはってみたら，もう少し色に変化がほしいと思って「上の段，下の段それぞれで，左から３番目，６番目，９番目，…のところは，上下の色を入れかえる。」ということにしたのだけれど，どうかしら。

けんた：わかった。入れかえてみるね。
入れかえてみたら，今度は左右で同じ色になるところが出てきたよ。

ゆうか：そうね。じゃあ，「左右で同じ色になるところは，右の方をピンクに変える。」というルールにしてみるというのはどうかしら。

けんた：そうだね，そうしよう。

問題２　左から３番目，６番目，９番目，…のように３つごとに上下を入れかえた場合，左から100番目までにピンクの色セロハンを全部で何枚はることになりますか。

その枚数を書き，どのように求めたのかを言葉や数，式，図，表などを使って説明しなさい。

4　けんたさんとゆうかさんたちは，校外学習で川の上流にあるキャンプ場に行きました。近くのさぼうダムを見て，先生と話をしています。

先　生：ゆうかさん，理科の時間に土でゆるい坂をつくり，流れのみぞをつけて水を流し，小さな川の流れをつくって流れる水のはたらきを調べましたね。そのとき，一度に流れる水の量をふやして水を流したらどのようになりましたか。

ゆうか：岸や底が深くけずられ，たくさんの土がおし流されました。

先　生：そうでした。実際の川の上流（図１）で，そのような土や石が，下流に一度に流れるのをふせぐようにしたのが，さぼうダム（図２）です。

ゆうか：たしかに，さぼうダムがあると，さぼうダムの上流側に土や石がたまり，下流へは流れにくくなりそうです。

図１　実際の川の上流のようす（さぼうダムができる前）

図２　実際の川の上流のようす（さぼうダムができた後）

けんた：でも，さぼうダムが土や石でいっぱいになったら，下流に土や石が流れてしまうのではないですか。

先　生：それでも，さぼうダムがあることで，さぼうダムが土や石でいっぱいになっても，土や石は下流に流れにくくなりますよ。

問題　さぼうダムが土や石でいっぱいになっても，下流に土や石が流れにくくなるのはなぜですか。その理由を，さぼうダムの上流側で起こる流れる水の速さの変化と流れる水のはたらきの変化をもとに説明しなさい。

５　けんたさんは，鉄心に同じ長さのエナメル線を同じ向きに巻いて，50回巻きと100回巻きのコイルを作りました（図１）。そのとき，あまったエナメル線は工作用紙に巻いておきました。次に，水平な机の上で図２のような回路を作りました。図２のア，イの □ の部分には，次のページの

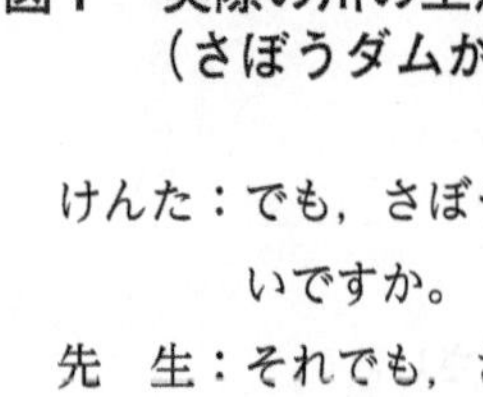

図１　コイルを作るようす

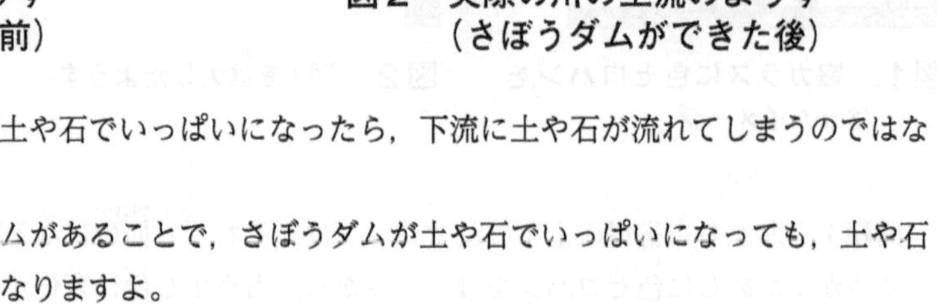

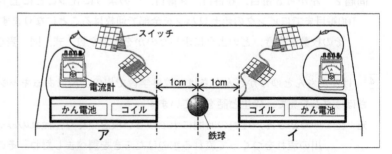

図２　電磁石の強さを調べるようす

図３で示した３通りの**コイルとかん電池の組み合わせ**のどれかが１つずつ入り，それぞれスイッチ，電流計とつながっています。また，鉄球の中心はそれぞれのコイルから１㎝ずつはなれています。

そして，２つの回路に同時に電流を流して，鉄球が引きつけられるようすをもとに，電磁(じ)石の強さを調べました。また，かん電池はすべて新しいものを使っています。

・50 回巻きのコイルとかん電池１個	**・100回巻きのコイルとかん電池１個**
・100回巻きのコイルとかん電池２個	

図３　コイルとかん電池の組み合わせ

ゆうか：けんたさん，理科室で先生と何をしていたの。

けんた：前のページの図２のような方法で電磁石の強さを調べていたんだ。

ゆうか：そうなんだ。それで，どんな結果になったの。

けんた：図３で示した３通りの**コイルとかん電池の組み合わせ**を①，②，③とするね。このとき，**図２のア**が①，**イ**が②のとき鉄球は**ア**の方向に引きつけられ，**ア**が②，**イ**が③のとき鉄球は**イ**の方向に引きつけられたよ。また，**ア**が①，**イ**が③のとき鉄球は**イ**の方向に引きつけられたよ。

問題１　①～③の**コイルとかん電池の組み合わせ**を，解答用紙の（　）にあてはまる数字を書いて答えなさい。

けんた：ゆうかさんに①，②，③の**コイルとかん電池の組み合わせ**を教えるから実験してみてよ。

ゆうか：わかったわ。

あれ，けんたさんと同じ結果にならなかったわ。

問題２　ゆうかさんが電磁石の強さを調べた時には，けんたさんとどこか１つ条件がちがったため，けんたさんの結果と同じにはならず，鉄球が動かなかったものができてしまいました。鉄球が動かなかったのは，どれとどれですか。解答用紙の（　）にあてはまる数字を書き，そう考えた理由も説明しなさい。

6　けんたさんとゆうかさんは，先生と理科室で食塩，ホウ酸，ミョウバンについて話をしています。

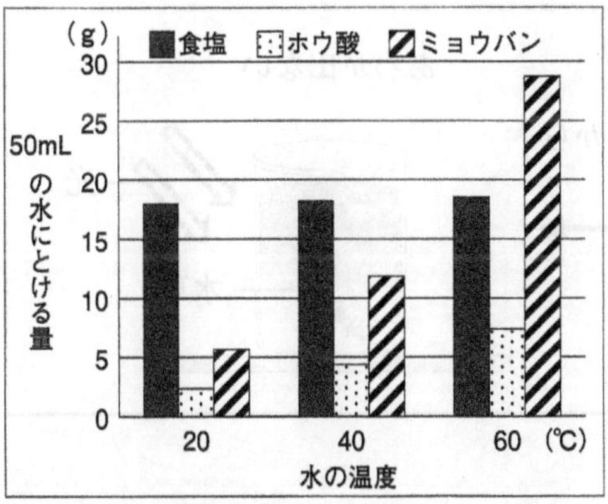

図１　水の温度と50mLの水にとけるそれぞれのものの量

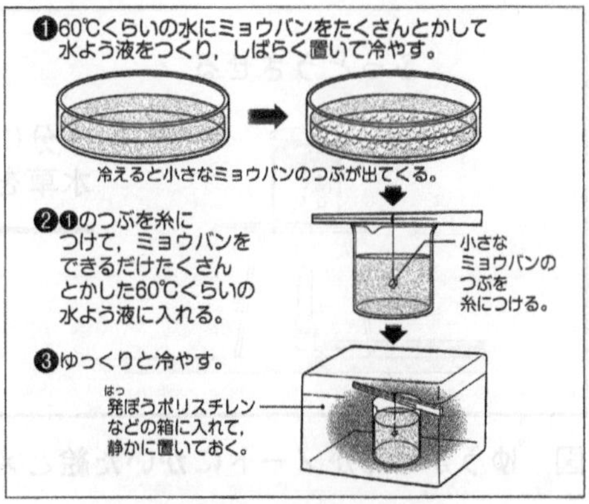

図２　大きなミョウバンの結しょうのつくり方の説明書

先　生：決まった量の水にとけるものの量は，ちがいましたね。

ゆうか：そうですね。ものが水にとける量は，水の温度によってもちがいました。前のページの図1には，水の温度と50mLの水にとけるそれぞれのものの量が，示されています。

先　生：こちらに大きなミョウバンの※結しょうのつくり方の説明書（前のページの図2）があります。これと同じ方法で，大きな食塩やホウ酸の結しょうをつくることができるかどうか，ためしてみませんか。

けんた：ぼくは，食塩でためしてみるから，ゆうかさんは，ホウ酸でためしてみてよ。

※結しょう　規則正しい形をしたつぶ。

問題1　けんたさんは，食塩を使って，図2の説明書にあるように実験してみました。しかし，ミョウバンの結しょうほど食塩の結しょうは大きくなりませんでした。図1をもとに，その理由を説明しなさい。

ゆうかさんは，ホウ酸を使って，図2の説明書にあるように実験し，ビーカーの中のようすを観察しました。

ゆうか：糸につけたホウ酸の結しょうのほかに，ビーカーの底にホウ酸の結しょうが出てきたわ。

けんた：ろ過をして，とりのぞいてみようよ。折ったろ紙を，ろうとにはめて，水でぬらしておくね。

問題2　図3はゆうかさんがろ過をしているようすです。ゆうかさんのろ過のしかたには正しくないところが2つあります。それぞれどのように直したらよいですか。容器や器具の名前を使って説明しなさい。

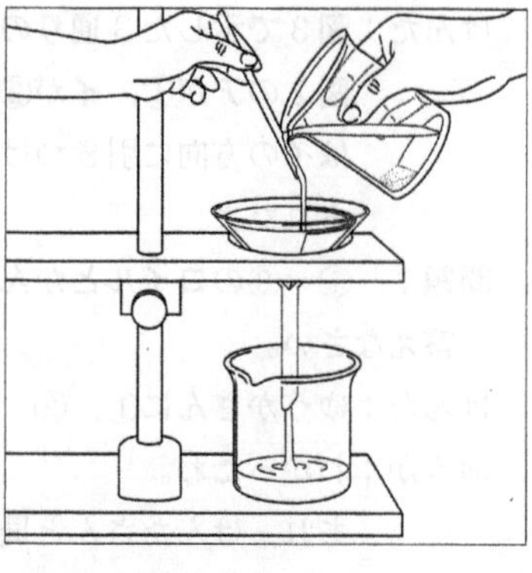

図3　ゆうかさんのろ過のしかた

7　ゆうかさんは，夏休みの自由研究で，昔の植物学者が取り組んだ実験について調べました。その実験に興味をもったので，けんたさんといっしょに実験をしようと考えました。けんたさんとゆうかさんは，ゆうかさんがノートにかいた絵とメモ（図）を見ながら話をしています。

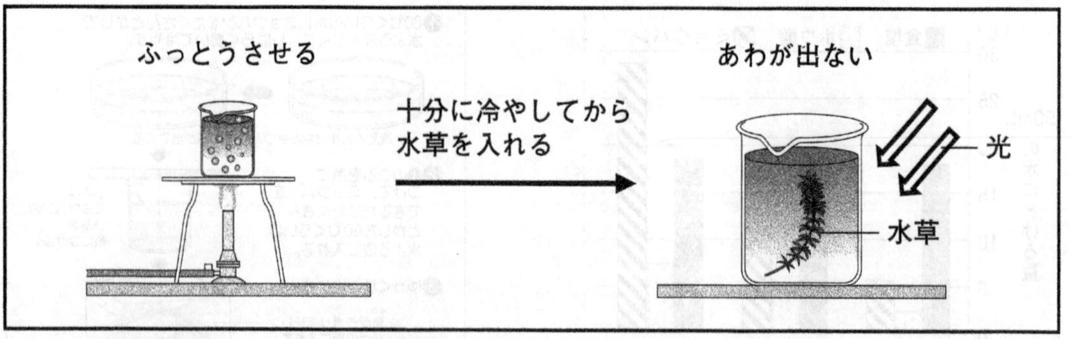

図　ゆうかさんがノートにかいた絵とメモ

ゆうか：植物学者は，「植物は，二酸化炭素がないと酸素を出さないが，二酸化炭素があると酸素を出すはたらきがある。」とまとめているの。

けんた：植物学者のまとめが正しいか，実験して確かめてみようよ。
ゆうか：そうね。植物学者は，ふっとうさせて冷やした水に水草を入れているわ。
けんた：どうして水をふっとうさせているのかな。
ゆうか：それは，［ア］ためよ。
けんた：「あわが出ない。」という結果になっているけれど，このあわは何という気体かな。
ゆうか：それは酸素よ。
けんた：ノートの実験だけでは，植物学者と同じまとめにならないと思うけど。
ゆうか：それなら「［イ］」という実験をして，あわが出るか確かめればいいわ。
けんた：そうすれば，植物学者のまとめが正しいとわかるね。じゃあ，ストローで息をふきこんだ水を用意するね。
ゆうか：けんたさん，人の息では，正しく実験できないわ。

問題1　会話文の［ア］に入る，水をふっとうさせる理由を書きなさい。また，ゆうかさんが考えた実験方法を，会話文の［イ］に入るように書きなさい。

問題2　ゆうかさんが人の息だと正しく実験できないと考えた理由を書きなさい。

【適性検査Ⅱ】（45分）　＜満点：100点＞

1　今年９月に，「第74回国民体育大会」，「第19回全国障害者スポーツ大会」（「いきいき茨城ゆめ国体」，「いきいき茨城ゆめ大会」）が開さいされます。そこで，ひろしさんとけいこさんは，茨城県や自分たちの身の回りのことについて調べました。

ひろし：今年は全国の人たちが茨城県に来てくれるんだよね。

けいこ：ぜひ，全国の人たちに茨城県のよさを知ってもらいたいわね。

ひろし：茨城県にはおいしい食べ物がたくさんあるのも，よさの一つだよ。

けいこ：特に野菜やくだものづくりがさかんだよね。

ひろし：それでは茨城県の農業について調べてみよう。

問題１　茨城県には全国１～３位の産出額をほこる農産物がたくさんあり，農業がさかんです。一方で，茨城県の農業には課題もあります。**資料１**と**資料２**をもとに読み取れる課題を書きなさい。また，今後の茨城県の農業を支えていくためには，どのような取組が考えられますか。**資料３**①～③のどれか一つを使って読み取れることをもとに書きなさい。

資料１　茨城県の農業従事者数の移りかわり

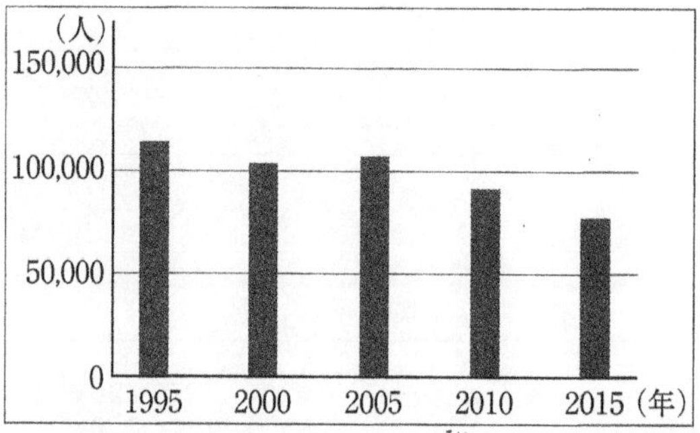

（農林水産省「農林業センサス　累年統計」より作成）

資料２　茨城県の農業従事者数にしめる65さい以上の割合

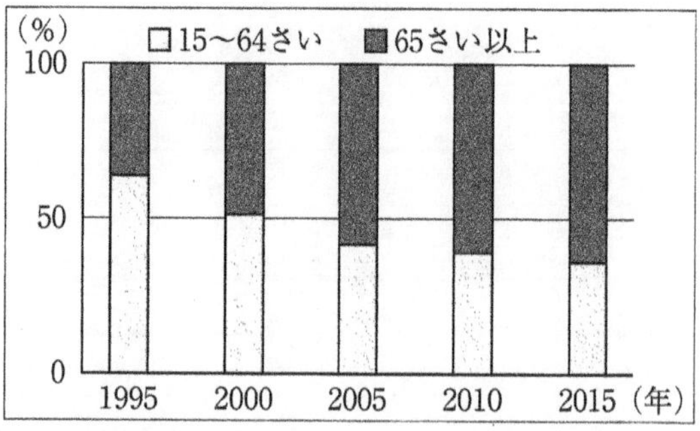

（農林水産省「農林業センサス　累年統計」より作成）

※従事者　仕事についている人のこと　※累年　何年にもわたること

資料３

①先進農家への派けん実習

（茨城県立農業大学校「平成31年度入学生募集学校案内」より）

②無人で動くトラクター

（農研機構より）

③県の農産物を用いた商品

ひろし：「いきいき茨城ゆめ国体」，「いきいき茨城ゆめ大会」の応えんなどに来る人たちに，安心して楽しんでもらいたいね。

けいこ：そのためには，わたしたちのまちが安心・安全なまちでないといけないわね。

ひろし：ぼくたちのまちでは，安心・安全な暮らしを守るために，消防署や警察署，市役所の人たちが，活動しているよね。

けいこ：活動しているのは，消防署や警察署，市役所の人たちだけなのかな。

ひろし：そういえば，おじいちゃんは防犯パトロールを行っているよ。それから，ぼくもこのあいだ地域の防災訓練に参加したよ。

けいこ：わたしは，学校で地域安全マップを作ったり，家族で防災会議を開いたりしたわよ。

ひろし：ぼくたちは，日ごろからどんなことを考えておくことが大切なのかな。

問題２　安心・安全な暮らしを守るために，自分たちはどのような意識をもつことが大切だと考えられますか。資料４～資料７から読み取れることをもとに書きなさい。

資料４　防犯パトロールのようす

（埼玉県都市整備部都市計画課
「防犯に配慮したまちづくり実践事例集」より）

※配慮　心を配ること

資料５　地域で行っている防災訓練

（京都市消防局「自主防災会防災訓練活動事例集」より）

資料６　わたしたちが学校で作った危険な場所と安全な場所を示す地域安全マップ

資料７　家族防災会議で話し合うこと

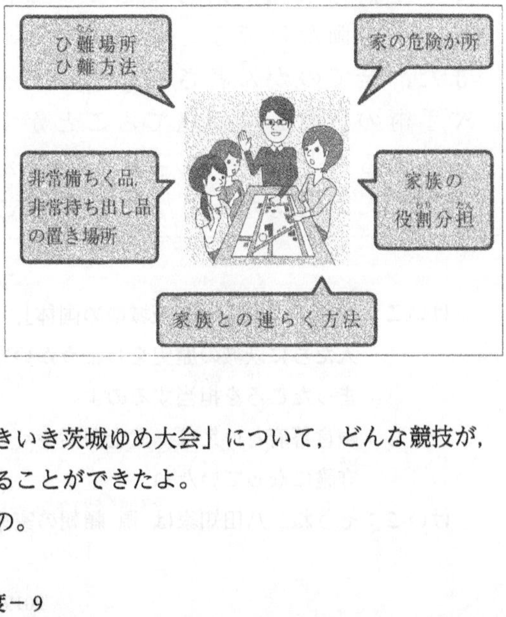

けいこ：今年の「いきいき茨城ゆめ国体」，「いきいき茨城ゆめ大会」について，どんな競技が，いつ，どこで行われるかくわしく調べることができたよ。

ひろし：ぼくも知りたいな。どうやって調べたの。

けいこ：インターネットを使うとすぐに調べられるわね。

ひろし：そうなんだ。インターネットってとても便利だね。

けいこ：でも，インターネットなどの情報を活用するときには，気をつけないといけないこともあるわよ。

ひろし：そうか。それじゃあ，ぼくたちは情報をあつかうとき，どのようなことに気をつければいいのかな。

問題３　情報化が進むことは，わたしたちの生活に大きなえいきょうをあたえています。情報化が進むことの良い点と活用するときに注意すべき点を，**資料８～資料10**から読み取れることをもとに書きなさい。

資料８　タブレット型のパソコンを使って情報を調べるようす

（東京書籍「新編新しい社会５下」より）

資料９「茨城県防災情報メール」で配信されるおもな情報

○たつ巻注意情報
○地しん・つ波情報
○土しゃ災害警かい情報
・
・
○ひ難関連情報　　　ほか

資料10　病院ではたらく医師の話

病院では，紙のカルテを電子カルテにかえ，病院内のどの場所でもかん者さんの個人情報を共有できるようにしました。電子カルテに情報を入力すると，医師だけでなく看護師なども情報をいち早く知ることができます。また，全てのかん者さんのデータをすばやく処理できるので，医師が検査や手術の計画を早く立てることができるようになりました。電子カルテを活用することで，かん者さんを待たせず，病状やけがの具合を分かりやすく説明し，適切な治りょうを行うことができるようになりました。

けいこ：今年の「いきいき茨城ゆめ国体」，「いきいき茨城ゆめ大会」にいらっしゃる姉妹都市の人たちに茨城の歴史をしょうかいすることになったの。わたしたちの班は鎌倉幕府が始まったころを担当するのよ。

ひろし：鎌倉幕府といえば，武士が活やくしたよね。当時の常陸国では，八田知家という武士が守護になっていたね。

けいこ：そうね。八田知家は源頼朝の家来になった武士だったわよね。

ひろし：八田知家のように，当時の武士たちはどうして頼朝の家来になったんだろうね。

※常陸国　現在の茨城県の大部分をしめる地域の昔の国名。（県の西南部は下総国）

※八田知家　源頼朝に味方し，頼朝に敵対する勢力と戦い，手がらが認められ常陸国の守護となった。

問題４　多くの武士たちが，源頼朝の家来として集まったのはどのような理由が考えられますか。**資料11**～**資料13**からそれぞれ読み取れることをもとに，頼朝が行ったことにふれて，90字以上100字以内で書きなさい。その際「領地」という言葉を使って，「，」や「。」も１字に数え，文字に誤りがないようにしなさい。

資料11　先生の話

鎌倉幕府が始まる前から，武士たちは常に戦いに備えて，武芸の訓練や武器の手入れにはげんでいました。やがて平氏一族は，朝ていの中で強い力をもち，政治を思うままに動かすようになりました。そして，たくさんの土地を支配し栄えました。そんな平氏に対し，貴族や武士たちの間では不満が高まりました。源頼朝が1180年に平氏をたおそうと兵をあげると，新しいかしらを求めて，武士たちが次々に集まりました。源氏は1185年に壇ノ浦で平氏をほろぼし，各地に守護・地頭を置きました。頼朝は，その後，東北地方を平定し，1192年に朝ていから征夷大将軍に任じられました。

資料12　幕府と武士の関係

資料13　当時の武士が大切にしていた考え「一所懸命」

領地は，武士にとって一族の生活がかかった大切なもので，武士は，命をかけて守りました。また，戦いの場で手がらを立てて恩賞を得るために，武士は命がけではたらきました。

２　ひろしさんたちの学級では，国語の時間に，グループの中でおすすめの本のしょうかいをしています。ひろしさんは，けいこさんとあきらさんに天体写真家の林完次さんが書いた本のしょうかいをしています。

ひろし：筆者の林さんは，月や星などの天体の写真をさつえいする人です。この本には，長野県と山梨県にまたがる「八ヶ岳」という山に，ハレーすい星の写真をとりにいった時の体験が書いてあります。

けいこ：ハレーすい星って，76年に一度太陽に近づくすい星ですよね。

ひろし：そうです。今から，印象に残った場面を読みます。筆者がハレーすい星の写真をとるために，望遠鏡を準備しようとした場面です。

望遠鏡をセットするわけですが，あとはボルトを一本しめれば完りょうというときに，かんじんのボルトがどこをさがしてもなかったのです。車の中をすみずみまでさがしても，見つかりませんでした。

「うわ，困(こま)ったな」と思ってるうちに，日も暮(く)れてきて，ふと見ると，ハレーすい星がすでに向こうの空に見えています。はりつめた気持ちがにわかにゆるみ，がっくりきました。せっかく八ヶ岳まで来て，このまま何もとらずに帰るのもしゃくだなあと思いました。

とにかくふ通のカメラとふ通の三きゃくはあったので，これだけでもとって帰ろう。

76年に一度の世紀の天文ショーをとりにきたのに，小さなカメラでスナップ写真をとるしかなかったのですから，すっかり打ちひしがれて帰りました。

ところが現像してみたら，この写真がとてもよかったのです。

天体写真としてどうかといえば，ふ通のカメラでとりましたからハレーすい星は小さいし，はく力もありません。

だけど，山々と星空がいっしょに写っているせいで，すごく※1臨(りん)場感がありました。

もし，ボルトを忘(わす)れることがなかったら，こういう写真はとらなかったでしょう。いつも通り，ハレーすい星をアップした，いわゆる天体写真をとっていたはずです。

それは天体写真というよりは，景色があって，星空がある風景写真でしたが，それを見て，ぼくは思いだしたのです。はるか昔，自分がそういう写真ばかりとっていたことを。

はじめてカメラを手にした小学生のころ，まずとったのは夕焼けの写真でした。暮れなずむ空にうかぶ三日月と※2宵(よい)の明星(みょうじょう)。この美しさをどうにかしてとりたいと思って夢中でシャッターを切ったこと。あれこそがぼくの原点でした。

銀河や※3星雲だけをアップでとるのなら，極たんな言いかたをすれば，だれがさつえいしても，同じようにしか写りません。いかにハッキリ写っているか，精度をきそうだけでしょう。でも，景色を入れたこの写真は，ぼくだけの世界です。ぼくはこのときはじめて自分がとりたい世界がわかった気がしました。

ハレーすい星がちっちゃく写った一枚(まい)の写真は，自分の目ざすべき道を教えてくれたのです。

※1　臨場感　現場にのぞんでいるような感じ。

※2　宵の明星　日が暮れてから間もない時の金星。　※3　星雲　雲のように見える天体。

（林完次「星の声に，耳をすませて」による。）

ひろし：この文章で，筆者が読者に伝えたいことは，「失敗しても，あきらめないでほしい。」ということだと思いました。

あきら：なるほど。でも，筆者の文章をよく読んでいくと，「あきらめないで」ということだけではなく，もっと深いことを言っているのではないかと思います。

けいこ：確かにそうですね。「それを見て，ぼくは思いだしたのです。」という言葉にもあるように，筆者は，あきらめずに写真をとったからこそ気が付いたことがあったのだと思います。

先　生：けいこさんは，筆者が読者に伝えたいことはどんなことだと思いますか。

けいこ：筆者が伝えたいことは，[　　　　]ということだと思います。

ひろし：なるほど。そういう考え方もありますね。他の人が失敗についてどう考えるか，もっと別の文章も読んでみたいです。

先　生：**資料１**は，有名な人が失敗をどう考えるかについての言葉です。**資料１**も参考にして，読みたい本を探(さが)してみましょう。

資料１　失敗をどう考えるかについての言葉

A「わたしは決して失望などしない。どんな失敗も新たな一歩となるから。」（エジソン：発明家）
B「一度も失敗したことがない人は，何も新しいことにちょう戦したことがない人である。」（アインシュタイン：物理学者）
C「失敗して負けてしまったら，その理由を考えて反省してください。必ず，将来(しょうらい)の役に立つと思います。」（イチロー：野球選手）

問題１　会話が成り立つように，［　］に入る内容を書きなさい。

［　］には，この文章で筆者が伝えたかったことを，40字以上50字以内で書きなさい。ただし，「，」も１字に数え，文字に誤(あやま)りがないようにしなさい。

問題２　**資料１**のA～Cの中から，あなたが最もよいと思う言葉を選び，解答用紙に記号で答えなさい。また，選んだ理由を体験や具体例を入れて，100字以上120字以内で書きなさい。ただし，「，」や「。」も１字に数え，文字に誤りがないようにしなさい。

3　ひろしさんたちの通う西小学校では，学校のマスコットキャラクターを決めることになりました。ひろしさんたちの学級では，マスコットキャラクターにしたい動物について話し合っています。次のページの**資料１**は，マスコットキャラクターの条件です。次のページの**資料２**～**資料４**は，ひろしさんたちの小学校全学年で行ったアンケートの結果です。

司　会：茨城県教育委員会のマスコットキャラクターはふれあちゃんです。このマスコットキャラクターは人とのふれあいを大切にするという特ちょうがあります。ふれあちゃんを参考にして西小学校のマスコットキャラクターを考えましょう。**資料１**～**資料４**を見て，みなさんの意見を発表してください。

しょう：ぼくは，にぎやかなイメージから，あいさつとおしゃべりの好きな犬のマスコットキャラクターを提案します。あいさつがよくできる学校のよいところも生かせます。

ゆうと：**資料２**からも，犬を好きな人がたくさんいるので，ぼくも犬に賛成です。

ま　き：わたしは，うさぎのマスコットキャラクターがおすすめです。かろやかにはねるうさぎにすると，なわとびがさかんなことを伝えられると思います。

司　会：マスコットキャラクターがいることで，学校生活がますます楽しくなりそうですね。何人かの意見が出ましたが，他の意見がある人は発言してください。

ひろし：ぼくは，［　　　　　　］。

問題　あなたがひろしさんだったらどのように発言しますか。［　］に入る内容を書きなさい。

［　］には**資料１**～**資料４**をもとに，マスコットキャラクターにしたい動物と，そのように考えた理由を述べなさい。ただし，話をしているような表現で書くこと。

資料１　マスコットキャラクターの条件

みんなが親しめるものであること。	学校のよいところが伝わること。

資料２　好きな動物調べ

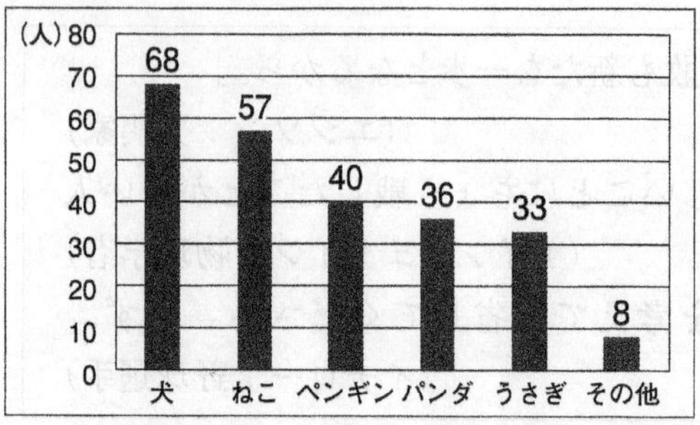

資料３　みんながもっている動物のイメージ

犬	にぎやか，活発，働き者
ねこ	きれい好き，素早い，気まぐれ
ペンギン	礼ぎ正しい，助け合って暮らしている，冷静
パンダ	人なつこい，かわいい，落ち着いている
うさぎ	かろやか，やさしい，仲良し

資料４　わたしたちの学校のよいところ

・なわとびがさかん。
・行事のときに団結力がある。
・あいさつがよくできる。
・そうじをがんばっている。
・地域の方との交流が多い。

【参考】

名前：ふれあちゃん
特ちょう：人とのふれあいを大切にします。
〈茨城県教育委員会のマスコットキャラクター〉

2019 年 度

解 答 と 解 説

＜茨城県立中学校　適性検査Ⅰ解答例＞

1 問題　2512(cm^3)

2 問題1　27(通り)

問題2　3(通り)

説明　(その1)4マス進むときの進み方を，差が4になる場合と和が4になる場合に分けて考える。

まず，差が4になる場合は6－2と5－1の2通りあるが，6と2の積は偶数なので，6－2という式はこのすごろくゲームのルールにはあてはまらない。

次に，和が4になる場合は1＋3と2＋2の2通りあるが，1と3の積は奇数なので，1＋3という式はこのすごろくゲームのルールにはあてはまらない。

よって，4マス進む場合は，

赤いさいころの目が5，白いさいころの目が1

赤いさいころの目が1，白いさいころの目が5

赤いさいころの目が2，白いさいころの目が2

であり，3通りとなる。

(その2)出た目の数と進むマスの数のすべてを表にすると下のようになる。

	1	2	3	4	5	6
1	0	3	2	5	④	7
2	3	④	5	6	7	8
3	2	5	0	7	2	9
4	5	6	7	8	9	10
5	④	7	2	9	0	11
6	7	8	9	10	11	12

この表から，4マス進む場合は(赤，白)＝(1，5)(2，2)(5，1)であることがわかる。

よって，3通りとなる。

(その3)出た目の数と進むマスの数を樹形図にすると次のようになる。

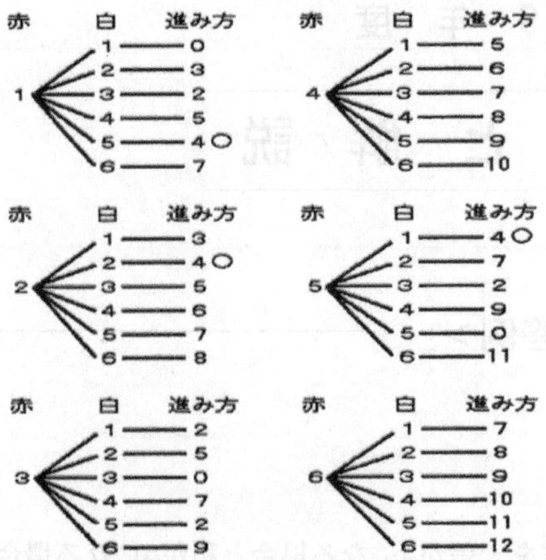

この樹形図から，4マス進む場合は(赤，白)＝(1，5)(2，2)(5，1)であることがわかる。

よって，3通りとなる。

3 **問題1** **上の段** 赤　**下の段** むらさき

問題2 24(枚)

説明 左から12番目までは次のようになる。(「む」はむらさき，「ピ」はピンク)

上段：赤，黄，む，緑，赤，青，ピ，緑，青，黄，青，ピ

下段：白，赤，青，白，む，黄，白，赤，ピ，白，赤，緑

つまり，4と3の最小公倍数の12番目までが1つのセットとなり，13番目からは1番目からと同じ色をくりかえすことになる。

100÷12＝8あまり4より，100番目までに8回くり返されることがわかる。

このとき，97～100番目は1～4番目と同じだから，ピンクをはるところはないことは明らかである。

12番目までにピンクをはるのは3枚であるので，3×8＝24より，24枚のピンクの色セロハンをはることになる。

4 **問題** さぼうダムの上流側では，たまった土や石によって，川のかたむきがゆるやかになり，流れる水の速さがおそくなる。そのため，川底や川岸をしん食するはたらきや土や石を運ぱんするはたらきが小さくなるため，さぼうダムの下流に土や石が流れにくくなる。

5 **問題1** ①：100(回巻きのコイルとかん電池)1(個)

②：50(回巻きのコイルとかん電池)1(個)

③：100(回巻きのコイルとかん電池)2(個)

問題2 100(回巻きのコイルとかん電池)1(個と)100(回巻きのコイルとかん電池)2(個)

理由 コイルの巻き数と電流の大きさが同じとき，電磁石は強さが同じになる。3通りの組み合わせの中で，コイルの巻き数と電流の大きさが同じになるのは，どちらも100回巻きのコイルで，かん電池1個とかん電池2個の並列つなぎのときである。このとき，どちらの電磁石も同じ強さになるため，鉄球が動かなくなる。

6 **問題1** ミョウバンは温度によって水にとける量が大きく変わるが，食塩はあまり変わらない。そのため，それぞれを高い温度の水にできるだけたくさんとかした後，それらの水よう液の温度を下げると，ミョウバンはたくさん出てくるのに対し，食塩は

ほとんど出てこない。よって，食塩の結しょうは大きくならない。

問題2　ガラスぼうの先をろ紙にあてる。
ろうとの先をビーカーの内側につける。

7　問題1　ア　水にとけている気体を出す(ためよ。)
イ　ふっとうさせて冷やした水に，二酸化炭素をとかす。その水に，水草を入れ，光のあたる場所に置いておく。

問題2　人の息には，二酸化炭素のほかに酸素なども入っているため，二酸化炭素があるから酸素が出たとはいえなくなるから。

○配点○

1　問題　10点　2　問題1　5点　問題2　数値5点　説明10点　3　問題1　完答5点　問題2　数値5点　説明10点　4　問題　12点　5　問題1　完答5点　問題2　7点　6　問題1　7点　問題2　各3点×2　7　問題1　ア4点　イ5点　問題2　4点　計100点

＜適性検査Ⅰ解説＞

1　(算数：かど松の体積)

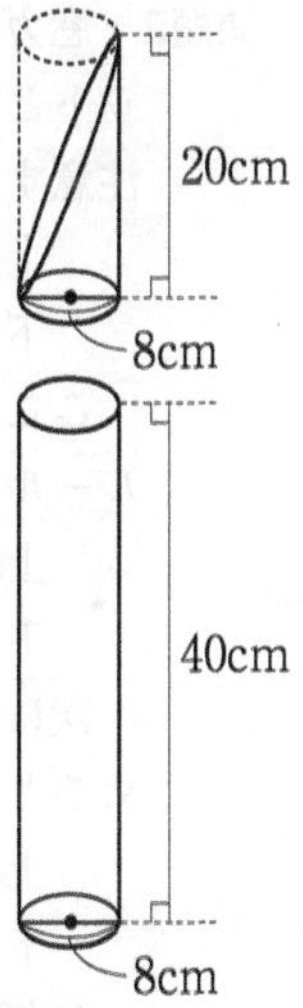

問題　図よりかど松の体積は，底面が直径8cmの円で高さが40cmの円柱と，底面が直径8cmの円で高さが20cmの円柱を二つに平等に分けた形の2つに分けることができる。

円柱の体積は，

$(4\times4\times3.14)\times40=2009.6(\mathrm{cm}^3)$

先の部分の体積は，

$(4\times4\times3.14)\times20\div2=502.4(\mathrm{cm}^3)$

よって，かど松の体積は，

$2009.6+502.4=2512(\mathrm{cm}^3)$

となる。

2　(算数：場合の数)

問題1　出た目の2つの数の積が奇数になるのは，(奇数)×(奇数)の組み合わせのみである。1，3，5の数字が2つ出る場合は，(赤，白)＝(1，1)(1，3)(1，5)(3，1)(3，3)(3，5)(5，1)(5，3)(5，5)であるので，9通り。また，2つの数の積は偶数か奇数にしかならない。赤白2つのさいころを同時に投げたときの目の出方は全部で右の図の36通りなので，出た目の2つの数の積が偶数になるのは，36－9＝27(通り)となる。

	1	2	3	4	5	6
1	0	3	2	5	4	7
2	3	4	5	6	7	8
3	2	5	0	7	2	9
4	5	6	7	8	9	10
5	4	7	2	9	0	11
6	7	8	9	10	11	12

問題2　おはじきの2つの積が偶数のときは和を，奇数のときは差を計算することに注意する。おはじきが4マス進むとき，出た目の2つの和が4になる場合と2つの差が4になる場合があるので，2＋2＝4，1＋3＝4，5－1＝4，6－2＝4があげられる。(2，2)は2つの積が偶数なので2＋2＝4の和を求める計算をすることができる。(1，3)は2つの積が奇数なので1＋3＝4の和を

求める計算することができない。(1，5)は2つの積が奇数なので5−1＝4の差を求める計算をすることができる。(2，6)は2つの積が偶数なので6−2＝4の差を求める計算をすることができない。よって，このすごろくゲームのルールにあてはまる計算は5−1＝4，2＋2＝4であるため，(赤，白)＝(1，5)(2，2)(5，1)の3通りである。

3 (算数：ならべ方，規則性)

問題1 窓ガラスの上の段は，左から1枚ずつ赤，黄，青，緑の順にセロハンをはる。この繰り返しは(赤黄青緑)(赤黄青緑)…のように4つが1つのセットとなっている。よって，17÷4＝4あまり1より，左から17番目の上の段のセロハンは赤色である。

次に窓ガラスの下の段は，左から1枚ずつ白，赤，青の順にセロハンをはる。この繰り返しは(白赤青)(白赤青)…のように3つが1つのセットとなっている。よって17÷3＝5あまり2より，17番目は赤色のセロハンをはることになる。そうすると，左から17番目の上下の段のセロハンはどちらも赤色になってしまうので，「色が上下同じになるところだけ，下の段の色をむらさきに変える。」というルールより，左から17番目の下の段のセロハンはむらさき色になる。

問題2 窓ガラスの上の段の繰り返しは4つが1つのセットで，下の段の繰り返しは3つが1つのセットとなっているので，4と3の最小公倍数の12番目までが1つのセットとなっていることに注意する。12番目までを並べてみると下のようになる。(「む」はむらさき，「ピ」はピンク)

上段：赤，黄，青，緑，赤，黄，青，緑，赤，黄，青，緑
下段：白，赤，む，白，む，青，白，赤，青，白，赤，青

ここで「左から3番目，6番目，9番目，…のところは，上下の色を入れかえる。」というルールを当てはめると下のようになる。

上段：赤，黄，む，緑，赤，青，青，緑，青，黄，青，青
下段：白，赤，青，白，む，黄，白，赤，赤，白，赤，緑

次に「左右で同じ色になるところは，右の方をピンクに変える。」というルールを当てはめると，下のようになる。

上段：赤，黄，む，緑，赤，青，ピ，緑，青，黄，青，ピ
下段：白，赤，青，白，む，黄，白，赤，ピ，白，赤，緑

12番目までの中にピンクのセロハンが3枚あることから，100÷12＝8あまり4より，左から4番目までにピンクのセロハンはないので，3×8＝24より，24枚である。

基本 4 (理科：さぼうダムのしくみ)

問題 さぼうダムの上流側に土や石がたまっていっぱいになっても，下流に流れていってしまわないのは，川のかたむきがゆるやかになって水の速さがおそくなるからである。しん食や運ぱんのはたらきが弱まるため，たまった土や石は流れにくい。

5 (理科：コイルとかん電池による電磁石の強さ)

問題1 コイルの巻き数が多いほど，また電流の大きさが大きいほど電磁石の強さは大きくなる。つまり，電磁石の強さは「100回巻きのコイルとかん電池2個」＞「100回巻きのコイルとかん電池1個」＞「50回巻きのコイルとかん電池1個」となる。また，3通りの結果から，電磁石の強さは①＞②，③＞②，③＞①であることがわかるので，③＞①＞②の順に電磁石の強さは大きくなる。

問題2　2つの同じかん電池が並列につながれているとき，かん電池を1つ使用した場合とコイルを流れる電流の大きさは変わらない。また，コイルの巻き数と電流の大きさが同じとき，電磁石の強さが同じになる。コイルの巻き数が一致しているのは，（100回巻きのコイル，かん電池1個）の組み合わせと，（100回巻きのコイル，かん電池2個）の組み合わせである。

基本　**6**　**（理科：結しょうの水へのとけ方とろ過）**

問題1　温度によって水にとける量は食塩，ミョウバンで大きく違うことに注意する。食塩は温度が変わっても水にとける量があまり変わらない。

問題2　ガラス棒をろ紙につけずに流し込むと，液体が勢いよく出てしまうことがある。ろうとの先をビーカーの内側につけることで，出てくる液体が飛びはねることを防いでいる。

7　**（理科：植物を用いた実験）**

問題1　ア「植物は二酸化炭素があると酸素を出すはたらきがある」ことを実験するため，水に二酸化炭素のみをとけさせるために，最初に水にとけていた気体を出す必要がある。

イ　ふっとうさせることで水にとけていた気体を出す。十分に冷やしたあと二酸化炭素をとかし，水草を入れて光を当てることで，植物が二酸化炭素によって酸素を出すはたらきがあるか実験することができる。

問題2　最初から酸素が入っていると，二酸化炭素が酸素を出したことは確認できない。

★ワンポイントアドバイス★

算数・理科とも出題範囲は幅広く出ており，説明をともなった問題が多い。問題を解くときには，自分だけにしか分からない書き方ではなく，ていねいにわかりやすく書けるようにしよう。

＜適性検査Ⅱ解答例＞

1　問題1　（資料1と資料2をもとに読み取れる課題）

農業を行う人は減ってきていて，高れい者の割合が高くなってきている。

（考えられる取組）

（資料3①より）

若者が農業を学ぶとき，新しい技術を身につけることができるようにする。

（資料3②より）

新しい機械を活用することで，人手が少なくても，効率よく農作業を行えるようにする。

（資料3③より）

県の農産物を用いて魅力ある商品を開発し，農産物の売り上げをのばすようにする。

問題2　安心・安全な暮らしを守るために，地域でたがいに協力したり，共に助け合ったりすることや，自分の安全は自分で守るという，防犯や防災の意識をもつことが大切だと考える。

問題3 情報化が進むことで，知りたい情報をすぐ手に入れることができるようになった。しかし，情報には正しくないものがふくまれていることもあるので，必要な情報を選たくする必要がある。

問題4 平氏の政治への不満が高まる中，頼朝(よりとも)にしたがって戦えば領地の所有を認(みと)めてもらえたうえ，手がらを立てれば新しい領地をあたえられた。そこで領地を守ることに命をかけていた武士たちは頼朝の家来になった。

2 **問題1** 失敗しても，今自分にできることをがんばれば，やがて自分が目指すべき大切なものに気付くこともできる(ということだと思います。)

問題2 A～Cいずれを選んでも可

(Aを選んだ場合)

わたしは，ピアノのコンクールで失敗し，くやしい思いをしたことがあります。あきらめずに練習方法を見直し，次は満足できる演奏(そう)ができました。この経験からどんな失敗もあきらめないで新しく一歩をふみ出すことが大切だと考えAの言葉を選びました。

3 **問題** ねこがよいと思います。ねこは，好きな動物調べでもたくさんの人が選んでいるので，みんなが親しめると思ったからです。ねこのきれい好きなイメージを生かすと，そうじをがんばっているという学校のよいところを伝えることができます。

○配点○

1 問題1 読み取れる課題：5点 考えられる取組：10点 問題2 問題4 各10点×2
問題3 15点 2 問題1 10点 問題2 20点 3 問題 20点 計100点

＜適性検査Ⅱ解説＞

1 **(社会：茨城県の農業についての取り組み，防犯・防災，鎌倉幕府の封建制度)**

基本 **問題1** (資料1と資料2をもとに読み取れる課題)

資料1をみると，茨城県の農業従事者数は1995年が最も多く，2005年からは年々減っていることがわかる。また，**資料2**からは65さい以上の割合が年々増え，2005年からは50％をこえていることがわかる。

(考えられる取組)

資料3①では，先進農家へ若者が派けんされ農家の人から農業を学んでいるようすがみられ，新しい農業従事者の育成に取組んでいることがわかる。②からは，無人で動くトラクターの活用によって人手不足を補う取組が考えられる。③には，「そばパスタ」や「そば米」といった，地元の農産物が消費につながるよう工夫した商品が見られる。①から③の中から目的が読み取りやすいものを選んで答えるとよい。

問題2 **資料4**や**資料5**からは，地域の人が日ごろから助け合いの意識をもって，安全なまちづくりや防災に取組んでいることがわかる。また，**資料6**や**資料7**からは，自分で危険な場所をはあくしてさけたり，災害が起きたときの自分の役割や集合場所を確認しておいたりといった自分の身を守る行動が考えられる。

問題3 **資料8～10**からはほしい情報をすぐに調べることができる点，大事な情報をすばやく共有し活用できる点が良い点として読み取れる。注意すべき点は資料に直接書かれてはいないが，多くの情報が発信される状況により正しい情報を自分で見極める必要性があることが考えられる。

問題4 **資料11**から武士たちが平氏の政治に不満をもっていたこと，平氏を滅ぼしたあと源氏によって全国に守護・地頭が置かれたことがわかる。**資料12**からは，征夷大将軍にしたがってはたらくことでご恩が得られることがわかり，**資料13**からは当時の武士にとって領地がとても大事なものであったことがわかる。以上のことから，自分の領地を守りつつさらに新しい領地を得るために武士たちが頼朝に仕えたと考えられる。

2 （国語：文章や人物の言葉から読み取る）

問題1 「ハレーすい星がちっちゃく写った一枚の写真は，自分の目ざすべき道を教えてくれたのです。」という文に着目すると，あきらめないで行動することで失敗から新たに得られるものがあると伝えていることがわかる。

問題2 自分の体験や具体例を必ず入れなければならないので，具体例や経験が思いつきやすいものを選ぶとよい。3つとも失敗が次に生きることをいっているが，Aは失敗しても失望しないこと，Bは失敗をおそれずちょう戦すること，Cは失敗をしっかり見つめることを重視している。この違いに注目して答えることが必要だ。

(Bを選んだ場合の例)

わたしは，体育の授業で新しい鉄ぼうの技を練習しました。はじめはうまく回れないまま落ちることが何度もありましたが，ちょう戦し続けたことでできる技がふえました。このように失敗をおそれずちょう戦し続けるしせいが大事だと思い，Bを選びました。

(Cを選んだ場合の例)

わたしは，失敗をしっかり見つめて次に生かすことが大事だと思います。例えば，サッカーの試合で負けてしまったとき，なぜ負けたのかを反省しなければ悪いところを直して次の試合で勝つことはできません。このように考え，Cの言葉を選びました。

3 （総合：説得力のある意見を述べる）

問題 **資料1**にあるマスコットキャラクターの条件と**資料2～4**のアンケート結果をふまえて書く必要がある。自分が学校のどんなよいところを伝えたいのか，動物のどんなイメージを活用したいのかを具体的に述べるようにする。ねこ以外の動物を選んだ場合，次のような内容を入れた文を考えるとよい。

犬の場合

活発，働き物というイメージから，運動やそうじをがんばるようすが伝えられる。

ペンギンの場合

礼ぎ正しい，助け合って暮らしているというイメージから，団結力があるところや地域の方との交流が多いところを伝えられる。

パンダの場合

人なつこいイメージから，あいさつや地域の方との交流がよくできていることを伝えられる。

うさぎの場合

やさしい，仲良しなイメージから，行事のときに団結力があることや地域の方との交流があることが伝えられる。

問題文にもあるように「話しているような表現で書くこと」に注意する。

★ワンポイントアドバイス★

いくつかの資料を参考に答える問題が多いので，それぞれの資料を組み合わせてどのような状況が想定できるかを考えよう。

平成30年度

★★★★★★★★★★★★★★★★★★★★★★★

入　試　問　題

平成30年度

茨城県立中学校・中等教育学校入試問題

【適性検査Ⅰ】（45分）　＜満点：100点＞

1　ゆうかさんは，お父さんとスーパーマーケットで買い物をしています。そこでビニールに包まれたトイレットペーパーの包みを持っているけんたさんと会いました。

ゆうか：こんにちは，けんたさん。大きな包みね。

けんた：お母さんにたのまれてトイレットペーパーを買いに来たんだ。１段に６個，それが３段重なって入っているから，大きくて持つのが大変だよ。

ゆうか：確かに大変そうね。その包みを上から見たときのまわりの長さ（図の太線）は何cmくらいになるのかしら。

けんた：トイレットペーパーの底面の円は，直径が12cmくらいだと聞いたことがあるよ。

ゆうか：１個のトイレットペーパーを円柱と考え，底面の直径を12cm，円周率を3.14として求めてみましょう。ビニールの厚さは考えなくていいわよね。

けんた：そうだね。ビニールによってトイレットペーパーの形が変わらないとすると…。わかった。この包みを上から見たときのまわりの長さは □ cmだね。

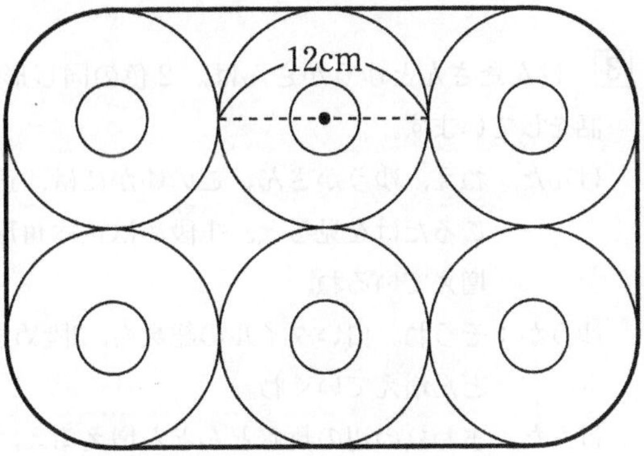

図　包みを上から見たときのようす

問題　会話文中の □ にあてはまる数を書きなさい。

2　けんたさんとゆうかさんは，次のページのクリーニング店のポスターを見て話をしています。

けんた：ねえ，ゆうかさん。このクリーニング店では，会員になるとクリーニング代が**サービス①**のように通常価格から割引きされて，とてもお得なんだよ。

ゆうか：でも，年会費が500円もかかるのよ。本当にお得なのかしら。

けんた：**サービス②**を見て。「会員の方の誕生日がある月は，全品クリーニング代が通常価格の60％になります。」と書いてあるよ。会員になると絶対にお得だよ。うちではお母さんが会員になっているよ。

ゆうか：けんたさんのおうちでは，このお店をどれくらい利用しているの。

けんた：去年は，お母さんが３月と９月にシャツを □ 枚ずつ出しただけだよ。お母さんは９月生まれだから，9月は**サービス②**を利用したんだ。

ゆうか：待って…。計算するとけんたさんのおうちの場合，去年１年間にかかった金額は会員でも会員でなくても同じよ。

けんた：えっ，そうなの。

クリーニング　会員サービス　**年会費500円**

サービス①　通常価格から割引き！

品物	通常価格（1品あたり）	割引き
シャツ	100円	10％引き
ズボン	250円	5％引き
コート	1000円	5％引き

サービス②

誕生日がある月は特別価格！

会員の方の誕生日がある月は，全品クリーニング代が通常価格の60％になります。

※サービス①とサービス②は同時に利用できません。

図　クリーニング店のポスター

問題　会話文中の □ にあてはまる数を書きなさい。また，その求め方を，言葉や数，式，図，表などを使って説明しなさい。

3　けんたさんとゆうかさんは，2色の同じ形のタイルで，すきまなくしきつめられたゆかを見て話をしています。

けんた：ねえ，ゆうかさん。このゆかには，正六角形のタイルが使われているね。白いタイルのところだけを見ると，1段(だん)めは正六角形が1枚(まい)，2段めは2枚，3段めは3枚と，1枚ずつ増えているね。

ゆうか：そうね。白いタイルの総数も，2段めまでのときは3枚，3段めまでのときは6枚と，どんどん増えていくわ。

けんた：まわりの辺の数もどんどん増えるよ。2段めまでのときは12本あるね。10段めまでのときは何本あるのかな。

ゆうか：ちょっと待って…。わかった。10段めまでのときは □ 本だわ。

けんた：本当だ。段の数とまわりの辺の数には関係があるんだね。タイルとタイルがくっついているところの辺の数はどうなのかな。2枚のタイルがくっついているところの辺は1本と数えることにしよう。

ゆうか：そうすると，タイルとタイルがくっついているところの辺の数は，2段めまでのときは3本，3段めまでのときは9本あるわね。この白いタイルは20段あるから…。

けんた：簡単(かん)に求める方法はないかな。

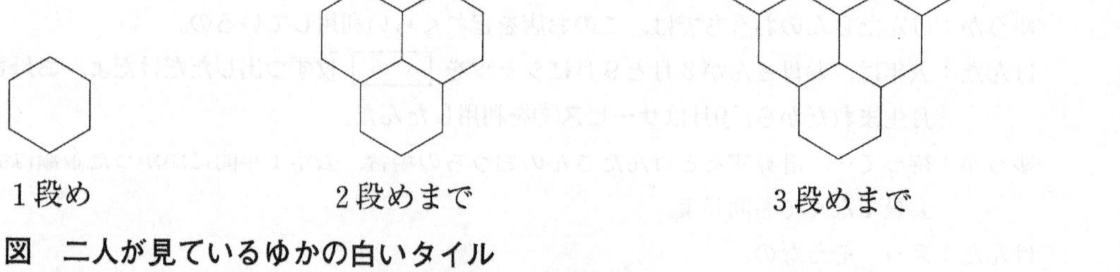

1段め　　2段めまで　　3段めまで

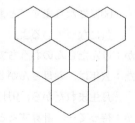

図　二人が見ているゆかの白いタイル

問題１　会話文中の □ にあてはまる数を書きなさい。

問題２　20段めまでのときの，タイルとタイルがくっついているところの辺の数は何本ですか。その数を書き，どのように求めたのかを言葉や数，式，図，表などを使って説明しなさい。

4　けんたさんとゆうかさんは，**生き物のカード**を使って話し合っています。

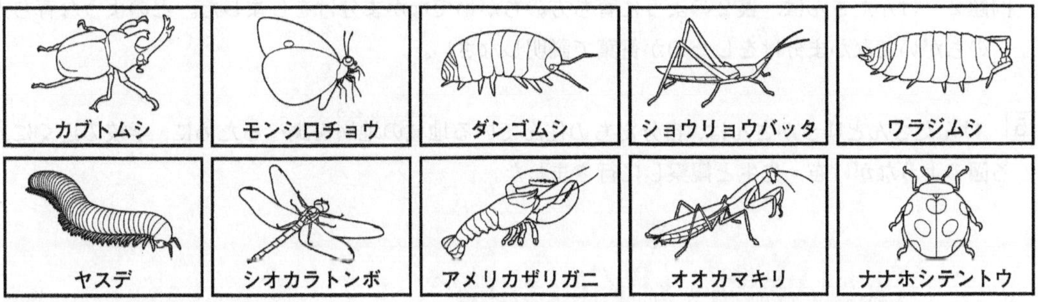

図１　生き物のカード

ゆうか：これらのカードにかいてある生き物をなかま分けできないかな。

けんた：そうだね。水の中にたまごを産むかどうかで分けられるよ。食べ物のちがいでも分けられるよ。植物を食べるものと，動物を食べるものとに分けられるね。

ゆうか：わたしは，**表１**のようにＡのなかまとＢのなかまに分けたよ。

けんた：ちょっと待って…。**クロオオアリ**と**クモ**のカードもあるけど，ＡとＢのどちらのなかまになるのかな。

ゆうか：わたしのなかま分けでは，**クロオオアリ**はＡだけど，**クモ**はどちらか分かるかな。

表１　ゆうかさんのなかま分け

Ａ	カブトムシ，モンシロチョウ，ショウリョウバッタ，シオカラトンボ，オオカマキリ，ナナホシテントウ
Ｂ	ダンゴムシ，ワラジムシ，ヤスデ，アメリカザリガニ

問題１　**図２**の**クモ**はＡ，Ｂのどちらのなかまになりますか。また，なぜそのように考えたのか言葉で説明しなさい。

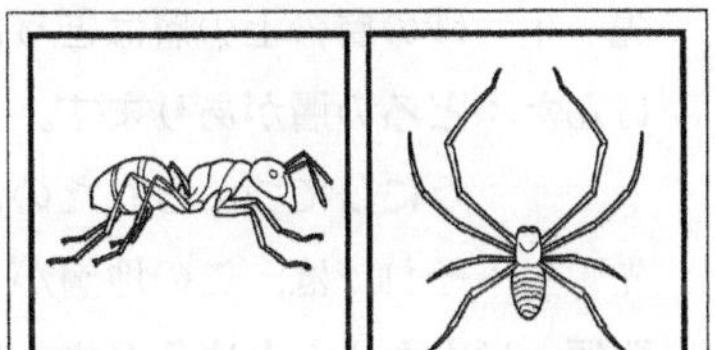

図２　クロオオアリとクモのカード

けんた：ぼくは，最初にゆうかさんが分けた**表１**のＡをさらに育ち方のちがいで，ＣのなかまとＤのなかまに分けたよ。

表2　けんたさんのなかま分け

C	カブトムシ，モンシロチョウ，ナナホシテントウ
D	ショウリョウバッタ，シオカラトンボ，オオカマキリ

ゆうか：すごい。さらに細かくなかま分けできるんだね。

問題2　けんたさんは，**表2**のように育ち方のちがいでなかま分けをしました。どのような育ち方のちがいでなかま分けをしたのか言葉で説明しなさい。

5　けんたさんとゆうかさんは，自分たちの住んでいる地域（ちいき）の地層（ちそう）を調べるために，学校の近くにある**図**のようながけを，先生と観察しに行きました。

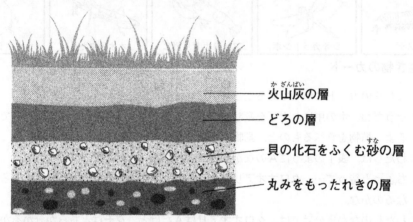

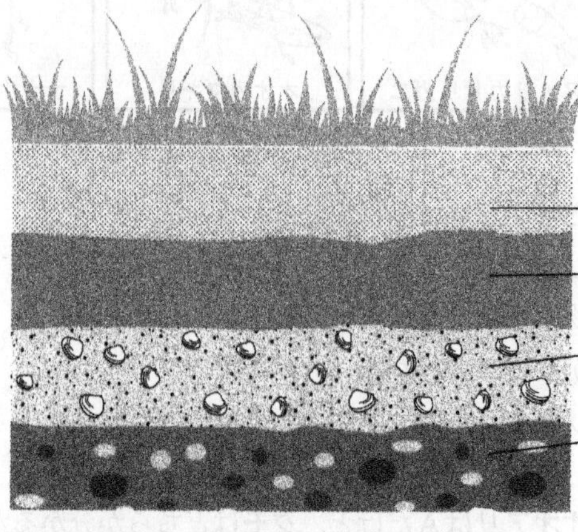

図　学校の近くにあるがけのようす

けんた：先生，がけにしまもようが見えますね。近くで観察してもいいですか。
先　生：気を付けて，下の層から観察してみましょう。
ゆうか：きれいな地層ね。どうして丸みをもったれきがあるのかな。
けんた：砂の層には貝の化石が入っているよ。昔はどんな所だったのかな。
先　生：砂の層の上の層はどうなっていますか。
けんた：どろの層があります。どろの層の上には火山灰の層があります。このがけの地層はどのようにしてつくられたのかな。
先　生：それでは，この地層がどのようにしてつくられたのかを考えてみましょう。

問題　けんたさんとゆうかさんは，この地層がどのようにしてつくられたのかを，地層にふくまれているものを手がかりにして下のように考えました。［ア］～［エ］にあてはまる言葉や文を書きなさい。

けんたさんとゆうかさんの考え

丸みをもったれきは［　ア　］でき，たい積した。貝の化石をふくむ層から，この地域は，昔は［イ］だったと考えられる。その後，地層が［　ウ　］，陸地になったと考えられる。一番上に火山灰の層があることから，近くで［　エ　］と考えられる。

6 けんたさんとゆうかさんは，科学クラブの時間に，理科室で，ムラサキキャベツ液を利用した実験をしようとしています。

けんた：はじめに，カード全体に，はけでムラサキキャベツ液をぬって，かわかすんだ。その後に，文字を書くんだよ。

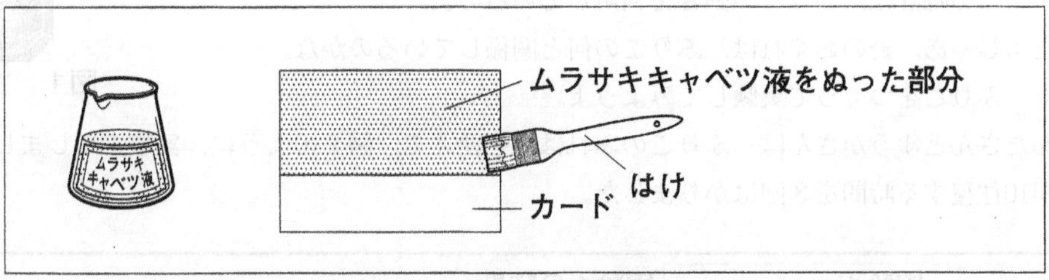

図1　カード全体に，はけでムラサキキャベツ液をぬっているようす

ゆうか：ムラサキキャベツ液がかわいて，カード全体がむらさき色になったわ。ここに，理科室にある４つの液体（炭酸水，石灰水（せっかいすい），レモンのしる，アンモニア水）を使って，それぞれ，筆で文字を書くのね。そうすると，文字を書いた部分の色が変わるのね。

液体が混ざらないようにするために，１枚（まい）のカードには，1つの液体だけで書くことにするわ。

けんた：すごい。文字を書いたところの色が変わったよ。

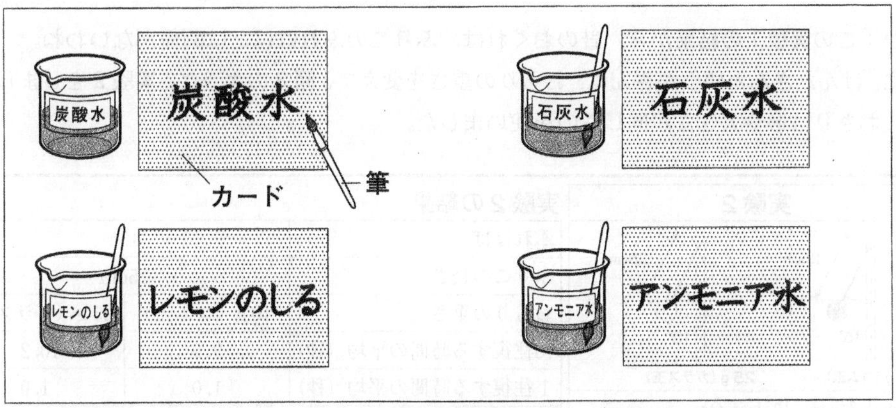

図2　けんたさんとゆうかさんが４つの液体でカードに書いた文字

次の日，けんたさんとゆうかさんは，登校したあと，昨日文字を書いたカードを理科室に取りに行きました。

ゆうか：あれ，カードに書いた文字が消えているものがあるわ。

けんた：本当だ。どうしてだろう。

問題　文字を書くために使った４つの液体のうち，カードに書いた文字が消えてしまった液体はどれか，すべて書きなさい。また，文字が消えてしまった理由を言葉で説明しなさい。

7 けんたさんとゆうかさんが通う学校のげん関には，**図１**のような大きな古時計があります。

図１　古時計

けんた：古時計の針(はり)が，またおくれてきたよ。
　　　　この前，教頭先生が時計の針を進めたのにどうしてかな。

ゆうか：この時計は，ふりこの動きを利用しているのよ。

けんた：じゃあ，針のおくれは，ふりこの何と関係しているのかな。
　　　　ふりこをつくって実験してみようよ。

けんたさんとゆうかさんは，ふりこのふれはばを変えて，**図２**のように，**実験１**をしました。ふりこが10往復する時間を３回はかりました。

実験１

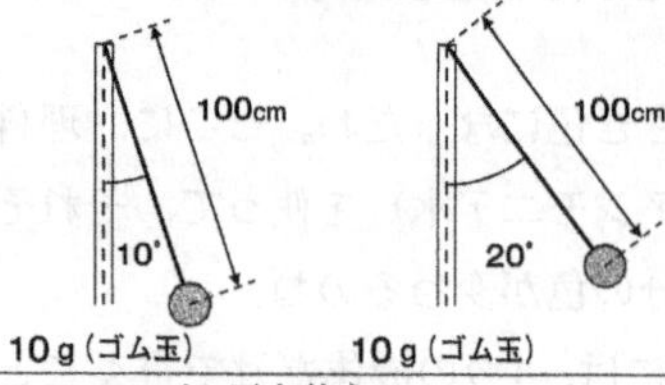

・10ｇのゴム玉を使う。
・ふりこの長さは，100cmにする。
・ふれはばは，10°と20°にする。

実験１の結果

おもりの重さ	10ｇ（ゴム玉）	
ふりこの長さ	100cm	
ふれはば	10°	20°
10往復する時間の平均（秒）	19.7	19.9
１往復する時間の平均（秒）	2.0	2.0

（結果は小数第２位を四捨五入(ししゃごにゅう)して小数第１位まで書いた。）

図２　けんたさんとゆうかさんが考えた実験１とその結果

ゆうか：この**実験１の結果**から，針のおくれは，ふりこのふれはばとは関係がないわね。

次に，けんたさんとゆうかさんは，おもりの重さを変えて，**図３**のように，**実験２**をしました。ただし，おもりは形や大きさが同じものを使いました。

実験２

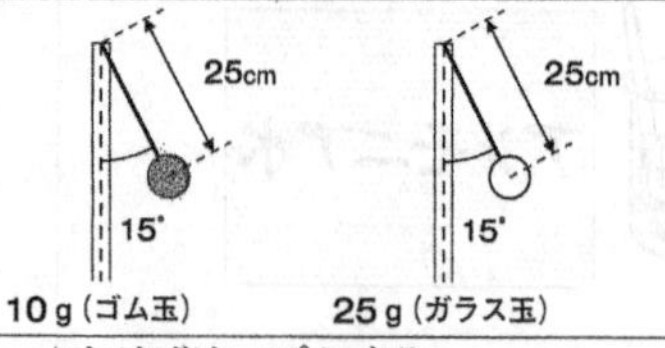

・ふれはばは，15°にする。
・ふりこの長さは，25cmにする。
・10ｇのゴム玉と25ｇのガラス玉を使う。（形，大きさは同じ）

実験２の結果

ふれはば	15°	
ふりこの長さ	25cm	
おもりの重さ	10ｇ（ゴム玉）	25ｇ（ガラス玉）
10往復する時間の平均（秒）	9.9	10.2
１往復する時間の平均（秒）	1.0	1.0

（結果は小数第２位を四捨五入して小数第１位まで書いた。）

図３　けんたさんとゆうかさんが考えた実験２とその結果

けんた：この**実験２の結果**から，針のおくれは，おもりの重さとも関係がないよ。

ゆうか：困(こま)ったわ。大きな古時計の針のおくれは，何と関係しているのか分からないわ。**実験１**や**実験２**で用いた器具や道具で，他に何と関係しているかを調べる実験はあるかしら。

けんた：そうだ。［　　　］を変えて実験をすればいいんだよ。

問題　会話文の［　　］に入る，けんたさんの言葉を書きなさい。また，けんたさんが考えた実験方法を，図や言葉を使ってかきなさい。ただし，図をかく場合は，実際の大きさや長さでなくてよいものとします。

【適性検査Ⅱ】　(45分)　＜満点：100点＞

1　ひろしさんとけいこさんは，新幹線が停車する駅やその周辺のまちの様子について地図を見ながら調べています。

ひろし：日本は，いろいろな地域で新幹線が走っているね。

けいこ：平成28年には，北海道新幹線が開通したよ。北海道に行くまでに，どのような駅があるのかな。

ひろし：北海道に向けて東京駅を出発した新幹線は，東京都を出ると埼玉県の大宮駅に停車するね。

けいこ：大宮駅のあるさいたま市ってどんなまちなのかな。

ひろし：さいたま市では，ごみの処理についていろいろな取り組みをしていると聞いたことがあるよ。さいたま市のインターネットを使ったサービスを利用すれば，携帯電話やパソコンなどから，ごみの分別方法や収集日がすぐに確かめられるそうだよ（**資料１**）。

けいこ：さいたま市のごみについての取り組みをくわしく調べてみよう。

問題１　さいたま市では，どのような目的でごみの分別を進めていると考えられますか。**資料１～資料４**から読み取れることをもとに書きなさい。

資料１　インターネットを使ったサービスの画面

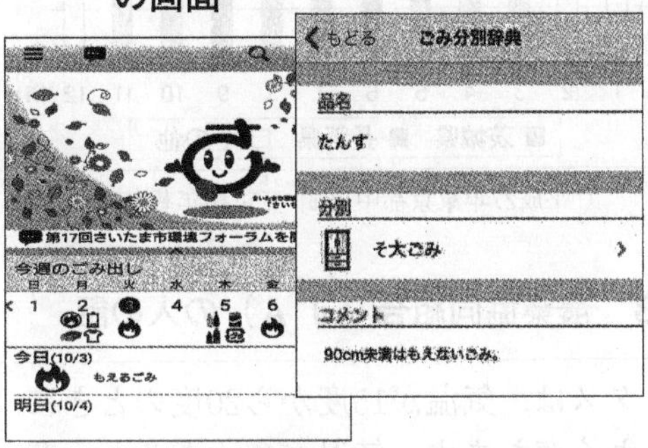

（さいたま市役所ホームページより作成）

資料２　さいたま市のごみの再生利用量

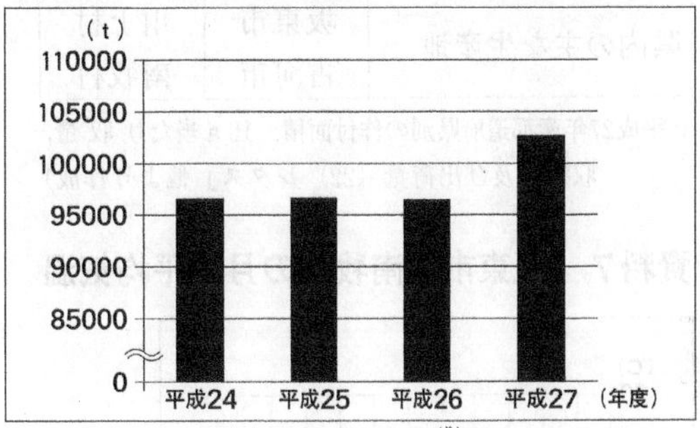

（さいたま市「処理量・資源化実績」より作成）

※再生利用量…出されたごみの中から再び利用した資源の量

資料３　そ大ごみに出された後，修理して使えるようになったたんす

（さいたま市桜環境センターホームページより）

資料４　清そう工場ではたらく人の話

清そう工場では，一日にたくさんのごみを燃やしています。最近は，燃えるごみだけが運ばれてくるようになってきているので，燃やす作業がしやすくなってきました。さらに，燃やした後にできる灰の一部は，道路工事の材料として利用されるようになりました。

ひろし：大宮駅は，長野県を通って石川県に行く北陸新幹線や，群馬県を通って新潟県に行く上越新幹線も停車するよ。

けいこ：長野県には旅行で行ったことがあるわ。八ヶ岳に登ったの。山のすそ野の南牧村と川上村に広がる，標高1200mほどの高原には，レタス畑が広がっていたわ。

ひろし：そういえば，ぼくのおじいさんは茨城県の坂東市に住んでいるんだけど，おじいさんの家の周りやとなりの古河市にもレタス畑がたくさんあるよ。ほら，資料を見てごらん。レタスの出荷量と東京都の市場での取り引き量の順位は，茨城県と長野県が上位をしめているよ（**資料５**）。

けいこ：茨城県と長野県は，はなれているのにどちらもレタスづくりがさかんなんだね。

問題２　茨城県と長野県の，東京都の市場で取り引きされるレタスの量が多い時期を比べると，どのようなことが言えますか。**資料６**から読み取れることをもとに書きなさい。また，長野県でその時期に取り引きされるレタスの量が多くなる理由として，どのようなことが考えられますか。**資料７**と**資料８**から読み取れることをもとに書きなさい。

資料５　茨城県と長野県のレタスづくり

	茨城県	長野県
出荷量（t）	83900	186900
出荷量全国順位	2位	1位
東京都の市場での取り引き量順位（都道府県別）	2位	1位
県内の主な生産地	坂東市 古河市	川上村 南牧村

（「平成27年産都道府県別の作付面積，10a当たり収量，収穫量及び出荷量（22）レタス」他より作成）

資料６　東京都の市場で取り引きされるレタスの量

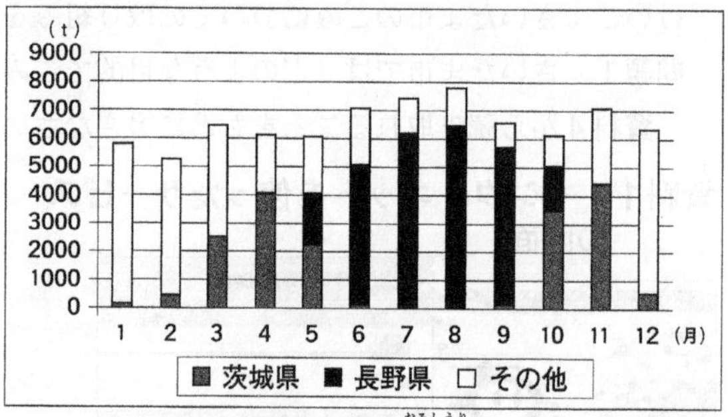

（「平成27年東京都中央卸売市場年報」より作成）

資料７　坂東市と南牧村の月別平均気温

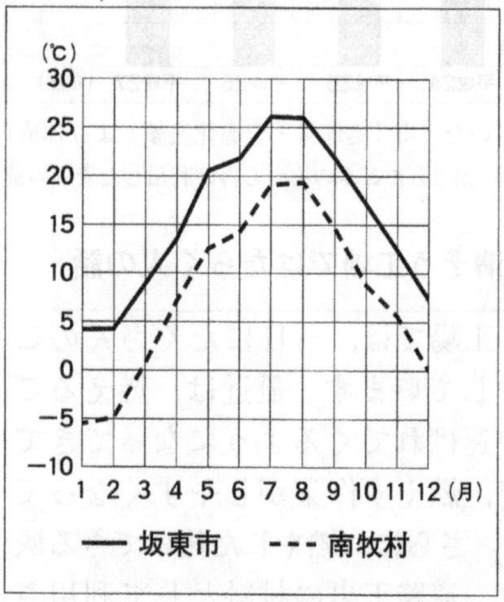

（「平成27年度気象庁資料」他より作成）

資料８　農業協同組合（ＪＡ）の人の話

レタスは，気温が15度から20度のときに最もよく育ちます。気温が高すぎると，葉がじゅう分に育つ前に花のつぼみができてしまいます。そうなると，レタスの葉の生長が止まってしまい，葉が丸くなりません。

（「ＪＡ長野八ヶ岳ホームページ」他より作成）

ひろし：北海道に向かう新幹線は，仙台駅にも停車するんだね。

けいこ：仙台は，江戸時代に仙台藩の城下町として栄えた歴史のあるまちだって聞いたことがあるよ。

ひろし：仙台藩を治めた大名は伊達氏で，江戸時代のはじめのころ，使節をスペインなどへ送ったことがあったそうだね。

けいこ：そうなんだ。でも，江戸幕府は鎖国をしていたと思うんだけど。

ひろし：そうだよね。じゃあ，江戸幕府とスペインなどのヨーロッパの国々との関係について調べてみようよ。

問題３　江戸幕府は，スペインやポルトガルとの関係をどのように変えていきましたか。また，幕府がそのように関係を変えていったのはどのような理由からでしょうか。**資料９～資料12**から読み取れることをもとに書きなさい。

資料９　鎖国までの主なできごと

年	主なできごと
1543	ポルトガルから鉄砲が伝わる
1549	キリスト教が伝わる
1550	ポルトガルとの本格的な貿易が始まる
1584	スペインとの貿易が始まる
1603	徳川家康が江戸幕府を開く
1609	オランダが平戸に商館を開く
1612	キリスト教を禁止する
1624	スペイン船の来航を禁止する
1637	島原・天草一揆が起こる
1639	ポルトガル船の来航を禁止する
1641	オランダ商館を長崎の出島に移す （鎖国の完成）

資料10　けいこさんが調べた資料

スペインやポルトガルから，フランシスコ・ザビエルなどの宣教師がやってきて，西日本を中心にキリスト教を伝えました。

フランシスコ・ザビエル

資料11　ひろしさんが調べた資料

1637年，九州の島原（長崎県）や天草（熊本県）で，キリスト教の信者を中心に３万数千人もの人々が重い年貢の取り立てに反対して一揆を起こしました。幕府は，約12万人の大軍を送り，４か月かけてこの一揆をおさえました。

資料12　先生の話

キリスト教は，神を敬うことを基本としている教えなので，神を信じることが幕府に従うことよりも大切だったようです。人々は神の教えに新せんさを感じ，信者の数が増えていきました。

一方で，幕府は人々を支配するために，支配者である武士の他に，百姓，町人などに身分を分けました。そうすることで，力の差を示し，いろいろな税や役を負担させ，支配を強めていくという考え方だったようです。

ひろし：北海道新幹線は，青函トンネルをぬけて北海道に入ると，いよいよ終点の新函館北斗駅にとう着するね。

けいこ：東京から最短で４時間20分ほどで行けるそうね。

ひろし：そうだね。それに，新函館北斗駅から別の電車に乗りかえると，15分ほどで函館市に行けるそうだよ。

けいこ：函館市ってどんなまちなのかな？

ひろし：函館の港は，開国した時に開かれた港の一つで，早くから外国の文化が入ってきたところだそうだよ。

けいこ：函館市のまちには，どんな特ちょうが見られるのか，調べてみようよ。

問題４　函館市のまちには，**資料13**のような古い建物が残っています。函館市では，まちのよさを守るためにどのような取り組みをしていますか。**資料14**と**資料15**から読み取れることをもとに書きなさい。また，あなたの住む地域（いき）のよさを守るために，あなたができることを書きなさい。解答は，85字以上110字以内で書きなさい。ただし，「,」や「。」も１字に数え，文字に誤（あやま）りがないようにしなさい。

資料13　函館市に残る古い建物

旧函館区公会堂　　太刀川（たちかわ）家住宅（たく）店ぽ

（函館市公式観光情報サイト「はこぶら」より）

資料14　市役所の人の話

外国の文化をいち早く取り入れた函館には，古い洋風の建物が数多く残されています。旧函館区公会堂や太刀川家住宅店ぽはその代表的なものです。これらは,北海道に残る貴（き）重な建物として，文化財に指定されています。

（函館市都市建設部まちづくり景観課「はこだての景観」より作成）

※景観…すばらしいながめ

資料15　函館市のまちづくりの条例（一部）

・歴史的，文化的建物等の保全や整備を進める。
・歴史的に貴重なものを，次の時代に伝え残すように努力する。
・まちの美しさを守るための活動を表しょうするなどして応えんする。

（「函館市都市景観条例」より作成）

※保全…安全であるように守ること

2　けいこさんたちの学級では，国語の授業で敬（けい）語について学習した際に，「敬語を使うのは難（むずか）しい。」という感想がありました。そこで,「敬語を適切に使えるようにするには，どうしたらよいか。」について考えることになり，グループで話し合っています。

さやか：敬語を適切に使えるようにするには，どうしたらよいかについて，意見を言ってください。あきらさんからお願いします。

あきら：敬語は相手に敬意を表す言い方なので，正しい敬語を使うことは，人間関係をよくしていくために大切です。まちがって使うと，相手をいやな気持ちにさせてしまうと思います。尊（そん）敬語とけんじょう語には，使い方が難しい場面があります。だから，どのような場面でどのような敬語を使うかを，本やインターネットできちんと調べておくことが大切だと思います。そうすることで，自信をもって敬語を適切に使うことができると思います。

ひろし：ぼくは，ふだんから敬語を積極的に使うことを心がけています。敬語を使って相手に敬意を表すことで，人との関係もよくなると思うからです。だから，敬語を使う機会をどんどん増やしていくことが大切だと思います。学級で発表するときにはていねい語を使い，先生や身の回りの大人には，尊敬語やけんじょう語を使います。まちがうことを心配せずに積極的に使い，もしまちがった使い方をしていたら，その場で教えてもらうこともできるので，まちがいに気づき，敬語を適切に使えるようになると思います。

さやか：あきらさんとひろしさんの意見を比べると，敬語は相手に敬意を表すから，人間関係をよくしていくために大切という点では共通していますが，［ア］。けいさんは二人の意見をふまえて，どう考えますか。自分の意見を言ってください。

けいこ：私(わたし)は，［イ］。

問題　四人の会話が成り立つように［ア］と［イ］に入る内容を書きなさい。［ア］には，あきらさんとひろしさんの二人の意見のちがいを，「～と～がちがいます。」のように書きなさい。［イ］には，あなたがけいこさんだったら，あきらさんとひろしさんのどちらの意見に近いと考えるかを書きなさい。また，そのように考えた理由を，あなたの体験を入れて具体的に書きなさい。ただし，［ア］と［イ］ともに話をしているような表現で書くこと。

［3］ けいこさんたちの学級では，学級活動の時間に，「話し合い活動で大切なこと」について意見を発表し合うことになりました。けいこさんとひろしさんは，**資料１**と**資料２**を読みながら，発表の準備をしています。

資料１　あなたの学級では，学級会などの時間に友達同士で話し合って学級のきまりなどを決めていると思いますか。

当てはまる	40%
どちらかというと当てはまる	42%
どちらかというと当てはまらない	14%
当てはまらない	4％

資料２　学級会などの話し合い活動で，自分と異(こと)なる意見や少数意見のよさを生かしたり，折り合いをつけたりして話し合い，意見をまとめていますか。

当てはまる	11%
どちらかというと当てはまる	27%
どちらかというと当てはまらない	43%
当てはまらない	19%

けいこ：**資料１**と**資料２**は，私(わたし)たちの学級のアンケート結果よ。この二つの資料を見ると，話し合い活動は十分に行われているけれど，［ア］ということが読み取れるね。

ひろし：**資料２**を読むと，改善(ぜん)すべき点があるね。どうすればよいだろう。

先　生：話し合いについて書かれた，おもしろい新聞記事がありますよ。

資料３　「意見がちがうときがあるのはなぜ？」というテーマについて書かれた新聞記事

　みんなで話し合うと，自分とまったくちがう意見の人がいてびっくりすることがあるね。私は，国語で「ごんぎつね」というお話を読んだとき，最後にごんは「少しほっとした気持ち」になったのではないかと感じたけれど，「とてもくやしい気持ち」になったはずだという意見の友達もいて，なるほどと思ったことがあるよ。読み方がちがうのは，それぞれの人が文章全体のどこに注目したかがちがうからだ。なぜ注目するところがちがうのかはよくわからないけれど，一人一人の心のくせや人生経験がちがうからかもしれない。

　クラスや委員会の話し合いでなかなか意見が合わないのは，それとは別の理由で，それぞれやりたいことや大事なことがちがうからだ。係の仕事をとても大切にしている人もいれば，それよりクラブ活動をがんばりたい人もいる。みんなそれぞれちがう人生を送っているから，意見はちがっている方が当たり前なのかもしれない。

（「毎日小学生新聞」平成29年６月２日より作成）

ひろし：前のページの**資料3**の中では，話し合いで意見がちがうのは，「［　イ　］」と書いてあるね。納得するね。

けいこ：私は，［　ア　］という点を改善するために，前のページの**資料2**と**資料3**から，話し合い活動では，［　ウ　］ことが大切だと思う。

問題　けいこさんとひろしさんの会話が成り立つように［ア］，［イ］，［ウ］に入る内容を書きなさい。**ア**は，50字以上60字以内，**イ**は，15字以上25字以内，**ウ**は，30字以上40字以内で書きなさい。ただし「，」や「。」も１字に数え，文字に誤りがないようにしなさい。また，［ア］にはどちらにも同じ言葉が入るものとする。

4　ひろしさんたちの学年では，読書集会を開くことになりました。集会の目的は，学年の児童に，読書のよさや楽しさをさらに広めることです。集会では，学級ごとに発表を行います。ひろしさんたちの学級では，読書のよさや楽しさをさらに伝えるための方法を話し合って，**A～Dの４つの候補**を決めました。**４つの候補**の中からどれにするかについては，１週間後に話し合う予定です。**資料1**は，読書集会についての先生のお話で，**資料2**と**資料3**は，ひろしさんたちの学年で行った読書についてのアンケート結果です。

【４つの候補】

A　読み聞かせをする	B　おすすめの本をしょうかいする
C　作者についてしょうかいする	D　本の内容の劇をする

資料1　読書集会についての先生のお話

読書の習慣が身に付いてきたみなさんに，読書のよさや楽しさをさらに広めることが読書集会の目的です。
発表では，読書のよさや楽しさを感じさせるようなくふうをしてください。

資料2　読書が好きな主な理由

・わくわくして楽しい。
・物語の世界を味わえる。
・新しい知識が得られるので，勉強になる。
・作者や物語についてくわしく知ることができる。

資料3　どのような本を読みたいか（複数回答をしたもの）

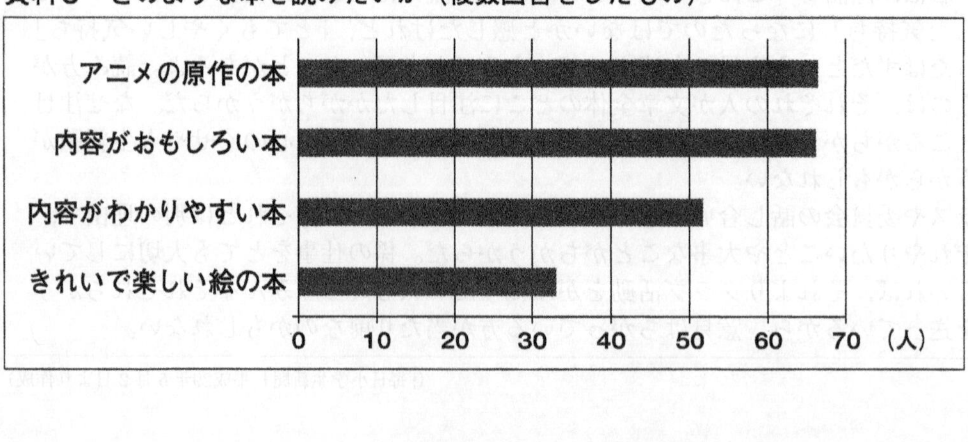

問題　ひろしさんたちは，学級で話し合う前に，自分の意見を文章にまとめることにしました。あなたがひろしさんだったら，どの候補を選んで自分の意見をまとめますか。**Ａ～Ｄの４つの候補**の中から一つ選び，解答用紙に記号で答えなさい。その際，前のページの**資料１～資料３**のそれぞれから読み取ったことをもとに，選んだ理由と，読書集会での発表のときに自分がくふうすることを書きなさい。解答は，「なぜなら，」に続く形で90字以上100字以内としなさい。ただし，「なぜなら，」は字数に数えること。また，「，」や「。」も１字に数え，文字に誤(あやま)りがないようにしなさい。

MEMO

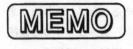

大切なことはメモしておこうネ！

平　成　30　年　度

解　答　と　解　説

《平成30年度の配点は解答欄に掲載してあります。》

＜適性検査Ⅰ解答例＞

1　問題　109.68(cm)

2　問題　10(枚)

説明　会員でない場合，3月と9月にシャツをそれぞれ1枚ずつ出すときのクリーニング代について考えると，

100＋100＝200　で200円になる。

会員の場合，3月と9月にシャツをそれぞれ1枚ずつ出すときのクリーニング代について考えると，

3月はサービス①により，100円の10%引きなので，

100×(1－0.1)＝90　で90円になる。

9月はサービス②により，100円の60%なので，

100×0.6＝60　で60円になる。

よって，

90＋60＝150円になる。

3月と9月にシャツをそれぞれ1枚ずつ出すとき，200円かかるクリーニング代が会員になると150円になり，

200－150＝50　で50円安くなる。

年会費が500円かかるので，去年1年間にかかった金額が会員でも会員でなくても同じになるのは，

500÷50＝10　で10枚ずつ出すときである。　　答え　10枚

3　問題1　60(本)

問題2　570(本)

説明　段の数と2枚の白いタイルがくっついているところの辺の数との関係を表にすると

段	1	2	3	4	5…	19	20
辺	0	3	9	18	30		

+3　+6　+9　+12　　+3X19

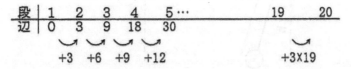

2枚の白いタイルがくっついているところの辺の数は表のように増えるので，20段めまでの2枚のタイルがくっついているところの辺の数は，

3×1＋3×2＋3×3＋…＋3×17＋3×18＋3×19

＝3×(1＋2＋3＋…＋17＋18＋19)

＝3×(20×9＋10)

＝3×190

＝570　で570本になる。

[別解例]

ゆかに使われている白いタイルの枚数は，1段ごとに1枚ずつ増えているので，20段めまでのときの白いタイルの総数は，

1＋2＋3＋…＋17＋18＋19＋20＝210　で210枚になる。

また，タイル1枚の辺の数は6本なので，使われている白いタイルの辺の総数は，

6×210＝1260　で1260本になる。

まわりの辺の数は1段増えるごとに6本ずつ増えるので，20段めまでのときのまわりの辺の数は，

6×20＝120　で120本になる。

白いタイルの辺の総数から，まわりの辺の数をひくと，

1260－120＝1140　で1140本になる。

2枚の白いタイルがくっついているところの辺を1本と数えることにするので，

1140÷2＝570　で570本になる。　　答え　570本

[4]　問題1　記号　B

説明　クモは頭と胸がいっしょになっていて，体が二つの部分からできている。あしは8本あり，こん虫ではないから。

問題2　完全変態，不完全変態のちがいで分けた。（さなぎになるものとならないもののちがいで分けた）

[5]　問題　ア　流れる水のはたらきによって，石が流されていくうちに，われたり，けずられたりして

イ　海底

ウ　大きな力でおし上げられて

エ　火山のふん火があった

[6]　問題　液体　炭酸水，アンモニア水

説明　炭酸水とアンモニア水は気体がとけた水よう液（液体）なので，水が蒸発し，とけている気体が空気中へ出ていくと，何も残らないから。

[7]　問題　言葉　ふりこの長さ（だけ）

実験方法

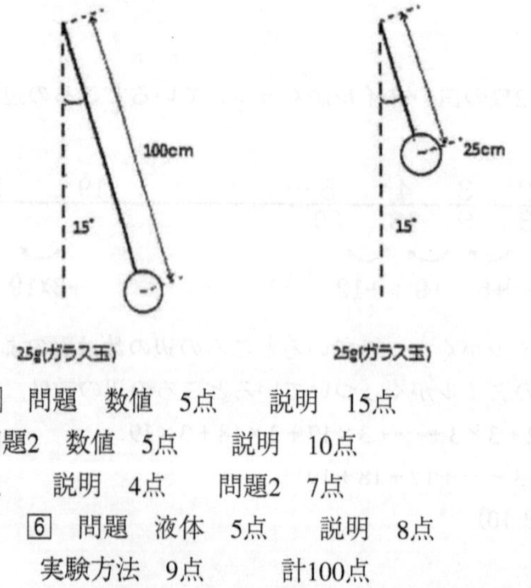

○配点○

[1]　問題　10点　　[2]　問題　数値　5点　　説明　15点

[3]　問題1　5点　　問題2　数値　5点　　説明　10点

[4]　問題1　記号　2点　　説明　4点　　問題2　7点

[5]　問題　各3点×4　　[6]　問題　液体　5点　　説明　8点

[7]　問題　言葉　3点　　実験方法　9点　　計100点

＜適性検査Ⅰ解説＞

1 （算数：トイレットペーパーの包みのまわりの長さ）

問題　図よりトイレットペーパーの包みのまわりの長さは，トイレットペーパーの$\frac{1}{4}$と接しているところ4つと，横の直線2つと，縦の直線2つに分けることができる。

トイレットペーパーの$\frac{1}{4}$と接しているところの長さは，円周＝直径×円周率より，

$\left(12\times3.14\times\frac{1}{4}\right)\times4=37.68$(cm)

横の直線2つは，

$(6+12+6)\times2=48$(cm)

縦の直線2つは，

$(6+6)\times2=24$(cm)

よって，トイレットペーパーの包みのまわりの長さは，

$37.68+48+24=109.68$　で，109.68(cm)となる。

2 （算数：クリーニング店でかかった金額）

問題　会員になった場合と，会員でない場合でそれぞれのシャツ1枚のクリーニング代を計算して考えていく。

3 （算数：しきつめられたタイル）

問題1　1段めは6本，2段めは12本，3段めは18本と，段が1段増えるごとに辺の数は6本ずつ増えている。よって，10段のときの辺の数は，$6\times10=60$(本)となる。

問題2　1段増えると2枚の白いタイルがくっついているところの辺の数はどのように増えていくか，規則を見つけていく。

4 （理科：生き物のなかま分け）

問題1　こん虫は，頭，胸，腹の3つの部分からできていて，胸に6本のあしがある。頭には目や口があり，腹にはいくつかの節をもつ。

問題2　幼虫が成虫になる間にさなぎの時期が存在するこん虫を完全変態，さなぎの時期が存在しないこん虫を不完全変態という。さなぎは，食べ物を食べず，動き回ることもない。

基本 5 （理科：地層にふくまれているもの）

問題　ア　れきは，流れる水によってわれたりけずられたりしながら運ばれていく間に角がけずられ丸みを帯びる形になる。

イ　貝のような海の生き物の化石は海でたい積されたものである。

ウ　海底が大きな力でおし上げられて陸地となる。

エ　火山がふん火すると，火口から出された火山灰が降り積もり層ができる。

6 （理科：液体の性質）

問題　炭酸水には気体である二酸化炭素が，アンモニア水には気体であるアンモニアがそれぞれ溶けている。また水は自然に蒸発するため，水の蒸発といっしょにとけている気体も空気中へ出ていってしまったため，炭酸水とアンモニア水で書いた文字が消えてしまったと考えられる。

7 （理科：針のおくれとふりこの関係）

問題 おもりを糸などでつり下げて一点で支えてゆらせたものをふりこという。調べたいことは「ふりこのふれはば」「おもりの重さ」「ふりこの長さ」と3つあるが，このとき2つ以上の条件を変えてしまうと結果にちがいが出たときにどの条件を変えたことが原因で結果がちがったのかが分からないため，1つの条件だけを変えて実験する。

実験1ではふりこのふれはばを変え，おもりの重さとふりこの長さを同じにしており，実験2ではおもりの重さを変え，ふりこのふれはばとふりこの長さを同じにしているが，どちらも針のおくれとは関係がなかった。よって，次はふりこの長さを変え，ふりこのふれはばとおもりの重さを同じにすればよい。

★ワンポイントアドバイス★

算数・理科ともに説明をともなった問題が頻出している。問題を解くときには，自分だけにしか分からない書き方ではなく，丁寧に分かりやすく書けるようにしよう。

＜適性検査Ⅱ解答例＞

1 **問題1** （さいたま市では，）ごみを減らす目的でごみの分別を進めている。ごみの分別をすることにより，燃えるごみの処理やリサイクルがしやすくなり，ごみを減らすことにつながっていく。

問題2 （資料6から）

茨城県では3月から5月と10月から11月にかけての春と秋の時期に東京都の市場で取り引きされる量が多くなるが，長野県では6月から9月の夏の時期に取り引きされる量が多くなる。

（資料7と資料8から）

長野県南牧村は夏でもすずしい気候で，その時期はレタスが最もよく育つ15度から20度ほどの気温になるからである。

問題3 （キリスト教が禁止される前は）幕府は，スペインやポルトガルと貿易を行っていたが（キリスト教が禁止されたあとは），スペイン船やポルトガル船の来航を禁止した。それは，キリスト教の信者が神を敬うことを基本とし，幕府に従わないことをおそれたためである。

問題4 函館市では，歴史のある貴重な建物を文化財に指定したり，大切に守るきまりを決めたりして，次の時代に残すように努力している。わたしのまちには長年続いているお祭りがあるので，わたしも積極的に参加して，受けついでいきたい。（107字）

2 **問題** ア

どのような場面でどのような敬語を使うかを，本やインターネットできちんと調べておくという点と，敬語を使う機会をどんどん増やしていくという点がちがいます

（ア 別解答例）

敬語をまちがって使うと，相手をいやな気持ちにさせてしまうからよくないという点と，まちがうことを心配せずに積極的に使った方がよいという点がちがいます

問題　イ

ひろしさんの「敬語を使う機会をどんどん増やしていく」という意見に近いと考えます。なぜなら，使い方を確かめても，実際に大人を前にして敬語を使おうとすると，使えなくなることがあるからです。わたしも，ふだん敬語を使い慣れていないので，大人と話すときにきんちょうして，まちがった敬語を使ってしまったことがあります。そのため，ふだんから使い慣れていくことが大切だと考えます

（イ　別解答例）

あきらさんの「どのような場面でどのような敬語を使うかを，本やインターネットできちんと調べておく」という意見に近いと考えます。なぜなら，使い方をきちんと確かめることで，自信をもって話すことができるからです。わたしも，敬語の学習をしてすぐに，学校に来たお客さんを敬語を使ってうまく案内することができた経験があります。そのため，使い方を確かめてから使うのがよいと考えます

3　問題　ア

自分とことなる意見や少数意見のよさを生かしたり，折り合いをつけたりして，意見をまとめることがあまりできていない(55字)

問題　イ

やりたいことや大事なことがちがうからだ(19字)

（イ　別解答例）

それぞれやりたいことや大事なことがちがうからだ(23字)

それぞれちがう人生を送っているからだ(18字)

問題　ウ

一人一人ちがうということを理解して，たがいの意見をよく聞き合う(31字)

（ウ　別解答例）

意見がちがって当たり前ということを理解して，それぞれのよさを生かす(33字)

4　問題　A～Dのいずれを選んでも可。

Aを選んだ場合

なぜなら，物語の世界を味わってもらうことができると思うからです。内容がおもしろい本を選び，場面の様子を想像できるように，ろう読の仕方をくふうして発表することで，読書のよさや楽しさを伝えたいです。

○配点○

1　問題1・問題3　各10点×2　　問題2　資料6　5点　　資料7と資料8　10点
問題4　15点　　2　問題　ア　6点　　イ　10点
3　問題　ア・イ　各4点×2　　ウ　10点　　4　問題　16点　　計100点

＜適性検査Ⅱ解説＞

1　（社会：さいたま市のごみについての取り組み，関東の農業，江戸幕府の対外政策）

問題1　資料1からはごみの分別を手軽に確かめられるサービスを行なっていることがわかる。資料3からはそ大ごみに正しく分別されることで，再利用できるものがあることがわかる。資料2からは，そうしたごみの再利用量が平成27年に大きく増加していることがわかる。また，資料4からは分別により燃やす作業がしやすくなり，灰も新たな利用につながっていることがわかる。以上のことから，ごみ分別の目的が利用できるものをごみと分けて，ごみを減らすことにある

とわかる。

問題2　資料6から

東京都の市場で取り引きされるレタスの量は年間を通してあまり変わっていないが，茨城県と長野県が占める量は年間で大きく変動しており，多い時期が異なっている点に注目する。

資料7と資料8から

資料8の「レタスは，気温が15度から20度のときに最もよく育ちます。」ということばに着目し，**資料7**で南牧村があてはまる時期を確認すると，長野県のレタスが東京都の市場で取り引きされる量が多い時期と同じである。また，茨城県の坂東市ではあてはまる時期がことなっていることにも着目する。

問題3　**資料9**では，江戸幕府は初めから鎖国を行っていたのではないこと，貿易自体よりもキリスト教が先に禁止されたこと，島原・天草一揆後にさらに鎖国が強化されていることが読み取れる。**資料10**からはスペインやポルトガルがキリスト教布教を行っていたことがわかる。**資料12**からは，キリスト教の教えと幕府が思う支配体制が合わないことがわかる。そして，**資料11**からは，実際に，キリスト教徒が幕府支配に対して反抗したことがわかる。これらのことから，幕府はスペインやポルトガルと貿易をしていたものの，キリスト教が広がることへのおそれから二国の船の来航を禁止したと読み取れる。

問題4　**資料14**や**資料15**からは，古い建物を守るために，文化財に指定したり，活動を応えんしたりしていることがわかる。自分の地域のよさを守るためにできることを書くときには，まず，自分の地域のよさは何かを述べ，それに対して自分ができることを具体的に書く。

基本 **2**　(国語：敬語を正しく使うために大切なこと)

問題　ア

あきらさんは，まちがった敬語(けい)は相手にいやな思いをさせるため，あらかじめ正しい敬語を調べておくことが大切だと考えているのに対して，ひろしさんは，まちがうことを心配せずに積極的に敬語を使うことが大切だと考えていることに着目する。

イ

自分の体験を書く指示があるので，自分の体験から導きやすい考えの方をえらぶ。自分がうまく敬語を使うことができたときのことや，敬語を使おうとして困ったときのことを書くとよい。

3　(総合：話し合い活動で大切なこと)

問題　ア

資料1では,「当てはまる」「どちらかというと当てはまる」が82%であるのに対し，**資料2**では「どちらかというと当てはまらない」「当てはまらない」が62%と過半数を占めていることに注目する。話し合いは行っているが，異なる意見をうまくまとめられていると感じている人は少ないことがわかるので，**資料2**の質問内容を参考に書くとよい。

問題　イ

資料3の二段落目に着目する。一段落目では「文章全体のどこに着目したかがちがうから」読み方がちがうとあるが，二段落目で「それとは別の理由で」といっているので，注意する。

問題　ウ

アとイをふまえてまとめると，話し合いでは異なる意見をもつことに理解をもち，それを尊重することが大事であることがわかる。

4 （総合：読書のよさや楽しさを伝えるための意見文）

選んだ理由と「読書のよさや楽しさ」を伝えるくふうを必ずふくめて書く。その際，**資料2**と**資料3**の内容を参考に何が「読書のよさや楽しさ」につながるのかを見極める。

Bを選んだ場合

なぜなら，今まで知らなかった本を知ることで，本への関心が増えると思うからです。アニメの原作の本やおもしろい本など，紹介する本をくふうすることで，多くの人に読書の楽しさが伝わると思います。

Cを選んだ場合

なぜなら，作者や物語についてくわしく知ってもらうことができるからです。作者がどんな人なのか，作者の写真や書いている本の種類などしょうかいの内容をくふうすることで，読書のよさを感じてもらえると思います。

Dを選んだ場合

なぜなら，読書をするときのわくわくする気分を感じてもらえるからです。本にあるセリフを言うだけでなく，動作をつけたり，小道具をつくったりしてくふうすることで本の世界を味わう楽しさが伝わると思います。

★ワンポイントアドバイス★

文章を書く量が多いが，落ち着いて与えられた資料から情報を得て，意見をまとめよう。また，記述の際の条件もしっかりチェックしよう。

MEMO

大切なことはメモしておこうネ！

平成29年度

★★★★★★★★★★★★★★★★★★★★★★★★

入　試　問　題

平成29年度

茨城県立中学校・中等教育学校入試問題

【適性検査Ⅰ】（45分）　＜満点：100点＞

[1] けんたさんは，時計を見て，長い針と短い針がつくる角度について考えています。

ゆうか：けんたさん，どうしたの。時計をじっと見ているけれど。

けんた：長い針と短い針がつくる角度が気になって考えていたんだ。

ゆうか：時刻によって，長い針と短い針がつくる角度は変わるのね。

けんた：例えば，午前９時のときは，図のように小さいほうの角度が90°で，大きいほうの角度が270°になるよね。

ゆうか：そうよね。

けんた：もうすぐ午前10時40分になるけれど，午前10時40分のときの，長い針と短い針がつくる大きいほうの角度は何度になるのかな。

ゆうか：短い針は，時計の10と11の間にあるのね。

けんた：そうなんだ。だから考えていたんだ。

ゆうか：長い針は，時計の８のところを指しているから…。わかった。長い針と短い針がつくる大きいほうの角度は □ °だと思うわ。

けんた：すごい。よくわかったね。

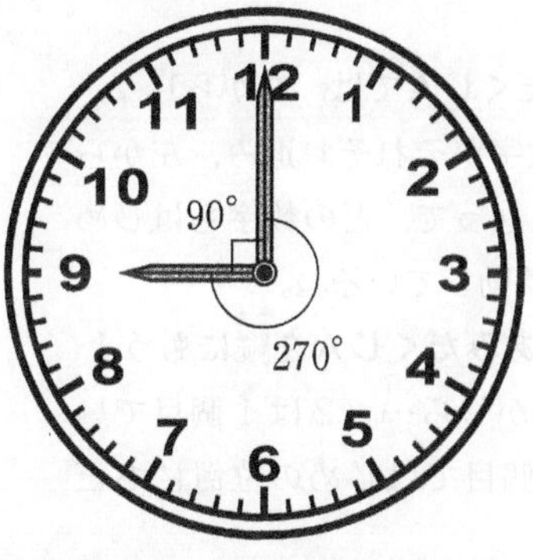

図　午前９時のときの長い針と短い針がつくる角度

問題　会話文中の □ にあてはまる数を書きなさい。

[2] けんたさんは，今までの算数の授業で学んだことをもとに，問題を作ってノートに書いています。

けんた：ねえ，ゆうかさん。次のページのような**算数の問題**を作ってみたんだ。ちょっと解いてくれるかな。

ゆうか：わかったわ。

けんた：どう，わかる？実際は，ずっと同じ速さで走ることはできないけれど，平均して同じ速さで走ったと考えて解いてね。

ゆうか：ちょっと待って…。わかったわ。Ｃさんの走る速さは，分速 □ ｍだと思うわ。

けんた：正解だよ。すごいね。

けんたさんの作った算数の問題

　Ａさん，Ｂさん，Ｃさんの３人が校内持久走大会に出場しました。この大会は，全員が同じスタート地点から同時に出発し，ある地点で折り返して，再びスタート地点にもどってくる大会です。Ａさんは分速210ｍの速さで，Ｂさんは分速110ｍの速さで走りました。Ｂさんは折り返してきたＡさんと，スタートしてから６分後にすれちがいました。さらに，その２分後に，Ｂさんは折り返してきたＣさんとすれちがいました。

　Ｃさんの走る速さは，分速何ｍでしょうか。

問題　会話文中の［　　］にあてはまる数を書きなさい。また，その求め方を，言葉や数，式，図，表などを使って説明しなさい。

３　けんたさんとゆうかさんは，あみだくじの進み方を使った数字の移動について考えています。

けんた：ゆうかさん，あみだくじの進み方を知っている？上から下に進み，横の線があったときには必ず曲がって，また下に進むんだよ。

ゆうか：そうすると，**図１**の**あみだくじＡ**の３は，矢印のように進むのね。

けんた：そうだね。**図１**の**あみだくじＡ**では，左から1，2，3，4，5と並(なら)んでいた数字がそれぞれ進み，左から4，5，1，3，2の並びとなって，どの数字もはじめの位置とは別の位置に移動しているね。

ゆうか：本当ね。**図２**のように**あみだくじＡ**を縦(たて)にもう１個並べるとどうなるのかしら…。２は１個目でいちばん右に移動し，２個目ではじめの位置にもどるわ。

けんた：５も２個目ではじめの位置にもどるけれど，1と３と４は，はじめの位置にもどっていないね。もっと並べるとどうなるのかな。

ゆうか：いくつか縦に並べて，それぞれの数字の移動について調べてみましょう。

けんた：あっ，気が付いたぞ。この**あみだくじＡ**を縦に７個並べた場合，**図３**の①には［　ア　］，②には［　イ　］の数字が移動するよ。

ゆうか：数字の移動と縦に並べたあみだくじの個数について，何か関係が見つかったのね。

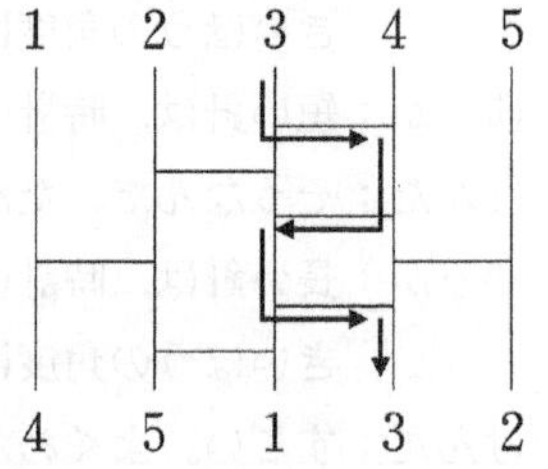

図１　あみだくじＡ

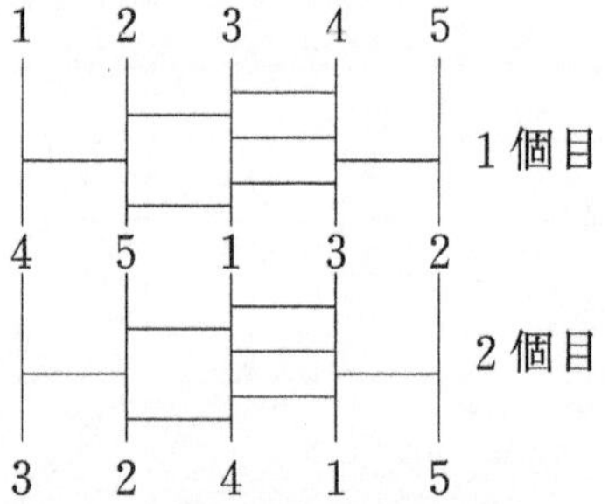

図２　あみだくじＡを縦に２個並べたようす

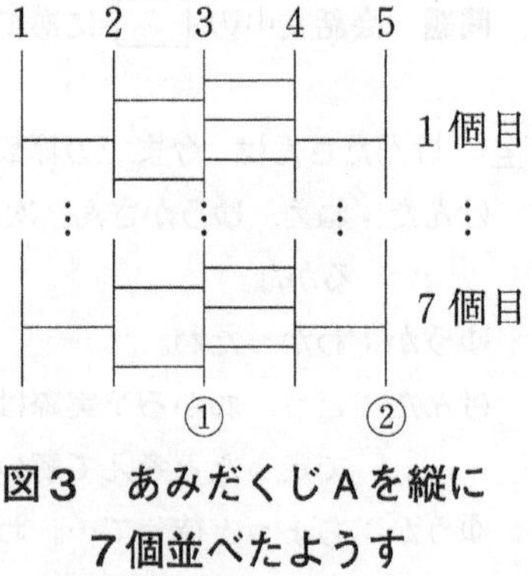

図３　あみだくじＡを縦に７個並べたようす

けんた：うん。図４のあみだくじＢなら，縦に［ウ］個並べると，すべての数字がはじめの位置にもどるはずだよ。あみだくじを１個ずつ増やしていったときの数字の並びを，はじめの数字の並びにもどるまで，すべて書き出して調べなくてもわかるんだ。

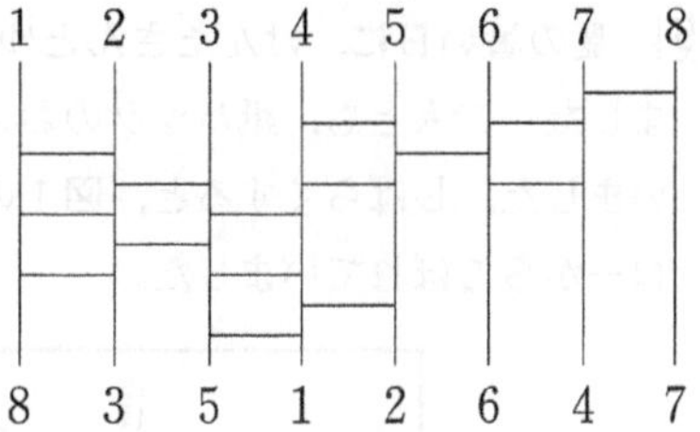

図４　あみだくじＢ

問題１　会話文中の［ア］，［イ］にあてはまる数字を書きなさい。

問題２　会話文中の［ウ］にあてはまるいちばん小さい数を書きなさい。また，けんたさんがその答えをどのように求めたのかを，言葉や数，式，図，表などを使って説明しなさい。

４　科学クラブの時間に，先生が図のような３本の棒を持ってきて，けんたさんとゆうかさんと話をしています。**ア**～**ウ**の３本の棒は，大きさ，形が同じです。また，同じ色にぬってあります。

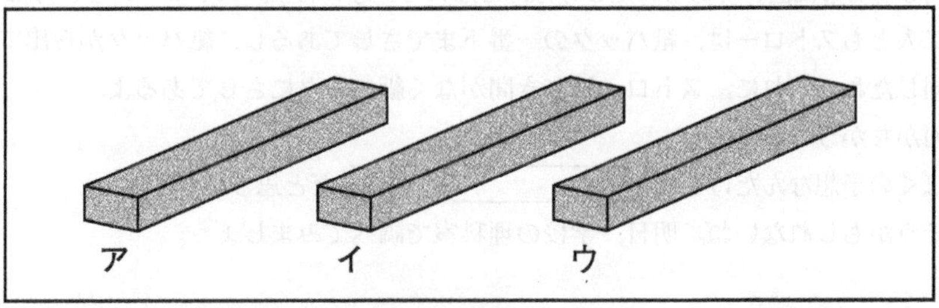

図　大きさ，形，色が同じ３本の棒

先　生：この３本の棒は，大きさ，形，色が同じですが，棒磁石，鉄の棒，銅の棒のどれかです。区別することができますか。

けんた：手で持ってみても重さのちがいはわかりません。

ゆうか：手ざわりも同じです。

先　生：この３本の棒だけで，ほかに何も使わないで区別することができますよ。

けんた：ぼくは，銅の棒は区別できるよ。

問題１　けんたさんは，３本の棒だけを使い，どのようにして銅の棒を区別したのでしょうか。その区別のしかたを説明しなさい。

ゆうか：けんたさん，すごいね。

先　生：よく気がつきましたね。では，残りの２本について，棒磁石か鉄の棒かはどのようにして区別することができますか。

けんた：どうすればいいのかな。

ゆうか：こうすればいいのよ。

問題２　ゆうかさんは，残りの２本の棒だけを使い，どのようにして棒磁石か鉄の棒かを区別したのでしょうか。その区別のしかたを，言葉と図を使って説明しなさい。

5 夏の暑い日に，けんたさんとゆうかさんは冷蔵庫で冷やしておいた紙パックのお茶を飲んでいました。二人とも，紙パックのお茶を全部飲み終わらないうちに，日なたの机の上に置いて遊んでいました。しばらくすると，**図1**のように，けんたさんの紙パックは，中に入っていたお茶がストローからこぼれていました。

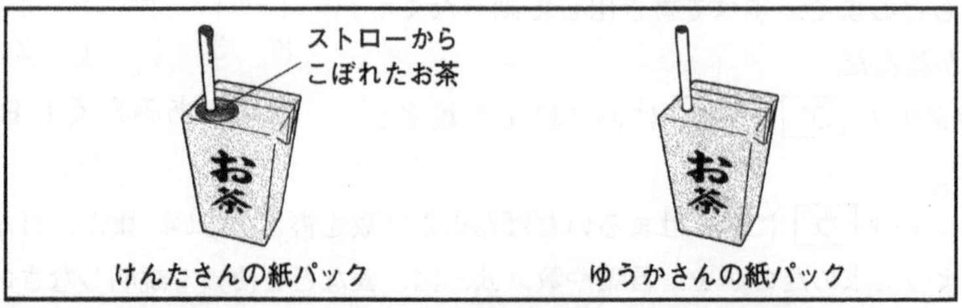

図1　けんたさんとゆうかさんの紙パックのようす

けんた：あれ，ぼくの紙パックのストローからお茶がこぼれている。はじめはこぼれていなかったよ。だれもさわっていないのにどうしてかな。

ゆうか：同じところに置いてあるわたしのは，こぼれていないわよ。ストローのさし方はどうかしら。

けんた：二人ともストローは，紙パックの一番下までさしてあるし，紙パックから出ている長さも同じだね。それに，ストローはすき間がなく紙パックにさしてあるよ。

ゆうか：何がちがうのかしら。

けんた：ぼくの予想なんだけれど，［　　　　　　］だと思うよ。

ゆうか：そうかもしれないね。明日，学校の理科室で調べてみましょう。

次の日，けんたさんとゆうかさんは，理科室でけんたさんの予想を確かめるための実験について話をしています。

けんた：試験管を紙パックの代わりに，ガラスのくだをストローの代わりにしようか。

ゆうか：ガラスのくだをゴムせんにさして，試験管にしっかり取りつければ，ストローがすき間なく紙パックにさしてあるようすを再現できるね。

けんたさんとゆうかさんは，**図2**のような，試験管とガラスのくだをさしたゴムせんを２つずつ用意し，**図3**のような実験器具を作って，けんたさんの予想を確かめる実験の方法を考えました。

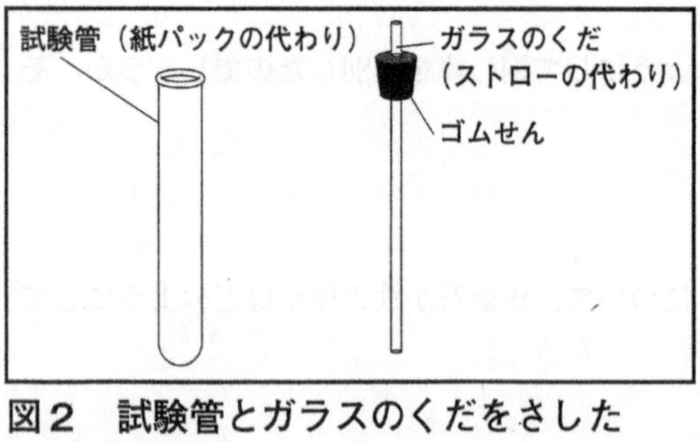

図2　試験管とガラスのくだをさしたゴムせん

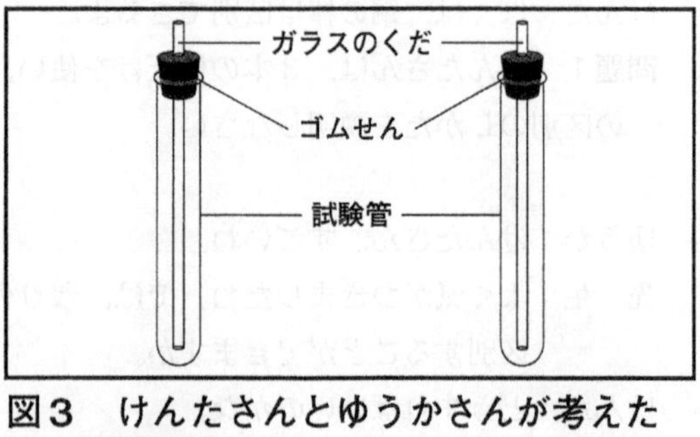

図3　けんたさんとゆうかさんが考えた実験器具

問題　会話文の［　　］に入る，けんたさんの予想を書きなさい。また，その予想を確かめるための実験をどのような方法で行いますか。その方法を解答用紙の図に，試験管とガラスのくだをさしたゴムせんのほかに必要なものをかき加えて示し，言葉で説明しなさい。

6 けんたさんは，ゆうかさんからおすのメダカ２ひきと，めすのメダカ２ひきをもらったので，家で飼うことにしました。まず，水そうを，直射日光があたらない，明るい場所に置きました。次に，水そうの底によく洗った小石をしき，1日くみ置きした水道水を入れました。そして，オオカナダモを入れ，メダカのふんやえさの食べ残しを食べてくれるタニシも入れました。最後に，メダカを入れました。図はけんたさんがメダカを飼っている水そうのようすです。

図　けんたさんがメダカを飼っている水そうのようす

数日後，ゆうかさんは，けんたさんが飼っているメダカを見るために，けんたさんの家に行きました。

けんた：ゆうかさん，メダカをゆずってくれてありがとう。

ゆうか：みんな元気に泳いでいるね。水草のオオカナダモも入れたんだ。水草も必要なんだよね。

けんた：そうだよ。メダカがかくれる場所になると思ったから入れたんだよ。

ゆうか：そうなの…。それもあるかもしれないけれど，ほかにも大切な理由があるのよ。

けんた：えっ，その理由を教えて。

問題　ゆうかさんは，けんたさんにメダカを飼う水そうに水草を入れる理由を説明しようとしています。水そうに水草を入れる理由を２つ書きなさい。

7 理科の授業でけんたさんとゆうかさんたちは，暗くした理科室で月の見え方について実験をしています。図1は，電灯とボールを使って月の見え方を調べる実験を上から見たようすです。

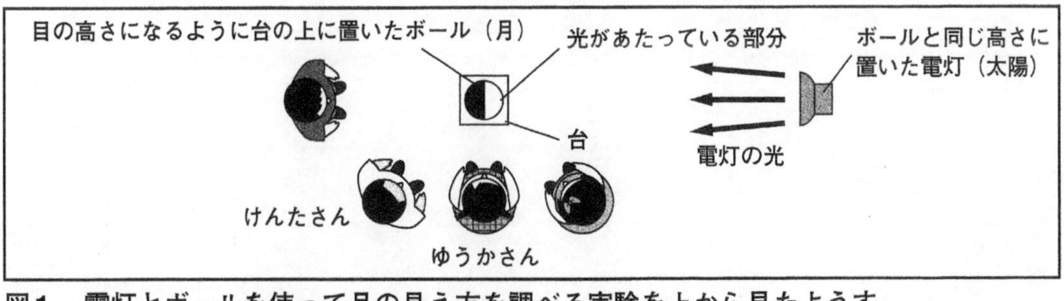

図1　電灯とボールを使って月の見え方を調べる実験を上から見たようす

先　生：ボールの周りに集まってください。電灯を太陽，ボールを月として考えます。ボールに電灯の光があたっている部分は，どのような形に見えますか。

ゆうか：わたしは半月に見えます。

けんた：えっ，ぼくは半月には見えないよ。

問題１　けんたさんの位置からは，ボールに電灯の光があたっている部分はどのような形に見えるでしょうか。電灯の光があたらない部分を黒くぬり，その見える形を示しなさい。

この後，電灯とボールの位置関係を変えて，月の見える形の変わり方について調べました。

先　生：電灯とボールの位置関係によって，ボールに電灯の光があたっている部分の見え方がちがいますね。次に，カーテンを開けて，月と太陽のようすを観察してみましょう。太陽の位置を調べるときには，必ずしゃ光板を使いましょう。

図２は，けんたさんとゆうかさんたちが観察している月と太陽のようすです。

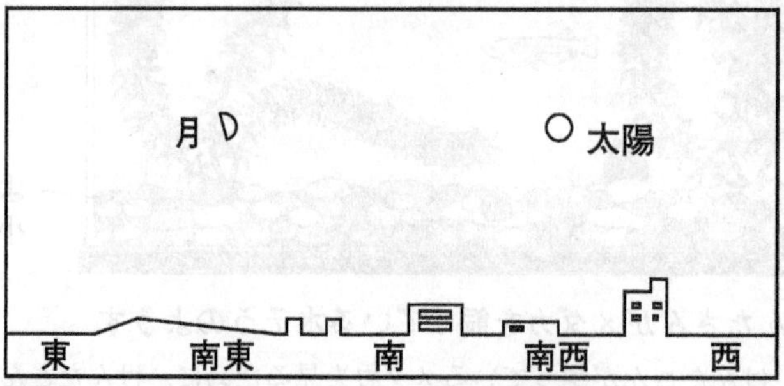

図２　けんたさんとゆうかさんたちが観察している月と太陽のようす

ゆうか：今日は半月だね。「上弦（じょうげん）の月」と言うそうよ。

けんた：月の位置や見える形は，毎日変わっていくんだよね。この半月はこの後，どのような形に変わっていくのかな。

ゆうか：３日後の同じ時刻（じこく）も理科の授業だね。また同じ場所から観察してみましょう。

問題２　３日後の同じ時刻の月は，**図２**の位置と比べて，方位と高さが変わりました。見える方位と高さは，どのように変わったのか説明しなさい。また，このときに見える月の形にもっとも近いものを，次の**ア**～**カ**の中から１つ選び，記号を書きなさい。

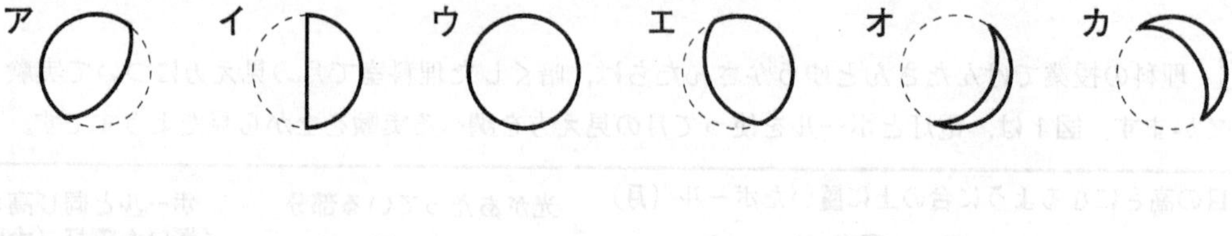

【適性検査Ⅱ】 （45分）　＜満点：100点＞

1　たけしさんとさやかさんは，日本の政治や社会のしくみについて話をしています。

たけし：去年の７月，高校３年生のぼくのお兄さんが初めて参議院議員の選挙に行ったんだ。

さやか：そういえば，選挙で投票できる年れいが変わったんだよね。

たけし：そうだね。選挙など，国の政治のしくみは変わることもあるんだね。

さやか：第二次世界大戦が終わった後にも，政治や社会のしくみは大きく変わったようだよ。

たけし：そのころの日本について，調べてみようよ。

問題　第二次世界大戦が終わった後，日本の政治や社会のしくみはどのように変わりましたか。**資料１～資料４**から読み取れることをもとに書きなさい。また，それは日本がどのような国をめざしたからか，書きなさい。

資料１　第二次世界大戦が終わった後の主なできごと

年	月	主なできごと
1945	9	軍隊が解散させられる
	12	女性の参政権を認める新しい法律が公布される
1946	4	選挙に関する新しい法律のもとでの最初の選挙が行われる
	11	日本国憲法が公布される
1947	5	日本国憲法が施行される

資料２　憲法についての教科書「あたらしい憲法のはなし」のさし絵

※さし絵の字は「戦争放棄」と書かれている

※放棄…すててしまうこと

（文部省「あたらしい憲法のはなし」より）

※文部省…今の文部科学省にあたる国の機関

資料３　1946年に行われた選挙の投票所のようす

資料４　1946年に行われた国会のようす

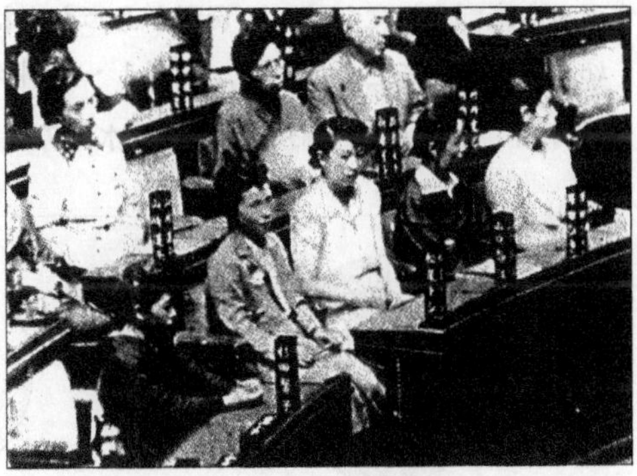

2 ゆかりさんとたくやさんは，スーパーマーケットを見学した時のことについて，話をしています。

ゆかり：スーパーマーケットの見学に行った時，お客さんに喜んでもらえるように，いろいろなくふうをしていることがわかったね。

たくや：そうだったね。お肉のコーナーのカードには，ぶた肉の説明が書かれていたよね。

ゆかり：たまねぎの入っていたふくろにはってあったシールにもくふうがあったね。

たくや：発表できるように，まとめてみよう。

問題 資料１と資料２は，スーパーマーケットにあったカードとシールです。このカードやシールに書かれていることは，お客さんのどのような願いにこたえたものか，書きなさい。また，それは資料１と資料２のそれぞれどこからわかるか，書きなさい。

資料１　ぶた肉の説明が書かれたカード

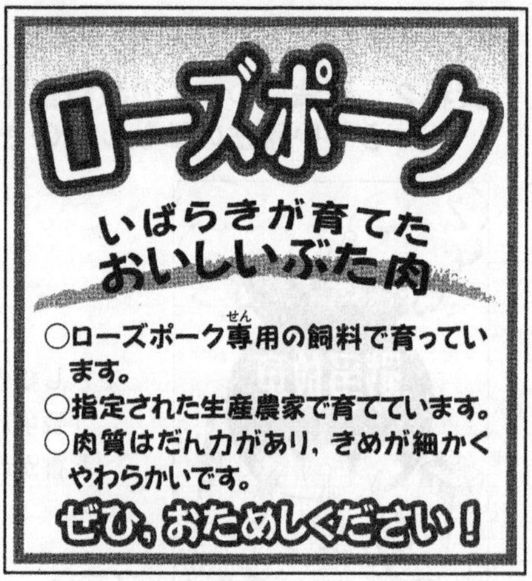

資料２　たまねぎが入っているふくろのシール

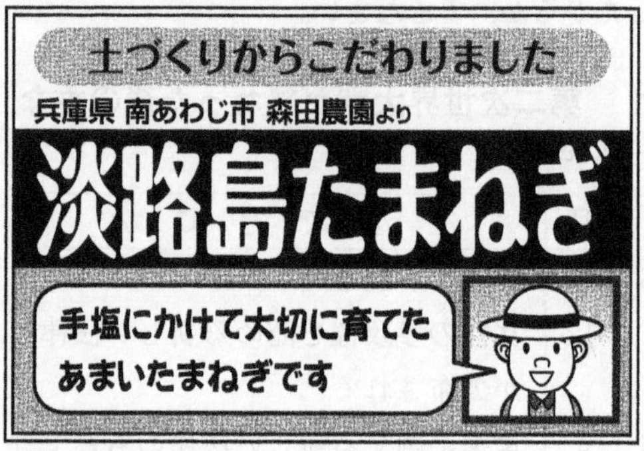

※兵庫県…「ひょうごけん」と読む
※淡路島…「あわじしま」と読む

3 ゆうじさんとさとみさんは，山形県の庄内地方の米づくりについて話しています。

ゆうじ：庄内地方に住むおじいちゃんからお米が届いたんだ。

さとみ：庄内地方では米づくりがさかんなんだよね。

ゆうじ：そうだよね。いろいろなくふうをしてお米をつくっているんだよね。

さとみ：米づくりについての資料があったよね。もう一度見てみようか。

ゆうじさんとさとみさんは，**資料１～資料４**を集めました。

資料１　ほ場整備が終わっている水田の面積の割合
（平成22年度）

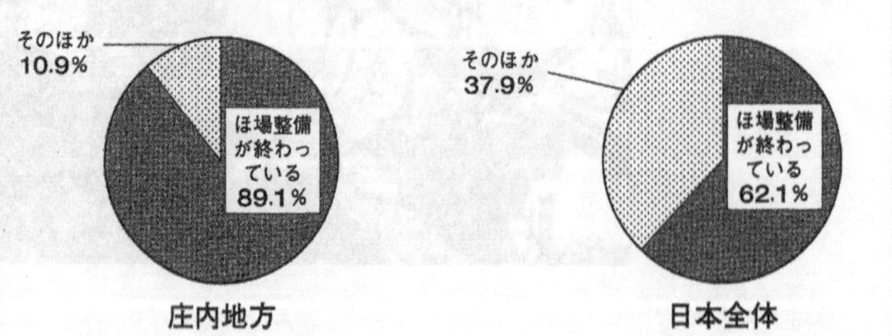

※ほ場整備…せまい田を集めて広くして，田の形を整えたり，用水路やはい水路，農道などを整備したりすること

（ＪＡ全農山形資料より作成）

資料２　農家の人の話

わたしの家の水田では，ほ場整備が進んで，大型の機械も使えるようになりました。水田の水の管理もコンピューターで行っています。

資料3　大型のコンバイン

数けんの農家がお金を出し合って大型のコンバインを買っています。

資料4　カントリーエレベーター

それぞれの農家で収かくされた米をいっしょに集めて，かわかして保管する施設です。

問題1　庄内地方では，米づくりにおいてどのようなくふうをしていますか。**資料1**～**資料4**から読み取れることをもとに，書きなさい。また，これらのくふうをする目的は何か，書きなさい。

さとみ：ところで，日本では，どれくらいのお米が食べられているのかな。
ゆうじ：日本国内における米の消費量を示す資料があったよ。調べてみよう。
さとみ：**資料5**から，日本国内における米の消費量が減少していることがわかるね。
ゆうじ：でも，いろいろなところで米の消費量を増やす取り組みがされているみたいだよ。

資料5　日本国内における米の消費量の変化

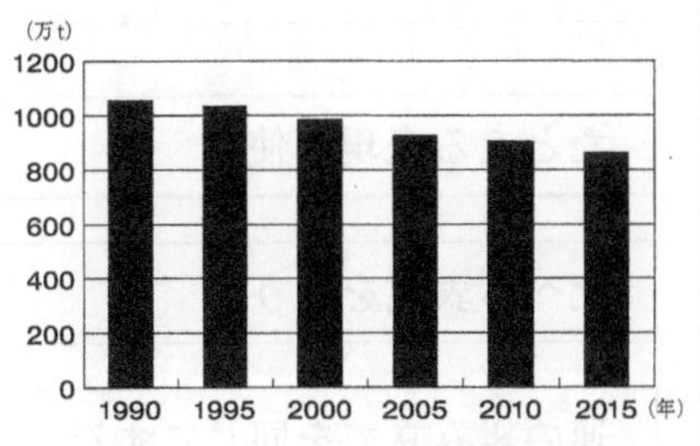

（農林水産省「食料需給表」より作成）

資料6　農業協同組合（JA）の人の話

わたしたちの地区のJAでは，大手コンビニエンスストアから注文を受け，今年から新たな品種の米の栽ばいを始めました。この品種の米は，「冷めてもおいしさがあまり落ちない」という特長があり，お弁当に適しています。来年はさらに注文が増えることが予想されるため，今年よりも栽ばい面積を増やすことを考えています。

資料7　小中学生を対象にしたコンテスト

（兵庫県ホームページより作成）

資料8　くふうされたパンとシフォンケーキ

パン

シフォンケーキ

パンの原材料	
小麦粉	米粉
砂糖	パンこう母
バター	食塩

シフォンケーキの原材料	
卵	砂糖
米粉	牛乳
米油	酸味料

（農林水産省ホームページより作成，とちぎのいいもの販売促進事業事務局ホームページより作成）

問題2　**資料6**～**資料8**は，それぞれ米の消費量を増やすための取り組みの例です。**資料6**～**資料8**の取り組みは，米の消費量を増やすためにそれぞれどのような考えで行われているか，書きなさい。

4 けいこさんたちの学級では，来月行われる授業参観で，グループごとに詩を一つ選んで朗読し，その詩の表現のくふうについて発表することになりました。次の**ア**と**イ**は，発表する候補とした詩で，**資料**は，詩でよく使われる表現のくふうについて書いたメモです。

ア

イナゴ　まど・みちお

はっぱにとまった
イナゴの目に
一てん
もえている夕やけ
でも　イナゴは
ぼくしか見ていないのだ
エンジンをかけたまま
いつでもにげられるしせいで……
ああ　強い生きものと
よわい生きもののあいだを
川のように流れる
イネのにおい！

イ

積もった雪　金子　みすゞ

上の雪
さむかろな。
つめたい月がさしていて。
下の雪
重かろな。
何百人ものせていて。
中の雪
さみしかろな。
空も地面もみえないで。

※～かろな……～だろうな

資料　表現のくふうについて書いたメモ

色を想像させる言葉を使う	たとえる表現を使う
記号を使う	比べる表現を使う
言葉の順序を入れかえる	連の組み立てを同じにする

問題　けいこさんたちのグループでは，発表する詩を選ぶための話し合いをしています。あなたがけいこさんだったら，**ア**と**イ**のどちらの詩を選びますか，その記号を書きなさい。また，選んだ理由を，**資料**に示されている表現のくふうと詩の言葉を結び付けて，選んだ詩のよさが伝わるように書きなさい。ただし，詩の言葉を引用し，引用する部分については，かぎ「　」で示すこと。

5 ひろしさんたちの学級では，留学生のジョンさんを招いて交流会を行うことになりました。ジョンさんは日本語を話すことができますが，日本に来たのは初めてです。ひろしさんとけいこさんは日本のことをしょうかいする担当になりました。二人は交流会でどのようなことをしょうかいするかを考えるため，次のページの**資料１**～**資料３**を見ながら話しています。

けいこ：**資料１**と**資料２**を見ると，しょうかいしたいことがたくさんあるね。

ひろし：うん。食べ物は必ずしょうかいしたいね。**資料１**と**資料２**のどちらにも多いし，必要な情報だから，きっと喜んでもらえるよ。

けいこ：そうね。ほかには，［　　**ア**　　］。

資料１　ひろしさんの学級で聞いた，ジョンさんにしょうかいしたいこと（複数回答をしたもの）

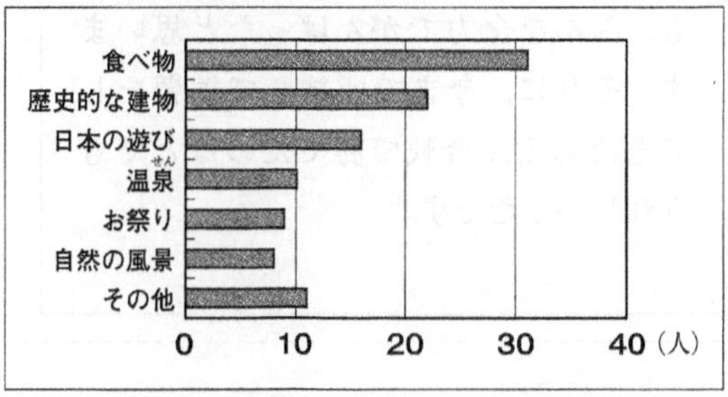

資料２　インターネットで調べた，外国人観光客が日本への旅行で楽しみにしていること（複数回答をしたもの）

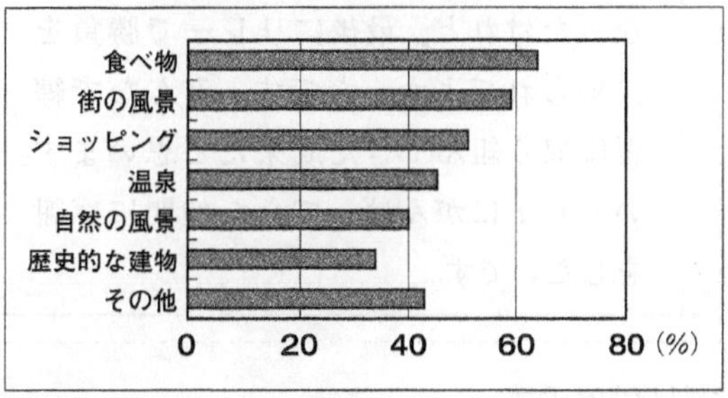

資料３　外国から来ているナンシー先生に聞いた，日本に初めて来たときの感想

- 食べ方がわからない食べ物があって，困ってしまった。
- 観光地に行ったときは，案内図がとても役に立った。
- 歴史や文化をしょうかいしてもらったが，言葉だけではわかりにくかった。
- むかしの建物はすばらしいと思った。

ひろし：そうだね。そういえば，外国から来ているナンシー先生に聞いた，日本に初めて来たときの感想が書いてある**資料３**もあるよ。**資料１**から**資料３**を見ながら，しょうかいする方法を考えてみようよ。

けいこ：そうね。どのような方法でしょうかいしたらわかりやすいかな。

ひろし：ぼくなら，［　　　イ　　　］。

けいこ：いいわね。まだ時間があるから，よく考えて準備をしましょう。

問題　二人の会話が成り立つように［ア］と［イ］に入る内容を書きなさい。［ア］には，**資料１**と**資料２**をもとに，何をしょうかいするのかとその理由を，［イ］には，**資料１**～**資料３**をもとに，日本をしょうかいする方法とその方法でしょうかいすることのよさを書きなさい。ただし，二人が話をしているような表現で書くこと。

6　ひろしさんはけいこさんと，国語の授業で運動会のようすについて伝える新聞を作ることになり，運動会についての**取材メモ**をまとめました。二人は相談して割り付けの案を考え，ＡとＢの見出しと写真を用意し，記事についてはＡかＢを分担して書くことにしました。

取材メモ

運動会のようす

- 赤組と白組に分かれて運動会を行った。
- 午前中最後の競技である応えん合戦は白組が勝った。
- 午前中はどちらの組も点数にほとんど差はなかった。
- 午後のリレーで赤組が勝った。
- 運動会は赤組が勝った。

赤組リーダーの話

午前中は結果がどうなるか心配になったけれど，最後にリレーで勝負を決められてよかったです。みんなで練習に取り組んできた成果だと思います。いっしょにがんばってきた仲間に感謝をしたいです。

白組リーダーの話

負けてしまってとても残念です。でも，みんな全力でがんばったと思います。それに，今まで団結して練習をしてきた応えん合戦で勝てたのはとてもうれしかったです。

割り付けの案

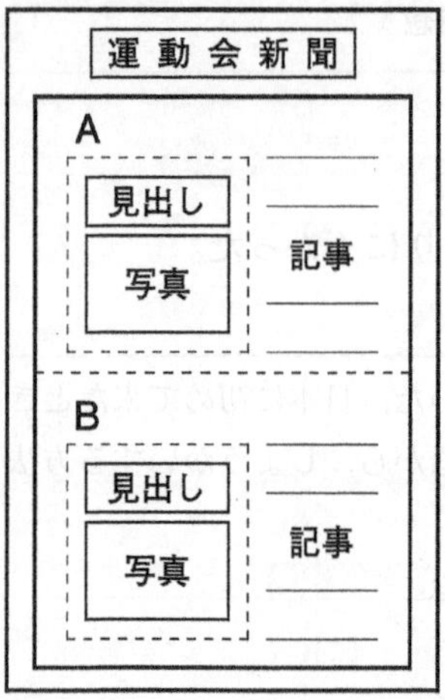

A

見出し

赤組みんなで勝ち取った優(ゆう)勝カップ！

写真

B

見出し

応えん合戦で見せた白組の団結力！

写真

問題　あなたがひろしさんだったら，ＡとＢどちらの記事を書きますか，その記号を書きなさい。次に，選んだ見出しと写真に合った記事を，**取材メモ**をもとに120字以上140字以内で書きなさい。ただし「,」や「。」も１字と数え，文字の誤(あやま)りがないようにしなさい。

平成29年度

解答と解説

《平成29年度の配点は解答欄に掲載してあります。》

＜適性検査Ⅰ解答例＞

1 問題　280°

2 問題　(分速)　130(m)

説明

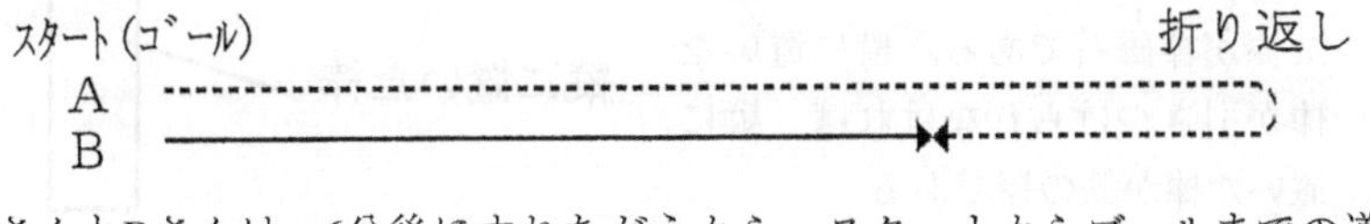

AさんとBさんは，6分後にすれちがうから，スタートからゴールまでの道のりは，210×6＋110×6＝1920　で，1920mになる。

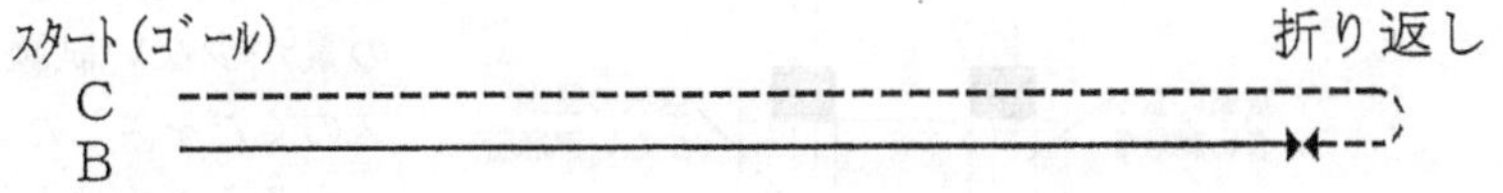

BさんとCさんは，8分後にすれちがう。

Bさんが8分間で進んだ道のりは，110×8＝880　で，880mになる。

Cさんが8分間で進んだ道のりは，1920－880＝1040　で，1040mになる。

Cさんは，1040mを8分間で進んだことになるので，Cさんの速さは，

1040÷8＝130　で，分速130mになる。　　答え　分速130m

3 問題1　ア　1　　イ　2

問題2　ウ　12　(個)

説明　あみだくじの個数と数字の移動を表にまとめると，

	1	2	3	4	5	6	7	8
1個目	8	3	5	1	2	6	4	7
2個目	7	5	2	8	3	6	1	4
3個目	4	2	3	7	5	6	8	1
4個目	1	3	5	4	2	6	7	8

6は位置が変わらない。2，3，5は，3個目ではじめの位置にもどる。1，4，7，8は，4個目ではじめの位置にもどる。

全部の数字がはじめの位置にもどるには，3と4の最小公倍数を求めればよい。

3の倍数　3，6，9，⑫，15…

4の倍数　4，8，⑫，16…　　　答え　12個

【別解例】　あみだくじの数字の移動を1つずつ考えると，

・1の位置は，左から1番目→4番目→7番目→8番目→1番目となり，あみだくじ4個目ではじめの位置にもどる。同じように，4と7と8もあみだくじ4個目ではじめの位置にもどる。

・2の位置は，左から2番目→5番目→3番目→2番目となり，あみだくじ3個目ではじめの位置にもどる。同じように，3，5もあみだくじ3個目ではじめの位置にもどる。

・6は位置が変わらない。

だから，3と4の最小公倍数を求めればよい。
3の倍数　3，6，9，⑫，15…
4の倍数　4，8，⑫，16…　　　答え　12個

4　問題1　1本の棒のはしを残り2つの棒のはしの方にそれぞれ近づける。どちらにも引きつけられなければ，近づけた棒が銅である。どちらかに引きつけられれば，残りの棒が銅である。

問題2　図のように残り2本の棒を置く。縦に置いた棒を横に置いた棒の真ん中に近づける。横に置いた棒が引きつけられれば，縦に置いた棒が棒磁石である。横に置いた棒が引きつけられなければ，縦に置いた棒が鉄の棒である。

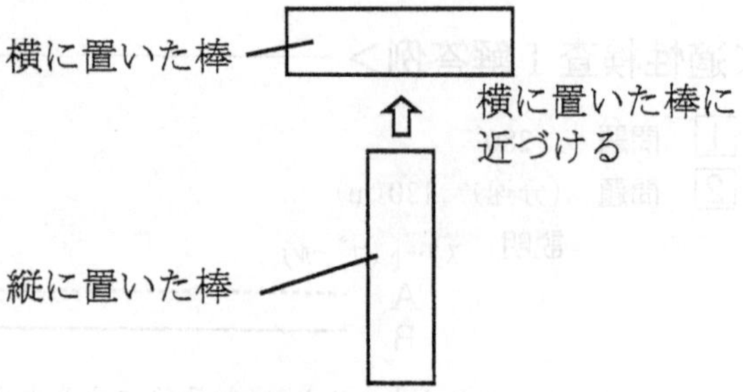

5　問題　予想　紙パックに残っていた空気の量に，ちがいがあるから

図

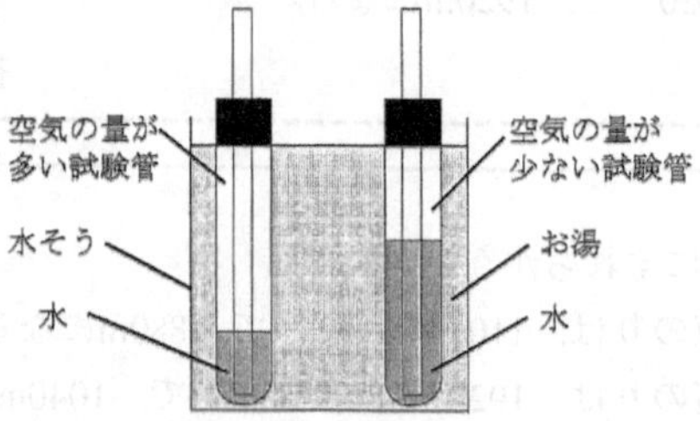

説明　空気の量が多い試験管と空気の量が少ない試験管を用意し，ガラスのくだをさしたゴムせんをする。

水そうの中にお湯を入れて，2本の試験管を同時にお湯の中に入れて温める。

6　問題　1つめの理由　めすのメダカが，オオカナダモに産んだ卵をつけるから。
2つめの理由　オオカナダモは，光があたるとメダカが呼吸するために必要な酸素を出すから。

7　問題1

問題2　説明　方位は東のほうになり，高さは低くなる。
記号　エ

○配点○
1　10点　　2　数値　5点　説明　15点　　3　問題2　説明　10点　他　各5点×2
4　問題1　4点　問題2　10点　　5　予想　4点　図・説明　10点　　6　各5点×2
7　各4点×3　　計100点

＜適性検査Ⅰ解説＞

1　（算数：速さの計算，角度の計算）

問題　大きい角度よりも小さい角度を先に求めるほうが，より早く正解が出せる。10時40分の時計の針は，右の図のような形になる。㋐の角度は60°，㋑の角度は短い針が40分間に進んだ角度である。短い針は12時間(720分)で360°進むことから，1分間に0.5°ずつ進むとわかるので，㋑の角度は40×0.5＝20(°)である。したがって小さい角度は，60＋20＝80(°)になる。よって求める角度は，360－80＝280(°)である。

2 （算数：速さの計算）

問題　AさんとBさんの走る速さとすれちがう時間がわかっていることから，スタート地点からゴールまでの道のりを求められることに気づけるとよい。指示があるように，すれちがうことを図に書くとわかりやすい説明になる。

やや難 3 （算数：規則性をつかむ）

問題1　あみだくじAを3個，4個と縦に並べていくと縦の数字の移動が同じ規則でくり返されていることがわかる。これを表にすると右のようになる。

	1	2	3	4	5
1個目	4	5	1	3	2
2個目	3	2	4	1	5
3個目	1	5	3	4	2
4個目	4	2	1	3	5

ア　3の位置では，3個目ではじめの位置にもどる。よって7個目では，1になる。イ　5の位置では，2個目ではじめの位置にもどる。よって7個目では，2になる。

問題2　まず，数字の移動を表にまとめて整理する。そこから，それぞれの数字が何個目のあみだくじではじめの位置にもどるかをおさえる。その後，はじめの位置にもどるために必要なあみだくじの個数の最小公倍数が，すべての数字がはじめの位置にもどるために必要な個数であると気づけるかどうかが，重要なポイントになる。

4 （理科：磁石）

問題1　磁石の性質を覚えておく。磁石は鉄以外のほとんどの金属は引きつけないこと，鉄を引き付ける力は棒磁石の両はしがいちばん強く，真ん中ではその力ははたらきにくいことである。棒のはしとはしが引きつけられれば，その2本は棒磁石と鉄の棒だとわかる。よって，残った1本が銅の棒である。

問題2　引きつけるほうが棒磁石で，引きつけられるほうが鉄の棒である。はしとはしを近づけるとどちらが引きつけたかわからないので，棒の真ん中に近づけることを，図を使って説明するとよい。

重要 5 （理科：温度とものの変化）

問題　2つの紙パックには表面上ちがいが見られない。よって中の空気の量・お茶の量にちがいがあると考えるとよい。また，2つの紙パックはどちらも日なたに置いてあったことから，空気の体積が温まると大きくなることが関係していると考えられる。これを証明するために，実験では，空気の量が多い試験管と空気の量が少ない試験管を用意する，また空気をあたためる装置を用意することが大切である。

6 （理科：動物・こん虫，植物）

問題　解答例以外には，水そうの下にたまっているメダカのふんなど有害な物質を養分として吸収して水をきれいにするというのもある。

7 （理科：月と太陽）

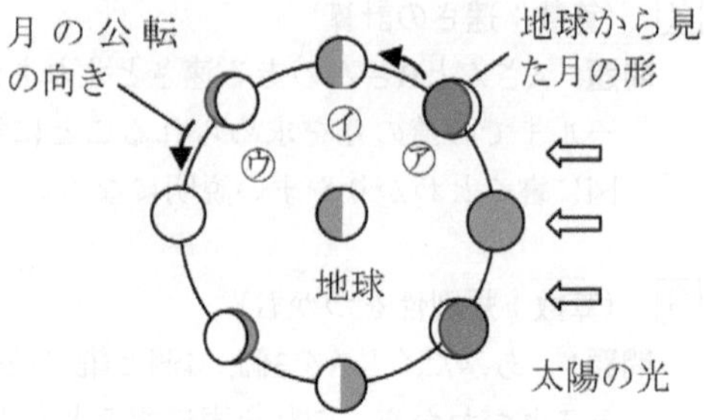

問題1　右の図では，けんたさんは地球の位置にあり，㋐の月を見ていると考えられる。

問題2　「上弦（じょうげん）の月（右の図㋑）」は数日かけて満月になっていくので，3日後にはよりふくらんだ形（右の図㋒）になる。また，月は東の空から姿を現すが，新月→上弦の月→満月→下弦の月→新月と姿を変えるのに合わせて，姿を現す時刻はじょじょにおそくなっていく。したがって，3日後の同じ時刻では，月は今よりも東のほうに移り，高さは低くなると考えられる。

★ワンポイントアドバイス★

3はあせらずに規則を探し出すこと。ただし，最後に解くほうが有効に時間を使えるかもしれない。

＜適性検査Ⅱ解答例＞

1　**問題**　二度と戦争をしない憲（けん）法がつくられ，女性の参政権が認（けん・みと）められるようになった。それは，日本が平和で平等な国をめざしたからである。

2　**問題**　お客さんの安全・安心な品物を買いたいという願いにこたえたものである。それは，資料1の指定された農家によって専（せん）用の飼料で育てられたことの説明からわかる。また，資料2の生産者の顔（イラスト）がかかれていることからわかる。

3　**問題1**　ほ場整備を行って大型の機械を使えるようにした。また，複数の農家で米を保管するし設や大型の機械を使うくふうをしている。これらのくふうをする目的は，効率よく米づくりを行うためである。

問題2　**資料6**　冷めてもおいしい新たなお米を作ると，注文が増え，それが米の消費量を増やすことにつながるという考え。

資料7　お米を使ったコンテストを行うと，お米に対する関心が高まり，それが米の消費量を増やすことにつながるという考え。

資料8　これまでお米が使われていなかったものにお米を使うと，お米の使いみちが増え，それが米の消費量を増やすことにつながるという考え。

4　**アを選んだ場合**　「エンジンをかけたまま」という言葉から，イナゴがぼくにつかまえられないように，集中してじっとしているようすを想像しました。イナゴをエンジンのかかった車にたとえる表現を使っているのが，この詩のおもしろいところだと思ったので，アを選びました。

（アの別解例）「イナゴ」という言葉から緑や茶色，「もえている夕やけ」という言葉から赤，「イネ」という言葉から黄金色など，色を想像させる言葉が使われています。秋の色あざやかな田んぼの風景がいいなと思ったので，アを選びました。

（アの別解例）「いつでもにげられるしせいで……」と「イネのにおい！」にはそれぞれ記号が使われています。「……」からは，イナゴに対して何か言いかけている「ぼく」の様子が，「！」からは，イネのにおいに対する「ぼく」の感動が伝わってくるようでいいなと思ったので，アを選びました。

イを選んだ場合 「上の雪」「下の雪」「中の雪」という言葉から，比べる表現を使っていることがわかります。それぞれの雪のつらさや悲しさを思いやる作者の気持ちが伝わってきます。詩を読んでいるわたしたちもやさしい気持ちになれるのがいいなと思ったので，イを選びました。

(イの別解例)「上の雪　さむかろな」と「つめたい月がさしていて」は，言葉の順序を入れかえて書いてあります。すべての連が言葉の順序を入れかえてあってリズムがいいなと思ったので，イを選びました。

(イの別解例)全ての連は，第一連「上の雪　さむかろな。　つめたい月がさしていて。」と組み立てが同じになっています。この表現の工夫によって，リズムよく朗(ろう)読することができるのがいいなと思ったので，イを選びました。

5 **ア** 温泉(せん)は，どちらの資料でも取り上げられているから，しょうかいするのにいいと思うわ

(アの別解例)日本の歴史的な建物をしょうかいするといいと思うわ。しょうかいしたいと思っている人が多いし，外国人観光客が楽しみにしていることの中では，割(わり)合は高くないけれど，知らないだけだと思うから，もっと日本に興味をもってもらえると思うわ

イ 温泉をしょうかいするには，温泉のある場所を地図で示したり，温泉のききめをパンフレットで説明したりするよ。そうすれば，実際に行きたいときに活用できていいと思うよ

(イの別解例)歴史的な建物を写真や模(も)型を使って説明するよ。そうすれば，日本の建物のよさをわかってもらえると思うよ

6 **Aを選んだ場合** 午後に行われた最後のリレーでの赤組のがんばりが大きく勝利に結び付いた。午前中の種目を終えたときに点数の差はなく，応えん合戦は白組が勝利。赤組が勝利をつかむためには，リレーで勝つ必要があった。優(ゆう)勝した赤組のリーダーは，みんなで練習に取り組んで勝てた喜びと仲間への感謝の思いを語った。

Bを選んだ場合 「負けてしまったが，みんなで団結した応えん合戦で勝てたのはとてもうれしかった」と白組のリーダーは話した。午前中はどちらもほとんど差はなかった。しかし，最後のリレーで，赤組が勝利をつかんだ。残念ながら白組は負けてしまったが，応えん合戦で見せた白組の団結力は本当にすばらしかった。

○配点○

1 15点　2 10点　3 問題1 10点　問題2 15点　4 16点　5 14点

6 20点　計100点

＜適性検査Ⅱ解説＞

重要 1 （社会：日本の文化・歴史）

問題 まず資料1から，女性の参政権が認められたことと日本国憲法がつくられたことが，主なできごとであると読み取る。男女が平等に政治に参加できるようになったことについては，資料3・4で，選挙や政治の場に女性の姿があることからも読み取れる。また日本国憲法については，資料2に「戦争放棄(き)」と書かれていることに着目する。

2　（社会：くらしの安全）

問題　どのようにつくったのか，だれがつくったのかが明確になっていると，買い手は安心できる。

3　（社会：日本の経済・産業）

問題1　複数の農家で協力して作業を行うことで，効率のよい米づくりにつながっている。

問題2　米の消費量を増やすために，さまざまな取り組みが行われていることをとらえる。

4　（国語：複合資料型）

問題　2つの詩を読み，それぞれにどのような表現のくふうがされているかを読み取る。そして，よいと思った表現のくふうについてを中心に，自分がその詩を選んだ理由をまとめる。まとめる際には，問題文中に書かれている条件を満たすように注意する。

5　（社会：日本の文化・歴史）

問題　ア　資料1・2の両方で重要とされているものを選ぶとよい。選んだ理由も書くこと。

イ　資料3をもとに，困ったこと，わかりにくかったことを改め，役に立ったことを利用するような方法を考える。その際，その方法のよさを書くこと，二人が話しているように書くことに注意する。

やや難　**6**　（国語：複合資料型）

問題　見出しと写真が決まっているので，自分が書きやすいほうを選ぶ。取材メモに書かれている内容を適切に取り入れ，字数に合わせて書くことが大切である。また，一文を短めにして組み立てると，生き生きとした文章になる。

★ワンポイントアドバイス★

自分の意見を，理由や筋道をたてて説明する練習をする。この練習は，さまざまな分野に役に立つ。

データ対応

収録から外れてしまった年度の
解答解説・解答用紙を弊社ホームページで公開しております。
巻頭ページ＜収録内容＞下方のQRコードからアクセス可。

※都合によりホームページでの公開ができない問題については，
次ページ以降に収録しております。

平成28年度

茨城県立中学校・中等教育学校入試問題

【適性検査Ⅰ】　(45分)　　＜満点：100点＞

1　ゆうかさんは，今までの算数の授業で学んだことをもとに，**問題**を作ってノートに書いています。

けんた：ゆうかさん，何してるの？

ゆうか：今までの算数の授業で勉強したことをもとにして，**問題**を作っているの。

けんた：どんな**問題**なの？

ゆうか：こんな**問題**なんだよ。

問題　りんご60個となし80個があります。りんご60個を４個ずつふくろに入れ，なし80個も４個ずつふくろに入れます。りんごのふくろとなしのふくろが別々になるように箱に入れて，すべてお店まで運びます。このとき，下の**約束**にしたがって箱に入れます。

りんごとなしはそれぞれ何箱になるでしょうか。

約束

1　それぞれの箱には，ふくろのまま入れます。

2　１つの箱には２ふくろ以上を入れます。

3　りんごの箱は，どの箱にも同じ数のりんごが入るようにします。
なしの箱は，どの箱にも同じ数のなしが入るようにします。

4　りんごとなしは，どちらも３箱以上になるようにします。

5　りんごを入れた箱の数のほうが，なしを入れた箱の数よりも多くなるようにします。

ゆうか：どう，わかる？

けんた：ちょっと待って…。わかった。りんごは［ア］箱，なしは［イ］箱になると思うよ。

ゆうか：すごい。よくわかったね。

問題　会話文中の［ア］，［イ］にあてはまる数を書きなさい。

2　けんたさんとゆうかさんは，次のページの**図１**のようなさくを使って，花だんを作ろうとしています。

けんた：花だんを作りたいんだ。さくをすき間なく並(なら)べて四角形の花だんにしたいな。

ゆうか：花だんは長方形か正方形にしたいね。さくは全部で27個あるよ。１個のさくの長さはすべて同じで１mだから，次のページの**図２**のようにさくを６個並べて長方形の花だんを作ると面積は２m²になるよ。さくをたくさん使って広い花だんを作りたいね。

けんた：形は長方形か正方形で，いちばん広い花だんにしたいな。

ゆうか：それなら，さくの数が縦 **ア** 個，横 **イ** 個並べたときだよ。使わないさくもあるけれど，それがいちばん広い花だんになるわ。

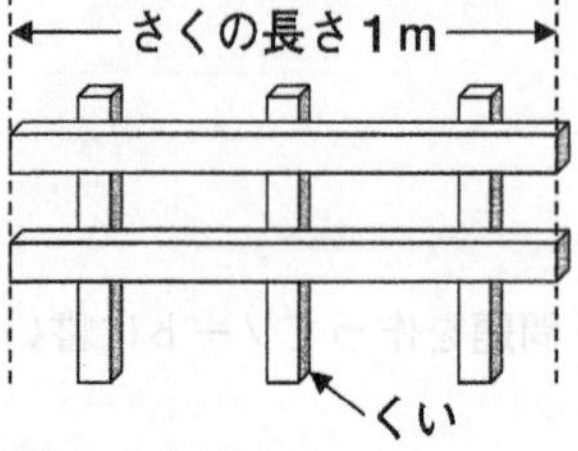

図１　さく

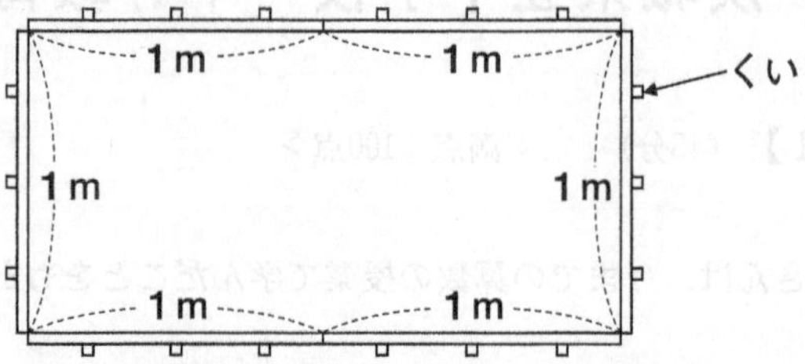

図２　６個のさくで作った花だんを上から見たようす

問題１　会話文中の **ア** ，**イ** にあてはまる数を書きなさい。ただし，**ア** ，**イ** にちがう数があてはまるときは，大きいほうの数を **ア** に書きなさい。

次の日，花だんについて先生に相談すると，**図１**のさくをもっと増やしてよいので，面積が１ a の長方形か正方形の花だんを１つ作ってほしいとたのまれました。

けんた：面積が１ a の花だんを作るのに，さくは何個必要かな。形は長方形か正方形だったよね。

ゆうか：面積が１ a でも，並べ方によって使うさくの数や花だんの形はちがうはずよ。

けんた：いちばん少ないさくの数で面積が１ a の花だんを作るためには，どんな形にしてあと何個のさくが必要かな。

ゆうか：考えてみるわね…。わかったわ。さくが27個あるから，あと **ウ** 個あれば，面積が１ a の花だんを作ることができるわよ。

けんた：どうやって考えたの。教えて，ゆうかさん。

問題２　会話文中の **ウ** にあてはまる数を書きなさい。また，**ウ** の求め方についてあなたがゆうかさんなら，けんたさんにどのように説明しますか。言葉や数，式，図，表などを使って説明しなさい。

3　けんたさんとゆうかさんは，ねん土玉と，同じ長さの棒を使って，三角柱をつなげていこうとしています。

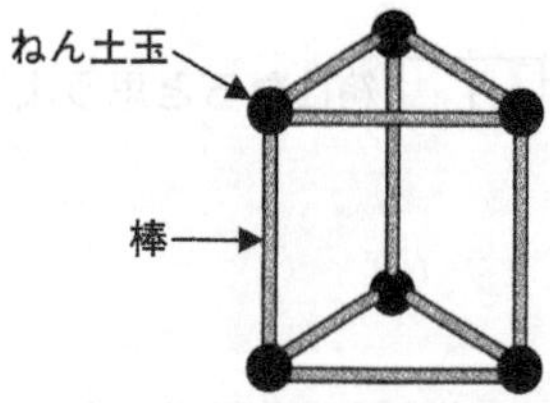

図１　三角柱

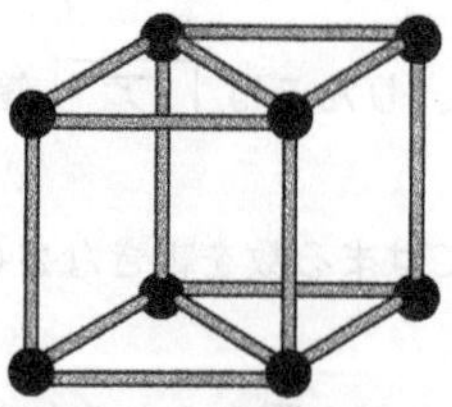

図２　三角柱を２個つなげたようす

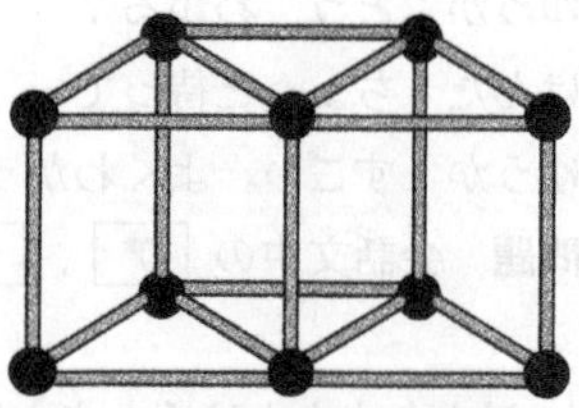

図３　三角柱を３個つなげたようす

ゆうか：１個のときは，**図１**のようになるんだね。

けんた：三角柱を横に２個つなげたときは**図２**のように，横に３個つなげたときは**図３**のようになるってことにしようね。

ゆうか：そうしよう。三角柱をこのようにして，横に10個つなげたら，ねん土玉と棒はいくつずつ必要になるのかしら。

けんた：考えてみよう…。わかった。三角柱を横に10個つなげたときのねん土玉は［ア］個，棒は［イ］本必要になるはずだよ。

問題１　会話文中の［ア］，［イ］にあてはまる数を書きなさい。

ゆうか：今度は，実際にたくさんの三角柱を横につなげてみたいわね。

けんた：先生にねん土玉と棒をもらってこよう。

二人は先生からねん土玉を60個と棒を120本もらいました。

けんた：すごい。たくさんできそうだね。

ゆうか：いったい何個の三角柱をつなげることができるのかしら。

問題２　ねん土玉60個と棒120本を使って，三角柱の数がいちばん多くなるように横につなげたとき，三角柱の数は何個になりますか。その数を書き，求め方について，言葉や数，式，図，表などを使って説明しなさい。

4　けんたさんとゆうかさんは，**図１**のような光電池で動くせん風機を作りました。

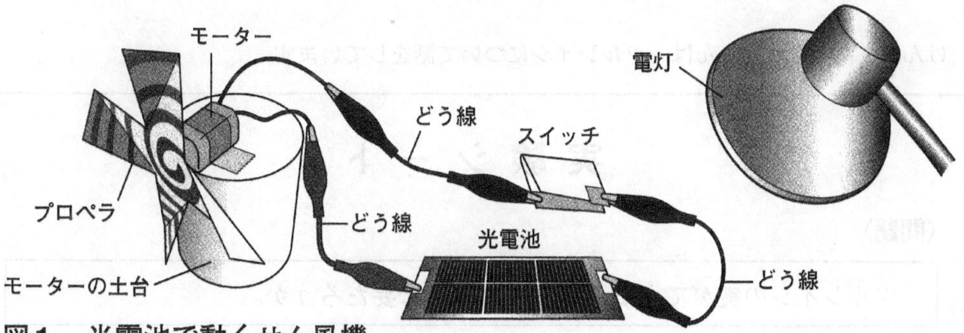

図１　光電池で動くせん風機

ゆうか：光電池で動くせん風機ができたわ。

けんた：スイッチを入れるから，光電池に電灯の光を当ててみて。

ゆうか：いいわよ。

けんた：やった。プロペラが回ったよ。うまくいったね。

ゆうか：でも，風がこないわ。プロペラの回転の向きが反対よ。

問題１　けんたさんとゆうかさんは，プロペラの回転の向きが反対であることに気がつき，モーターの回転の向きを直しました。どのような方法で直したのでしょうか。その方法を説明しなさい。

ゆうか：風がくるようになったわ。これで光電池で動くせん風機の完成ね。

けんた：プロペラは回ったけど，回転がゆっくりで風が弱いな。

ゆうか：そうね。プロペラをもっと速く回すためにはどうすればいいかしら。

けんた：そういえば，ソーラーカーの実験をしたとき，光電池に太陽の光を当てたらとても速く走ったよ。

ゆうか：速く走ったということは，きっとモーターに大きな電流が流れたからね。

けんた：プロペラを速く回すためには，せん風機のモーターに大きな電流を流すことができればよさそうだね。

ゆうか：もっとも大きな電流を流すためには，光電池に太陽の光をどのように当てればよいのか，実験してみましょう。

けんたさんとゆうかさんは，**図２のア～エ**のように光電池に太陽の光を当ててみました。

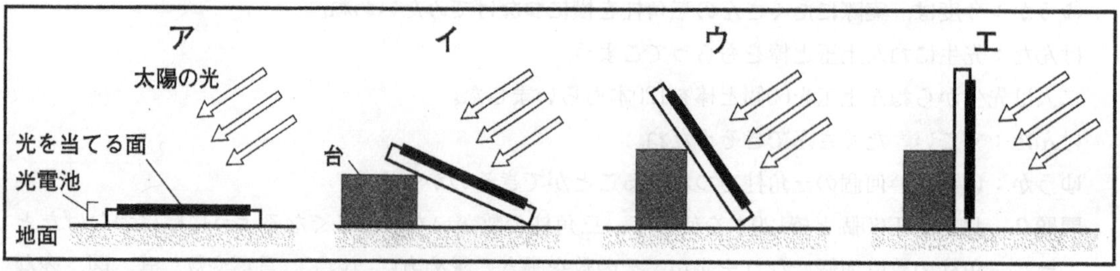

図２　太陽の光が当たる光電池を真横から見たようす

問題２　もっとも大きな電流を流すことができたのはどれでしょうか。**図２のア～エ**の中から１つ選び，記号を答えなさい。また，その記号を選んだ理由を説明しなさい。

5　けんたさんとゆうかさんは，ツルレイシについて話をしています。

実験シート

〈問題〉

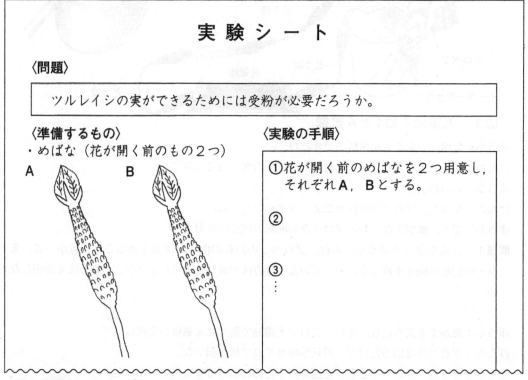

ツルレイシの実ができるためには受粉が必要だろうか。

〈準備するもの〉

・めばな（花が開く前のもの２つ）

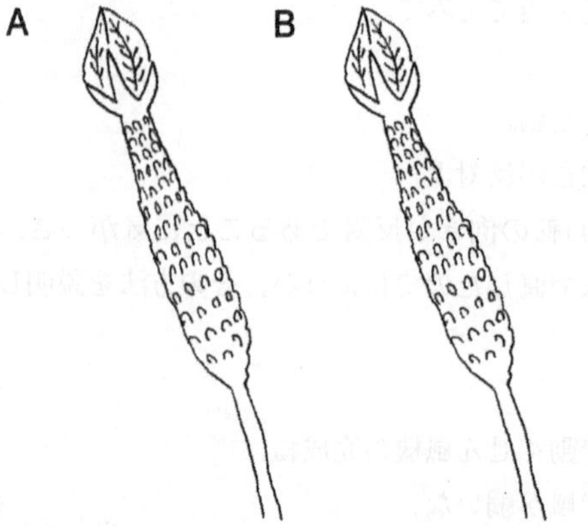

〈実験の手順〉

①花が開く前のめばなを２つ用意し，それぞれA，Bとする。

②

③

⋮

図　実験シートの一部

ゆうか：きのう，ツルレイシの花をよく見てみたら，形がちがう花があったわ。

けんた：そうだよ。ツルレイシには，おばなとめばながあるんだ。おばなにはおしべはあるけれどめしべがなくて，めばなにはめしべはあるけれどおしべがないんだよ。

ゆうか：１つの花におしべとめしべがあるアサガオとはちがうのね。ツルレイシも，実ができるためには受粉が必要なのかな。

けんた：そうだと思うよ。実験をして調べてみようよ。

問題　けんたさんとゆうかさんは，１週間後にツルレイシのようすを観察するために，**図**のような実験シートを作っています。めばな以外にも準備するものを考えて，②からの実験の手順を書きなさい。

6　けんたさんとゆうかさんは，科学クラブの活動について話をしています。

ゆうか：水よう液には，いろいろな性質があったわね。

けんた：性質のちがいによって，何の水よう液か区別できるんだよね。

ゆうか：次の活動では，水よう液の性質を使って区別する問題を出してもらおうよ。

けんた：いい考えだね。先生にお願いしよう。

次の科学クラブの時間，先生は**図**のような試験管に入っているＡ～Ｅの５種類の液体を二人に用意してくれました。

ゆうか：試験管には何が入っているのかな。

けんた：どの液体も色がなくて，とう明だよ。

先　生：今日はこのＡ～Ｅの５種類の液体を区別しましょう。試験管には，うすい塩酸，炭酸水，ホウ酸の水よう液，水酸化ナトリウムの水よう液，水の５種類の液体が別々に入っています。

ゆうか：どんな実験で調べればいいかしら。

けんた：これまで学習した４つの実験で調べてみよう。

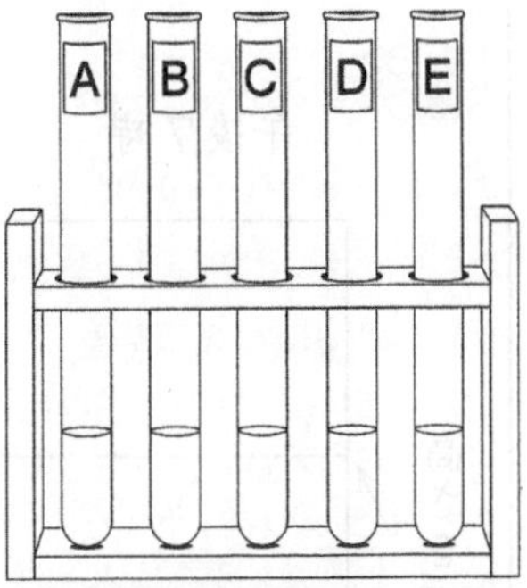

図　試験管に入っている５種類の液体

実験ア　試験管に石灰水を入れて，変化を調べる。
実験イ　ガラスぼうを使って，液体を青色リトマス紙につけ，色の変化を調べる。
実験ウ　ガラスぼうを使って，液体を赤色リトマス紙につけ，色の変化を調べる。
実験エ　液体を蒸発皿にとって熱し，何か残るかどうかを調べる。

先　生：実験をするときは保護めがねを使い，かん気をしましょう。また，**実験エ**を行うときは，Ａの液体だけは熱しないようにしましょう。Ａの液体には固体がとけていて，熱すると，こくなり危険です。

ゆうか：はい，気をつけます。じゃあ，**実験ア**から始めましょう。

けんた：ゆうかさん，**実験ア**は最後にやらないといけないよ。

ゆうか：どうしてなの。

問題１　**実験ア**の試験管に石灰水を入れて変化を調べる方法を最後に行わないといけないのはどうしてでしょうか。その理由を説明しなさい。

先　生：４つの実験をすべて行わなくても，試験管に入っている液体を区別できますよ。

ゆうか：えっ，そうなんですか。

けんた：ゆうかさん，実験を始める前に，実験の順番を考えてみようよ。

先　生：二人にヒントがありますよ。ホウ酸の水よう液は，酸性です。

問題2　４つの実験をすべて行わなくても，試験管に入っている液体を区別するためには，どの実験をどのような順番で行えばよいでしょうか。必要な実験を**実験ア**～**実験エ**の中から選び，順番に並べなさい。

また，実験の順番にそって，５種類の液体がどのように区別できるかを説明しなさい。

7　けんたさんは，星の動きを調べるために，午後７時と午後９時に自宅のベランダからオリオン座を観察しました。けんたさんとゆうかさんは，図のようなけんたさんの観察シートを見ながら話をしています。

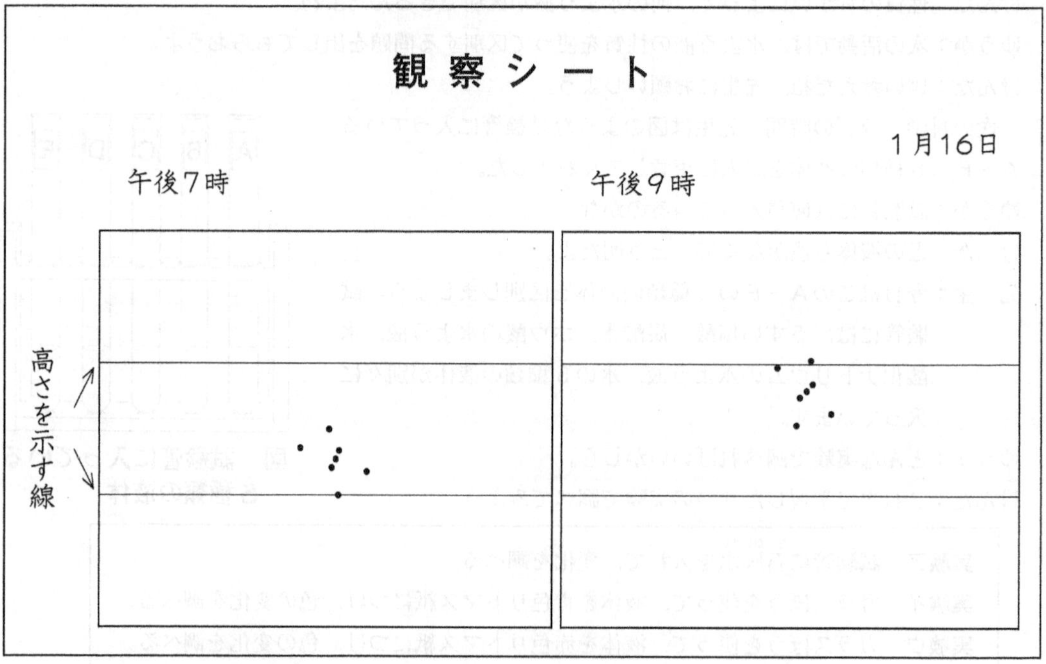

図　けんたさんの観察シート

けんた：午後７時と午後９時のオリオン座を観察シートに記録したよ。

ゆうか：オリオン座の星の並び方は時間がたっても変わらないことがわかるわね。

けんた：そうだね。オリオン座の形はどちらも同じだね。

ゆうか：でも，この観察シートの記録のしかたは不十分だわ。

けんた：どうして。にぎりこぶしを使ってきちんと高さを調べたよ。

ゆうか：それだけではオリオン座の動きがわかるとは言えないよ。観察シートに記録するときは，高さ以外に，もう１つ調べなければならないことがあるのよ。

問題　オリオン座の動きがわかるようにするために，高さ以外に調べなければならないことは何か書きなさい。また，そのことがわかるようにするためには，どのように記録すればよいか説明しなさい。

【適性検査Ⅱ】　(45分)　　＜満点：100点＞

1　ひろしさんとけいこさんは，明治日本の産業革命遺産が世界遺産に登録されたことについて話しています。

ひろし：明治日本の産業革命遺産が，世界遺産に登録されたと新聞にのっていたね。
けいこ：そうなんだ，すごいね。明治ってどんな時代だったのかな。
ひろし：ここに，江戸時代末ごろと明治時代初めごろの日本橋近くの様子がわかる絵があるよ。
けいこ：２まいの絵を見比べると，まちの様子はずいぶんちがうね。
ひろし：どうしてこんなに変わったのかな。
けいこ：歴史館の館長さんに聞いてみようよ。

問題１　江戸時代末から明治時代初めにかけて，社会はどのように変化していきましたか。**資料１**～**資料４**から読み取れることをもとに，人々の生活の様子にふれながら書きなさい。

資料１　江戸時代末ごろの日本橋近くの様子

資料２　明治時代初めごろの日本橋近くの様子

資料３　江戸時代末から明治時代初めにかけての主なできごと

年	主なできごと
1853	ペリーが浦賀に来る
1867	徳川慶喜が政権を朝廷に返す
1872	富岡製糸場が完成する
	新橋・横浜間に鉄道が開通する
	横浜にガス灯がつく
1873	徴兵令が出される

資料４　歴史館の館長さんの話

「江戸時代末から明治時代初めにかけての主なできごと（**資料３**）」から見てわかるように，この時代は，欧米諸国に追いつこうと経済力と軍事力に重点を置いた政治が行われました。そして，国が運営する官営工場が開かれたり，訓練された近代的な軍隊をもつために徴兵令が出されたりしました。

けいこ：わたしたちのまちには，古くから残っているものもあるね。

ひろし：このあいだ，友達が通っている学校に行ってみたんだけど，まちの中には古いものがいくつかあって，そういうものも目印になったよ。

けいこ：そういえば，3年生のときにいろいろな目印を入れて作った，まちの地図があるわ。この地図で，道順を説明できるかしら。

ひろし：そうだね。道順を説明するには，きょりもわかるといいね。きょりを説明できるように，目印となる建物を表す地図記号の近くに●をつけるね。

問題2　ひろしさんは，3人の友達が通うそれぞれの学校に，駅から近い順に歩いて行きました。駅を出発して，ひろしさんが歩いた道順を，**資料5**と**資料6**をもとに，「駅を出発して」という書き出しに続けて説明しなさい。ただし，広い道を通り，道以外は通らないものとして，説明には方位，どれだけ歩いたかのきょり，目印となるものを入れなさい。また，きょりを表すときには，ひろしさんが地図記号の近くにつけた●を基準にして，100m，200mのようにおよその数で書きなさい。

資料5　ひろしさんとけいこさんが作ったまちの地図

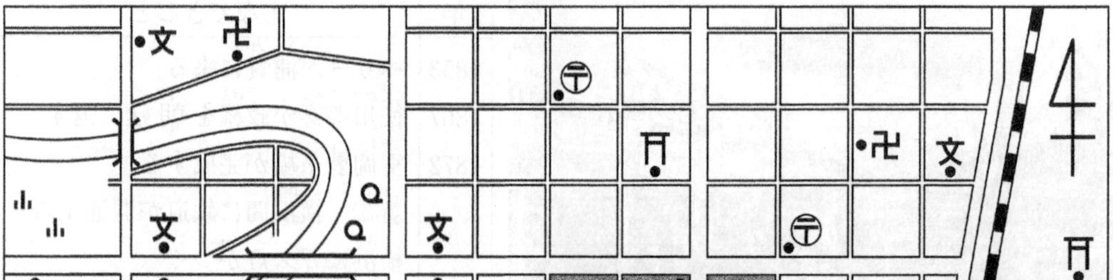

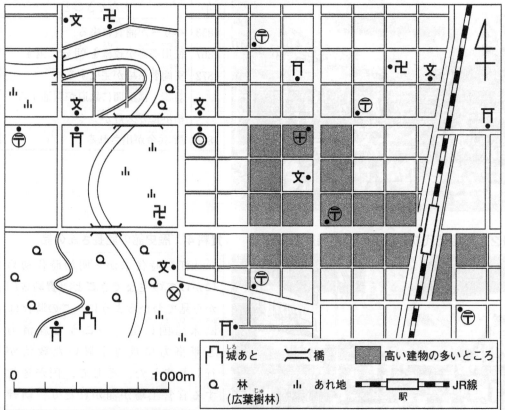

資料6　3人の友達の学校のまわりの様子

あきら	「わたしの学校の西がわには林があり，南がわには市役所があります。」
かずき	「わたしの学校は城(しろ)あとから見て北にあり，学校のすぐそばに神社があります。」
はるみ	「わたしの学校は駅から近く，まわりには高い建物がたくさんあります。」

ひろし：日本の工業は，明治時代からずいぶん発展してきたね。

けいこ：そうだね。日本の工業はどんなところでさかんなのかな。

問題３　日本の工業地帯や工業地域は，どのようなところに多いですか。また，多い理由としてどのようなことが考えられますか。**資料７～資料10**から読み取れることをもとに書きなさい。

資料７　日本の主な工業地帯・工業地域の分布

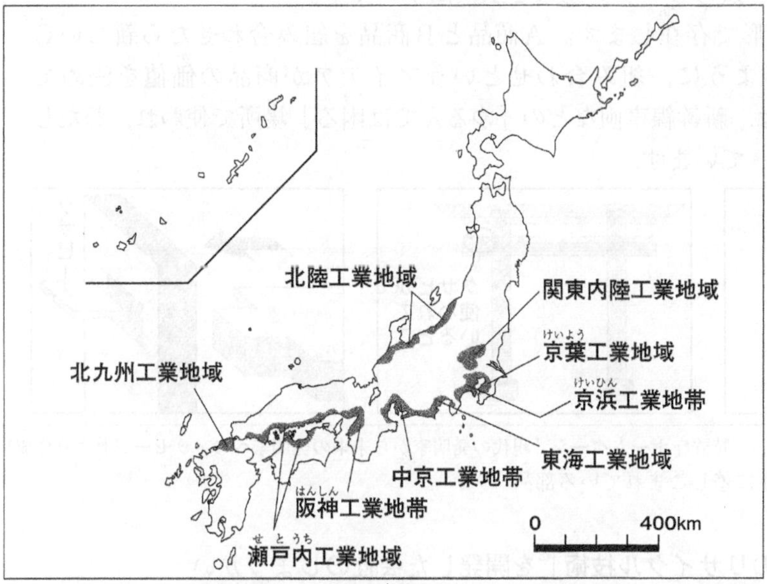

（経済産業省「工業統計表（産業編）平成22年版」ほかより作成）

資料８　日本の主な輸入品（2013年）

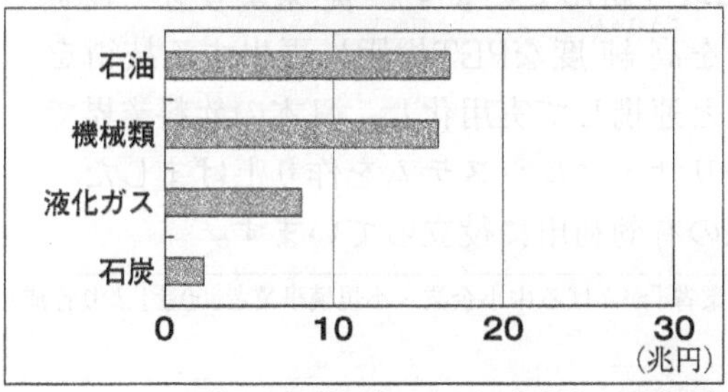

（「日本国勢図会2014／15年版」より作成）

資料９　日本の主な輸出品（2013年）

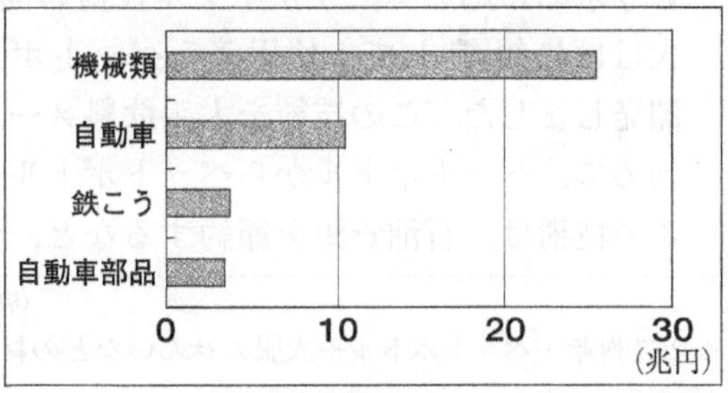

（「日本国勢図会2014／15年版」より作成）

資料10　日本の主な空港と港における貿易額の割合（2013年）

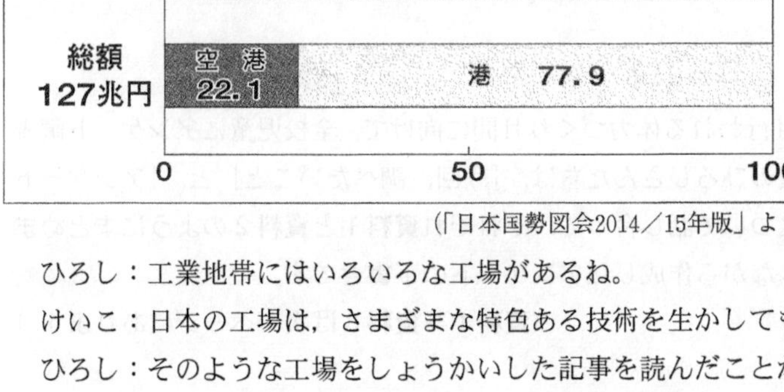

（「日本国勢図会2014／15年版」より作成）

ひろし：工業地帯にはいろいろな工場があるね。

けいこ：日本の工場は，さまざまな特色ある技術を生かしてものづくりに取り組んでいたね。

ひろし：そのような工場をしょうかいした記事を読んだことがあるよ。

資料11　「絶対にゆるまないナット」を開発した社長さんの話

　絶対にゆるまないナットがほしいとのお客様からの求めにより，このナットは開発されました。このナットは，神社の鳥居にあるクサビをヒントにしています。凹凸二種類のナットを用意し，一つはクサビの役割，もう一つはハンマーの役割を持たせ，それをねじこむことで，強力なロック効果を生み出すのです。

　アイデアは見えない形で存在します。A商品とB商品を組み合わせたら新しいCという商品が生まれるように，組み合わせというアイデアが商品の価値を決めていきます。このナットは，新幹線車両などの「ゆるんでは困る」場所で使われ，わたしたちの生活の安全を守っています。

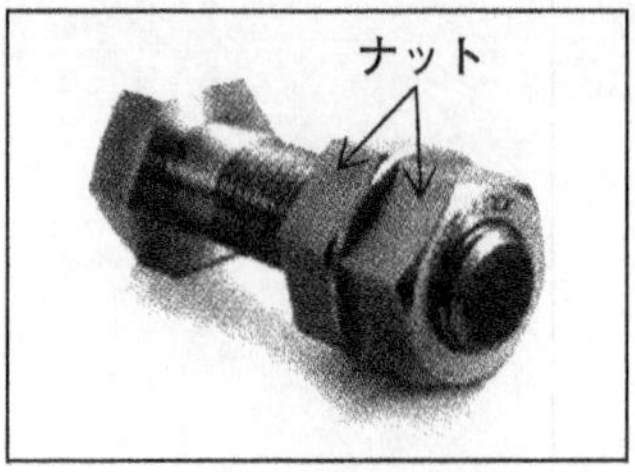

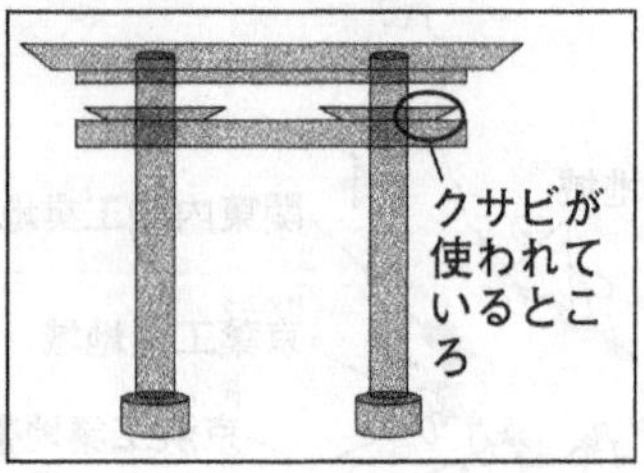

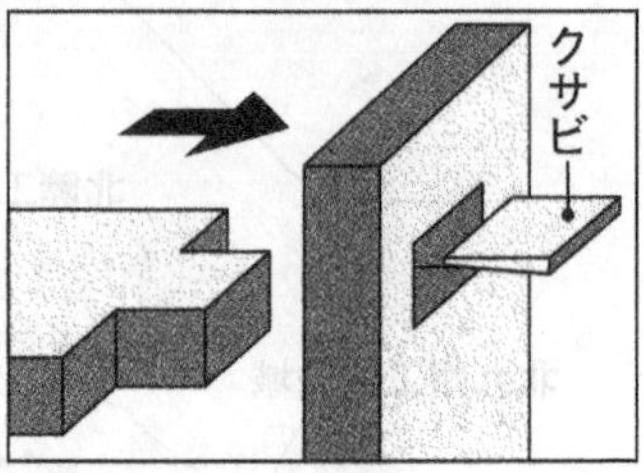

（特許庁ホームページ「現代の発明家から未来の発明家へのメッセージ」より作成）

※クサビ…柱がゆるまないように差しこまれている部品

資料12　「ペットボトルのリサイクル技術」を開発した会社のしょうかい

　この会社は，資源の少ないわが国でプラスチックをより有効に活用できないかという求めに応じて，リサイクル技術の開発に取り組んでいます。従来よりも工程を大はばに短縮して，使用済みペットボトルを高純度なPET樹脂に再生する技術を開発しました。この技術を大手飲料メーカーと連携して実用化し，日本の飲料業界で初めて，ペットボトルからペットボトルへのリサイクルシステムを作り上げました。この技術は，石油資源を節約するなど，資源の有効利用に役立っています。

（経済産業省「がんばる中小企業・小規模事業者300社」より作成）

※PET樹脂…ペットボトルや衣服のせんいなどの材料

問題４　**資料11**と**資料12**でしょうかいされた工場では，どのようなくふうをしていますか。また，このような工業製品は，わたしたちの生活にどのような役割を果たしていると考えられますか，85字以上110字以内で書きなさい。ただし，「，」や「。」も１字に数え，文字に誤りがないようにしなさい。

２　西小学校の体育委員会では，来月行われる体力づくり月間に向けて，全校児童にアンケート調査を行うことになりました。体育委員のひろしさんたちは，「今回，調べたいこと」と，「アンケートを作成するときに気をつける点」について話し合って，それぞれ**資料１**と**資料２**のようにまとめました。**資料３**は，それらを参考にしながら作成したアンケートの下書きです。

（**資料１**～**資料３**は次のページにあります。）

資料１　今回，調べたいこと

- ・運動がどのくらい好きか
- ・平日と休日の平均運動時間を比べたときのちがい
- ・体力づくり月間に全校児童で取り組みたい運動種目

※学年別に集計し，調査結果をまとめる。

資料２　アンケートを作成するときに気をつける点

- ・はじめに，アンケート調査を行う目的を書く。
- ・今回調べたいことがはっきりするような質問を考える。
- ・多くの考えや意見を聞くことができるようにする。
- ・最後にお礼の言葉を書く。

資料３　アンケートの下書き

西小学校体育委員会

体力づくり月間に向けてのアンケート（５，６年生用）

体育委員会では，体力づくり月間を成功させるために，アンケート調査を行うことにしました。みなさんの日ごろの運動のようすと，取り組みたい運動種目について教えてください。

下の質問を読んで，当てはまるものの番号に○をつけてください。

学年に数字を書いてください。
学年　（　　）年

質問１　あなたは運動が好きですか。どちらか一つを選んでください。
１　好き　　２　きらい

質問２　あなたは，平均して１日にどのくらいの時間，運動をしますか。（一つだけ選んでください）
※ここでの運動には，体育の授業はふくみません。
１　30分未満
２　30分以上１時間未満
３　１時間以上２時間未満
４　２時間以上

質問３　体力づくり月間に全校児童で取り組みたい運動種目は何ですか。（一つだけ選んでください）
１　なわとび　　２　ランニング
３　その他

ご協力ありがとうございました。

問題　**資料３**「アンケートの下書き」のままアンケート調査を行うと，**資料１**の「今回，調べたいこと」が明確にはならないため，**質問１**～**質問３**は，いずれも直す必要があります。あなたがひろしさんだったら，「今回，調べたいこと」がより明確になるようにするために，アンケートの下書きをどのように直しますか。**資料３**の**質問１**～**質問３**のうち**二つ**の質問を選んで数字を書き，それぞれの質問文やそこで選ぶものをどのように直したらよいか，**資料１**と**資料２**をもとに，文や文章で具体的に説明しなさい。

３　けいこさんとひろしさんは，言葉についての調べ学習をしています。けいこさんは「言葉の意味や使い方がわからないときにどうするか」ということについてインターネットで調べて，**資料１**～**資料３**のようにまとめました。（**資料１**～**資料３**は次のページにあります。）

けいこ：おもしろい資料を見つけたので，まとめてみたわ。見てくれる？
ひろし：この「紙の辞書」というのは，なんだろう。
けいこ：いつも授業の時に使っている，本の辞書のことよ。ほかにも，「インターネット上の辞書」や「電子辞書」があるよ。
ひろし：**資料１**を見ると，どのような方法で調べているのかがわかるよ。**資料２**は，それを年れい別にまとめたものだね。

資料１　言葉の意味や使い方がわからないときにどうするか（複数回答をしたもの）

・紙の辞書を引く……47.3％
・インターネット上の辞書を利用する……43.1％
・だれかに教えてもらう……39.6％
・インターネット上の言葉に関するサイトを利用する……23.2％
・電子辞書を引く……21.8％
・言葉に関する紙の本で調べる……11.1％
・特に何もせず，そのままにすることが多い……3.9％

資料２　言葉の意味や使い方がわからないときにどうするか（年れい別）

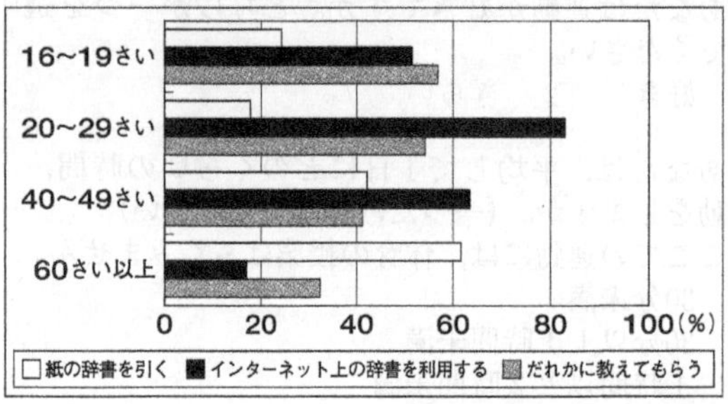

資料３　これまでの１年間にインターネットを利用したことがある人の割合（年れい別）

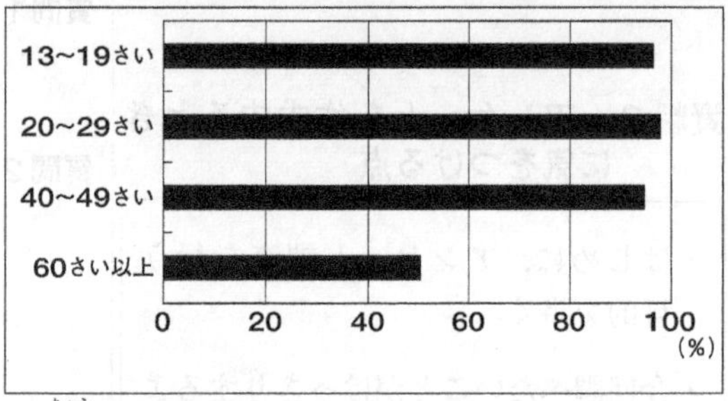

（**資料１**・**資料２**は文化庁「平成24年度『国語に関する世論調査』」より作成，
資料３は総務省「平成24年版情報通信白書」より作成）

けいこ：**資料１**と**資料２**を見比べてわかることは，［　ア　］。
ひろし：そうだね。年れいによってちがいが見られるね。
けいこ：もう一つ資料があるのよ。**資料３**はこれまでの１年間にインターネットを利用したことがある人の割合を年れい別に表したものね。
ひろし：**資料２**と**資料３**の，60さい以上を見てみると，［　イ　］。
けいこ：二つの資料を関連させると，そういうことも考えられるわね。

問題　二人の会話が成り立つように，［ア］と［イ］に入る内容を書きなさい。ただし，二人が話をしているような表現で書くこと。

4　ひろしさんは，宿はく学習に参加しています。班長のひろしさんは班長会議に出席し，次の日の午前中に行われる野外すい飯について，先生や施設の方からの連らくをメモを取りながら聞いています。

問題　ひろしさんは，次のページの**資料１**と**資料２**の内容を，これから班の人に話して伝えます。大事な内容を班の人に落とさずに伝えるために，メモを整理して書き直すことにしました。そこで，ひろしさんは次のページの**ア**～**ウ**のような三つの整理の仕方を考えました。あなたがどれか一つを選んで書き直すとしたら，**ア**～**ウ**のどれを選びますか。**一つだけ**選んで記号で書きなさい。次に，あなたがそれを選んだ理由を，あなたが選ばなかった他の二つのものの特ちょうと比べたうえで，100字以上120字以内で書きなさい。ただし，「，」や「。」も１字に数え，文字の誤りがないようにしなさい。

資料1　先生からの話

　今から連らくすることを班の人に伝えてください。
　明日の野外すい飯では，カレーライスを作ります。９時にすい飯場に集合して，班ごとに整列してください。エプロンの他に三角きんとマスクを持っていってください。軍手も忘れずに用意しましょう。材料はすべて用意してあります。カレーライスの作り方と，自分の役割を確認しておきましょう。

資料２　施設の方からの話

　明日の朝，雨の場合は，集合場所を屋根がある第２すい飯場に変こうします。
　すい飯に使うまきは，各班一束です。まき係は，先にまき置き場にまきを取りに来てください。なべや食器は，倉庫の中に班ごとに分けてありますので，一組ずつ運びましょう。

ア

◎連らく（野外すい飯について）

［先生から］
○９時集合…すい飯場
　↓　　　　はんごとに整列
○カレーライス作り
　・持ちもの…エプロン，
　　三角きん，マスク，軍手
　・材料ＯＫ
　・作り方と役わり…確にん
［し設の方から］
○雨天…第２すい飯場
○準備
　・まき…各はん一束
　（まき係→先にまき置き場）
　・なべや食器…倉庫　各一組

イ

◎連らく（野外すい飯について）

集合	９時にすい飯場 （はんごとに整列）
持参	エプロン，三角きん， マスク，軍手 材料ＯＫ
確にん	カレーライスの作り方 自分の役わり
雨天	第２すい飯場に集合
準備	まきは各はん一束 （まき係は先にまき置き場） なべや食器 （倉庫に各はん一組）

ウ

◎連らく（野外すい飯について）
・カレーライス作り
・９時集合
・すい飯場にはんごとに整列
☆エプロン，三角きん，
　マスク，軍手　わすれずに！
・材料は用意してある
・作り方と役わりを確にん
・雨の場合は第２すい飯場
・まき　はんに一束
・まき係は先にまき置き場へ
・倉庫になべや食器　はんに一組

平成27年度

茨城県立中学校・中等教育学校入試問題

【適性検査Ⅰ】 (45分) ＜満点：100点＞

[1] けんたさんとゆうかさんは，体育館のかべのかざり付けを手伝うことになりました。かべには図のように正方形の板が上の段に100枚，下の段に100枚並んでおり，赤い花かざりと白い花かざりがとちゅうまで付いていました。

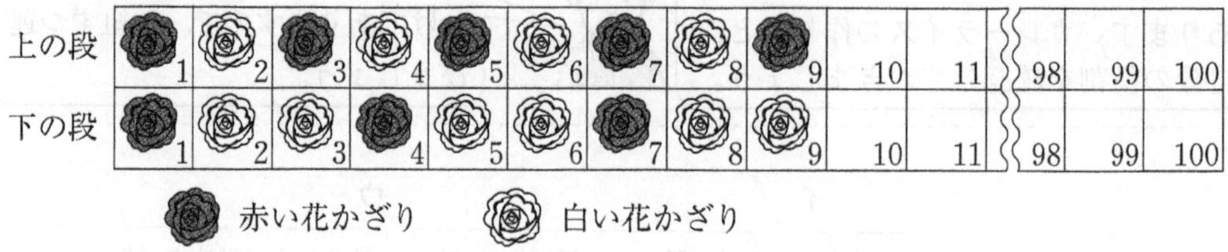

図　花かざりがとちゅうまで付いているようす

ゆうか：1枚の板には，赤い花かざりか白い花かざりのどちらか1つが付いているわ。上の段，下の段とも左から数えて1番目から9番目の板まで付いているわね。

けんた：上の段は，赤，白のくり返しで花かざりが付いているね。ぼくはこのくり返しで続きをやるよ。

ゆうか：下の段は，赤，白，白のくり返しだわ。わたしはこのくり返しで続きをやるわね。

けんた：この後，上の段，下の段とも左から数えて100番目の板まで付けるには，赤い花かざりと白い花かざりがそれぞれあと何個必要になるのかな。ちょっと待ってね…。わかった，赤い花かざりがあと [ア] 個，白い花かざりがあと [イ] 個必要になるね。

ゆうか：わかったわ，がんばりましょう。ところで，花かざりを見ていて気付いたことがあるの。上の段と下の段で縦に並んでいる2枚の板を1組と考えると，1組目は赤と赤，2組目は白と白，3組目は赤と白，4組目は白と赤のように上下の花かざりが同じ色の組やちがう色の組があるのよ。

けんた：本当だ，おもしろいね。同じ色の花かざりが上下に並ぶ組は，いくつできるのかな…。あっ，わかった。100組のうち [ウ] 組になるはずだよ。

問題　会話文中の [ア]，[イ]，[ウ] にあてはまる数を書きなさい。

[2] けんたさんとゆうかさんは，教室のかざり付けをすることになりました。1辺が15cmの正方形の折り紙を図1のようにはり合わせて，図2のけい示板とぴったり同じ大きさの1枚の紙を作ろうとしています。(図1，図2は次のページにあります。)

ゆうか：けい示板の大きさを測ってみたら，縦が69cm，横が125.4cmの長方形だったわよ（図2）。

けんた：できるだけ少ない枚数の折り紙で作りたいね。

ゆうか：そうよね。けい示板とぴったり同じ大きさに作るには，はり合わせる部分のはばを考えないといけないわよね。

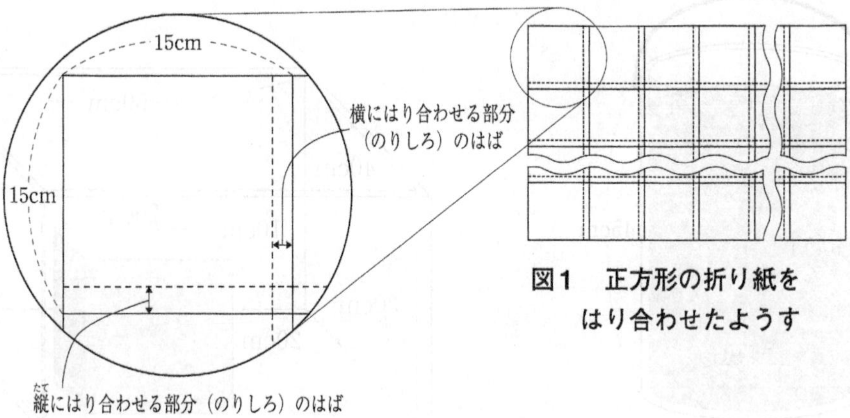

図１　正方形の折り紙をはり合わせたようす

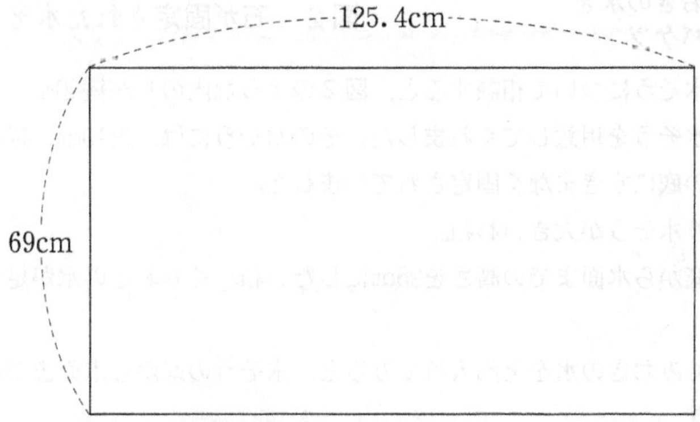

図２　けい示板

けんた：はり合わせる部分のはばは，どこも同じにしたいね。

ゆうか：そうよね。だけど，けい示板とぴったり同じ大きさに作るには，「縦にはり合わせる部分のはば」と「横にはり合わせる部分のはば」はちがっていてもいいわよね。

けんた：そうだね。どうやってはり合わせる部分のはばを決めたらいいかな。

ゆうか：ちょっと待ってね，計算してみるわ…。「縦にはり合わせる部分のはば」と「横にはり合わせる部分のはば」が，わかったわ。

けんた：どうやって考えたのか教えて，ゆうかさん。

問題　あなたがゆうかさんなら，けんたさんにどのように説明しますか。図や数，式，言葉などを使って説明しなさい。

3　けんたさんとゆうかさんは，生き物係の活動として，クラスでメダカを飼育することにしました。そこで，まず，内のりが直径30㎝，高さ45㎝の円柱の形をしたバケツに，くみおきの水を用意することにしました。

けんた：どのくらいのくみおきの水が必要かな。

ゆうか：とりあえず，このバケツの底から水面までの高さが40㎝になるように，くみおきの水を用意しましょう（次のページの図１）。

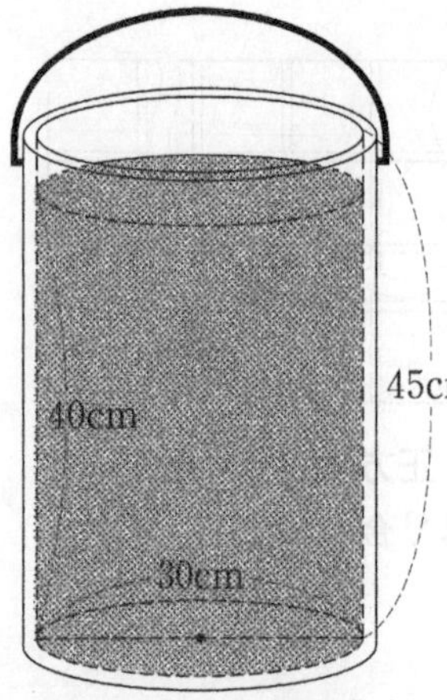

図１　くみおきの水を入れたバケツ

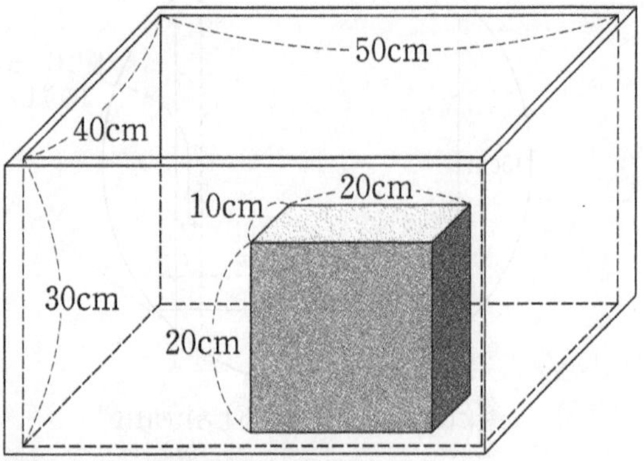

図２　石が固定された水そう

次の日，先生に水そうについて相談すると，**図２**のような内のりが縦40cm，横50cm，高さ30cmの直方体の形をした水そうを用意してくれました。その水そうには，縦10cm，横20cm，高さ20cmの直方体の石が水そうの底にすきまなく固定されていました。

ゆうか：思ったより水そうが大きいわね。

けんた：水そうの底から水面までの高さを25cmにしたいね。くみおきの水が足りないかもしれないね。

ゆうか：用意したくみおきの水を全部入れてみると，水そうの底から水面まで高さはどのくらいになるのかな。

けんた：計算してみるね…。ああ，やっぱり，水そうの底から水面までの高さは □ cmにしかならないよ。

ゆうか：え，そうなの。そうすると，水そうの底から水面までの高さを25cmにするためには，くみおきの水はあと何cm^3必要なのかしら。

問題１　会話文中の □ にあてはまる数を書きなさい。ただし，円周率は3.14とします。

問題２　水そうの底から水面までの高さを25cmにするために，くみおきの水はあと何cm^3必要になりますか。図や数，式，言葉などを使って説明しなさい。ただし，円周率は3.14とします。

４　けんたさんは，以前買ったゴムで動く車の材料セットを開いて，ゆうかさんと話をしています。

けんた：このセットの中には作り方の説明書が入っていたんだけれど，中身を取り出した時に破れて，いつの間にか最後の部分がなくなってしまったんだ（次のページの**図１**）。

ゆうか：材料はすべてそろっているんだから作れるわよ。まず，説明書の③のところまで作ってみましょう。

けんたさんとゆうかさんは，説明書のとおりに③まで作ってみました。

ゆうか：説明書の③までできたわね。でも，輪ゴムをどうしたらいいかしら。

けんた：説明書の④に文の一部が書いてあるね。そうだ，こうするんだよ。

けんたさんは，後輪のじくに輪ゴムをセロハンテープで巻き付けてとめました（次のページの**図２**）。

<table>
<tr>
<td>① </td>
<td>② 前  後</td>
<td>③ 前  後</td>
<td>④</td>
</tr>
<tr>
<td>プラスチックだんボールの一方に切りこみを入れて折り曲げ，もう一方は切り取る。</td>
<td>プラスチックだんボールにじくを通し，車輪を取り付け，切りこみを入れた方を前とする。</td>
<td>折り曲げた部分を目玉クリップではさみ，その上部に輪ゴムを結ぶ。</td>
<td>後輪
セロハ
輪ゴム</td>
</tr>
</table>

図１　破れてしまった作り方の説明書

けんた：やった，車ができた（**図３**）。

ゆうか：うまくできたわね。どうやって走らせるの。

けんた：これは，こんなふうに車輪をゆかに付けたまま，車を後ろに引いて，手をはなすと走るんだよ。

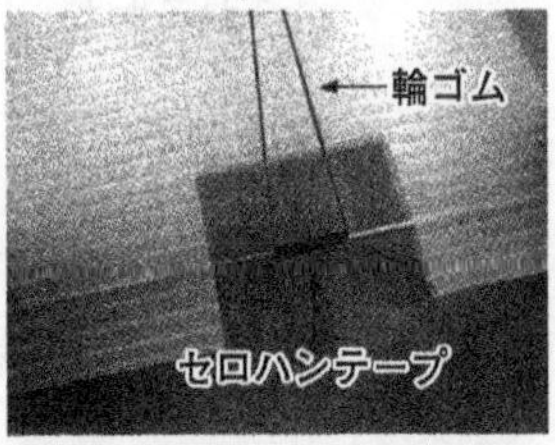

図２　後輪のじくと輪ゴム

けんたさんは，車を静かに後ろに引いてから手をはなしました。車は前進しました。しかし，その後，車は後ろ向きに進み，また前進する，という動きを何回かくり返し，やがて止まりました。

問題１　二人が作った車は，なぜ，後ろ向きに進んだのでしょうか。その理由を説明しなさい。

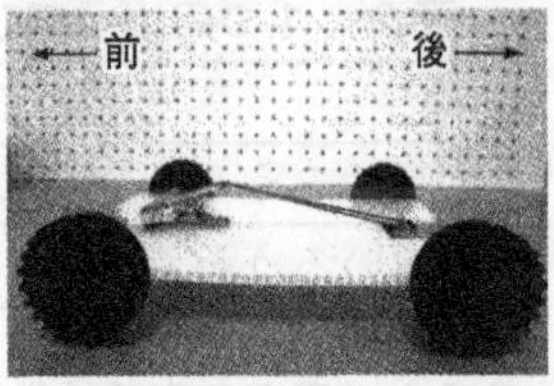

図３　二人が作った車

けんた：車が後ろ向きに進まないようにするには，どうしたらいいんだろう。

ゆうか：けんたさん，見て。材料セットの中に，クリップが１つ残っていたわ（**図４**）。

けんた：そうか，クリップの使い方が，説明書の④に書いてあったんだよ。きっと，クリップを使えば，車は前進だけして，後ろ向きには進まないよ。

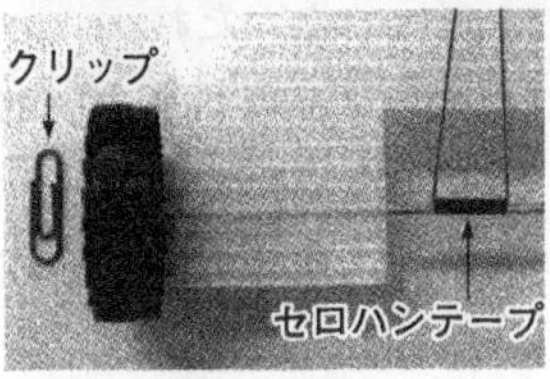

図４　見つけたクリップ

問題２　二人が作った車が，後ろ向きに進まないようにするには，**図４**のクリップも使ってどのように作ればよいか，図や言葉を使ってかきなさい。ただし，車輪をゆかに付けたまま，車を後ろに引いて，手をはなす方法で走らせることとします。

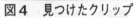

５　けんたさんとゆうかさんは，ガラスびんをろうそくにかぶせて，その中でろうそくが燃え続ける時間をそれぞれに調べました。結果を表にまとめて，話をしています（**表１**）。

表１　ガラスびんの中で，１本のろうそくが燃え続けた時間

	１回目	２回目	３回目	４回目	５回目
けんたさんが行った実験	23秒	25秒	26秒	23秒	26秒
ゆうかさんが行った実験	30秒	31秒	37秒	38秒	36秒

けんた：あれっ，二人の実験結果に差があるよ。同じ大きさのガラスびんを使ったのにどうしてかな。十分に空気の入れかえをして実験したのになあ。

ゆうか：何がちがうのかしら。使ったろうそくを比べましょう。

けんた：あっ，ろうそくの太さは同じだけれど，長さがちがう。ゆうかさんの方が短いよ。

ゆうか：それじゃあ，1つのガラスびんの中で，長さだけがちがう２本のろうそくが燃え続ける時間を調べてみましょう（図）。

けんた：いいよ。まだ使っていない新しいろうそくを使おうよ。

ゆうか：同じ大きさのガラスびんを使えば，結果を比べられるわね。

図　２本のろうそくが燃えるようす

けんたさんとゆうかさんは，1つのガラスびんの中で，長さだけがちがう２本のろうそくが燃え続ける時間を調べて，結果を表にまとめました（表２）。

表２　１つのガラスびんの中で，長さだけがちがう２本のろうそくが燃え続けた時間

	1回目	2回目	3回目	4回目	5回目
長いろうそく	5秒	7秒	6秒	6秒	7秒
短いろうそく	22秒	22秒	18秒	19秒	23秒

ゆうか：**表２**の実験結果は，**表１**の実験結果と比べて，2本のろうそくとも燃え続ける時間が短くなったわ。

けんた：そうだね。それに，1つのガラスびんの中で実験を行っても，長いろうそくの火が先に消えたね。

問題１　**表２**の実験結果は，**表１**の実験結果と比べて，2本のろうそくとも燃え続ける時間が短くなりました。その理由を説明しなさい。

問題２　１つのガラスびんの中で，長さだけがちがう２本のろうそくを燃やすと，長いろうそくの火が先に消えました。その理由を説明しなさい。

6　けんたさんとゆうかさんは，うでを曲げたりのばしたりするしくみを調べるために，**図１**にあるものを使って，うでのもけいを作ることにしました。

ゆうか：うでを曲げたりのばしたりするとき，うでの骨（ほね）と筋肉（きん）は，どのようにはたらいているのかしら。調べてみましょう。

けんた：かたとひじの間にある骨，筋肉，関節に注目して，うでのもけいを作ろうよ。

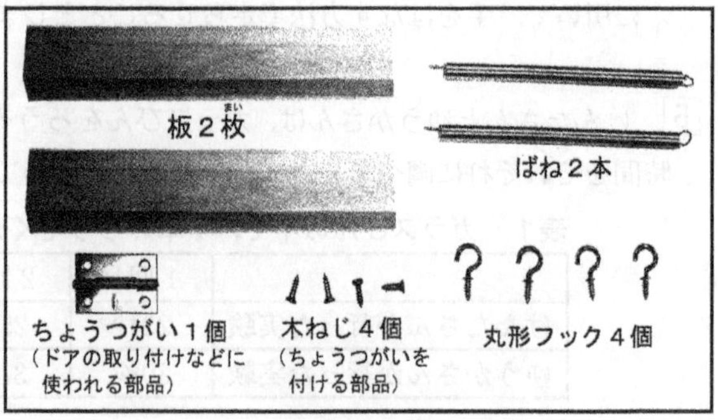

図１　うでのもけい作りに使うもの

ゆうか：板は骨，ばねは筋肉，ちょうつがいは関節，丸形フックは筋肉のはしが骨に付くところ，として使うのね。うでの絵を参考にして，考えてみましょう（**図2**）。

けんた：うでの絵のように，うでを直角に曲げた状態のもけいの設計図を考えたよ。板２枚とちょうつがい１個，丸形フック２個を使って，とちゅうまでかいてみたんだ（**図3**）。今，ばねを付けるところを考えているんだ。

ゆうか：うでを曲げたりのばしたりできるように，うでの内側と外側に筋肉が付いているのよね。残りのばねと丸形フックは，どこに付けたらいいかしら。

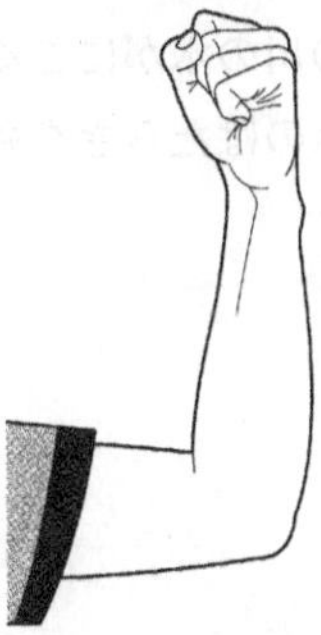

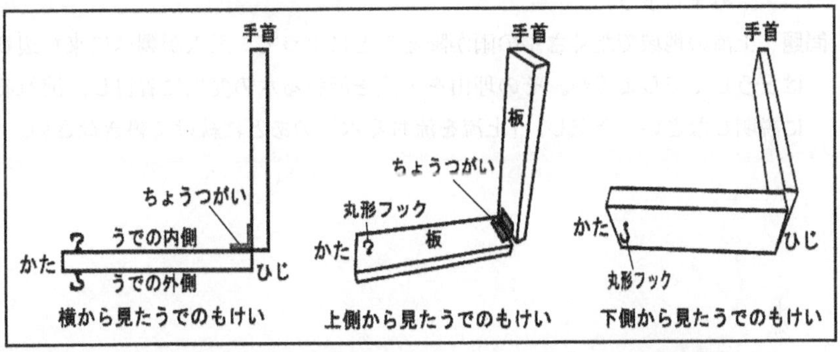

図2 うでの絵　図3 けんたさんがとちゅうまでかいた，うでのもけいの設計図

問題　**図3**は，けんたさんがとちゅうまでかいた，うでのもけいの設計図です。横から見たうでのもけいの設計図に，丸形フック２個とばね２本をかき入れなさい。ただし，ばねは，**図4**のようにかきなさい。

また，うでをのばした状態から直角に曲げたとき，うでの内側と外側の筋肉のようすを，**図3**から考えて，「ばね」「うでの内側」「うでの外側」という言葉を使って説明しなさい。

図4 ばねのかき方

7　けんたさんとゆうかさんは，夏休みに先生と川のようすを調べるために，川の流れがゆるやかな川原に来ました（図）。

図　川の流れがゆるやかな川原のようす
（大日本図書「たのしい理科５年－２」より）

けんた：この辺りの川原の石は，丸みをおびたものが多いね。

ゆうか：上流から流れてくるうちに，割れたり，けずられたりするからではないかしら。

けんた：そうか。ここからさらに下流に向かって石が流されていくと，さらに小さくなっていくということかな。

先　生：よいところに気付きましたね。では，川の流れについても調べてみましょう。

ゆうか：わかりました。先生，その前に質問してもいいですか。

先　生：いいですよ。

ゆうか：「川の水がにごり始めたら，危ないから川原からはなれなさい。」って聞いたことがあるのですが，どういうことですか。

先　生：それは，この辺りでは晴れていても，上流の地域でたくさんの雨が降っているので，危ないから川原からはなれなさいということです。たくさんの雨が降ることで，この辺りの川の水がにごるという現象が起きるのですよ。

ゆうか：上流の地域でたくさんの雨が降ると，どうしてこの辺りの川の水がにごるのかしら。

けんた：上流で川のまわりの石や土がけずられ，がけくずれが起きて川に流れこむからかな。

先　生：それも考えられますね。しかし，他にも考えられますよ。流れる水のはたらきから考えてみましょう。

問題　上流の地域でたくさんの雨が降ることによって，三人が調べに来た辺りの川の水がにごるのはどうしてでしょうか。その理由を上流を流れる水の変化に着目し，流れる水のはたらきをもとに説明しなさい。ただし，「上流を流れる水」のあとに続けて書きなさい。

【適性検査Ⅱ】　(45分)　＜満点：100点＞

1　ひろしさんは，2020年に東京で開かれることになったオリンピック，パラリンピックについて，けいこさんと話をしています。

ひろし：2020年にオリンピック，パラリンピックが東京で開かれることになったね。

けいこ：そういえば，東京では1964年にもオリンピックが開かれたんだってね。

ひろし：アジアで初めて開かれたオリンピックだって，おじいさんが言ってたよ。

けいこ：オリンピックをきっかけに日本が大きく変化したらしいよ。

ひろし：どのように変化していったのか，くわしく調べてみようよ。

問題１　1964年に東京でオリンピックが開かれたころから，日本の国民生活はどのように変化していきましたか。**資料１～資料３**から読み取れることをもとに書きなさい。

資料１　オリンピック前後の主なできごと

年	主なできごと
1958	東京タワーが完成する
1962	東京に高速道路が開通する
1964	観光目的の海外旅行が認(みと)められる
	東海道新幹線が開通する
	第18回オリンピックが東京で開催(さい)される
1965	愛知と兵庫(ひょうご)を結ぶ高速道路が開通する
1969	東京と愛知を結ぶ高速道路が開通する
1970	日本万(ばん)国博覧(らん)会が大阪(さか)で開催される

資料２　おじいさんの話

オリンピックが開かれたころから，日本の産業は，急速に発展(てん)したんだよ。製鉄所や火力発電所などが建てられ，各地の港が整備されたんだ。貿易も活発に行われ，国民総生産額もアメリカに次いで，世界第２位になったんだよ。

※国民総生産額…その国の経済規模(ぼ)を表したもの

資料３　電化製品のふきゅうのようす

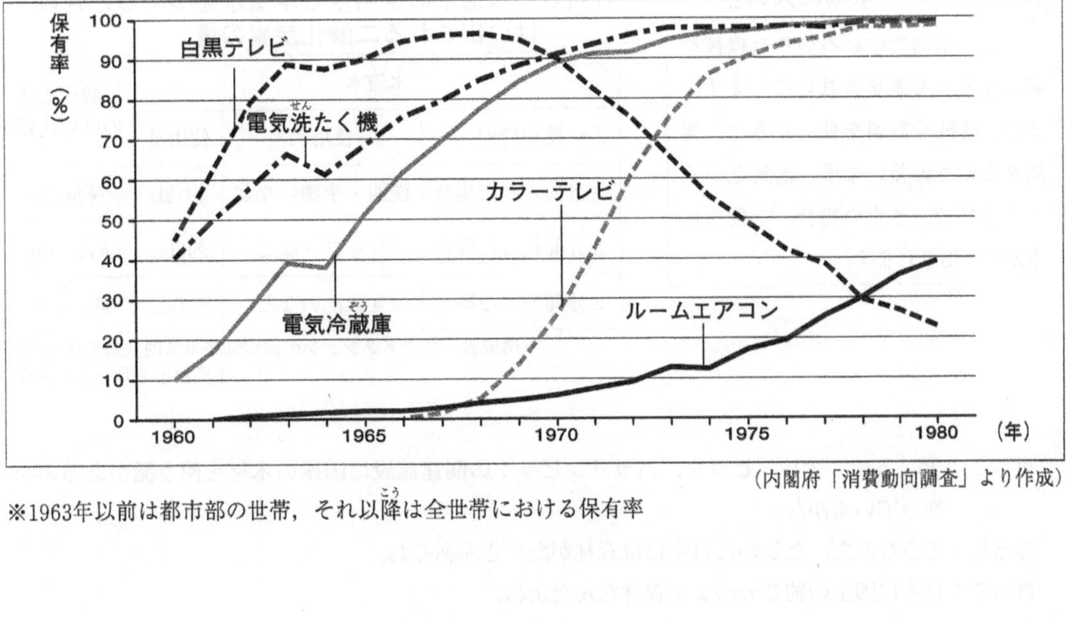

(内閣府「消費動向調査」より作成)

※1963年以前は都市部の世帯，それ以降(こう)は全世帯における保有率

ひろし：オリンピックが開かれたら，外国の方がたくさん日本に来るね。
けいこ：その方たちに観光以外にも，日本のよさを知ってほしいね。どんなことがあるかな。
ひろし：まずは水じゃないかな。日本ではどこに行っても水道の水を安心して飲めるよね。
けいこ：そうだね。わたしたちが安全に水を飲むことができるのは，地域(いき)にあるじょう水場のおかげだね。
ひろし：わたしたちはその水を大切に使うためにも，節水を心がけることが必要だね。
けいこ：節水を心がけることは，かん境を守る取り組みの一つにつながっているんじゃないかな。

問題２　節水がかん境を守る取り組みになる理由として，どのようなことが考えられますか。**資料４～資料６**から読み取れることをもとに書きなさい。

資料４　水道水をつくる主なしくみ

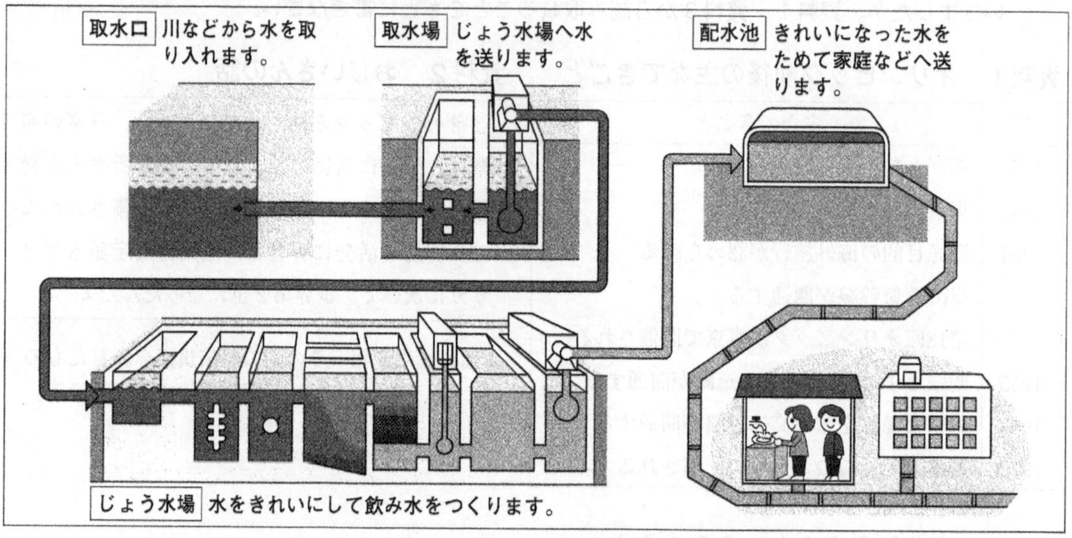
取水口 川などから水を取り入れます。
取水場 じょう水場へ水を送ります。
配水池 きれいになった水をためて家庭などへ送ります。
じょう水場 水をきれいにして飲み水をつくります。

資料５　じょう水場の人の話

じょう水場ではいろいろな機械や設備を使って水をきれいにします。また，機械や設備を使うときに，電気をたくさん使います。電気をつくるときには，多くの場合，二酸化炭素がはい出されます。

資料６　水道水の使用量と水道水をつくるときにはい出される二酸化炭素の量

水道水			二酸化炭素のはい出量
使用時間	使用例	使用量	
１分間使った場合	洗面(せん)・手洗(あら)いなど	約12L	約4.3g
３分間使った場合	シャワーなど	約36L	約13.0g
５分間使った場合	食器洗いなど	約60L	約21.6g

（環境省「エコアクションの温室効果ガス削減効果算定事例　平成24年６月」より作成）

けいこ：ところで，オリンピック，パラリンピックの関連施設(し)に国産の木材を使う話があるのを知っているかな。
ひろし：そうなんだ。たしかに日本には森林がたくさんあるね。
けいこ：日本は国土の約３分の２が森林なんだよね。

ひろし：日本の森林資源(げん)の活用はどうなっているのかな。日本の林業について，調べてみようよ。

問題３　日本の林業にはどのような課題があると考えられますか。**資料７**と**資料８**から読み取れることをもとに書きなさい。

資料７　木材の国内生産量と輸入量の変化

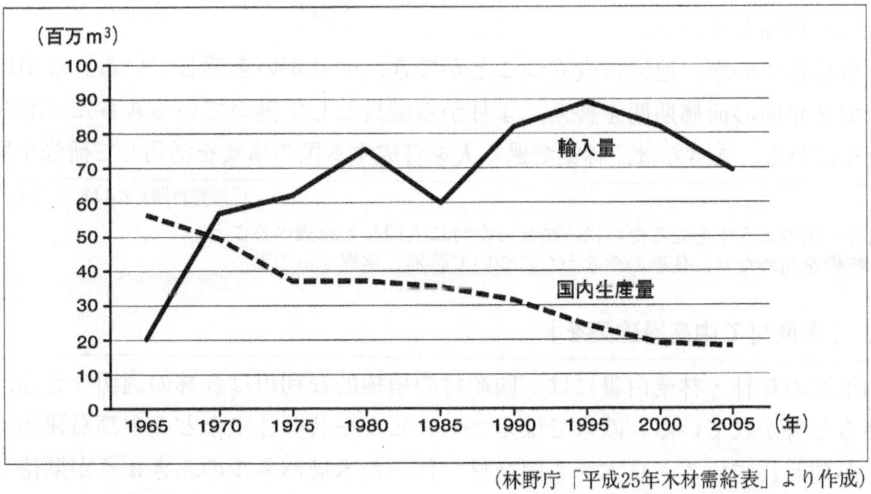

（林野庁「平成25年木材需給表」より作成）

資料８　林業で働く人の変化

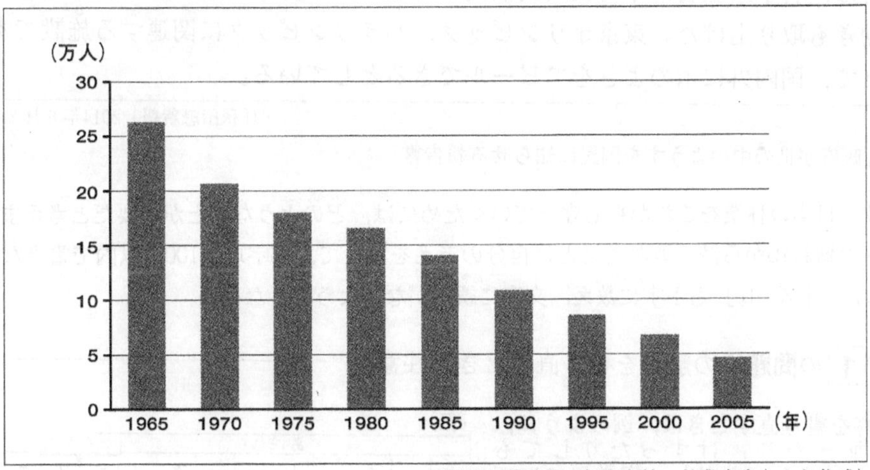

（林野庁「平成24年度森林・林業白書」より作成）

けいこ：オリンピック関連施(し)設の話の他にも，林業に関する新しい動きはいろいろあるよ。
ひろし：どんなことなの。
けいこ：新聞にこんな記事があったよ。

資料９　「林業　若返り」

林業で働く若い世代が少しずつ増えている。国勢調査によると，全国の林業で働く人のうち，65さい以上の割合は，2000年の30%から2010年には21%に低下している。逆に35さい未満の割合は上しょうけい向にあり，2000年の10%から2010年は18%になっており，人数も増加している。

「仕事はきついが，地元に役立つことができ，やりがいを感じている」と山口県の森林組合で３年間の研修期間を終え，４月から職員として働いているＡさん（30さい）は満足そうに語る。Ａさんは，林業で働く人を育成する国の事業を活用して研修を積んだ。

（「読売新聞」2014年５月４日より作成）

※国勢調査…国のようすを知るために，決まった時に人口などを調べること
※研修…技術を高めたり，仕事のやりかたについて特別に学習すること

資料10　「国産材で中高層建築を」

2013年度の森林・林業白書には，国産材の積極的な利用は森林の適切な整備，保全につながると書かれている。欧米ではオフィスビルや共同住宅などの中高層建築にも木製パネルが使われている。日本でも国産材で作った木製パネルのふきゅうが期待されている。

白書は，岩手県釜石市や宮城県気仙沼市で地域の木材を活用し，復興住宅などを建設する動きも取り上げた。東京オリンピック，パラリンピックに関連する施設で木材を使うことで，国内外に木のよさをアピールできるとしている。

（「秋田魁新報」2014年６月２日より作成）

※白書…政府が世の中のようすを国民に知らせる報告書

問題４　日本の林業をこれからも守っていくためには，どのようなことが必要だと考えますか。**資料９**と**資料10**から読み取れることに自分の考えを加えて，75字以上100字以内で書きなさい。ただし，「,」や「。」も１字に数え，文字に誤りがないようにしなさい。

＜ 1 の問題４の解答を書き直すときの注意＞

○　解答を書き直すときは，例のように，付け加えたり，けずったりしてもかまいません。ただし，字数については書き直した文字で数えます。

（例）

~~き~~	~~ょ~~	~~う~~	~~，~~	~~赤~~	~~い~~	い	ち	ご	を	も	ら	っ	て

（「赤い」の上に「あまい」，「を」と「も」の間に「たくさん」と書き加えてある）

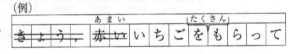

2　ひろしさんのクラスでは，西小学校で行われる西小まつりの昔遊びコーナーを担当します。昔遊びコーナーでは，昔遊びの体験に来た人に，遊び道具の遊び方だけでなく，作り方も説明することにしました。ひろしさんは，**資料１**と**資料２**をもとに，「かんげた」の説明書を作ることにしました。（**資料１**，**資料２**，説明書は次のページにあります。）

問題　ひろしさんが作った説明書の中の **ア** には空きかんを選ぶときに注意することがらを，**イ** には穴を開ける位置の説明を，それぞれ文や文章で書きなさい。

資料1　おじいさんから聞いた話

わたしが小さいころは「かんげた」でよく遊んだものだよ。かんに乗ったままみんなでおにごっこをしたり，かけっこをしたりしたものさ。作るときにはスチールかんを使うといいぞ。アルミかんでは乗ったときにつぶれてしまうことがあるからな。

そうだ，「かんげた」の作り方を教えてあげよう。まず，同じ高さの空きかんを２個用意する。次に，かんの開いていない側が上になるように置いて，穴を開ける位置に印を付ける。それからくぎで穴を開ける。それができたら，その穴の反対側に，もう一つ同じように穴を開ける。最後に両側からひもを通して，ひものはしをそれぞれ結んでとめ，ぬけないようにすれば完成だ。

資料2　インターネットを使って調べたメモ

・空きかんにくぎなどで小さな穴を開ける。
・穴にひもを通して，ひものはしを中で結んでとめ，ぬけないようにする。
・かんを立てたときに，高すぎたり細すぎたりするものは歩きにくい。
・穴の位置は下の図のとおり。

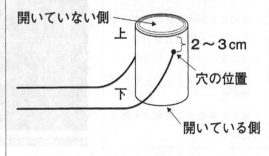

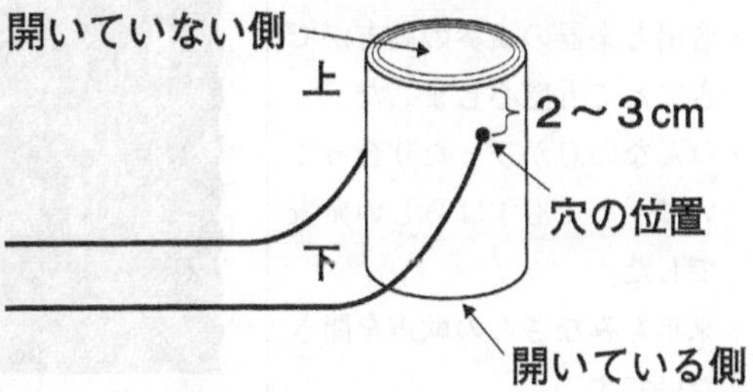

・くふうしだいで，さまざまな遊び方ができる。

ひろしさんが作った説明書

「かんげた」で遊ぼう！

●遊び方の例
・おにごっこ
・かけっこ　など
※くふうしだいで，さまざまな遊び方ができます。

●必要な材料など（一人分）
・空きかん　２個
・ひも　　　２本
・くぎなど

●作り方
1　同じ高さの空きかんを２個選びます。

ア

2　くぎで空きかんに穴を開けます。

イ

3　ひもを通し，ひもの両はしをそれぞれ結んでとめ，ぬけないようにします。

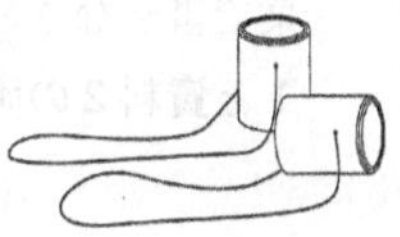

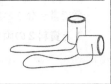

3　音楽クラブのけいこさんたちは，地域のお年寄りを招待して行う交流会で今年は何を発表するか，お年寄りの感想や，黒板に書かれていることを見ながら話し合っています。

さとみ：交流会でお年寄りに喜んでもらうためにどのような発表をするかについて意見を出してください。まず，何を発表するかについて話し合いましょう。

えりか：はい。わたしは合唱を発表するのがいいと思います。わたしたちの元気な歌声を届けたいと思うからです。

たかし：はい。ぼくは楽器の演奏がいいと思います。早い時期から計画的に楽器の練習に取り組め

資料１　昨年のお年寄りの感想

・楽器の演奏が上手で，毎年聞くのを楽しみにしています。
・合唱も楽器の演奏も，もっと聞いていたかったです。
・楽器にはいろいろな種類があるんですね。
・合唱と楽器の演奏の両方ができてとても感心しました。
・みんなの息がぴったり合っていて，とてもすばらしい発表でした。
・来年もみなさんの歌声を聞きたいです。

資料２　音楽クラブの話し合いの一部を黒板にまとめたもの

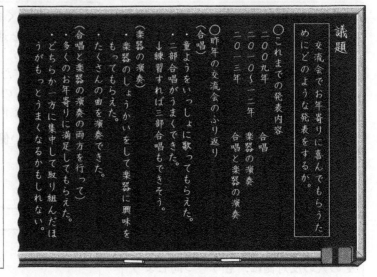

議題
交流会でお年寄りに喜んでもらうためにどのような発表をするか。

○これまでの発表内容
二〇〇九年　合唱
二〇一〇～一二年　楽器の演奏
二〇一三年　合唱と楽器の演奏

○昨年の交流会のふり返り
（合唱）
・童ようをいっしょに歌ってもらえた。
・二部合唱がうまくできた。
↓練習すれば三部合唱もできそう。
（楽器の演奏）
・楽器のしょうかいをして楽器に興味をもってもらえた。
・たくさんの曲を演奏できた。
（合唱と楽器の演奏の両方を行って）
・多くのお年寄りに満足してもらえた。
・どちらか一方に集中して取り組んだほうがもっとうまくなるかもしれない。

ば，初めての楽器でも，秋には上手に演奏できると思うからです。

ゆうこ：はい。わたしも楽器の演奏という意見に賛成です。これまで使ったことがない楽器をぜひ使って演奏したいと思うからです。

けんた：はい。ぼくはえりかさんと同じで合唱のほうがいいと思います。合唱であれば，歌に合わせて体を動かしたり，手びょうしをしたりできると思うからです。

えりか：合唱のとちゅうで，手話を入れるのはどうでしょうか。

さとみ：意見が活発に出ていますが，ここでもう一度，お年寄りの感想や，黒板に書かれていることをもとにして話し合いましょう。意見がある人はいますか。

けいこ：はい。［　　　　　　　　　　］

（話し合いは続く）

問題　あなたがけいこさんだったら，どのような意見を発表しますか。［　　］に入る発言を話し言葉で書きなさい。ただし，交流会で発表する内容について明らかにし，そう考えた理由を，**資料１**と**資料２**の両方にふれながら書きなさい。

4　ひろしさんたちは，保健委員会の活動で「かぜの予防」についてのかべ新聞を作って，校内にけい示することになりました。ひろしさんは「手洗いによるかぜの予防」という記事を担当し，その記事にけいさいする**資料**はどれがよいか考えているところです。（**資料**は次のページにあります。）

問題　あなたがひろしさんだったら，**資料**にあとの**ア**～**エ**のうちどれを選びますか。記号を**一つだけ**書きなさい。また，それを選んだ理由を，その**資料**の特ちょうと記事の内容との関連についてふれながら，110字以上120字以内で書きなさい。ただし，「，」や「。」も１字に数え，文字の誤りがないようにしなさい。

ひろしさんの書いた記事

かぜの予防には，うがいに加えて正しい手順で手を洗うことが，とても効果的だといわれています。なぜなら，手に付いたかぜのウイルスが体内にしん入して，かぜをひくことがあるからです。かぜが流行する時期には，さまざまな場所にウイルスが付着しています。例えば，教室のドアや机(つくえ)，電気のスイッチなどの身近なところにも付着しています。そのようなところにふれた手で，自分の目や鼻や口をさわったり，食事をしたりすることで，ウイルスが体内に入り，感せんしてしまうことがあります。手を洗うことで，よごれといっしょにウイルスを洗い流すことができます。だから，かぜの予防には手洗いがとても大切なのです。

資料

インターネットを使って手洗いについて調べると，衛生的な手洗いのための時間は，最低でも15秒以上といわれています。さらに，洗い終えた手や指をアルコール消毒すると，より効果を高めるともいわれています。

今月，わたしたちの学校は，かぜ予防月間となっています。みんなできちんと手洗いをして，かぜの予防に努めましょう。

ア

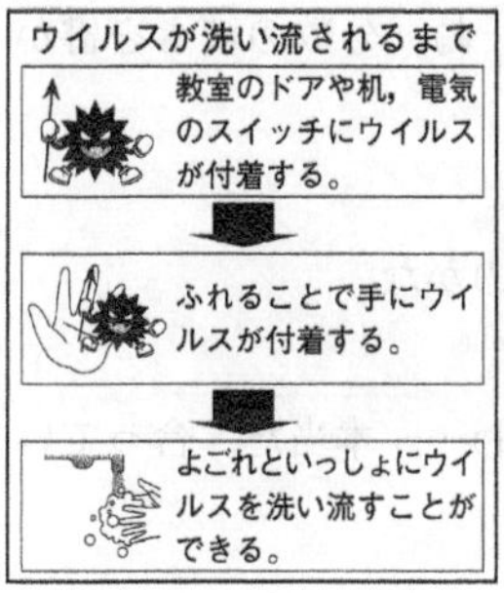
ウイルスが洗い流されるまで
教室のドアや机，電気のスイッチにウイルスが付着する。
ふれることで手にウイルスが付着する。
よごれといっしょにウイルスを洗い流すことができる。

イ

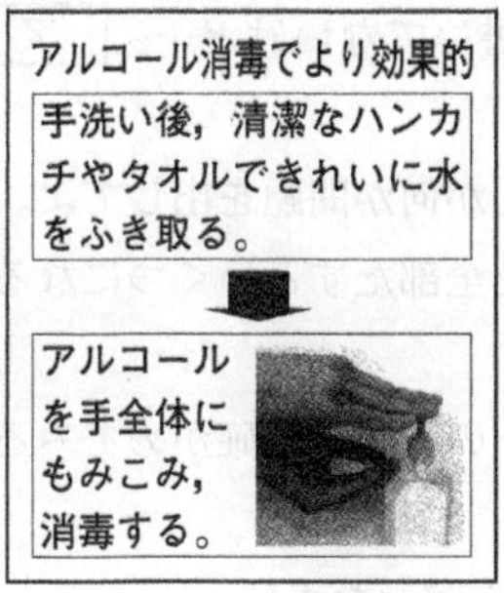
アルコール消毒でより効果的
手洗い後，清潔なハンカチやタオルできれいに水をふき取る。
アルコールを手全体にもみこみ，消毒する。

ウ

かぜ予防月間
―うがい，手洗いをしよう―

エ

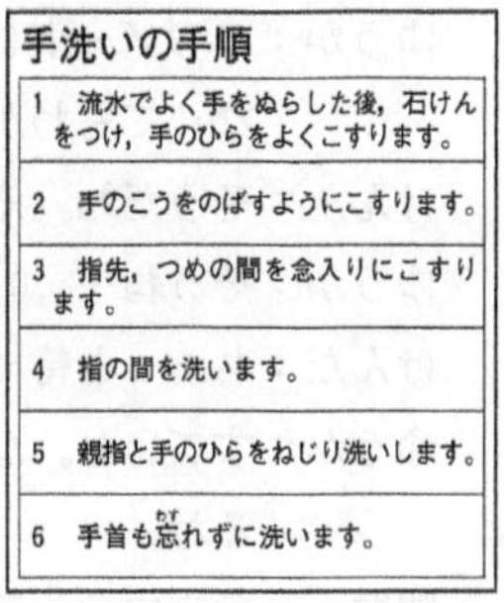
手洗いの手順
1 流水でよく手をぬらした後，石けんをつけ，手のひらをよくこすります。
2 手のこうをのばすようにこすります。
3 指先，つめの間を念入りにこすります。
4 指の間を洗います。
5 親指と手のひらをねじり洗いします。
6 手首も忘れずに洗います。

＜4の問題の解答を書き直すときの注意＞

○ 解答を書き直すときは，例のように，付け加えたり，けずったりしてもかまいません。ただし，字数については書き直した文字で数えます。

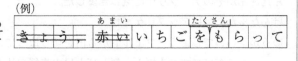

(例)

~~きょう，~~	~~赤い~~（あまい）	い	ち	ご	を（たくさん）	も	ら	っ	て

平成26年度

茨城県立中学校・中等教育学校入試問題

【適性検査Ⅰ】　(45分)　　＜満点：100点＞

1　けんたさんは，教室で，ノートに，ある規則に従って分数を並べて書きました。そして，その規則がわかるように区切りの線（①，②，③，④）を入れました。そこにゆうかさんがやってきて，**けんたさんのノート**をじっと見ています。

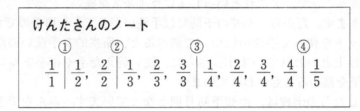

けんたさんのノート

$\frac{1}{1}$ ｜① $\frac{1}{2}$，$\frac{2}{2}$ ｜② $\frac{1}{3}$，$\frac{2}{3}$，$\frac{3}{3}$ ｜③ $\frac{1}{4}$，$\frac{2}{4}$，$\frac{3}{4}$，$\frac{4}{4}$ ｜④ $\frac{1}{5}$

けんた：ゆうかさん。この分数の並び方を見て，最初から数えて31番目の分数が何になるかわかるかな。

ゆうか：この**ノート**には分数が11番目までしか書いてないけど…。［ ア ］ね。分数の続きを書かなくてもわかったわ。

けんた：そうだね。それじゃ，今度はゆうかさんが何か問題を出してよ。

ゆうか：そうね…。⑭と⑮の線の間にある分数を全部たすといくつになるのかな。

けんた：ちょっと待ってね…。［ イ ］だね。

ゆうか：すごいわ。なんでそんなにはやくわかるの。書いて確かめてみるわ…。本当だ，合っているわ。

問題　会話文中の［ ア ］，［ イ ］にあてはまる数を書きなさい。

2　ゆうかさんは，自分のバッグに，**図1**のようなコアラの形をしたアップリケを付けています。けんたさんがそのアップリケに気づきました。

けんた：かわいいアップリケだね。

ゆうか：いいでしょう。フェルトから円を切り取って，ぬい付けるだけでできるのよ。顔と耳と目の直径の比が５：２：１で作ったの。鼻と口は，目と同じ大きさなのよ。

けんた：おもしろそう。ぼくも作ってみようかな。

ゆうか：フェルトが１枚あるから，これで作ってみたら。でも，目，鼻，口の色が顔の色と同じだから，ぬい付けるときに糸の色を変えなければいけないのよ。

けんた：わかったよ。このフェルトを使って，コアラをできるだけ大きく作るには…。

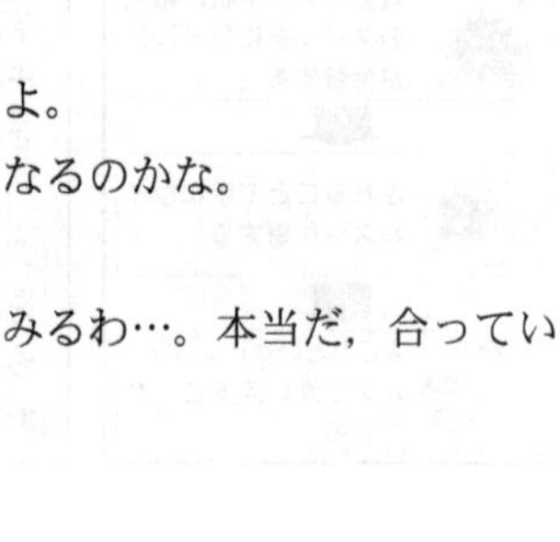

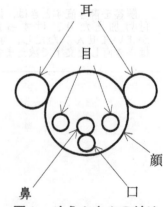

図1　ゆうかさんの付けているアップリケ

問題　けんたさんは，**図2**のような長方形のフェルトを使い，下のような**手順**で，顔と耳と目の直径の比が5：2：1となるコアラの形をしたアップリケを作ります。

手順
1　もらったフェルトを**図2**のように3つの長方形に切り分ける。
2　3つの長方形からそれぞれの円を切り取る。

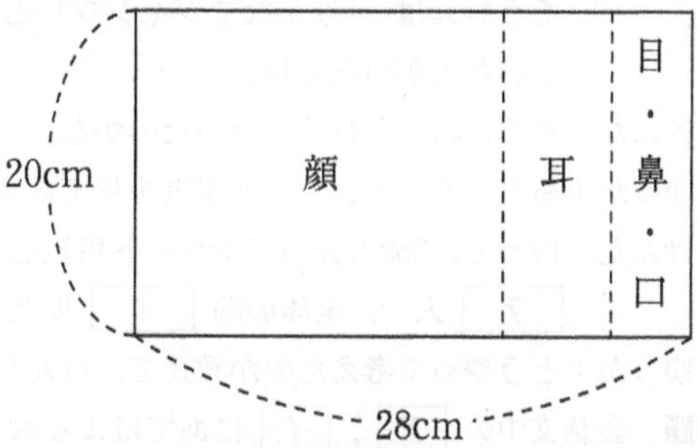

図2　ゆうかさんからもらったフェルト

この手順で，コアラの形をしたアップリケをできるだけ大きくなるように作ったとき，コアラの耳にする円1つ分の面積は何cm^2になるでしょうか。図や数，式，言葉などを使って説明しなさい。ただし，円周率は3.14とします。

3　けんたさんとゆうかさんは，定期的に行っている1年生から6年生までの交流会で，みんなが楽しく遊べる活動を考えています。

けんた：今回は何をしようかな。
ゆうか：前回はつな引きだったわよね。
けんた：だから，今回は別のものがいいよね。そうだ，長なわとびはどうかな。
ゆうか：いいわね。そうすると，全員でいっしょに何回続けてとべるかを競う「みんなでジャンプ」か，一人ずつとんでいって時間内に何回とべるかを競う「8の字とび」になるかしら。
けんた：そうだね。でも，みんなやったことあるかな。
ゆうか：アンケートをとって，調べてみましょう。
けんた：どちらもやったことがないという人が多い場合は，他の活動を考えないといけないよね。

そこで，全校児童352人に，次のようなアンケートをとりました。

アンケート
A「みんなでジャンプ」をやったことがある。
B「8の字とび」をやったことがある。
C「みんなでジャンプ」「8の字とび」両方ともやったことがない。

アンケートの結果は，次のようになりました。

アンケートの結果
A「みんなでジャンプ」をやったことがある。……………………………297人
B「8の字とび」をやったことがある。………………………………………171人
C「みんなでジャンプ」「8の字とび」両方ともやったことがない。 ……… 23人

けんた：「みんなでジャンプをやったことがある。」と答えた人が一番多いから，「みんなでジャン

プ」にしようよ。やったことがない人には，やったことのある人が教えてあげればいいよね。

ゆうか：そうよね。そうしましょう。
そういえば，「みんなでジャンプ」と「8の字とび」のどちらもやったことがあると答えていた人がいたわね。

けんた：そうだね。どれくらいいたのかな。

ゆうか：もう一度，アンケート用紙を見て数えてみましょうか。

けんた：待って。352人分のアンケート用紙を実際に数えなくても，結果を見ればわかるよ。
［ア］人で，全体の約［イ］%だよ。

ゆうか：どうやって考えたのか教えて，けんたさん。

問題　会話文中の［ア］，［イ］にあてはまる数を書きなさい。また，あなたがけんたさんなら，ゆうかさんにどのように説明しますか。図や表，数，式，言葉などを使って説明しなさい。ただし，アンケートには全校児童352人全員が答えたものとします。また，**イ**は，四捨五入して$\frac{1}{10}$の位まで求めなさい。

4　けんたさんとゆうかさんは，鉄のボルトにエナメル線を巻き，電磁石を作りました。電磁石のはたらきを確認するため，**図1**のように，セロハンテープで時計皿に磁石を固定しました。次に，**図2**のようにそれをペトリ皿の中央に置き，電磁石を近づけました。そして，スイッチを入れると時計皿に固定した磁石が回転し，**図3**のようになりました。なお，磁石は色がぬってある方がN極です。

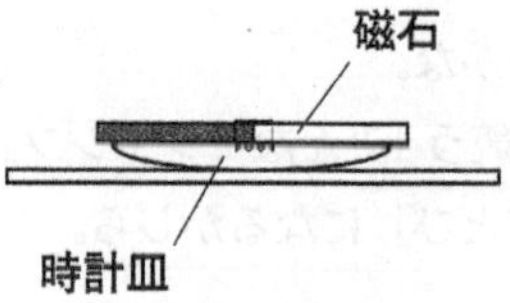

図1　時計皿に固定した磁石

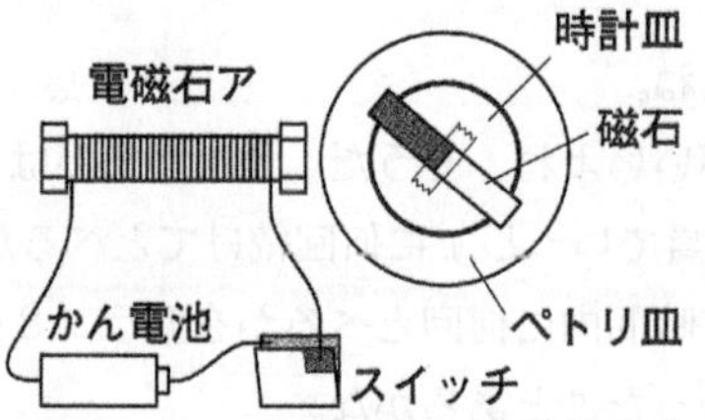

図2　スイッチを入れる前のようす

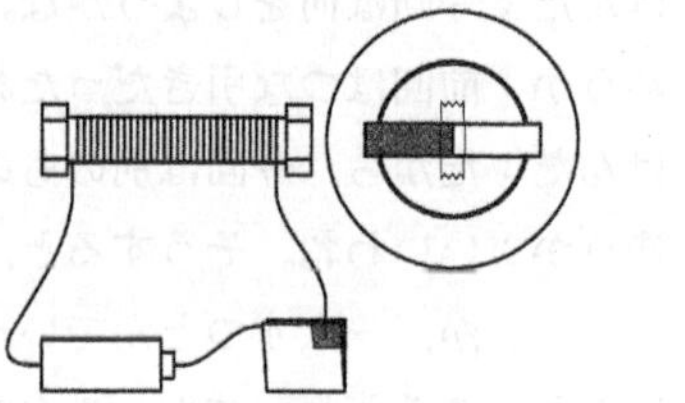

図3　スイッチを入れた後のようす

先生　：それでは，時計皿に固定した磁石を回転させてみましょう。

ゆうか：できるんですか。

先生　：はい。**電磁石ア**と同じように作った**電磁石イ**を準備しましょう。それを**電磁石ア**のペトリ皿をはさんだ反対側に置きましょう。そして，スイッチをたがいちがいに入れると回転させることができますよ。

けんた：わかりました。作ってみます。

けんた：先生。できました（**図4**）。さっそく，スイッチを入れてみます。

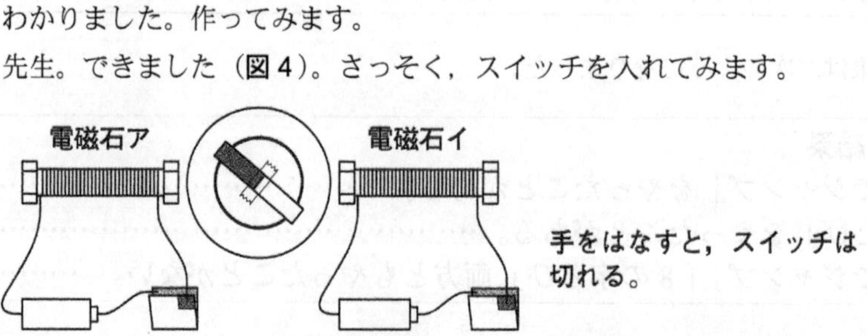

図4　けんたさんが2つの電磁石ア，イを磁石の両側に置いたようす

先生　：待ってください。けんたさん。このままでは，回転させるのは難しいですよ。かん電池のつなぎ方を変えましょう。このようにつなぐのですよ。

けんた：はい。わかりました。

けんた：準備ができました。スイッチを入れます。

ゆうか：先生。磁石が時計回りに回転しました（図５）。

図５　磁石が回転するようす

問題　会話文の中で，先生は，けんたさんにどのようなかん電池のつなぎ方を伝えたのでしょうか。解答用紙の図にかん電池をかき入れ，図を完成させなさい。

また，たがいちがいにスイッチを入れることによって，時計皿に固定した磁石が時計回りに回転した理由を説明しなさい。

5　けんたさんとゆうかさんは，理科室で実験をしています。２つの水風船を用意して，それぞれ空気が入らないように同じくらいの量の水を入れて口を結びました。なお，**水風船ア**には５℃の水が，**水風船イ**には40℃の水がそれぞれ入っています。

この２つの水風船を20℃の水の入った水そうに入れると，**図１**のように**水風船ア**は水そうの底にしずみ，**水風船イ**は水面にういてきました。

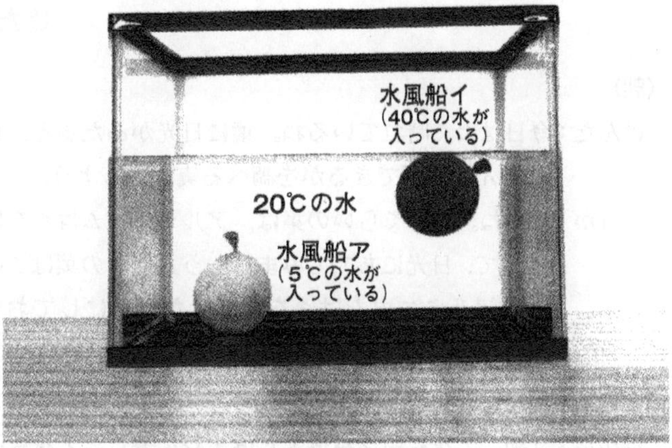

図１　２人が実験したようす

ゆうか：不思議ね。

けんた：**水風船イ**が水面と水そうの底の間で一定の深さを保っているとおもしろいよね。

ゆうか：そんなことできるの。

けんた：90℃に温めた水があったよね。それを静かに注げばできるよ。

けんたさんは，90℃に温めた水を水そうに静かに注ぎました。

ゆうか：すごい。**水風船イ**が一定の深さを保っているわ（**図２**）。

図２　90℃に温めた水を静かに注いだ後のようす

問題　水そうに90℃に温めた水を静かに注ぐと，**図２**のように，**水風船イ**が水面と水そうの底の間で一定の深さを保っているのはなぜでしょうか。その理由を説明しなさい。

6 けんたさんとゆうかさんは，**図1**のようなインゲンマメを使って，植物の成長に使われるでんぷんのでき方を調べています。２人は，前の日の午後から，**図2**のようにインゲンマメのすべての葉にアルミニウムはくをかぶせ，日光にあてないようにしていました。

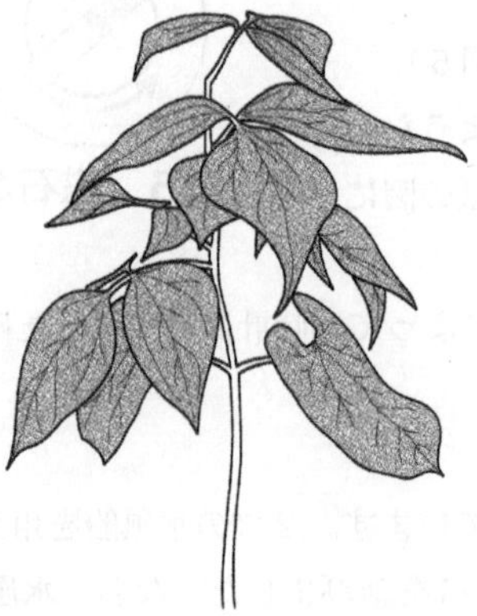

図1　インゲンマメ

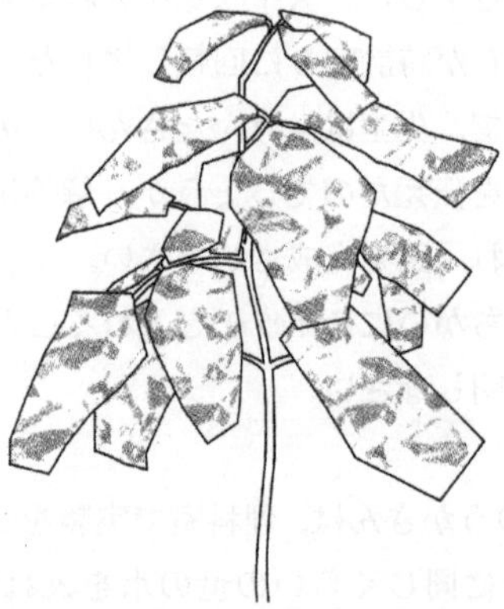

図2　すべての葉にアルミニウムはくをかぶせたインゲンマメ

〈朝〉

けんた：今日はよく晴れているね。葉に日光があたると，葉にでんぷんができるかを調べる実験をしよう。

ゆうか：そうね。半分くらいの葉は，アルミニウムはくをはずして，日光にあててみましょう。残りの葉はこのままアルミニウムはくをかぶせたままにしておきましょう（図3）。

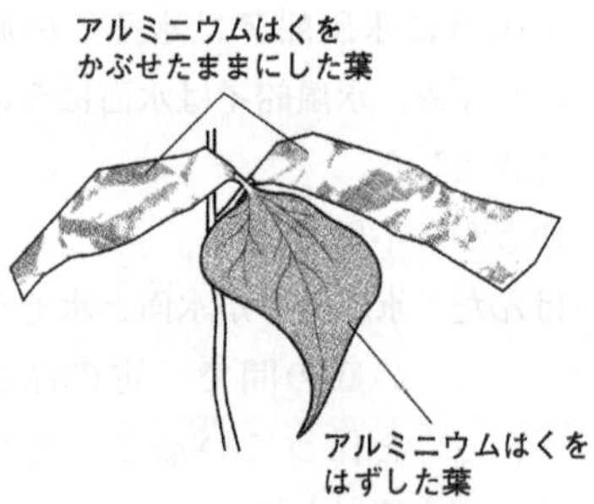

図3　アルミニウムはくをかぶせたままにした葉と，はずした葉

〈午後２時〉

けんた：今朝，**アルミニウムはくをはずした葉**と，**アルミニウムはくをかぶせたままにした葉**をそれぞれ調べてみよう。ヨウ素液につければでんぷんがあるかわかるね。

ゆうか：けんたさんが，**アルミニウムはくをはずした葉**をヨウ素液につけたら，葉の色がむらさき色になったわ。葉にでんぷんができたのね。

けんた：**アルミニウムはくをかぶせたままにした葉**は色が変わらないね。これで，日光があたると葉にでんぷんができることがわかったね。

ゆうか：うーん…。この実験では，日光があたったことで，今日，葉にでんぷんができたと本当にいえるのかしら…。あっ，そうだ。実験の中で，やっておくべきことがあったわ。

問題　この実験では，日光があたったことで，今日，葉にでんぷんができたとはなぜいえないのでしょうか。その理由を説明しなさい。

また，実験の中で，やっておくべきだったことを説明しなさい。

7 けんたさんとゆうかさんは，**図1**のように，**砂，どろ，れきを少量の水でよく混ぜたもの**を作りました。次に，**図2**のようなものをそれぞれ用意しました。

そして，**図3**のように，**砂，どろ，れきを少量の水でよく混ぜたもの**を，水といっしょに静かに流しこみ，たい積したようすを調べました。

図1　砂，どろ，れきを少量の水でよく混ぜたもの

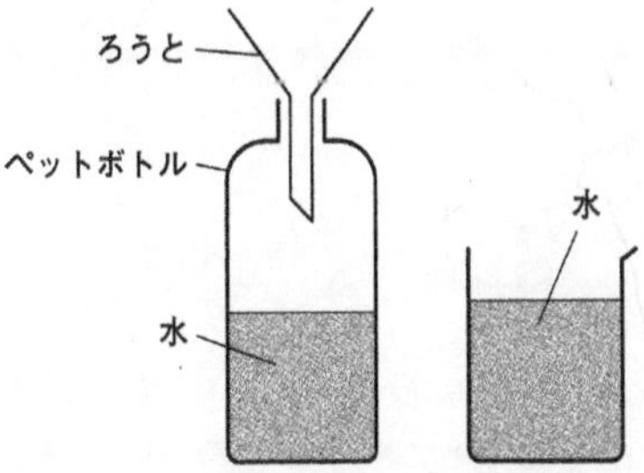

図2　2人がそれぞれ用意したもの

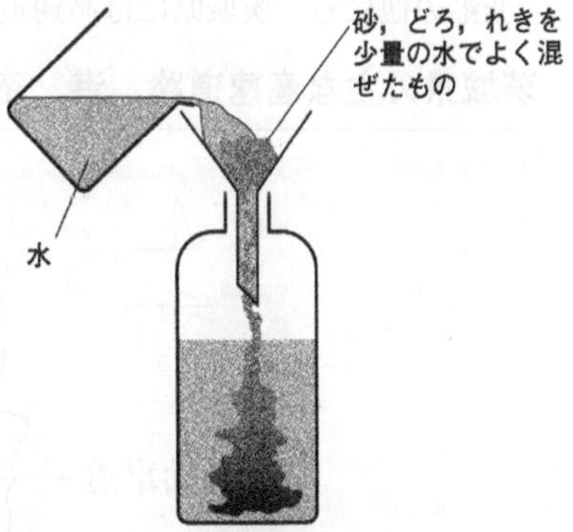

図3　よく混ぜたものを水といっしょに流しこむようす

けんた：静かに流しこんだら，ペットボトルの中に砂，どろ，れきの層ができたよ（**図4**）。

ゆうか：わたしも静かに流しこんだら，層ができたわ（**図5**）。

けんた：あれっ，できた層のようすが，ぼくのとはちがうね。

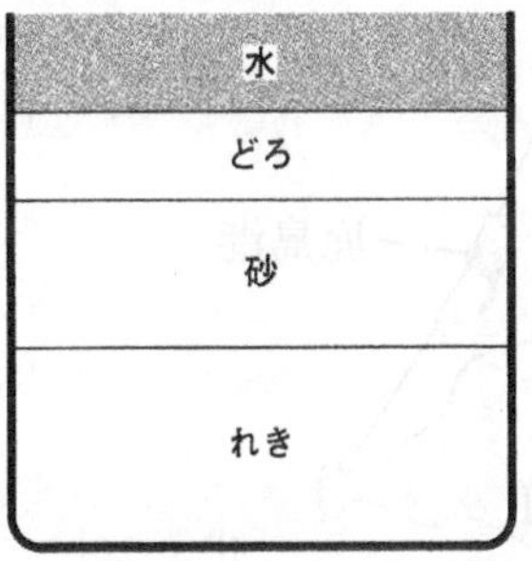

図4　けんたさんのペットボトルの層のようす

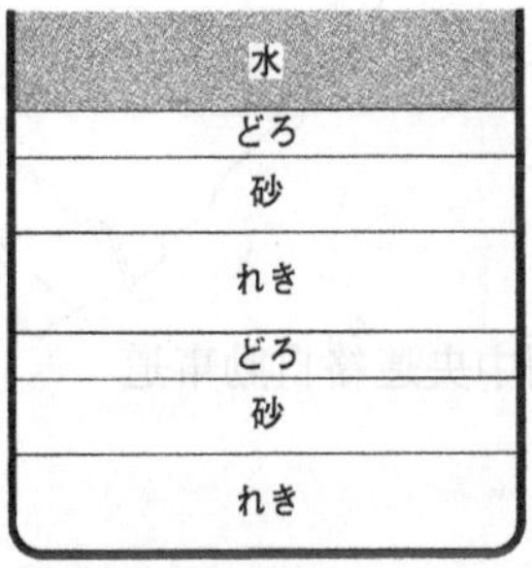

図5　ゆうかさんのペットボトルの層のようす

問題　けんたさんとゆうかさんの流しこんだ方法が，どのようにちがうのかを説明しなさい。

【適性検査Ⅱ】（45分）　＜満点：100点＞

1　5月の休日を利用して，北海道に住むゆいさんが，茨城県に住む友達のさやかさんの家に遊びに来ました。

さやか：久しぶりだね。元気だった。

ゆい　：うん。今日は，飛行機で来たんだ。北海道から茨城県に来るには，茨城空港ができて，来やすくなったね。

さやか：そうなの。茨城空港から沖縄県や中国などにも行けるようになったのよ。
空港の他にも，茨城県には高速道路や港などがあるのよ。

資料1　茨城県の主な高速道路，港，空港のようす

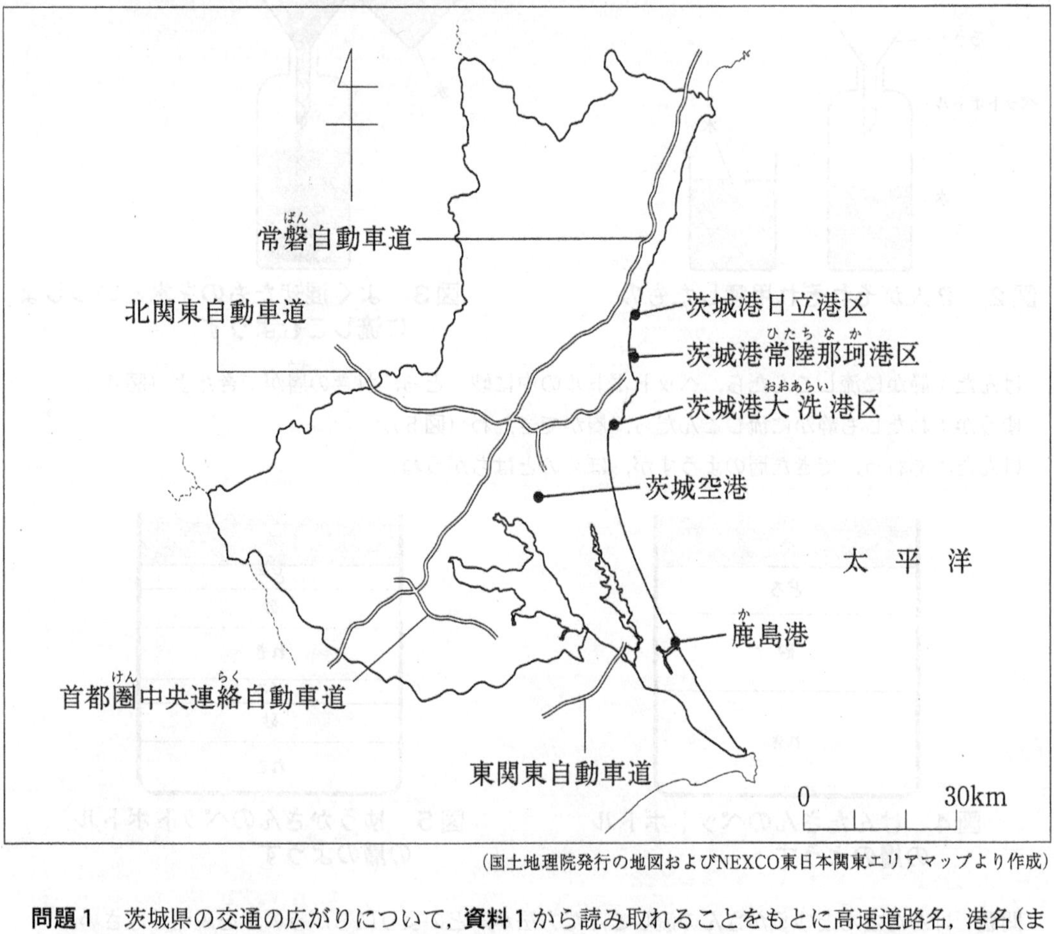

（国土地理院発行の地図およびNEXCO東日本関東エリアマップより作成）

問題1　茨城県の交通の広がりについて，**資料1**から読み取れることをもとに高速道路名，港名（または港区名），空港名をそれぞれ一つ以上使って書きなさい。また，このことは産業の発展にどのようにかかわっていると思いますか，書きなさい。

ゆい　：茨城県はとても暖かいわね。北海道では，やっと桜がさき始めた時期よ。

さやか：そうか，同じ日本でも，桜のさく時期がちがうのね。

ゆい　：そうなの。5月のこの時期，まだストーブを使うのよ。

さやか：北海道って，とても寒いのね。

資料２　札幌と那覇の位置

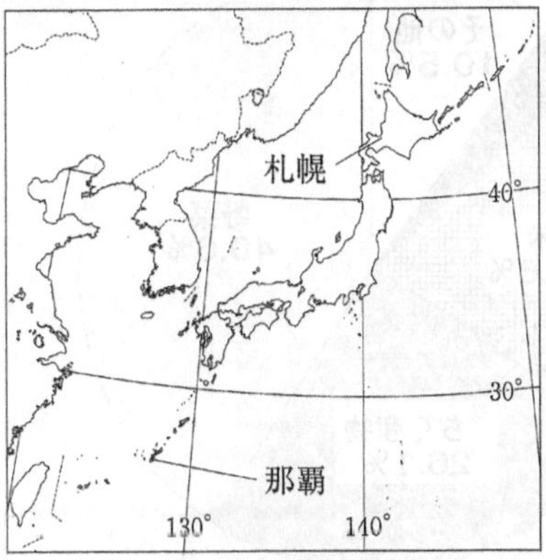

（国土地理院発行の地図より作成）

資料３　札幌と那覇の気温と降水量

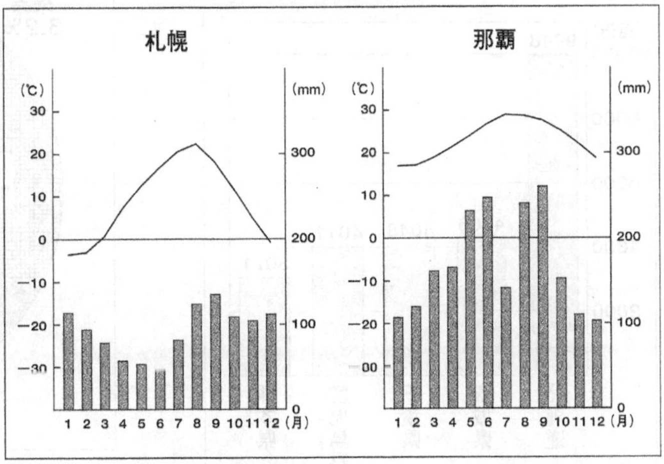

（平成25年理科年表より作成）

問題２　札幌と那覇の気候のちがいについて，**資料２**と**資料３**から読み取れることをもとに書きなさい。

問題３　下線部（北海道って，とても寒いのね。）について，北海道の家には，いろいろな工夫がされています。

資料４のＡ～Ｄの記号の中から，一つだけ選び，その工夫について**資料３**から読み取れることをもとに書きなさい。

資料４　北海道の家の工夫

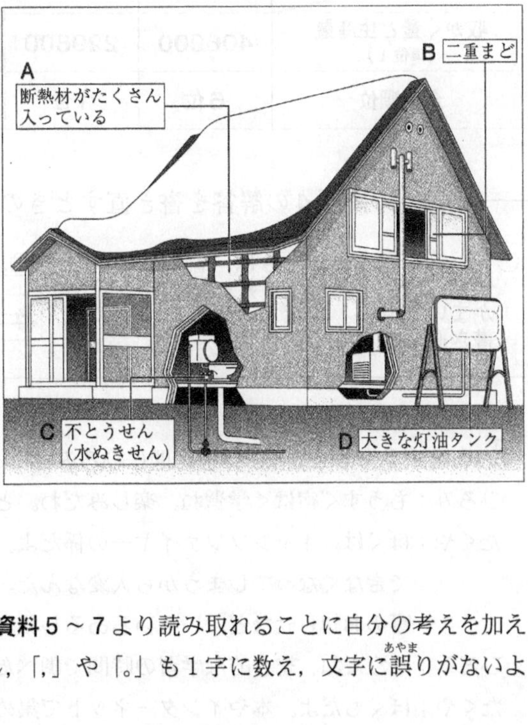

さやかさんの家では，ゆいさんをかんげいするために，夕食でバーベキューをしています。

ゆい　：今日の夕食はとてもおいしいね。

さやか：すべて茨城県産なのよ。お肉も野菜もお米もね。

ゆい　：へえ，茨城県って農業がさかんなんだ。知らなかったよ。

さやか：デザートも茨城県産のメロンなのよ。

問題４　茨城県の農業について，次のページの**資料５～７**より読み取れることに自分の考えを加えて，75字以上100字以内で書きなさい。ただし，「,」や「。」も１字に数え，文字に誤りがないようにしなさい。

資料５　都道府県別農業産出額（上位５位まで）

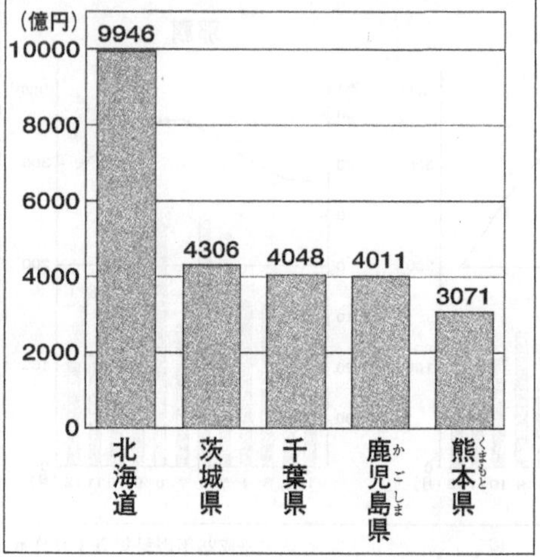

（「データでみる県勢」2010年より作成）

資料６　茨城県の農業産出額の割合

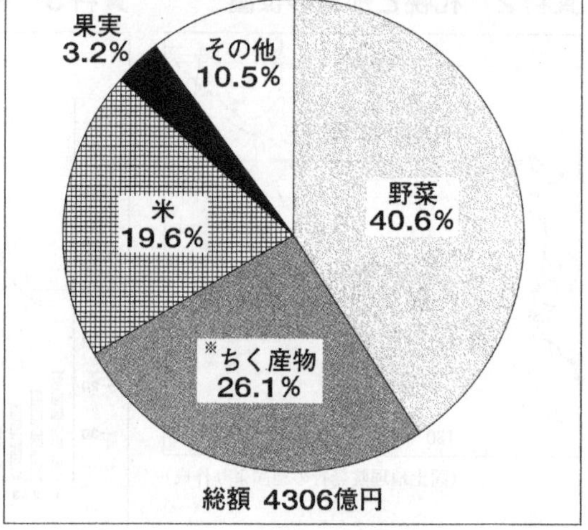

（「データでみる県勢」2010年より作成）

※ちく産物とは，肉，卵，牛乳，乳製品などです。

資料７　茨城県の農産物の収かく量とちく産物の生産量

	米	はくさい	レタス	ピーマン	メロン	ぶた肉
収かく量と生産量（単位 t）	406000	229800	83200	33700	43600	110024
全国順位	6位	1位	2位	1位	1位	2位

（「データでみる県勢」2010年より作成）

＜1の問題４の解答を書き直すときの注意＞

○　解答を書き直すときは，例のように，付け加えたり，けずったりしてもかまいません。ただし，字数については書き直した文字で数えます。

（例）
~~きょう，~~ ~~赤い~~（あまい）いちごを食べ（まし）た。

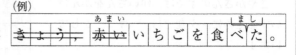

2　たくやさんは，学校で休み時間にひろみさんと話しています。

ひろみ：もうすぐ宿はく学習ね。楽しみだわ。ところで，たくやさんは何の係なの。

たくや：ぼくは，キャンプファイヤーの係だよ。資料をきちんと整理しておかないとみんなに説明できなくなってしまうから大変なんだ。他にも夏休みの宿題で使うプリントや，地域の行事のお知らせなど，いろいろあるしね。

ひろみ：そうよね。総合的な学習の時間で調べたかん境問題の資料もだんだん増えてきたわ。

たくや：ぼくもだよ。本やインターネットで集めた資料でしょ，それに，新聞の切りぬきでしょ，それだけでもいっぱいになっちゃったよ。何とか整理しなくちゃ。ひろみさんは，どうやって保管しているの。

ひろみ：わたしは，宿はく学習のしおり係のファイルをふくめて４冊のファイルに分類してとじているわ。

たくや：あっ，そうなんだ。ぼくも家に帰ったらさっそく整理してファイルにとじてみるよ。

資料　たくやさんの家にあるプリント類

①	②	③	④	⑤	⑥
水質調査の方法 （インターネット資料）	宿はく学習 生活班と係分担 （メモ）	夏休み町内野球大会 （日程）	夏休み宿題一覧 （各教科）	川辺の生き物 （図かんから調べたメモ）	キャンプファイヤー （準備物リスト）

⑦	⑧	⑨	⑩	⑪	⑫
宿はく学習ウォークラリー （地図）	夏休み町内こども祭り （お知らせ）	河川のよごれ （新聞の切りぬき）	キャンプファイヤー （司会者のせりふと歌）	夏休み科学研究の手引き （参考例）	宿はく学習 （持ち物と注意事こう）

問題　たくやさんも４冊のファイルを使って，①～⑫のプリント類を分類することにしました。あなたがたくやさんだったら，どのように分類しますか。それぞれのファイルには中身がわかるような名前を付け，そこにとじるプリント類の番号を書きなさい。ただし，4冊のファイルをすべて使いなさい。

3　西小学校では，全校で「朝読書」を行うことになりました。ゆきおさんは，水曜日の委員会活動で話し合った内容の**メモ**を取りました。（**メモ**は，次のページにります）

ゆきおさんは，**メモ**を見ながら木曜日の朝の会でみんなに連らくしました。

ゆきお：図書委員会からお知らせします。全校児童のみなさんが読書を通して，もっと本に親しめるように，朝読書を行うことになりました。時間は毎朝８時10分から８時20分までの10分間です。
そこで，大切な連らくが二つあるので，よく聞いてください。［ア］
何か質問はありますか。

みつお：いつから始まりますか。

ゆきお：すみません。お知らせを一つ忘れていました。
［イ］

かおり：もし，朝読書で読む本を忘れたら，どうすればよいですか。

ゆきお：［ウ］

すすむ：朝読書の時間に絵本を読むのはよいですか。

メモ

「朝読書」について
（１）いつから
・来週の月曜日から
・毎朝８時10分から８時20分まで
（２）目的
・読書を通してもっと本に親しむため
（３）連らくをすること　※忘れずに！
・自分で本を用意する
・静かに読書をする
（４）予想される質問
・本を忘れたら？
→８時10分までに学級文庫から借りる
・８時10分より前に読んでもよいか？
→用意できたら読み始めてよい

ゆきお：絵本ですか。［エ］

すすむ：わかりました。ありがとうございました。

問題　［ア］～［エ］にあてはまる文や文章を，会話の流れにそって，**メモ**をもとに書き入れなさい。なお，［エ］については，**事前に予想していた質問ではありません**。質問に対して，あなただったらどのように答えますか。50字以上60字以内で書きなさい。ただし，「,」や「。」も１字に数え，文字の誤りがないようにしなさい。

＜３の問題エの解答を書き直すときの注意＞

○　解答を書き直すときは，例のように，付け加えたり，けずったりしてもかまいません。ただし，字数については書き直した文字で数えます。

（例）

~~きょう，~~ ~~赤い~~（あまい）いちごを食べ（まし）た。

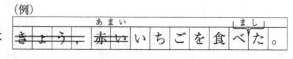

4　あゆみさんの住んでいるＡ市の小学校では，自分たちでこん立を考えるリクエスト給食があります。**資料１～４**をもとにして，給食委員のあゆみさんたちは，こん立案を考えています。

資料１　Ａ市の農産物の収かく量とちく産物の生産量の県内順位

米	10位
とり肉	4位
さつまいも	1位
キャベツ	3位
ねぎ	15位
たまねぎ	5位
いちご	1位
にんじん	7位

資料２　校内給食デザート人気ランキング

（全校児童300人）

1位	プリン	85人
2位	バニラアイス	84人
3位	いちごケーキ	80人
4位	ぶどうゼリー	44人
5位	バナナ	7人

資料３　こん立を考える条件

1　とりのからあげ，ほうれんそうのソテーは必ず入れなさい。
2　主食，副菜（しるわん），飲み物・デザートを選びなさい。
3　Ａ市でとれる農産物やちく産物を三つ以上使いなさい。

資料４　給食センターから出されたメニュー候補

主食	主菜（お皿）	副菜（お皿）	副菜（しるわん）	飲み物・デザート
米粉パン グリーンピースごはん ごはん 食パン たきこみごはん 赤飯	とりのからあげ	ほうれんそうのソテー	はまぐりじる ねぎのみそしる ちゅうかスープ さつまいもじる 野菜スープ マーボーどうふ カレー	オレンジジュース バナナ 牛乳 ぶどうゼリー バニラアイス プリン いちごケーキ

問題　あゆみさんたちは，あとの**ア～ウ**のこん立案を考えました。あなただったらどの案を選びますか，記号を一つだけ書きなさい。また，その案を選んだ理由を「こん立を考える条件の１～３のすべてを満たした上で，特に,」のあとに続けて，110字以上120字以内で書きなさい。ただし，「,」や「。」も１字に数え，文字の誤りがないようにしなさい。字数には「こん立を考える条件の１～３のすべてを満たした上で，特に,」をふくめます。

ア

☆米粉パン
☆とりのからあげ
　ほうれんそうのソテー
☆野菜スープ
　（キャベツ，もやし，ブロッコリー）
　牛乳
　プリン

イ

☆グリーンピースごはん
☆とりのからあげ
　ほうれんそうのソテー
☆ねぎのみそしる
　牛乳
☆いちごケーキ

ウ

☆ごはん
☆とりのからあげ
　ほうれんそうのソテー
☆さつまいもじる
　オレンジジュース
　バニラアイス

☆は，A市の農産物やちく産物が入っていることを表しています。

<4の問題の解答を書き直すときの注意>

○　解答を書き直すときは，例のように，付け加えたり，けずったりしてもかまいません。ただし，字数については書き直した文字で数えます。

（例）

~~き~~	~~ょ~~	~~う~~	~~，~~	~~赤~~（あま）	~~い~~（い）	い	ち	ご	を	食	べ（まし）	た	。

平成25年度

茨城県立中学校・中等教育学校入試問題

【適性検査Ⅰ】　(45分)　　＜満点：100点＞

1　けんたさんとゆうかさんは，**図1**のような黒くぬられたひし形がかいてある正三角形の板をしきつめて模様(もよう)をつくっています。ひし形の１つの辺の長さは，正三角形の１つの辺の長さのちょうど半分になっています。また，板はひし形以外の部分は白くぬられています。

けんたさんは，1枚(まい)の板を**図1**のように置きました。

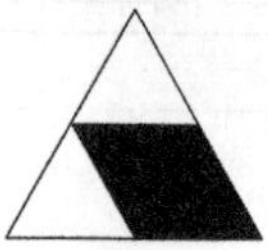

図1

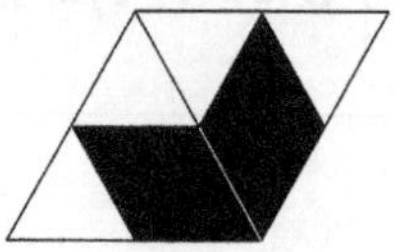

図2

けんた：次の板は，**図2**のように，正三角形の１つの辺を対称(たいしょう)の軸(じく)として線対称の形になるように置いてみようよ。

ゆうか：そうね。そのようにしきつめてみましょうよ。すてきな模様ができそう。

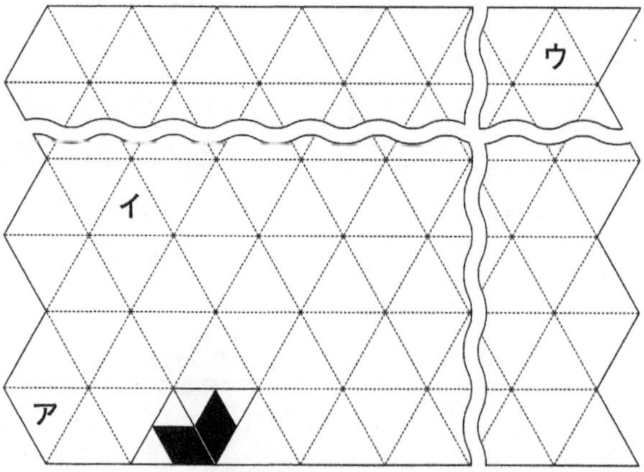

図3

問題　**図3**のように板と同じ大きさの正三角形が縦(たて)に20段，横に30個かいてある紙があります。**図3**の**ア**の位置を「**1段目**の左から１枚目」，**イ**の位置を「**4段目**の左から３枚目」，**ウ**の位置を「**20段目**の左から29枚目」とします。２人は「**1段目**の左から４枚目」に**図1**の向きで１枚目を置き，上の会話のような方法で板をしきつめていきました。このとき，**イ**の位置に置いた板と，「**11段目**の左から15枚目」の位置に置いた板は，それぞれどうなっていますか。次のページの①～⑥から選びなさい。

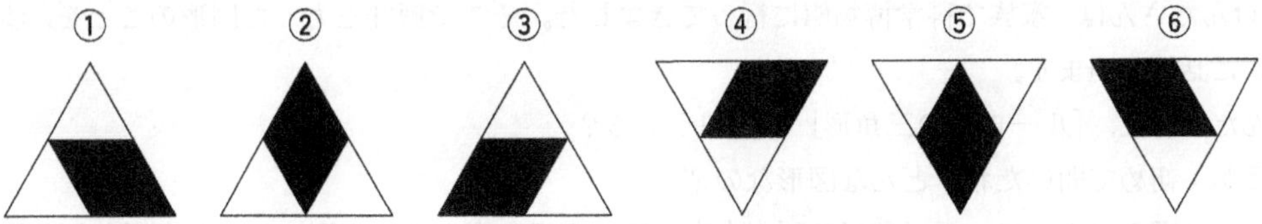

2　[1]から[13]までの数字がそれぞれ書いてある13枚のカードがあります。けんたさんは，このカードを横１列に１から順番に並(なら)べました。そして，その上に片面(かためん)が白色でもう片面が黒色の円形の紙を１枚ずつのせて遊んでいます。

ゆうか：けんたさん，何してるの？

けんた：13枚の円形の紙を，すべて白色の面を上向きにした状態でカードの上にのせて**規則**のとおりに紙をひっくり返す遊びをしていたんだ。

ゆうか：へえ，おもしろそう。

規則

１回目：２の倍数の数字が書いてあるカードの上にある円形の紙をすべてひっくり返す。
２回目：３の倍数の数字が書いてあるカードの上にある円形の紙をすべてひっくり返す。
３回目：４の倍数の数字が書いてあるカードの上にある円形の紙をすべてひっくり返す。
　⋮　　　　　　　　　　　　⋮
12回目：13の倍数の数字が書いてあるカードの上にある円形の紙をすべてひっくり返す。
(最後)

	1	2	3	4	5	6	7	8	9	10	11	12	13
はじめ	○	○	○	○	○	○	○	○	○	○	○	○	○
１回目：	○	●	○	●	○	●	○	●	○	●	○	●	○
２回目：	○	●	●	●	○	○	○	●	●	●	○	○	○
３回目：	○	●	●	○	○	○	○	○	●	●	○	●	○
⋮							⋮						

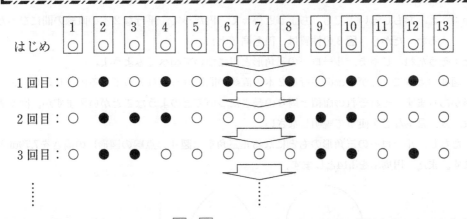

けんた：最後まで続けたときに，[12]と[13]のカードの上にある円形の紙は何色になるかなと思ってね，ためしているんだ。

ゆうか：あっ！最後まで続けなくてもわかるわよ。[12]は [　　　] 色で，[13]は [　　　] 色よ。

けんた：うわ，すごい。最後までやらなくてもわかるんだね。どうやって考えたの？

ゆうか：こう考えるとわかるのよ。あのね……。

問題　２人の会話から，２つの [　　] にあてはまる色をそれぞれ答えなさい。
また，あなたがゆうかさんなら，けんたさんにどのように説明しますか。図や表，数，式，言葉などを使って説明しなさい。

3 けんたさんは，家族で科学博物館に行ってきました。そこで興味をもった図形のことを，ゆうかさんに話しています。

けんた：ねえ，「ルーローの三角形」って知ってる？

ゆうか：初めて聞いたわ。どんな図形なの？

けんた：**図1**のように，正三角形の頂点（ちょうてん）を中心に，正三角形の１つの辺の長さを半径とした円を３つかいたとき，もとになる正三角形のまわりにできる**図２**の形がルーローの三角形なんだ。

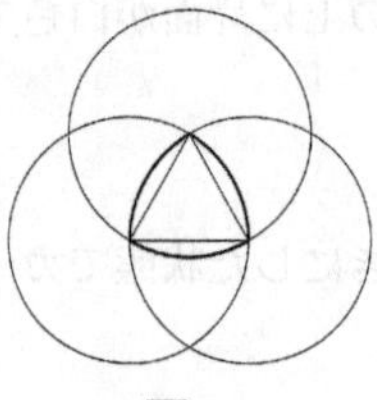

図1

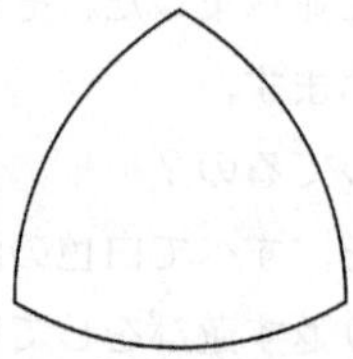

図２

けんた：この図形は，**図３**のように，どのように回しても必ず平行な２本の直線の間にぴったり入る性質があるんだ。

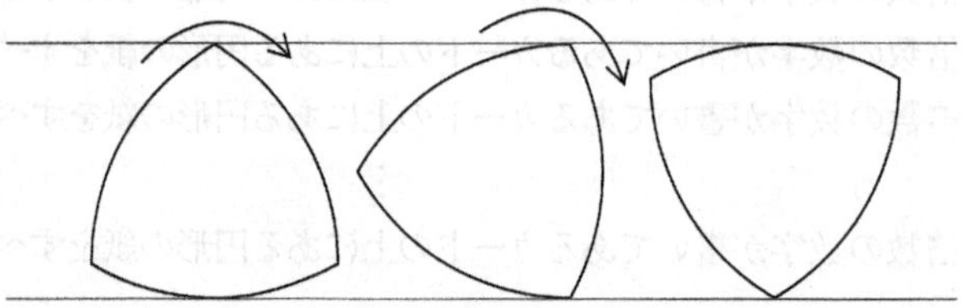

図３

ゆうか：へえ，おもしろい！でも，ちょっと待って。円だって，平行な２本の直線の間にぴったり入るわ。だから，**図３**の性質は，円も同じよね。

けんた：そうだね。じゃあ，ルーローの三角形と円について調べてみようよ。

問題 **図４**のように，幅（はば）が９㎝の平行な２本の直線の間にぴったり入っている円とルーローの三角形があります。それぞれの面積と周りの長さについてどのようなことがいえますか。図や表，数，式，言葉などを使って説明しなさい。

ただし，ルーローの三角形のもとになる正三角形（**図４**の点線の図形）の高さを7.79㎝とします。また，円周率を3.14とします。

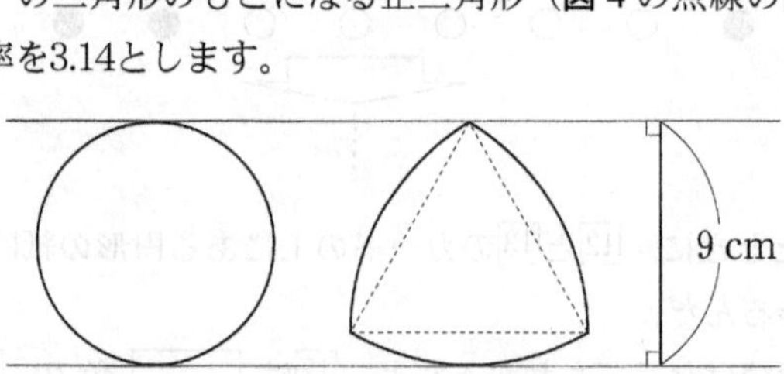

図４

4 けんたさんとゆうかさんは，クラスの友達と，じょうぶな糸とおもりの玉で作ったふりこをスタンドにつけて，ふりこの動きのようすを調べる実験をしています（次のページの**図１**）。用意した糸とおもりの玉（次のページの**図２**）を使いすべての組み合わせのふりこを作りました。組み合わせは

9通りあり，友達と分担して実験を行いました。

図1　ふりこの実験のようす

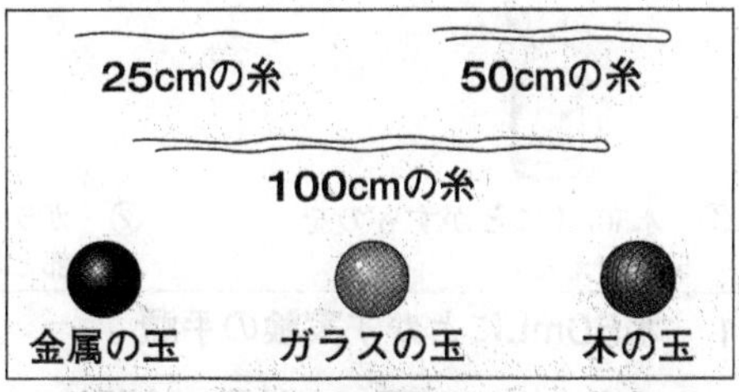

図2　用意した糸とおもりの玉

ゆうかさんは，50cmの糸とガラスの玉でふりこを作りました。そして，**図3**のように止まっているおもりの玉を机のへりと平行に10cm引いて静かに放し，ふりこが10往復した時間を5回はかると**表1**のようになりました。

表1　ゆうかさんの実験の結果

	1回目	2回目	3回目	4回目	5回目
10往復した時間	14.1秒	14.1秒	13.9秒	14.1秒	13.8秒

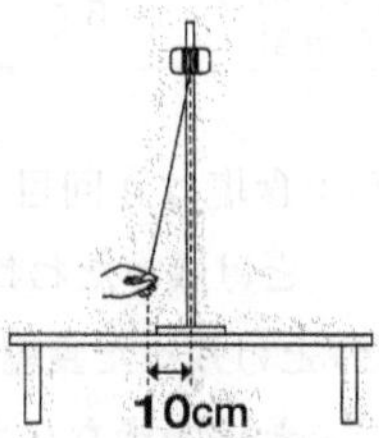

図3　ゆうかさんがふりこを引くようす

けんたさんは，ゆうかさんとは別の組み合わせでふりこを作りました。そして，止まっているおもりの玉を机のへりと平行に，ある位置まで引いて静かに放し，ふりこが10往復した時間を5回はかると**表2**のようになりました。

表2　けんたさんの実験の結果

	1回目	2回目	3回目	4回目	5回目
10往復した時間	13.9秒	14.1秒	13.9秒	14.2秒	13.9秒

けんた：おもりの玉が，スタンドの前を通り過ぎるようすを比べると，ぼくが作ったふりこは，ゆうかさんが作ったふりこよりも速く通り過ぎているね。

ゆうか：おもりの玉の重さを比べると，金属の玉が一番重くて，木の玉が一番軽いわね。

けんた：そうだね。どのおもりの玉も同じ大きさなのにね。

問題　けんたさんの実験の結果が**表2**のようになったとき，けんたさんが使った可能性のある糸とおもりの玉の組み合わせをすべて答えなさい。また，けんたさんの実験のほうが，ゆうかさんの実験と比べて，おもりの玉がスタンドの前を速く通り過ぎたのはなぜですか。その理由を，実験の条件や操作のちがいから説明しなさい。

5　けんたさんとゆうかさんは，水50mLを入れたビーカーを２つ用意し，食塩とホウ酸がそれぞれどのくらいとけるかを次のページの**図1**の手順で調べました。ゆうかさんは食塩，けんたさんはホウ酸について調べ，その結果をそれぞれ次のページの**表1**と**表2**にまとめました。

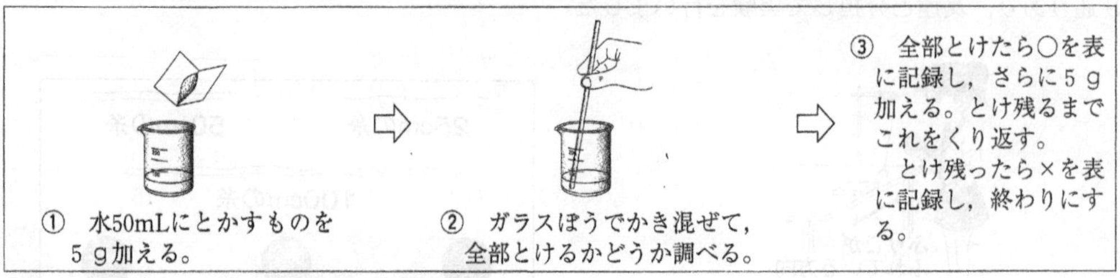

図1　水50mLにとかす実験の手順

表1　ゆうかさんが調べた結果（食塩）

	1回目	2回目	3回目	4回目
加えた食塩の重さ	5ｇ	5ｇ	5ｇ	5ｇ
全部とける：○ とけ残る：×	○	○	○	×
加えた食塩の重さの合計	5ｇ	10ｇ	15ｇ	20ｇ

表2　けんたさんが調べた結果（ホウ酸）

	1回目	2回目	3回目	4回目
加えたホウ酸の重さ	5ｇ			
全部とける：○ とけ残る：×	×			
加えたホウ酸の重さの合計	5ｇ			

ゆうか：食塩は4回目，ホウ酸は1回目でとけ残ったわね。

けんた：とけ残った食塩やホウ酸をとかすことはできないかな。先生に聞いてみようか。

先　生：がんばっていますね。100ｇの水にとける量についてまとめたグラフ（図2）があります。このグラフを参考に考えてみてください。

ゆうか：はい。グラフから，とけ残った食塩をとかす方法を考えてためしてみます。

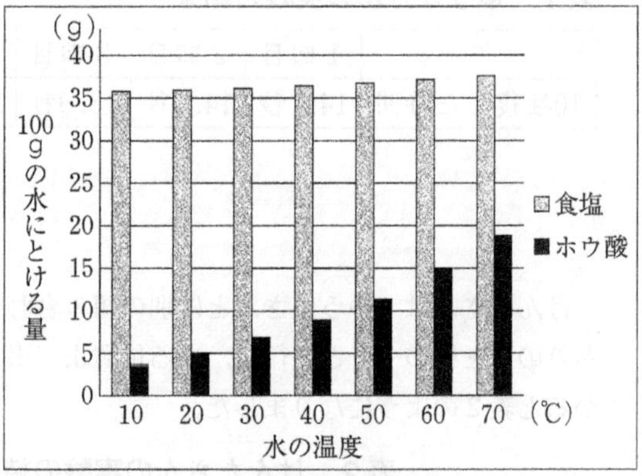

図2　100ｇの水にとける量　※100ｇの水は100mL

けんた：ぼくは，ホウ酸をためしてみます。

けんたさんとゆうかさんは，それぞれが別の方法でためしてみました。

ゆうか：とけ残った食塩をとかすことができたわ。

けんた：ぼくも，1回目でとけ残ったホウ酸をとかすことができたよ。

先　生：２人ともよく考えて実験しましたね。とけ残った食塩とホウ酸をとかすことができたので，ラップフィルムでビーカーにふたをして，今日はこのままにして帰りましょう。明日の放課後，この理科室に来てください。

次の日の放課後，けんたさんとゆうかさんが理科室に行くと，1つのビーカーの中は変化がなく，もう１つのビーカーの中にはとけていたものが出ていました。

問題　次の日の放課後の２つのビーカーのようすについて答えなさい。また，ゆうかさんとけんたさんは，とけ残った食塩とホウ酸をそれぞれどのような方法でとかしたと考えられますか。とかした方法とその方法を行った理由を説明しなさい。

6 けんたさんとゆうかさんは，ご飯をよくかんでだ液と混ざるとあまさを感じるようになることから，ご飯が口の中でどのように変化するか調べようとしていました。

けんた：先生は，ご飯にはでんぷんがふくまれていると説明していたね。でんぷんを確かめるには，ヨウ素液が使えるかな。

ゆうか：そうね。ヨウ素液の色が変われば，でんぷんがあることが確かめられるわ。色が変わらなければ，でんぷんが別のものに変化したことになるわね。

けんた：昨日，でんぷんやヨウ素液のことを先生に相談したら，ヨウ素液や試験管などを理科室に用意してくれたよ。その時に，先生はでんぷんの液を作ってくれたんだ。今日は，ぼくのだ液を使ってさっそく実験してみようよ。

ゆうか：そうね，けんたさんのだ液のかわりに水を使った実験も行い，ちがいを比べてみましょう。

けんた：予想では，水を使った場合は，ヨウ素液の色は変わるけれど，ぼくのだ液を使った場合は，ヨウ素液の色は変わらないと思うよ。

冷ぞう庫に保存(ぞん)しておいたでんぷんの液を２本の試験管に入れた後，水を入れたものを**ア**，けんたさんのだ液を入れたものを**イ**とし，**図**のように試験管立てに立てました。５分後に，**ア**と**イ**のそれぞれにヨウ素液を同じようにたらして，色の変化を調べました。

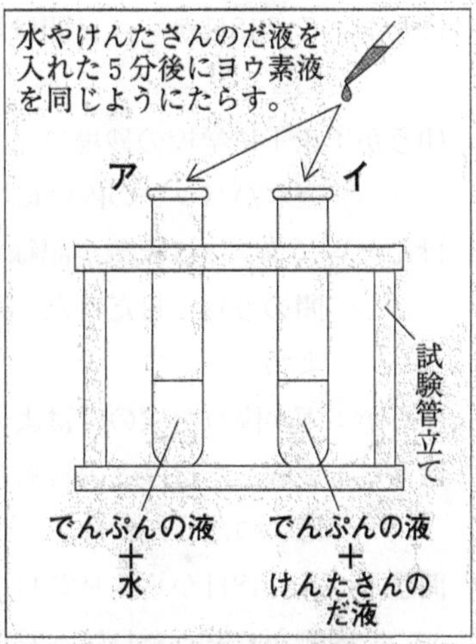

図　だ液によるでんぷんの変化のようすを調べる実験

けんた：予想とはちがって，**ア**と**イ**の２つともヨウ素液の色が変わったよ。

ゆうか：そうね，**ア**と**イ**は全く同じ色ではないけれど，どうして予想どおりにならなかったのかな。

けんた：でんぷんは変化しなかったのかな。先生に聞いてみよう。

２人は，実験の方法や結果を先生に伝え，実験方法について相談しました。

先　生：２人の実験に少しくふうをしましょう。
同じ条件で，もう一度**ア**と**イ**の試験管を用意してください。次に，これらの試験管を□。それから５分後に，ヨウ素液をたらして色の変化を調べてください。けんたさんのだ液によって，でんぷんが変化したかどうか確かめることができますよ。

けんた：先生，ありがとうございます。

ゆうか：さっそく，実験してみましょう。

２人は，先生から教わった方法で実験し，ヨウ素液の色の変化を調べました。

ゆうか：先生，今度は，予想どおりの結果になりました。

けんた：ぼくのだ液で，でんぷんが変化したことがわかりました。

問題　先生が２人に教えた方法について，□に言葉を入れて文を完成させなさい。また，この方法を行う理由を説明しなさい。

7 けんたさんとゆうかさんは気温の変化と天気について，学校の近くにある気象台の記録や雲画像を見ながら話しています。

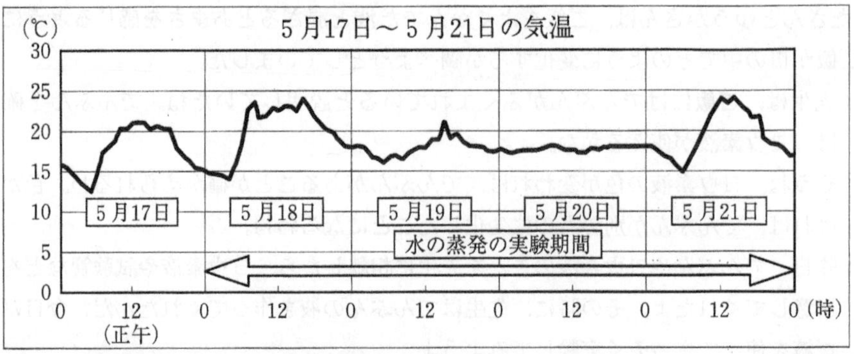

図1　5月17日～5月21日の気温のグラフ

図2　地面からの水の蒸発の実験

ゆうか：これは5月17日から5月21日までの，気温の変化の記録ね（図1）。

けんた：5月18日から4日間は地面からの水の蒸発の実験の期間だったね。

ゆうか：正午に学校の砂場でイチゴのパックをふせて，地面から蒸発した水がパックの内側についてくもるかどうか見たわね（図2）。

けんた：グラフには天気が記録されてないけれど，雨が降ったのは5日間のうち1日だけだったね。その日は実験をやらなかったんだよね。

ゆうか：雨が降った次の日はよく晴れたから，実験が3日できてよかったわ。

けんた：実験した日はどの日もパックの内側がくもったけれど，一番短い時間で内側がくもった日はいつだったかな。

問題1　5月18日から5月21日の中で，けんたさんが話している一番短い時間でイチゴのパックの内側がくもった日は5月何日だと考えられますか。また，その理由を説明しなさい。

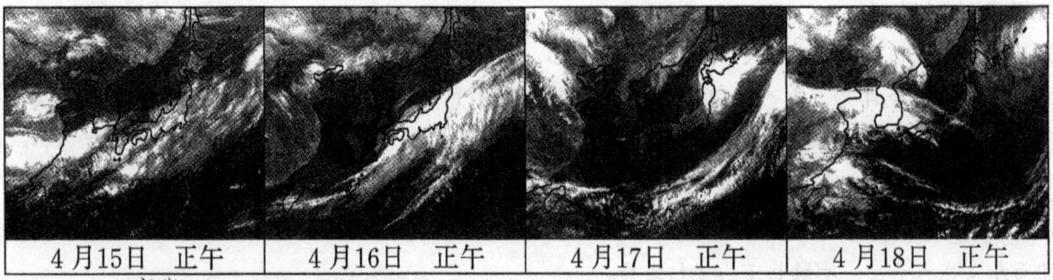

図3　気象衛星ひまわりの雲画像

けんた：これは気象衛星の雲画像だね（図3）。

ゆうか：4月15日から4月18日までの正午の雲の画像ね。いっしょに**天気の観察メモ**が入っているけど，いつの日のものかわからないわ。

けんた：雲の画像には日付が書いてあるから雲のようすから考えられないかな。

天気の観察メモ（茨城県での観察）

時　刻	天気のようす
午前7時	雨が降っている。
正　午	くもっている。
午後8時	星空が見えている。

問題2　**天気の観察メモ**は4月何日のメモだと考えられますか。また，その理由を説明しなさい。

【適性検査Ⅱ】　(45分)　　＜満点：100点＞

1　イギリスに住むエドワードさんの家族が，夏休みを利用してさやかさんの家に，遊びに来ることになりました。

お父さん：エドワードさんたちに，日本のことをたくさん教えてあげてほしいんだ。

さやか　：いいわよ。

お父さん：まず，イギリスはどこにあるのか，地球儀（**資料1**）を使って確かめてみよう。

さやか　：うん。日本とイギリスはずいぶんはなれているのね。

お父さん：そうだね。
イギリスは，ユーラシア大陸の西方に位置していて，大西洋や北海などに囲まれているんだよ。

さやか　：日本は，……。

資料1　地球儀の一部の写真

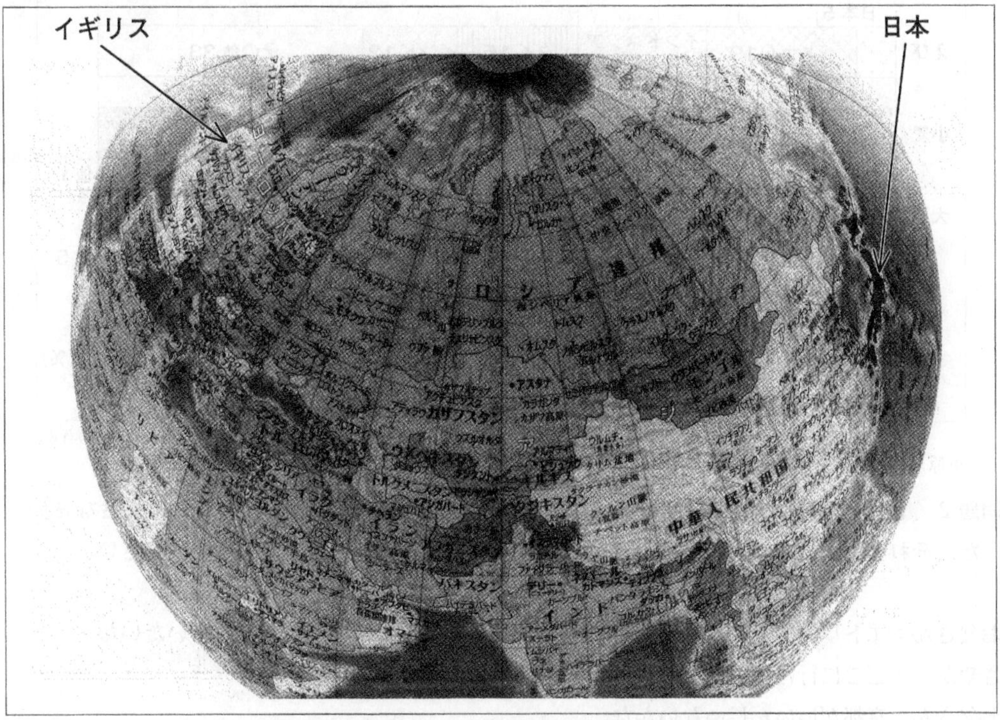

問題1　日本が世界のどの位置にあるのかを「日本は,」のあとに続けて，大陸名，海洋名を必ず使って，30字以上40字以内で書きなさい。ただし「,」や「。」も1字に数え，文字の誤りがないようにすること。また，字数には「日本は,」をふくめること。

お父さん：エドワードさんたちが来たら，日本のおいしい食べ物をたくさん食べてほしいね。

さやか　：日本食にもいろいろあるけれど，私が好きな天どんを食べてもらいたいな。

お父さん：ところで，天どんに使われている材料のえび，小麦，大豆，米はどこの国で生産されているか知っているかな。

さやか　：どこかしら。
お父さん：日本の食料生産についての資料があるから見てごらん。

資料2　日本と外国の※食料自給率（カロリーベース）

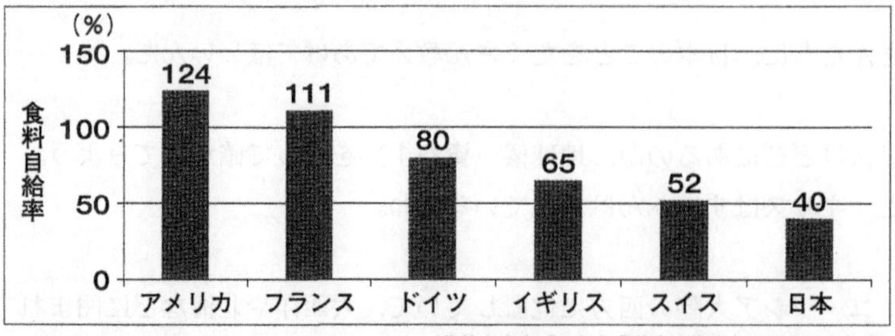

（農林水産省「こども農林水産白書」2010年より作成）

※食料自給率（カロリーベース）…カロリーで計算した食料自給率

資料3　日本で消費しているえび，小麦，大豆，米の※原産国

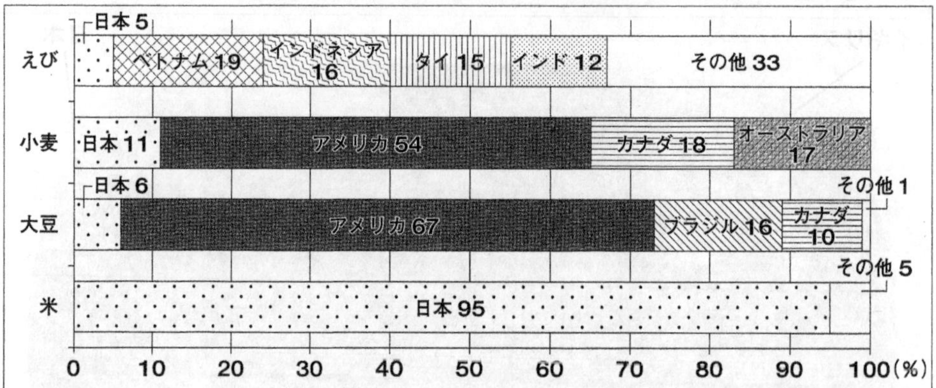

数字は，日本で消費している食品の重さにしめる割合を示している。

（農林水産省「こども農林水産白書」2010年より作成）

※原産国…品物を生産した国のこと。

問題2　日本の食料生産について，**資料2**と**資料3**から読み取れることをもとに書きなさい。また，それをふまえて，これからの日本の食料生産について，自分の考えを書きなさい。

お父さん：エドワードさんたちには，日本の伝統的文化についても知ってもらいたいね。
さやか　：どこに行けばいいかな。
お父さん：京都がいいんじゃないかな。
さやか　：そうだね。京都なら金閣や銀閣に案内したいな。毎年たくさんの外国人が訪れていると，ニュースで聞いたことがあるわ。
お父さん：金閣と銀閣は，室町時代につくられた代表的な建築物なんだよ。エドワードさんたちにくわしく説明できるように調べてごらん。
さやかさんは，さっそく金閣と銀閣について，調べてみることにしました。
お父さん：金閣と銀閣について，いろいろわかったかな。
さやか　：調べてみたら，共通するところがありそうだわ。
お父さん：すごいな。今度は，それについてまとめてごらん。

資料４　さやかさんが調べてまとめた資料

「金閣」

1397年に３代将軍足利義満によって京都北山に建てられましたが，1950年に焼失し，1955年に再建されました。建物の構造は，一層が寝殿造で，二層が寝殿造と書院造，三層が禅宗様（中国から伝わった建築のつくり）からなっています。二層と三層には金ぱくがはられており，その周囲には庭園と池があります。金閣が建てられたころには，日本と中国（明）との間で貿易が行われるようになりました。現在，金閣は世界遺産に登録されています。

「銀閣」

1489年に８代将軍足利義政によって京都東山に建てられました。建物の構造は，一層が書院造で，二層は禅宗様のつくりになっていますが，銀ではおおわれていません。そして周囲には庭園と池があり，銀閣のとなりの東求堂内には足利義政の書斎であった同仁斎があります。銀閣が建てられたころには，茶の湯や生け花が広がり発展しました。現在，銀閣は世界遺産に登録されています。

問題３　金閣と銀閣に共通していることについて，**資料４**から読み取れることをもとに書きなさい。

さやか　：そういえば，学校で室町文化について学習した時にまとめた資料があるわ。
お父さん：何についてまとめたの。
さやか　：書院造や生け花，茶の湯についてまとめたのよ。お父さんに見せてあげるわ。

資料５　学校で書院造，生け花，茶の湯についてまとめた資料

書院造

ふすまや障子で仕切られていて，たたみがしきつめられています。書院造は，今の和室のもとになったそうです。

生け花

室町時代に生まれた生け花はその後も発展しました。生け花は今でも多くの人々に親しまれています。

茶の湯

室町時代には，お茶を飲む風習が広まり，発展していき，茶道へとつながっていきました。

問題４　室町文化と今の私たちの生活との関係について，**資料５**から読み取れることをもとに75字以上100字以内で書きなさい。ただし，「,」や「。」も１字に数え，文字の誤りがないようにすること。

2 たくやさんたちは，伝統工芸について調べ学習に歩いて出かけることになりました。たくやさんは，その時持っていくバッグについて，先生に相談しました。

先生からのお話

調べ学習では，伝統工芸品をつくっている方にインタビューをする予定になっていたわね。メモを取ることを考えると，バッグは両手が自由に使える方が便利よ。
必ず持っていく物は，縦が30cmで横が20cmの調べ学習ファイルと筆記用具だったわね。持ち物はすべてバッグの中に入れるのでそれらが全部入る大きさであればいいわ。
そうそう，雨が降りやすい時期だから，雨に強い素材だと中身がぬれる心配もなくて安心ね。

資料　たくやさんの家にあるバッグ

バッグＡ（てさげかばん）
大きさ　縦25cm×横25cm×まち８cm
素材　布（水をはじく加工済み）

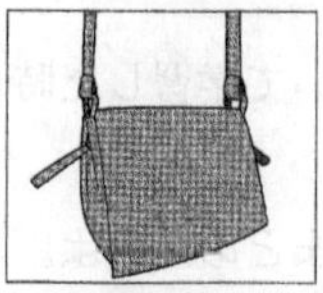

バッグＢ（かたかけかばん）
大きさ　縦30cm×横45cm×まち15cm
素材　布（水をはじく加工済み）

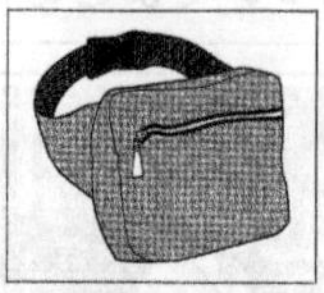

バッグＣ（ウエストポーチ）
大きさ　縦15cm×横20cm×まち10cm
素材　ビニル

バッグＤ（リュック）
大きさ　縦50cm×横30cm×まち10cm
素材　ビニル

バッグの大きさの示し方

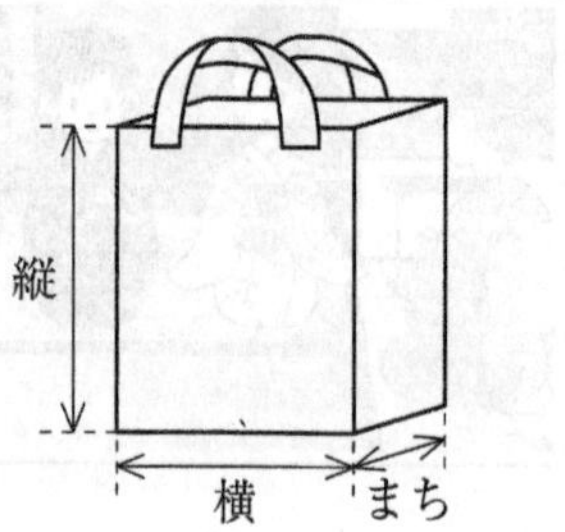

問題　あなたがたくやさんだったら，どのバッグを持って調べ学習に出かけますか。
たくやさんの家にあるバッグＡ～Ｄの中から一つだけ選び，記号で書きなさい。また，そのバッグがふさわしいと考えた理由を書きなさい。

3 ゆうきさんからの手紙を読んで，下の問題に答えなさい。

ゆうきさんからの手紙

　ぼくは，サッカー少年団に入っています。この前の試合では，ぼくのミスから得点を入れられ，１点差でチームは負けてしまいました。とてもくやしくて，次の日からドリブルやシュートの自主練習を始めました。でも，ひとりでやっているせいか，毎日続きません。また，本当に上手になれるだろうか，これからも試合に出られるだろうかなどと，とても不安になります。サッカーは好きなので，これからも続けていきたいと思っていますが，どうしたらよいでしょうか。よいアドバイスをお願いします。

問題　あなたは，小学校５年生のゆうきさんから，上の手紙をもらいました。下の［　］の中のことわざや熟語(じゅく)から一つ選び，あなたの経験とを結びつけて，この手紙の返事を書きなさい。①には，あなたが選んだことわざや熟語を**ア～エ**の記号で答えなさい。②には，ゆうきさんへのアドバイスを，90字以上100字以内で書きなさい。ただし「，」や「。」も１字に数え，文字の誤(あやま)りがないようにすること。

ゆうきさんへの返事

ゆうきさんへ

お手紙を読みました。
とても不安になっているのですね。
［　①　］ということわざ（熟語）があります。

［　②　］

応えんしています。

ことわざや熟語

ア　七転び八起き（ななころびやおき）
（意味）何回困難(こんなん)にぶつかっても，くじけず，勇気を出してやり直すこと。

イ　千里の道も一歩から（せんりのみちもいっぽから）
（意味）どんなすばらしいことでも，はじめは小さな努力から始まること。

ウ　試行錯誤（しこうさくご）
（意味）ためすことと失敗することをくり返しながら，目的に近づいていくこと。

エ　切磋琢磨（せっさたくま）
（意味）仲間とはげまし合って，力を高めること。

<3の解答を書き直すときの注意>

○　解答を書き直すときは，例のようにつけ加えたり，けずったりしてもかまいません。
ただし，字数については書き直した文字で数えます。

〔例〕　~~きょう，~~ ~~赤~~（あま）~~い~~いちごを食べ（まし）た。

4 よしおさんは，東小学校で行われている東小まつりの受付係を担当しています。見学に来た人に，もよおし物の**スケジュール表**や**校内案内図**を示しながら，校内で行われているもよおし物を案内することが役目です。午後１時ちょうどに，となりの西小学校のかなこさん，のぞみさん，たまえさんが受付にやってきました。

かなこ：友達が出演している演劇（げき）を見たいのですが，どこでやっているか教えてください。

のぞみ：わたしはコンサートを聞きたいのです。

たまえ：あ，わたしは科学クラブの日食観測を記録した映像も見たいのです。

かなこ：せっかくだから，三つともみんなで一緒に見たいよね。

のぞみ：そうね。どの順番なら全部見ることができますか。

よしお：では，こちらの**スケジュール表**をご覧（らん）ください。三つとも回る場合，次のようになります。かなこさんのお友達が出演している演劇は，（①　　時　　分），のぞみさんが聞きたいコンサートは，（②　　時　　分），たまえさんが楽しみにしている日食観測の映像は，（③　　時　　分）です。
こちらの**校内案内図**をご覧ください。もよおし物の開始時刻に合わせて順路を説明すると，［　④　］

のぞみ：次の場所への移動時間は，かなりかかりますか。走って移動したくないのですが。

よしお：心配しなくてもいいですよ。すべてのもよおし物会場は，5分以内に移動できるところにあります。それに，どのもよおし物も，待ち時間や入退場にかかる時間は考えなくてもだいじょうぶです。ただし，とちゅう入場やとちゅう退場はできませんのでご注意ください。

スケジュール表

もよおし物	場所	見学や活動にかかる時間	開始時刻			
			午前11時	午後1時	午後2時	午後3時
日食観測	理科室	30分間	30分	20分	45分	
英語クイズ	英語室	30分間	10分	00分	25分	30分
演劇	音楽室	30分間	15分	10分		10分
竹とんぼ作り	図工室	40分間		10分	20分	30分
コンサート	体育館	40分間	00分		10分	05分

校内案内図

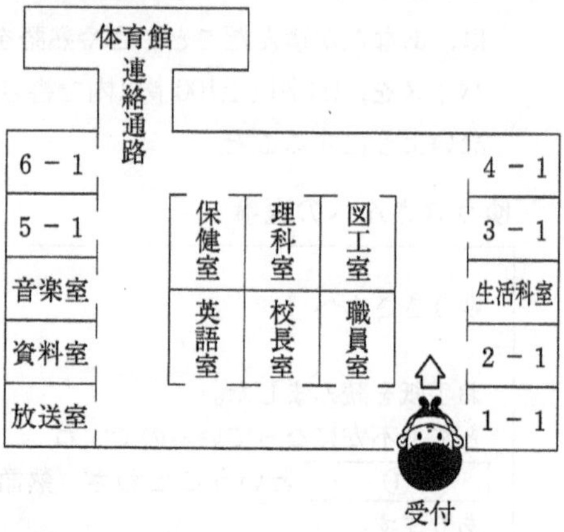

問題　①～③に，あてはまる時刻を書きなさい。④には，三つのもよおし物を見る順番に，それぞれの場所と順路を説明する文章を書きなさい。ただし，案内係として，ていねいな言葉づかいで，150字以上170字以内でまとめること。また，「，」や「。」も1字に数え，文字の誤（あやま）りがないようにすること。

＜［4］の解答を書き直すときの注意＞

○　解答を書き直すときは，例のようにつけ加えたり，けずったりしてもかまいません。ただし，字数については書き直した文字で数えます。

〔例〕　~~きょう，~~ ~~赤い~~（あまい）いちごを食べ（まし）た。

平成24年度

茨城県立中学校・中等教育学校入試問題

【適性検査Ⅰ】（45分）　＜満点：100点＞

[1] [1]から[9]までの数字がそれぞれ書いてある９枚のカードがあります。みかさんは，このカードを４枚使って４けたの数をつくりました。ゆうさんが，その数を見ないで当てようとして，みかさんと次のような会話をしています。

ゆう：みかさんのつくった数を，カードを見ないで当ててみるね。その数は，[1][2][3][4]ですか。

みか：ちがいます。４つの数字のうち，1つの数字だけ当たっているわ。でも，その数字の位はちがっています。

ゆう：その数は，[5][6][7][8]ですか。

みか：ちがいます。４つの数字のうち，3つの数字が当たっているわ。でも，位まで合っている数字は１つだけよ。

ゆう：じゃあ，その数は，[6][7][1][8]ですか。

みか：残念。４つの数字のうち，2つの数字は当たっているわ。でも，その数字の位はちがっています。

ゆう：よし，次は当てるぞ。その数は，[5][4][6][7]ですか。

みか：おしいわ，ゆうさん。４つの数字は全部当たっているわ。でも，位まで合っている数字は１つだけよ。

ゆう：ようやく，わかったぞ。その数は，[　　　]ですか。

みか：ゆうさん，すごい。正解です。

問題　２人の会話から，[　　]にあてはまる４けたの数を答えなさい。

[2] みかさんとゆうさんは，自由研究のために，プラスチック製のデザイン定規を使ってできる模様について調べることにしました。

このデザイン定規には，円形の外側に歯がついている歯車**ア**，**イ**，**ウ**と，円形の内側に歯がついている内歯車**エ**，**オ**があり，それぞれの歯の数は**図１**のようになっています。（このあとは，歯車**ア**～内歯車**オ**を**ア**～**オ**で表します。）

そして，**ア**，**イ**，**ウ**には**図２**のように，ペンを差しこむための穴があいています。

使うときは，**図３**のように**ア**，**イ**，**ウ**を取り外します。そして，**図４**のように歯車と内歯車をかみ合わせ，歯車の穴にペンを差しこみ，歯車を回転させると，**図５**のように模様ができてきます。

（**図２**～**図５**は次のページにあります）

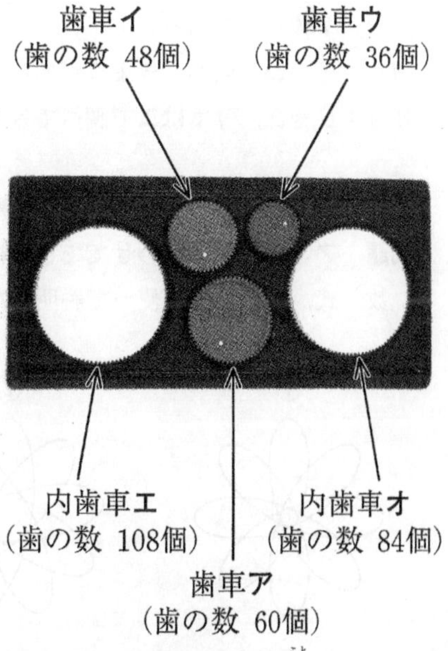

※写真の歯の数と問題の歯の数は異なります。

図1

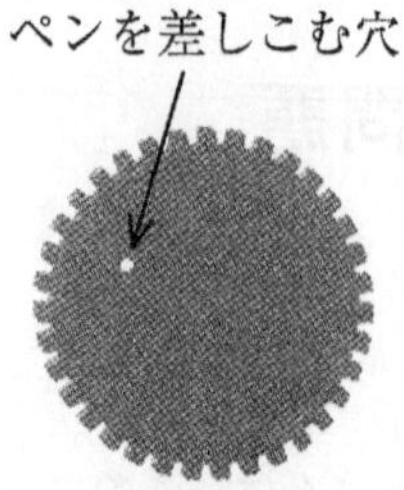

図2

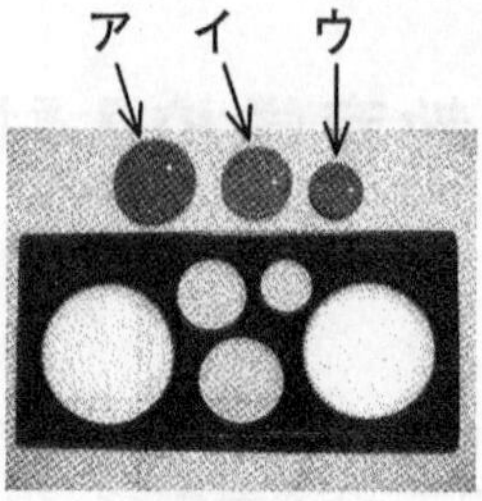

図3

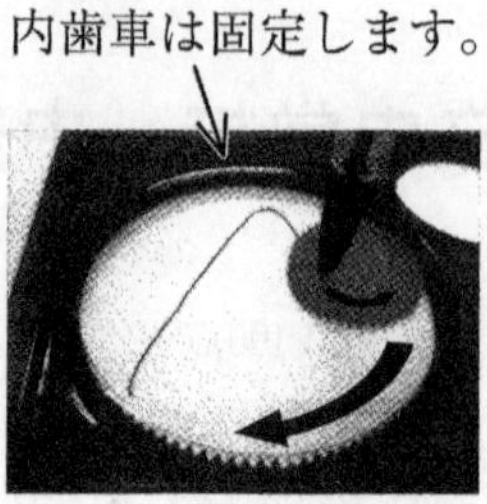

図4

図5

はじめに，みかさんが**ア**と**オ**をかみ合わせ，**ア**の穴にペンを差しこみ，**ア**を回転させました。そして，ペン先がはじめの位置にもどるまで**ア**を回転させると，**図6**の模様ができました。

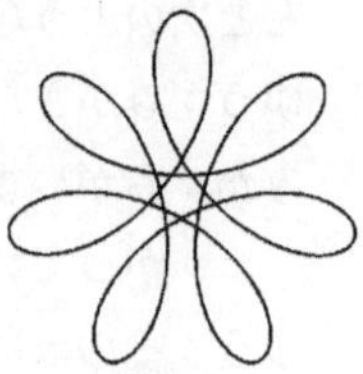
図6

みか：歯の数は，**ア**が60個，**オ**が84個ね。
　　　花のような模様ができたわ。
ゆう：そうだね。花びらのようなものが7枚見えるね。
　　　ほかの歯車ではどうなるかな。

次に，ゆうさんが**イ**と**オ**をかみ合わせ，**イ**の穴にペンを差しこみ，ペン先がはじめの位置にもどるまで**イ**を回転させました。すると，**図7**の模様ができました。

さらに，**ウ**と**オ**をかみ合わせ，同じように**ウ**を回転させると，**図8**の模様ができました。

図7

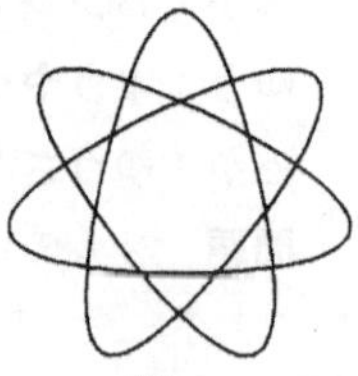
図8

みか：歯の数は**イ**が48個，**ウ**が36個ね。
ゆう：花びらのようなものは，さっきと同じで両方とも7枚見えるね。
みか：そうね。何か，きまりがあるのかしら。
ゆう：じゃあ，今度は**エ**で調べてみようよ。

そう言うと，ゆうさんは**ア**と**エ**をかみ合わせ，**ア**を同じように回転させました。

問題　**ア**と**エ**をかみ合わせてできる模様は，下の①～④のどれですか。また，そのわけを図や表，数，式，言葉などを使って説明しなさい。

①

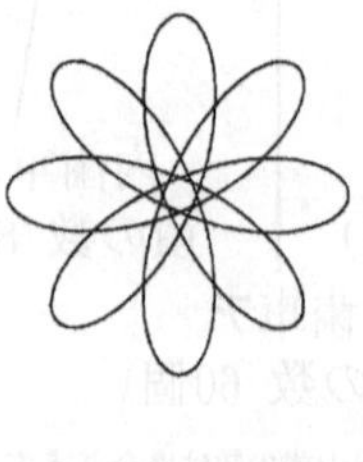

②

③

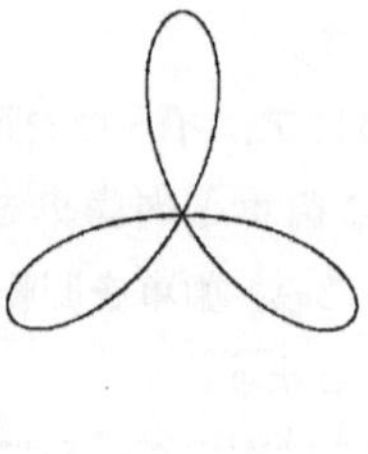

④

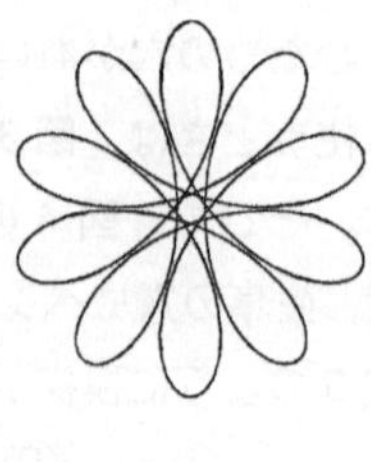

3 ゆうさんが，長さの等しい棒（ぼう）を，下のように並（なら）べて遊んでいます。

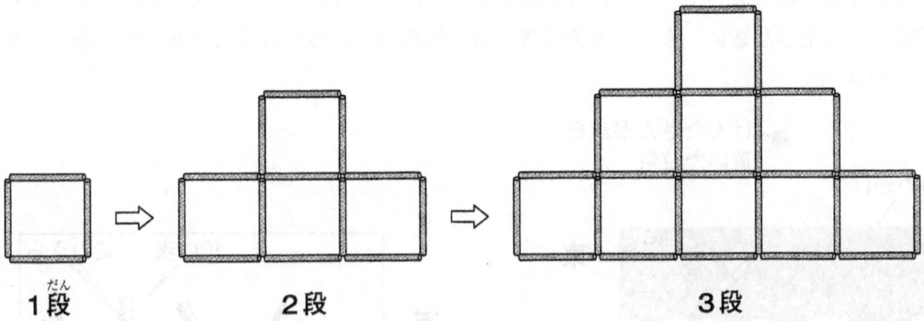

みか：段の数が1段，2段，3段，……と増えていくと，ピラミッドみたいに見えるわね。
ゆう：今は3段だけど，10段つくるとしたら，棒は何本必要になるのかな。
みか：そうね。何本必要になるのかしら。
ゆう：実際に，10段つくって，数えていけばわかるよ。
みか：そうね。でもゆうさん，それは大変よ。もっと，ちがう方法で考えてみましょうよ。
ゆう：うーん。ちがう方法があるのかな。
みか：わかった！ [　　　] 本よ。
ゆう：どうやって考えたの？
みか：こうやって求めたのよ。あのね，……。

問題 10段つくるとき，長さの等しい棒が何本必要か答えなさい。
また，あなたがみかさんなら，ゆうさんにどのような説明をしますか。図や表，数，式，言葉などを使って説明しなさい。

4 けんたさんとゆうかさんは，ある晴れた休日の正午ごろに，太陽の光を鏡ではね返して光の進むようすを調べています。家のへいの北側で，地面に立てて置いたかんに，鏡の向きやかたむけ方を変えながら太陽の光をはね返して光をあてると，かんのかげはへいに向かってのびていました。

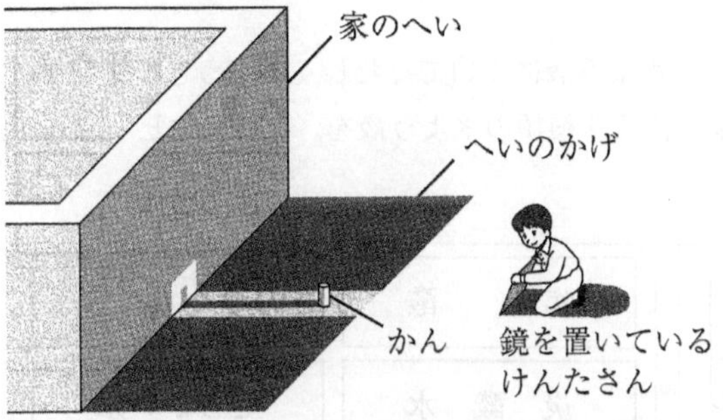

図1　鏡を使ってかんに太陽の光をあてているようす

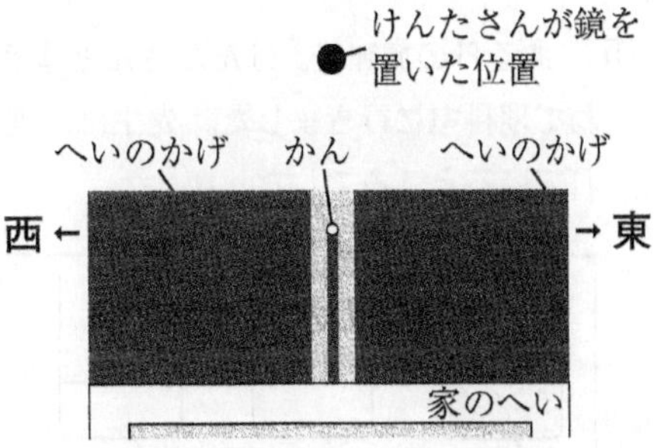

図2　真上から見たようす

けんた：鏡を使うと光の進む方向を変えられるね。
ゆうか：鏡を2枚使って，それぞれの向きを工夫すれば，光のリレーができそうね。
けんた：光の進む方向を2回変えて，かんのかげを西の方向にのばしてみようか。
ゆうか：わたしが2枚目の鏡を支えるね。

問題１　ゆうかさんが，けんたさんからの光をはね返して，かんのかげを西の方向にのばすためには，どの位置に鏡を置いて，どの向きに鏡を向ければよいでしょうか。**図３**の**ア**～**オ**から鏡を置く位置を１つ選びなさい。また，その位置に置く鏡の向きに最もあてはまるものを**図４**の**カ**～**コ**から１つ選びなさい。

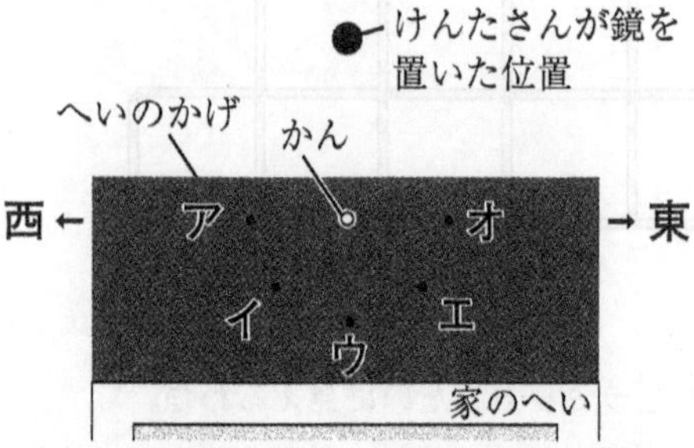

図３　ゆうかさんが鏡を置く位置

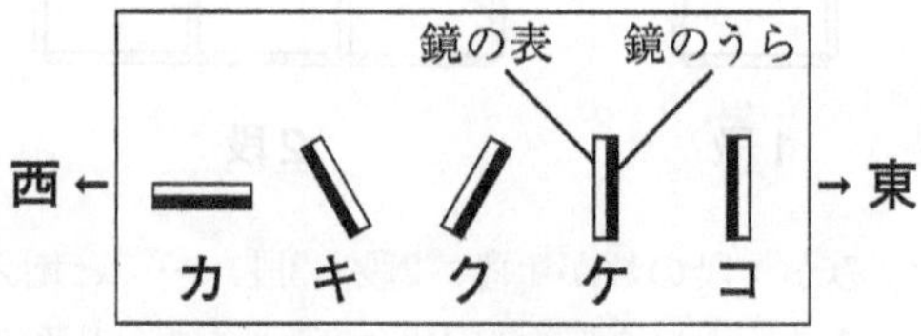

図４　ゆうかさんの鏡の向き

けんたさんが，虫めがねを通した光をだんボール紙にあてていました。

ゆうか：わたしも虫めがねを通した光をあててみるね。

けんた：あれっ，同じ虫めがねを使っているのに，虫めがねを通して集めた光の大きさがちがうね（**図５**）。

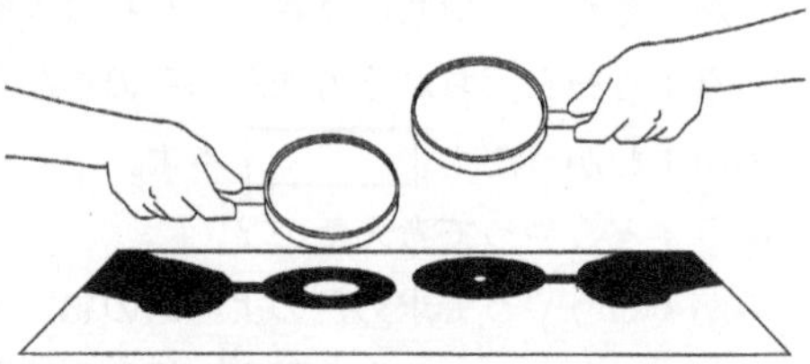

図５　虫めがねを通して集めた光のようす

ゆうか：あっ，わたしが光をあてているところがこげてきたわ。

けんた：本当だ。ぼくのほうが先に光をあてはじめたのに，ぼくが光をあてているところはだんボール紙がこげていないよ。

ゆうか：わたしが光をあてたところのほうが温度が高くなったのね。

問題２　ゆうかさんが光をあてたところのほうが，けんたさんが光をあてたところに比べて温度が高くなったわけを説明しなさい。

５　ある日の放課後，けんたさんとゆうかさんは，水よう液についてくわしく学ぼうと，先生をたずねて理科室に行きました。先生は，理科の実験で使う４種類の水よう液を，それぞれビーカーに入れているところでした。

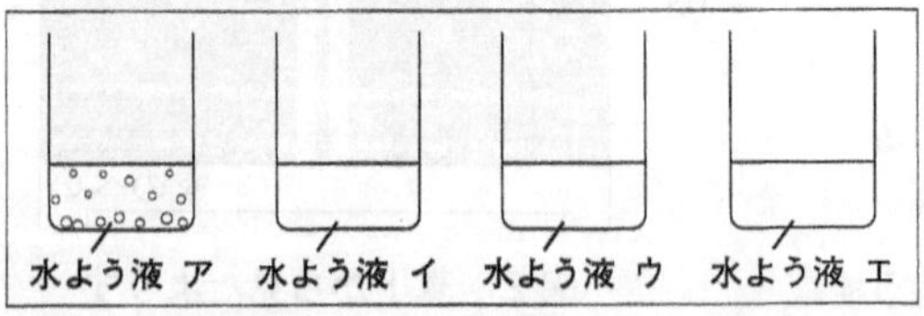

図１　４種類の水よう液の入ったビーカー

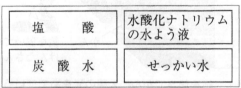

塩　　酸	水酸化ナトリウムの水よう液
炭 酸 水	せっかい水

図２　４種類の水よう液のラベル

先　生：２人ともよく来ました。それでは，先生がこれから話す問題について考えてみてください。４種類の**水よう液ア**～**エ**がビーカーに入っています（**図１**）。しかし，ラベル（**図２**）はまだはっていません。これまでの学習をもとにして，この４種類の水よう液がそれぞれ何か，2人で考えてみてください。

けんた：わかりました。４種類の水よう液のうち，**水よう液ア**からは，あわが出ているよね。

ゆうか：**水よう液ア**を３本の試験管に少しずつ移して，**水よう液イ～エ**を２，３てきずつ入れてみようよ（**図３**）。何かわかるかもしれないね。

けんた：あっ，**水よう液イ**だけ変化が見られたよ。だから，**水よう液イ**は［　①　］だね。

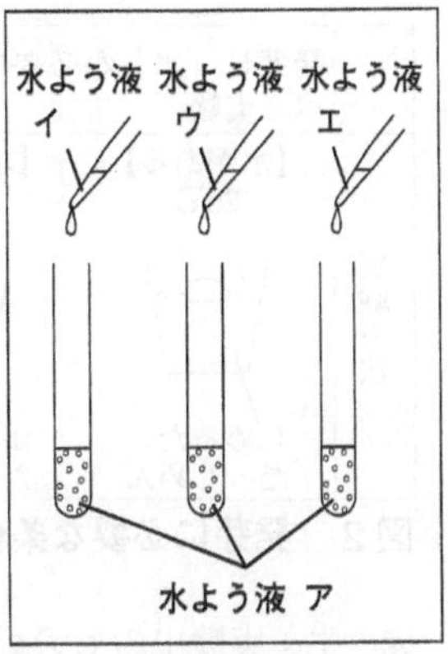

図３　**水よう液アに別の水よう液を入れる方法**

問題１　けんたさんが話している［①］にあてはまる水よう液の名前を答えなさい。また，そう答えたわけを説明しなさい。

けんた：残った**水よう液ウ**と**水よう液エ**は，どのようにして区別したらいいかな。アルミニウムと鉄のうすい板があるから，どちらにもそれぞれ入れて，しばらくようすを見てみようよ（**図４**）。

ゆうか：アルミニウムでは区別できないけど，鉄を使えば区別できるよ。

けんた：そうか。それでは鉄を使ってやってみようよ。

問題２　下線部（═══）のようにゆうかさんが話していることについて，アルミニウムでは区別できないわけと鉄を使えば区別できるわけを説明しなさい。

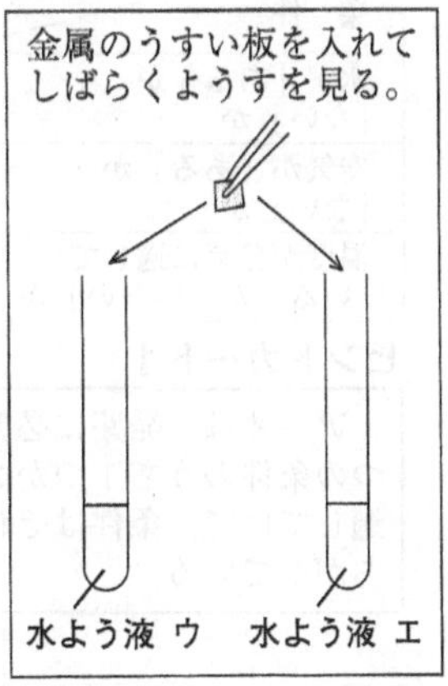

図４　**水よう液に金属のうすい板を入れる方法**

［6］　次の日の昼休みに，けんたさんとゆうかさんが理科室に行きました。すると，インゲンマメの種子，だっしめん，コップ（**図１**）を使って発芽を調べる実験中のものが置いてありました（**図２**）。（**図２**は次のページにあります）

図１　**インゲンマメの種子，だっしめん，コップ**

けんた：発芽には「水」，「空気」，「発芽に適した温度」の３つの条件が必要であることを実験で調べたね。

ゆうか：「空気」については，しめっただっしめんにまいた種子と，水にしずめた種子を使って，空気が発芽に必要かどうかを調べたのよね。

２人の会話を聞いていた先生が，次のように問いかけました。

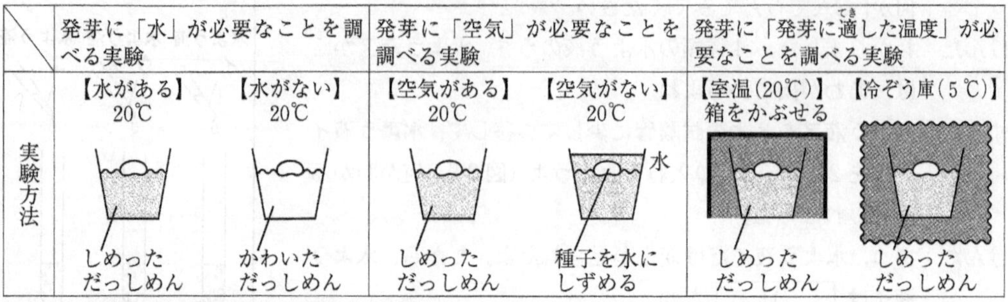
発芽に「水」が必要なことを調べる実験
発芽に「空気」が必要なことを調べる実験
発芽に「発芽に適した温度」が必要なことを調べる実験
実験方法
【水がある】20℃
【水がない】20℃
【空気がある】20℃
【空気がない】20℃
【室温(20℃)】箱をかぶせる
【冷ぞう庫(5℃)】
水
しめっただっしめん
かわいただっしめん
しめっただっしめん
種子を水にしずめる
しめっただっしめん
しめっただっしめん

図2　発芽に必要な条件を調べる実験

先　生：実験中のもののように，インゲンマメの種子，だっしめん，コップを使って「水」，「空気」，「温度」の条件をそれぞれ変えた**ア～オ**の５種類のものを用意しました（**表１**）。下の**ヒントカード１～３**などから考えて，**表１**を完成させてみてください。

表１　条件をそれぞれ変えたア～オ

条件＼実験	ア	イ	ウ	エ	オ
水が「ある」か「ない」か	ある				
空気が「ある」か「ない」か	ない				
温度が発芽に適して「いる」か「いない」か	いない				

ヒントカード１

　ア～オは，発芽に必要な３つの条件のうち１つか２つが適していて，条件はそれぞれちがっている。

ヒントカード２

　発芽に適した温度であったのは**イ**と**ウ**で，**ア**，**エ**，**オ**を冷ぞう庫から出したら数日後に**エ**だけが発芽した。

ヒントカード３

　ウと，冷ぞう庫から出した**オ**にだっしめんが完全にしめるぐらい水を加えたら数日後にどちらも発芽した。

問題　**イ～オ**の「水」，「空気」，「温度」の３つの条件について，**ア**の書き方を例にして解答用紙の**表１**を完成させなさい。

また，**イ**の３つの条件について，そのように考えたわけを説明しなさい。

7　ゆうかさんが２階の自分の部屋(へや)のまどから外をながめると半月が見えました。その半月がとてもはっきりと見えたので，ゆうかさんは午後６時ごろに見えた半月を記録しました。次の日，ゆうかさんはけんたさんと半月について話をしました。

ゆうか：きのう，半月がはっきりと見えたので記録したのよ。

けんた：ぼくも２週間前くらいの朝，早起きしたときに，部屋のまどから半月が見えたので記録したことがあるんだ。

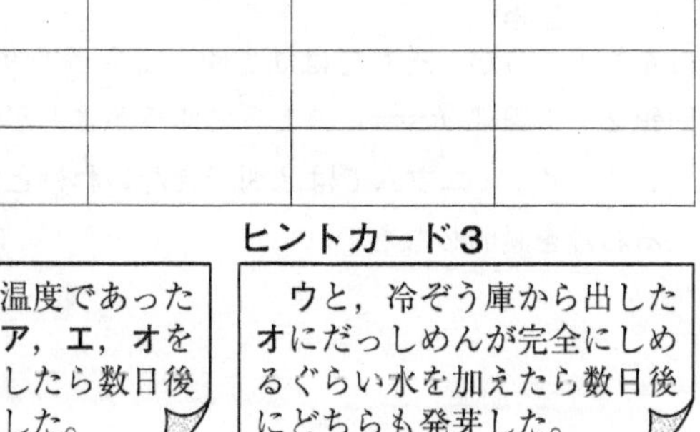

図１　２人が記録した月

ゆうか：あれ。わたしがきのう見た半月と比べると，見えた位置はほとんど同じなのに半月の向きがちがうね（図１）。観察した日時のほかに何がちがうのかな。わたしの家は，けんたさんの家のすぐとなりで，部屋も同じ２階だし，まども同じ向きよね。

問題１　ゆうかさんが記録した月は，**図１**の**ア**，**イ**のどちらですか。また，そう答えたわけも説明しなさい。

けんた：月の見える形や位置は，いろいろと変わるんだね。

ゆうか：暗い部屋で，太陽のかわりに電灯の光，月のかわりにボールを使って，月の見え方が調べられるよ。

けんた：よし，調べてみようよ。

問題２　**図２**の**ア**の台にボールを置き，ある場所に電灯を置いて，電灯の光をあてると，円の中心に立っているけんたさんの位置からは，**図３**のようにボールが見えました。同じ場所から電灯の光をあてたとき，けんたさんの位置からボールが**図４**の①～④のように見えるのは，**図２**の**イ～ク**のどの位置にボールを置いたときですか。①～④について，最もあてはまるものを**イ～ク**から１つずつ選びなさい。ただし，けんたさんのかげはないものとし，電灯の光はどの位置のボールにも十分とどいているものとします。

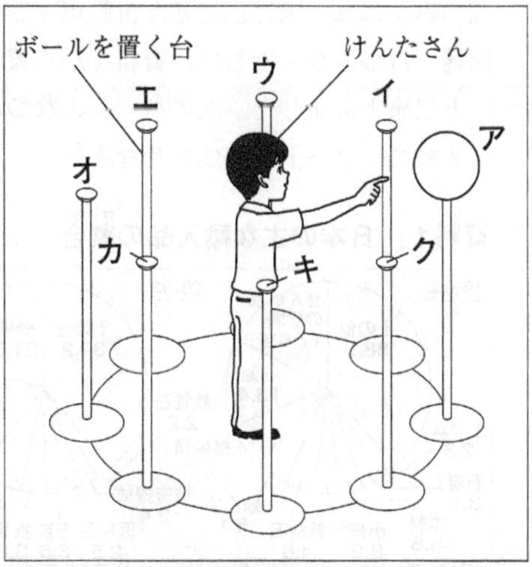

図２　電灯の光とボールを用いた月の見え方の学習

図３　アの位置のボールの見え方

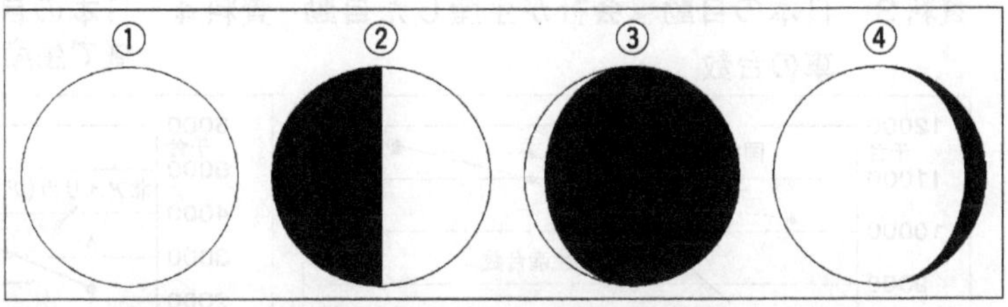

図４　図２のときと同じ場所から電灯の光をあてたときのボールの見え方

【適性検査Ⅱ】（45分）　＜満点：100点＞

1　なつみさんは，日本の工業が世界の国々と貿易を通じて結びついているというニュースをテレビで見ました。そこで，なつみさんは５年生の社会科の時間に学習したことを思い出し，日本の工業生産についてもう一度調べてみたくなりました。

なつみ：工業製品をつくるためには，いろいろな原料が必要だったわね。日本は，原料の多くを輸入にたよっているのよね。

かいと：そうだね。輸入や輸出を通して，海外と深く結びついていたんだよね。日本の貿易の様子は，どう変わってきたのかな。

なつみ：ニュースに出てきた自動車工業の様子も調べてみましょうよ。

問題　なつみさんたちは，**資料１**から**資料４**のグラフを見つけ，それらから読み取ったことをノートにまとめました。次のページの**なつみさんたちがまとめたノート**の①～③にあてはまる言葉を入れて，ノートを完成させなさい。

資料１　日本の主な輸入品の割合（わりあい）

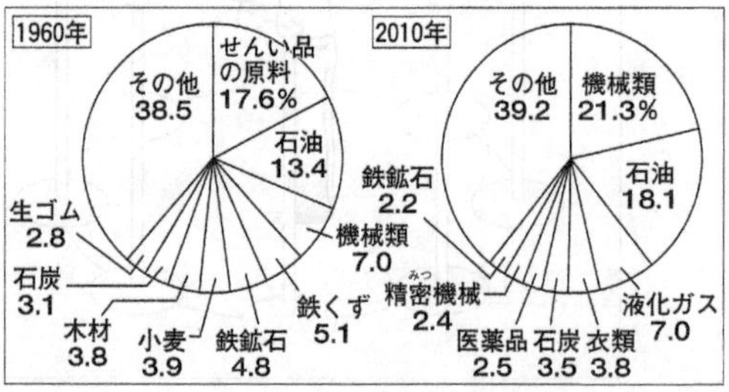

資料２　日本の主な輸出品の割合

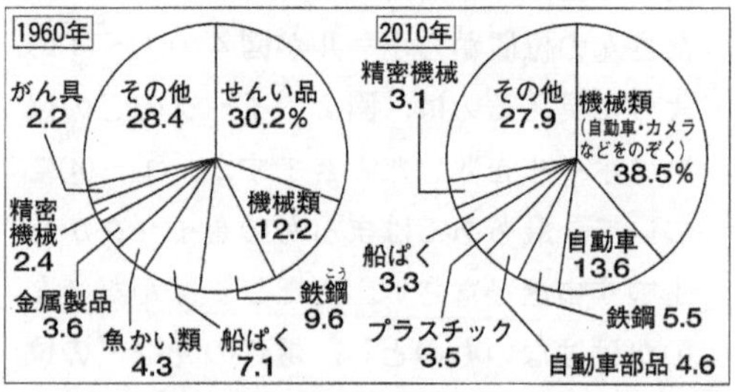

（資料１と資料２は「日本国勢図会2011／12年度版」より作成）

資料３　日本の自動車会社が生産した自動車の台数

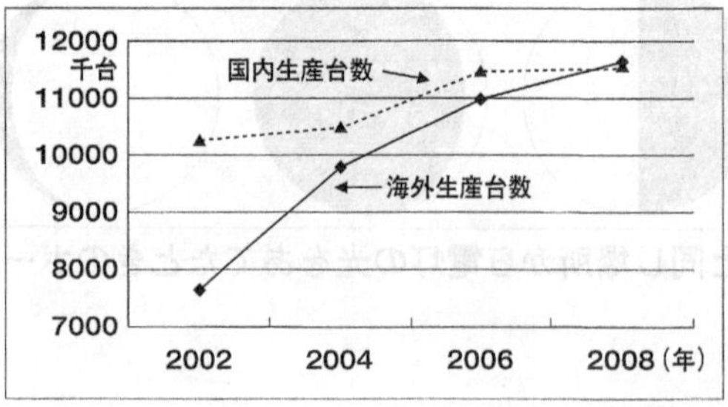

資料４　日本の自動車会社が海外の主な地域で生産した自動車の台数

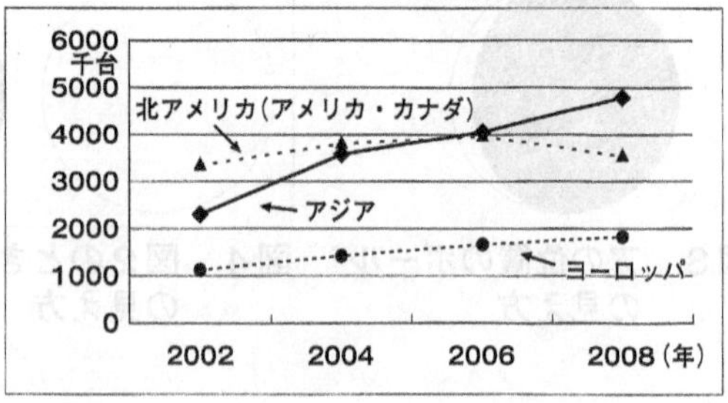

（資料３と資料４は「日本自動車工業会」ホームページより作成）

なつみさんたちがまとめたノート

「日本の工業生産について資料から読み取ったこと」

○ **資料１**　日本の輸入品について50年間で大きく変化したこと。

①

○ **資料２**　日本の輸出品について50年間で大きく変化したこと。

②

○ **資料３と資料４**
日本の自動車会社の自動車生産台数でわかったこと。

③

２　さやかさんたちは，地元の商店街について調べていく中で，コンビニエンスストアに興味をもち，そのしくみについて調べてみることにしました。

さやか：**資料**１を見ると，レジで支はらいをしているときに，いろいろな情報が店内のコンピュータを通して本部へ送られていることがわかるね。

えいた：これらの情報は，お店にとってどんなことに役立っているのかな。

資料１　コンビニエンスストアの情報活用

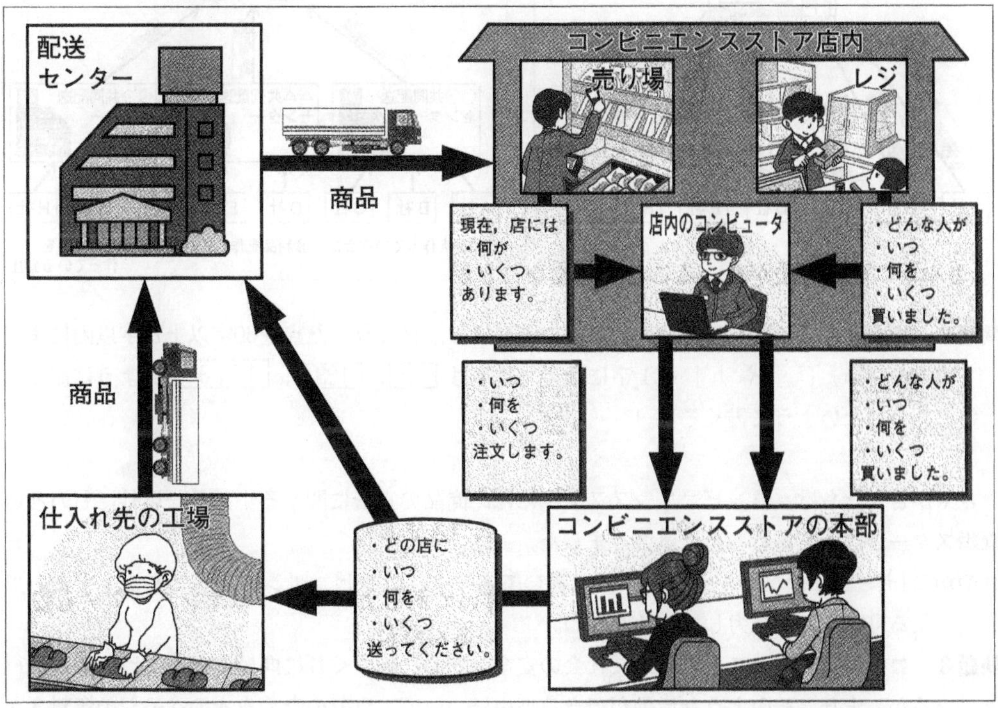

問題1　コンビニエンスストアが得た情報は，お店が商品を仕入れるとき，何を決めるのに役立っているか，**資料1**をもとに3つ書きなさい。

> **コンビニエンスストアが得た情報は，お店が**
> ［　①　］［　②　］［　③　］
> **ということを，決めるのに役立ってます。**

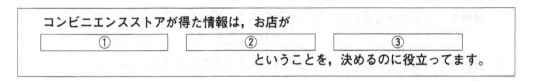

さやかさんたちは，近くのコンビニエンスストアに行って調べることにしました。

さやか：コンビニエンスストアにはいろいろな商品が，そろっていて便利よね。

えいた：しかも，お店の数も増えてきているし，こんなにたくさんの商品を運ぶのは大変そうだね。

さやか：そうよね。ちゅう車場で配送のトラックを見ることがあるよね。

さやかさんたちは，店長さんに商品の配送について聞いてみることにしました。すると店長さんは**資料2**を見せてくださいました。

さやか：配送方法が変わることでどんなことが良くなったのかな。

資料2　さやかさんたちが調べたコンビニエンスストアの配送方法の変化

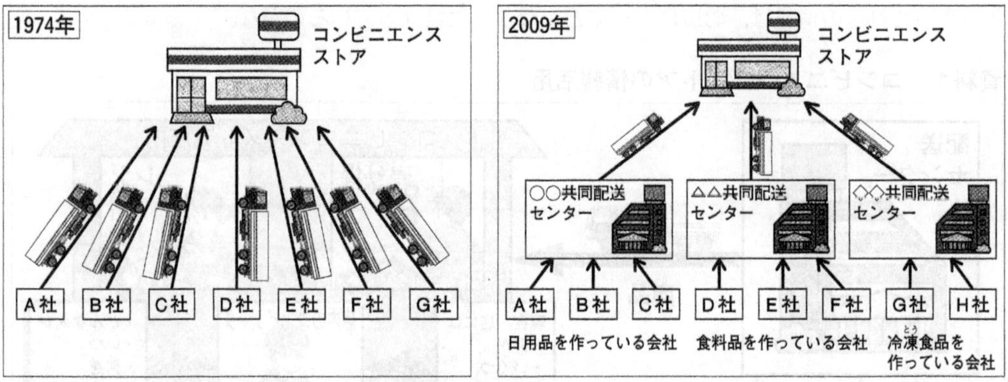

問題2　**資料2**のように配送方法を変えたことにより，良くなった点を60字以上75字以内にまとめて書きなさい。〔「,」や「。」も1字に数え，数字は［12］，［123］，［12｜34］のように記し，文字の誤(あやま)りのないように書くこと。〕

さやかさんたちは，コンビニエンスストアには，商品の宣(せん)伝に関するポスター以外にもいろいろなポスターがはってあることに気づきました。

さやか：「セーフティステーション」って書いてあるよ。コンビニエンスストアも安全で安心できる町づくりに協力しているんだね。

問題3　コンビニエンスストアは地域社会の安全・安心な町づくりに向けてどのような活動を行っているか。また，そのような活動ができる理由について，自分の考えを次のページの**資料3**から**資料5**を参考にして75字以上100字以内で書きなさい。〔「,」や「。」も1字に数え，数字は［12］，［123］，［12｜34］のように記し，文字の誤りのないように書くこと。〕

資料３　店内にはってあったポスター

私たちは地域社会の
安全・安心に貢献する
お店を目指します。
SAFETY STATION
SS
強盗・万引き
撲滅宣言!
セーフティステーション実施店
110
119
防犯・子供・女性
防災・介護
20歳未満禁止
18歳未満禁止
青少年非行防止
社団法人
日本フランチャイズチェーン協会
後援／経済産業省・内閣府・警察庁・消防庁・財務省・国税庁・厚生労働省

※貢献…あることのために力をつくし，役に立つこと。

資料４　店長さんのお話

寒い中，店の前のバス停で立っていた高れい者に店内で待ってもらったり，知らない人に声をかけられて逃げてきた小さな子どもを自宅まで送ってあげたりしたこともありました。

また，地元の警察に協力し，「こどもを守る110番の家」として子どもたちを危険から守ってあげたいと考えています。

私の店が安全で安心な町づくりに役立つように毎日，努力していきます。

資料５　コンビニエンスストアの数の変化

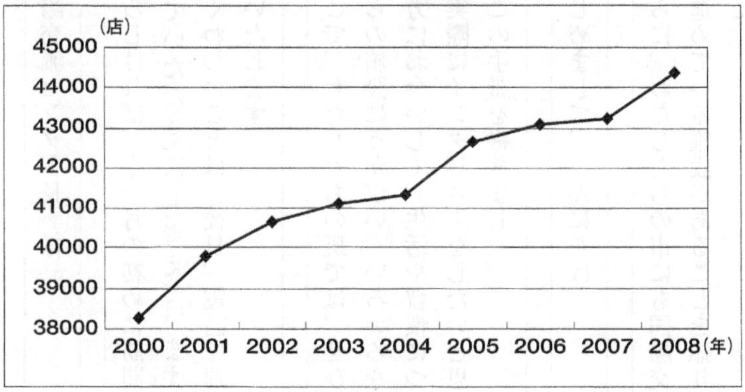

（「日本フランチャイズチェーン協会」ホームページより作成）

3 とおるさんたちの班では，総合的な学習の時間の授業でさまざまな国の生活や習慣について調べています。そこで，さらにくわしく調べるために，いろいろな国の人たちの交流の場となっている国際交流センターを訪ねて，そこを利用している方にインタビューをお願いする手紙を出すことにしました。

【とおるさんたちの手紙】

①

わたしは、西小学校六年二組の田中とおるです。

わたしたちの班では、総合的な学習の時間に、さまざまな国の生活や習慣について調べています。

②

③

④

失礼にならないようにしますので、インタビューをすることは可能でしょうか。

⑤

どうぞよろしくお願いします。

平成二十三年十月五日

⑥

⑦

ア 国際交流センター長　様

イ よろしければ、十一月の初めに訪問させていただきたいと考えていますが、くわしいことは、後日、電話で連らくいたします。

ウ そこで、わたしたちの班では、ぜひそちらの施設にうかがい、いろいろな国の方にお会いして、生活や習慣について実際にインタビューをしたいと思い、この手紙を書きました。

エ はじめまして、こんにちは。

オ さらに、わたしたちの市にも国際交流を進めている施設があることを知りました。

カ 調べていくうちに、国によって、生活や習慣にちがいのあることが分かり、興味がわきました。

キ 西小学校　六年二組　田中　とおる

問題　上の手紙の中にある ① ～ ⑦ に入る内容を**ア**～**キ**の中からそれぞれ１つずつ選び，記号で書きなさい。ただし，手紙文の形式になるようにすること。

4 よしこさんの通っている南小学校では，6年生向けのかべ新聞に他校の取り組みをのせるコーナーがあります。広報委員のよしこさんは，となりの北小学校の活動の様子をしょうかいしたいと考え，北小学校の校長先生にお話をうかがいました。

次の文章は，そのときの校長先生のお話です。

> 北小学校では４年前から，「お弁当の日」を実施(し)しています。これは，全児童が手作りのお弁当を持参するもので，年に３回行われています。初めのころは，保護者の方から，「本当に子どもに作れるのだろうか。」「刃(は)物を使うのは小学生に危(き)険なのではないか。」などの声も上がりました。しかし，この取り組みを続けてきた今では，「家庭科の授業で学んだことを使って，新たなメニューを考えるのが楽しい。」「お弁当を通して家族のコミュニケーションをとることができる。」などの声も増えてきて，多くの児童や保護者に受け入れられています。
>
> 学年によって「お弁当の日」の取り組みもちがいます。1，2年生では，おうちの人といっしょにお弁当箱におかずをつめること，3，4年生では，おうちの人といっしょに作ること，5，6年生では，おうちの人に手伝ってもらいながら自分自身でこん立を考えて作ることを目指しています。どの学年の児童も，おうちの人に協力をしてもらい，お弁当作りに取り組んでいます。
>
> 「お弁当の日」は，「調理方法や栄養の知識をもとにして健康的な食生活について考えるきっかけとしてほしい。」との考えから学校として取り組んできたことです。学校では，栄養のバランスを考えたこん立作りや，お弁当の作り方などのアドバイスを行っています。食についての知識を身につけることは，大人になってからも毎日生活する上で，大変役立つと思います。

よしこさんは，北小学校の校長先生のお話をかべ新聞にのせるため，次のような原こうにまとめてみました。

> 北小学校には，4年前から年に３回，「お弁当の日」があります。これは，（　①　）ことが目的で，（　②　）ということをしています。

問題　よしこさんになったつもりで，□内の（①），（②）に入る内容を，次の条件に合わせて書きなさい。

条件

・（①），（②）は，それぞれ25字以上30字以内で書くこと。
・「，」や「。」も１字に数え，文字の誤(あやま)りのないように書くこと。

5 かおりさんたちの学級では，新しく外国語活動の授業で教えてくださるグリーン先生のかんげい会を開くことになりました。その会では，日本のことを班(はん)ごとにしょうかいすることになっています。かおりさんたちの班は，「日本のよさ」をしょうかいすることになり，班で計画を立てることになりました。

かおり：わたしは，なるべく日本語で，日本のよさを伝えたいと思っているんだけれど。
みつる：そうだなあ。でも，日本語を勉強したことはあっても日本で生活したことがないグリーン先生に，どのようにしょうかいしたらいいんだろう。
ななこ：俳(はい)句のように「五・七・五」の十七音で表現するのはどう？　日本の伝統文化のひとつだ

し，「五・七・五」のリズムで日本のよさを表現してみるのはおもしろいよね。

ゆうた：そうだね。ぼくは，ななこさんの提案に賛成。「五・七・五」のリズムってぼくたちの生活にも関係しているんじゃないかな。

さちこ：じゃあ，たとえば，「**最新の　技術かがやく　日本製**」というのはどう？

問題　グリーン先生に日本のよさをしょうかいするにあたって，「五・七・五」のリズムを使って，あなたならどのように表現しますか。その言葉を①に，その理由を②に書きなさい。ただし，次の条件に合うようにしなさい。

条件

・①について，文中にあげた「**最新の**」「**技術かがやく**」「**日本製**」の３つの言葉は使わないこと。

・②については２段（だん）落構成とし，110字以上120字以内で書くこと。１段落目には，その言葉を書いた理由を書くこと。２段落目には，その理由のもとになる具体的な例を書くこと。

・「，」や「。」も１字に数え，文字の誤（あやま）りのないように書くこと。

・「五・七・五」の中の音では，小さな「っ」や，のばす音，「ん」も，一音と数える。また，「しゃ」「しゅ」「しょ」などは，それぞれ一音とする。

〔例：がっき（三音），コーヒー（四音），おじいちゃん（五音），しょくじ（三音）〕

＜5の解答を書き直すときの注意＞

○　解答を書き直すときは，例のようにつけ加えたり，けずったりしてもかまいません。ただし，字数については書き直した文字で数えます。

〔例〕

					美	し	い					まし	
~~き~~	~~の~~	~~う~~	~~，~~	~~き~~	~~れ~~	~~い~~	な	夕	や	け	を	見	た	。

解答用紙集

○月×日　△曜日　天気（合格日和）

◆ご利用のみなさまへ
＊解答用紙の公表を行っていない学校につきましては、弊社の責任において、解答用紙を制作いたしました。
＊編集上の理由により一部縮小掲載した解答用紙がございます。
＊編集上の理由により一部実物と異なる形式の解答用紙がございます。

人間の最も偉大な力とは、その一番の弱点を克服したところから生まれてくるものである。 ——カール・ヒルティ——

東京学参株式会社

茨城県立中学校・中等教育学校　2024年度

◇適性検査Ⅰ◇

※189％に拡大していただくと，解答欄は実物大になります。

1

問題１	式	
	値段	円
問題２		L
問題３	記号	
	説明	

2

問題１	①		②		③	
問題２	④	倍	⑤	倍		

解答するときの注意

解答を直すときには、消しゴムを使ってていねいに消してから直しなさい。次のように、付け加えたり、けずったりしてはいけません。

× 指示を~~出して~~（聞いて）、（素早く）行動する。

3

	ア	イ	ウ	エ
問題１				
問題２	記号			
	理由	からだよ。		
問題３				
問題４	%			

4

問題１	コイルの巻き数				
	ア	イ	ウ	エ	オ
問題２					
	①	②	③		
問題３					
問題４	時速　km				

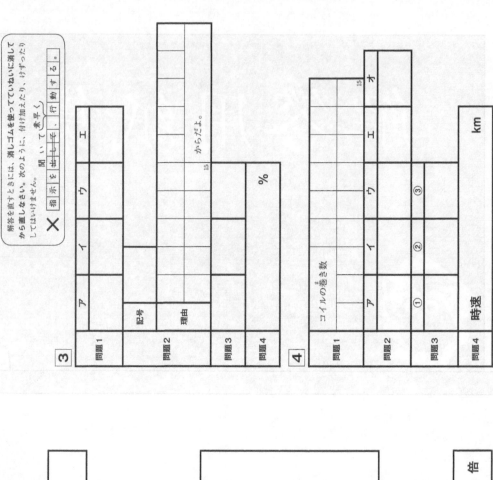

◇適性検査Ⅱ◇

※ 175%に拡大していただくと，解答欄は実物大になります。

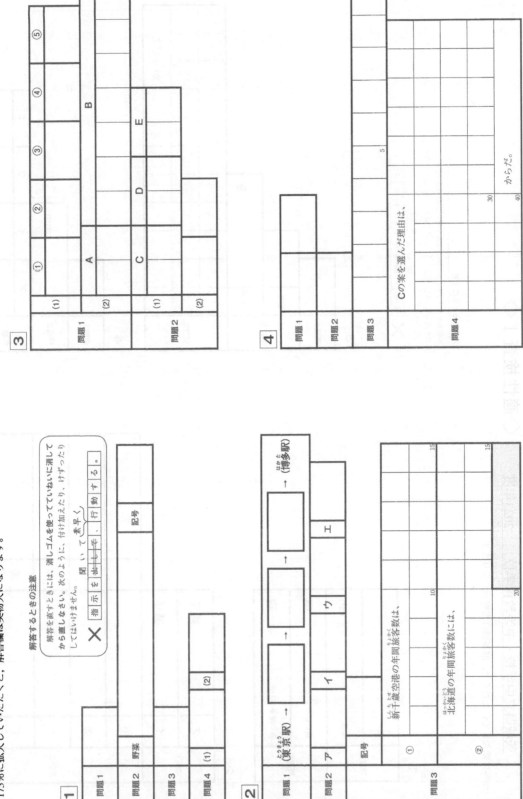

解答するときの注意

解答を直すときには、消しゴムを使っててていねいに消してから直しなさい。次のように、付け加えたり、けずったりしてはいけません。

× 指示を~~出して~~（聞いて）、（素早く）行動する。

1

問題1			
問題2	野菜		記号
問題3			
問題4	(1)		(2)

2

問題1	(東京駅) → □ → □ → □ → (博多駅)
問題2	ア　　イ　　ウ　　エ
問題3	記号
	① 新千歳空港の年間旅客数は、
	② 北海道の年間旅客数には、

3

問題1	(1)	①	②	③	④	⑤
	(2)	A	B			
問題2	(1)	C	D	E		
	(2)					

4

問題1	
問題2	
問題3	
問題4	Cの案を選んだ理由は、　　　　からだ。

茨城県立中学校・中等教育学校　2023年度

◇適性検査Ⅰ◇

※185%に拡大していただくと，解答欄は実物大になります。

1

問題1	式	
	半径	cm
問題2	白い花かざり	個
	赤い花かざり	個

2

問題1	ア	通り		
	イ	通り		
問題2	①		②	
	③		④	
	⑤		⑥	
	⑦		⑧	
	バスや電車の運賃（うんちん）と入場料の合計	円		

解答するときの注意

解答を直すときには、消しゴムを使ってていねいに消してから直しなさい。次のように、付け加えたり、けずったりしてはいけません。

✕ 指示を~~出して~~（聞いて）、（素早く）行動する。

3

問題1		
問題2	記号	
	水の量	g
問題3		からだよ。

4

問題1				
問題2	mm			
問題3	ア	イ	ウ	エ

茨城県立中学校・中等教育学校　2023年度

◇適性検査Ⅱ◇

※ 185%に拡大していただくと，解答欄は実物大になります。

解答するときの注意

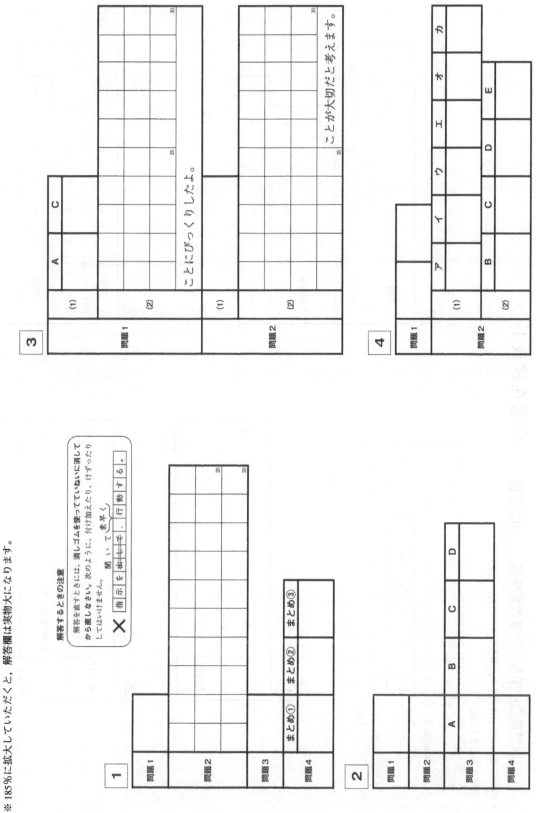

解答を直すときには、**消しゴムを使っていていねいに消してから直しなさい。**次のように、付け加えたり、けずったりしてはいけません。

✕ 指 示 を ~~出 し て~~ 、 行 動 す る 。（「聞いて」「素早く」の書き加え例）

1

問題1	
問題2	（30字の解答欄）
問題3	

	まとめ①	まとめ②	まとめ③
問題4			

2

問題1				
問題2				
	A	B	C	D
問題3				
問題4				

3

問題1	(1)	A	C
	(2)	（30字の解答欄）ことにびっくりしたよ。	
問題2	(1)		
	(2)	（35字の解答欄）ことが大切だと考えます。	

4

問題1							
問題2	(1)	ア	イ	ウ	エ	オ	カ
	(2)	B	C	D	E		

茨城県立中学校・中等教育学校　2022年度

◇適性検査Ⅰ◇

※156％に拡大していただくと，解答欄は実物大になります。

解答するときの注意

・□のらんに記入してはいけません。

・記号を選ぶ問題は、あてはまるものを◯で囲みなさい。

【例】

ア	イ	ウ	(エ)	オ	なし

・1 2の問題について、答えが分数になるときは、それ以上約分できない形で表しなさい。

【例】 $\frac{6}{8} \rightarrow \frac{3}{4}$

1

問題1	cm^2
問題2	°

2

問題1		分
問題2	最大の総試合数	試合
	最大のチーム数	チーム

3

問題1	□ → □ → □ → □ → □ → F						
問題2	ア	イ	ウ	エ	オ	カ	なし
問題3	ア	イ	ウ	エ	オ		
	カ	キ	ク	ケ	なし		
問題4	ア	イ	ウ	エ	オ	カ	

4

問題1	グラフ	ア	イ	ウ	エ		
	Y	オ	カ	キ	ク	ケ	
問題2		ア	イ	ウ	エ	オ	カ
問題3							秒

※ 185%に拡大していただくと，解答欄は実物大になります。

◇適性検査Ⅱ◇

解答するときの注意

- □のらんに記入してはいけません。
- 記号を選ぶ問題は、あてはまるものを○で囲みなさい。

【例】

ア	イ	ウ	(エ)	オ	なし

1

問題1	ア	イ	ウ	エ	オ
問題2	ア	イ	ウ	エ	
問題3	ア	イ	ウ	エ	

2

問題1		ア	イ	ウ	エ				
問題2		ア	イ	ウ	エ				
問題3		ア	イ	ウ	エ	オ	カ		
問題4	D	ア	イ	ウ	エ	オ	カ	キ	ク
	E	ア	イ	ウ	エ	オ	カ	キ	ク
	F	ア	イ	ウ	エ	オ	カ	キ	ク
問題5	①	ア	イ	ウ	エ				
	②	ア	イ	ウ	エ				
	③	ア	イ	ウ	エ				

解答するときの注意

3 の問題について

- 字数が指定されている問題は、次の【記入例】のように、横書きで、最初のマスから書き始めなさい。
- 段落を変えたり、マスを空けたりしてはいけません。
- 文字や数字は1マスに1字ずつ書き、文の終わりには句点〔。〕を書きなさい。
- 句読点〔。、〕やかっこ〔「　」〕なども1字に数えなさい。

【記入例】

考	え	方	を	整	理	す	べ	き	だ
。	「	正	解	か	ど	う	か	」	を
、	1	0	人	で	相	談	す	る	。

- **書き直す場合は、消しゴムで消して、書き直しなさい。**
- 次のように、付け加えたり、けずったりして解答してはいけません。

✕ 指示を~~出して~~（聞いて）、（素早く）行動する。

3

問題1	ア	イ	ウ	エ	オ	カ
問題2						

（問題2は10字×3行のマス目、20・30）

4

問題1	ア	イ	ウ	エ	オ
問題2	津波（つなみ）が				
問題3	ア	イ	ウ	エ	オ

茨城県立中学校・中等教育学校　2021年度

◇適性検査Ⅰ◇

※ 193%に拡大していただくと，解答欄は実物大になります。

1

問題１

あ	時ごろ
い	理由は， からだね。
う	理由は， からよね。

問題２

問題３

説明：

2

問題１

方法：

理由：

問題２

記号：

うすい塩酸：	炭酸水：	石灰水：	食塩水：
アンモニア水：	水酸化ナトリウムの水よう液：		水：

問題3

色が変化する理由：酸性とアルカリ性の液体が混ざり合うと，

液体を緑色にして処理する理由：

3

問題１

	○か×	○の場合は効果，×の場合は方法
資料１		
資料２		
資料３		

問題２

問題３

本

問題４

140

180

4

問題１

あ	回転

問題２

い	タイヤＡの４本セットを（　　　）回, タイヤＢの４本セットを（　　　）回

説明

5

問題１

あ	秒後

問題２

い	

説明

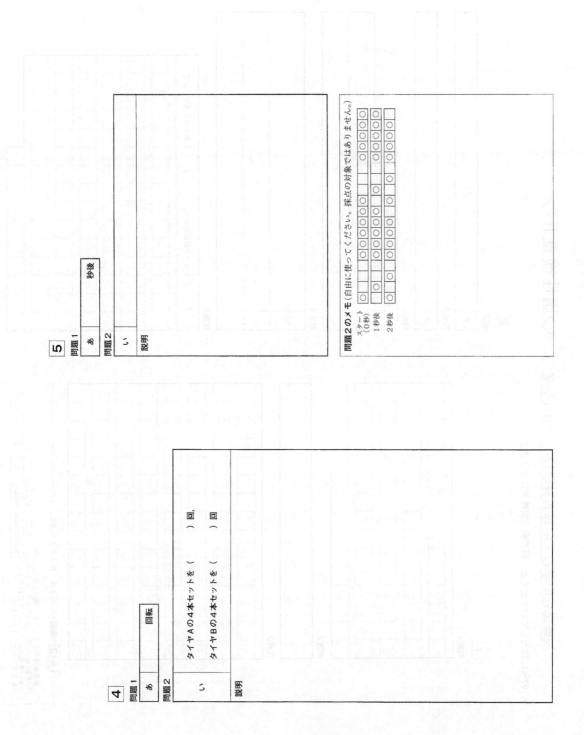

問題２のメモ(自由に使ってください。採点の対象ではありません。)

スタート（０秒）	○				○	○	○	○	○	○				○	○	○	○	○
１秒後		○			○	○	○	○	○		○			○	○	○	○	○
２秒後	○		○		○	○	○	○		○		○		○	○	○	○	

茨城県立中学校・中等教育学校　2021年度

◇適性検査Ⅱ◇

※197%に拡大していただくと，解答欄は実物大になります。

1

問題１

（70字の解答欄：50，70）

問題２

問題３

（120字の解答欄：100，120）

＜1～2の問題の解答を書き直すときの注意＞

○ 解答を書き直すときは，例のように，付け加えたり，けずったりしてかまいません。ただし，字数については書き直した文字で数えます。

（例）きょう，赤いいちごをもらって（「きょう，」を消す，「赤い」を「あまい」に直す，「を」の前に「たくさん」を付け加える）

2

問題１

ア	

問題２

イ	

問題３

(1)	代かき	田植え
(2)		

問題４

(1)	
(2)	

問題５

（　）たっぷり野菜カレー	（　）具だくさんオムレツ

（100字の解答欄：80，100）

3

問題1

問題2

国名	位置

問題3

問題4

金属工業	化学工業	せんい工業

問題5

問題6

問題7

(1)	
(2)	

茨城県立中学校・中等教育学校　2020年度

◇適性検査Ⅰ◇

※ 175％に拡大していただくと，解答欄は実物大になります。

1

問題１

個

問題２

通り

2

問題１

ア	イ

問題２

ウ　箱
説明

3

問題1

問題2

あ　　さん	い　　さん	う　　さん

問題3

4

問題1

記号

問題2

問題3

記号

5

問題1

問題2

①	②	③

問題3

ア　　％	イ

問題4

ウ　　倍

問題5

エ

茨城県立中学校・中等教育学校　2020年度

◇適性検査Ⅱ◇

※ 173％に拡大していただくと，解答欄は実物大になります。

1

問題１

問題２

問題３

	大阪府	沖縄県	茨城県	愛知県
資料５の記号				
資料６の記号				

問題４

問題５

資料10

資料11

2

問題１

50

70

問題２

80

100

選んだ資料の番号

※例えば，資料１と資料２を選んだ場合は，１，２と記入する。

＜2の問題１・問題２の解答を書き直すときの注意＞

○　解答を書き直すときは，例のように，付け加えたり，けずったりしてかまいません。ただし，字数については書き直した文字で数えます。

（例）

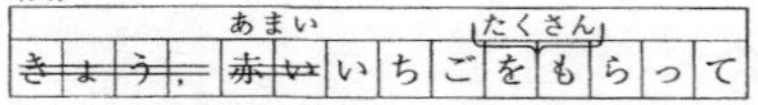

3

問題 1

記号

問題 2

問題 3

問題 4

記号

問題 5

記号

①

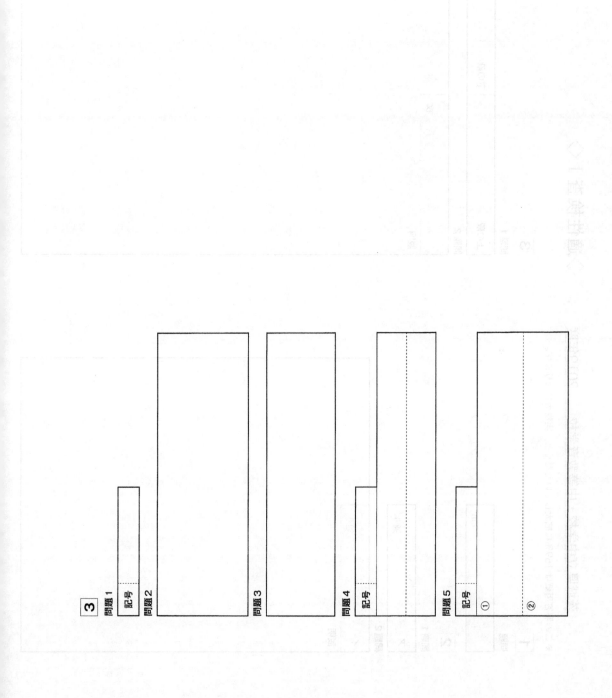

②

茨城県立中学校・中等教育学校　2019年度

◇適性検査Ⅰ◇

※この解答用紙は169%に拡大していただくと，実物大になります。

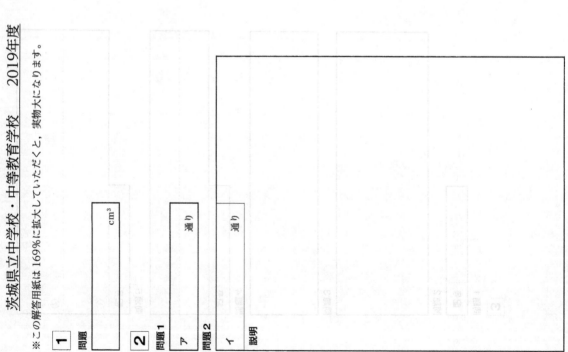

1

問題

cm^3

2

問題1

ア　通り

問題2

イ　通り
説明

3

問題1

上の段	下の段

問題2

枚
説明

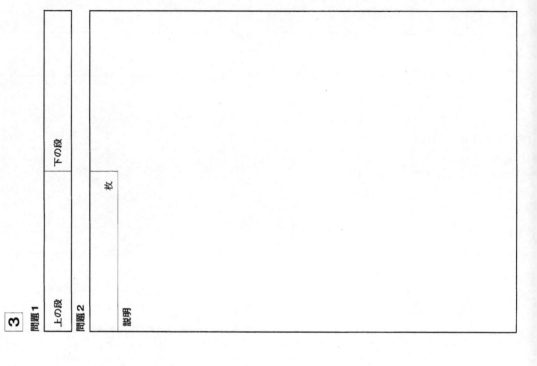

4

問題

5

問題１

①：（　　　　）回巻きのコイルとかん電池（　　）個

②：（　　　　）回巻きのコイルとかん電池（　　）個

③：（　　　　）回巻きのコイルとかん電池（　　）個

問題２

（　　　　）回巻きのコイルとかん電池（　　）個
と
（　　　　）回巻きのコイルとかん電池（　　）個

理由

6

問題１

問題２

7

問題１

ア

ためよ。

イ

問題２

／100

茨城県立中学校・中等教育学校　2019年度

◇適性検査Ⅱ◇

※この解答用紙は179%に拡大していただくと，実物大になります。

1

問題1

資料1と**資料2**をもとに読み取れる課題

考えられる取組

問題2

問題3

問題4

90

100

<**1**の**問題4**の解答を書き直すときの注意>

○　解答を書き直すときは，例のように，付け加えたり，けずったりしてかまいません。ただし，字数については書き直した文字で数えます。

(例)

~~き~~	~~ょ~~	~~う~~	~~，~~	~~赤~~	~~い~~	い	ち	ご	を	も	ら	って

(あまい)(たくさん)

2

問題1

（40）

ということだと思います。

（50）

問題2
選んだ記号

（100）

（120）

3

問題

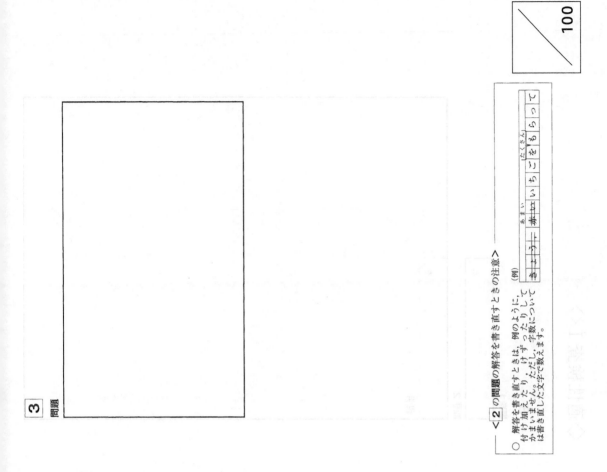

＜**2** の**問題**の解答を書き直すときの注意＞

○ 解答を書き直すときは，例のように，付け加えたり，けずったりしてかまいません。ただし，字数については書き直した文字で数えます。

（例）~~きょう，~~ ~~赤い~~（あまい）いちごを（たくさん）もらって

/100

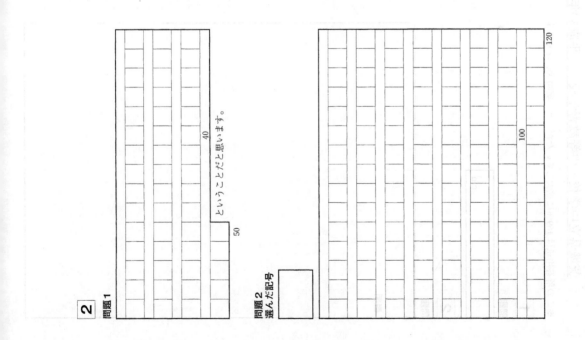

茨城県立中学校・中等教育学校　平成30年度

◇適性検査 I ◇

※この解答用紙は169％に拡大していただくと，実物大になります。

1

問題

cm

2

問題

枚

説明

3

問題1

本

問題2

本

説明

4

問題1

記号

説明

問題2

5

問題

ア

イ

ウ

エ

6

問題

液体

説明

7

問題

言葉

実験方法

/100

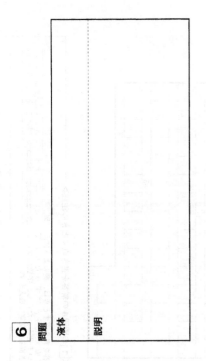

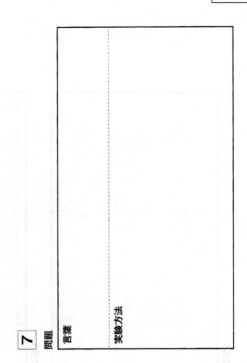

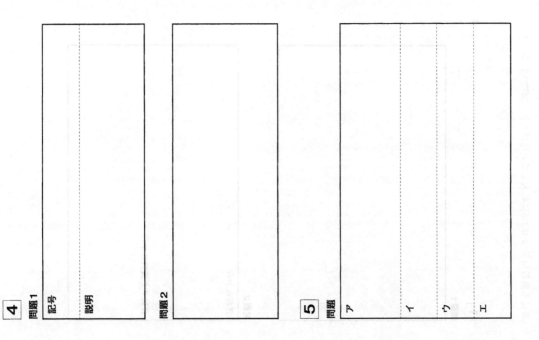

茨城県立中学校・中等教育学校　平成30年度

◇適性検査Ⅱ◇

※この解答用紙は182%に拡大していただくと，実物大になります。

1

問題1

問題2

資料6から

資料7と**資料8**から

問題3

問題4

85

110

＜**1**の**問題4**の解答を書き直すときの注意＞

○ 解答を書き直すときは，例のように，付け加えたり，けずったりしてかまいません。ただし，字数については書き直した文字で数えます。

(例)

~~きょう，~~ ~~赤い~~（あまい）いちご（たくさん）をもらって

2

問題

ア

イ

3

問題

ア

50 60

イ

15 25

ウ

30 40

4

問題

私は 記号 を選びます。

なぜなら、

90 100

＜3 4の問題の解答を書き直すときの注意＞

○ 解答を書き直すときは，例のように，付け加えたり，けずったりしてかまいません。ただし，字数については書き直した文字で数えます。

(例) ~~きょう、~~ 赤い（あまい）いちごを（たくさん）もらって

100

茨城県立中学校・中等教育学校　　平成29年度

◇適性検査Ⅰ◇

※ この解答用紙は169%に拡大していただくと，実物大になります。

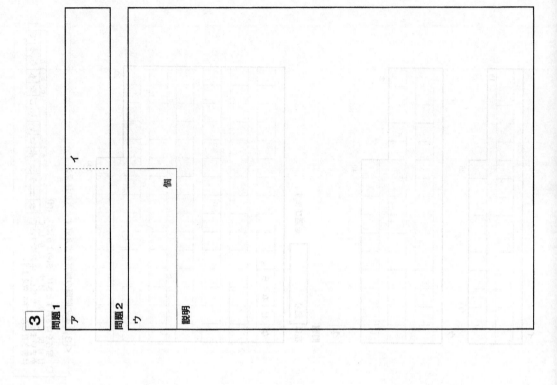

1

問題

°

2

問題

分速　　m

説明

3

問題1

ア　イ

問題2

ウ　　個

説明

4

問題１

問題２

5

問題

予想

図

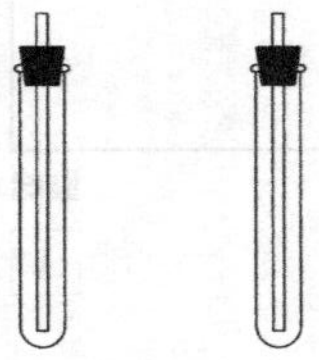

説明

6

問題

１つめの理由

２つめの理由

7

問題１

問題２

説明

記号

/100

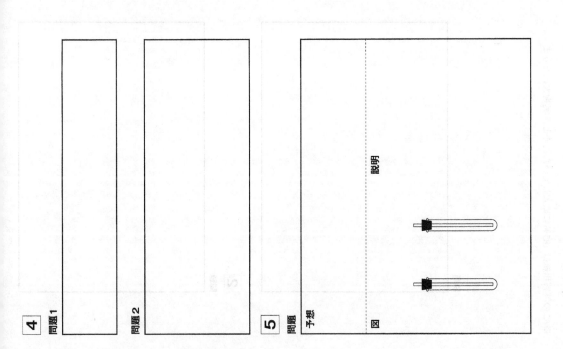

茨城県立中学校・中等教育学校　平成29年度

◇適性検査Ⅱ◇

※ この解答用紙は 185％に拡大していただくと，実物大になります。

1

問題

2

問題

3

問題1

問題2

資料6

資料7

資料8

4

問題

記号（　　）

5

問題

ア

イ

6

問題

記号

120

140

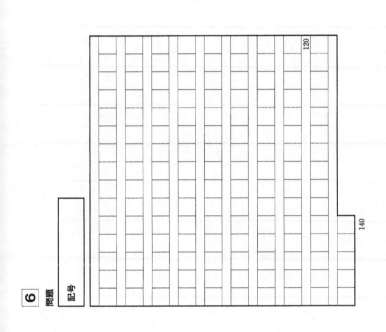

＜**6**の問題の解答を書き直すときの注意＞

○ 解答を書き直すときは，例のように，付け加えたり，けずったりしてかまいません。ただし，字数については書き直した文字で数えます。

（例）

~~きょう，~~ ~~赤い~~（あまい）いちごを（たくさん）もらって

100

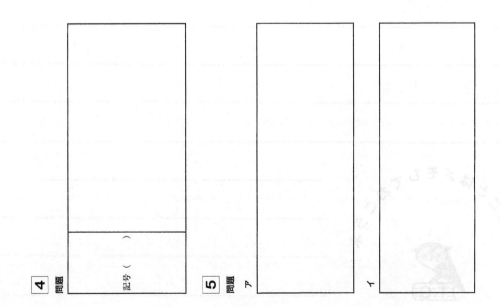

MEMO

大切なことはメモしておこうネ！

MEMO

大切なことはメモしておこうネ！

MEMO

大切なことはメモしておこうネ！

MEMO

大切なことはメモしておこうネ!

MEMO

大切なことはメモしておこうネ！

T.G

公立中高一貫校適性検査対策シリーズ

攻略！ 公立中高一貫校適性検査対策問題集

総合編 ※年度版商品

- 実際の出題から良問を精選
- 思考の道筋に重点をおいた詳しい解説（一部動画つき）
- 基礎を学ぶ６つのステップで作文を攻略
- 仕上げテストで実力を確認

※毎年春に最新年度版を発行

公立中高一貫校適性検査対策問題集

資料問題編

- 公立中高一貫校適性検査必須の出題形式「資料を使って解く問題」を完全攻略
- 実際の出題から良問を精選し、10 パターンに分類
- 例題で考え方・解法を身につけ、豊富な練習問題で実戦力を養う
- 複合問題にも対応できる力を養う

定価：1,320 円（本体 1,200 円 + 税 10%）／ ISBN：978-4-8080-8600-8 C6037

公立中高一貫校適性検査対策問題集

数と図形編

- 公立中高一貫校適性検査対策に欠かせない数や図形に関する問題を徹底練習
- 実際の出題から良問を精選、10 パターンに分類
- 例題で考え方・解法を身につけ、豊富な練習問題で実戦力を養う
- 他教科を含む複合問題にも対応できる力を養う

定価：1,320 円（本体 1,200 円 + 税 10%）／ ISBN：978-4-8080-4656-9 C6037

公立中高一貫校適性検査対策問題集

生活と科学編

- 理科分野に関する問題を徹底トレーニング！！
- 実際の問題から、多く出題される生活と科学に関する問題を選び、13 パターンに分類
- 例題で考え方・解法を身につけ、豊富な練習問題で実戦力を養う
- 理科の基礎知識を確認し、適性検査の問題形式に慣れることができる

定価：1,320 円（本体 1,200 円 + 税 10%）／ ISBN：978-4-8141-1249-4 C6037

公立中高一貫校適性検査対策問題集

作文問題（書きかた編）

- 出題者、作問者が求めている作文とは！？ 採点者目線での書きかたを指導
- 作文の書きかたをまず知り、文章を書くのに慣れるためのトレーニングをする
- 問題文の読み解きかたを身につけ、実際に書く際の手順をマスター
- 保護者の方向けに「サポートのポイント」つき

定価：1,320 円（本体 1,200 円 + 税 10%）／ ISBN：978-4-8141-2078-9 C6037

公立中高一貫校適性検査対策問題集

作文問題（トレーニング編）

- 公立中高一貫校適性検査に頻出の「文章を読んで書く作文」攻略に向けた問題集
- ６つのテーマ、56 の良問…バラエティー豊かな題材と手応えのある問題量で力をつける
- 大問１題あたり小問３～４問。チャレンジしやすい問題構成
- 解答欄、解答例ともに実戦的な仕様

定価：1,320 円（本体 1,200 円 + 税 10%）／ ISBN：978-4-8141-2079-6 C6037

〈ダウンロードコンテンツについて〉

本問題集のダウンロードコンテンツ、弊社ホームページで配信しております。現在ご利用いただけるのは「2025年度受験用」に対応したもので、**2025年3月末日**までダウンロード可能です。弊社ホームページにアクセスの上、ご利用ください。

※配信期間が終了いたしますと、ご利用いただけませんのでご了承ください。

中学別入試過去問題シリーズ

茨城県立中学校・中等教育学校　2025年度

ISBN978-4-8141-3111-2

[発行所] 東京学参株式会社

〒153-0043　東京都目黒区東山2-6-4

書籍の内容についてのお問い合わせは右のQRコードから ⇒

※書籍の内容についてのお電話でのお問い合わせ、本書の内容を超えたご質問には対応できませんのでご了承ください。

2024年5月13日　初版